U0935785

PRACTICAL GUIDELINES FOR BANKRUPTCY PROCEDURES

破产全流程实务操作指引

中国法制出版社
CHINA LEGAL PUBLISHING HOUSE

常用规范简称表

序号	全称	简称
一、法律法规		
1	《中华人民共和国企业破产法（试行）》（中华人民共和国主席令第四十五号），1986 年 12 月 2 日发布，1988 年 11 月 1 日实施，现已失效	《企业破产法（试行）》
2	《中华人民共和国企业破产法》（中华人民共和国主席令第 54 号），2006 年 8 月 27 日发布，2007 年 6 月 1 日施行	《企业破产法》
3	《中华人民共和国民法总则》（中华人民共和国主席令第 66 号），2017 年 3 月 15 日发布，2017 年 10 月 1 日施行	《民法总则》
4	《中华人民共和国合同法》（中华人民共和国主席令第 15 号），1999 年 3 月 15 日发布，1999 年 10 月 1 日施行	《合同法》
5	《中华人民共和国物权法》（中华人民共和国主席令第 62 号），2007 年 3 月 16 日发布，2007 年 10 月 1 日施行	《物权法》
6	《中华人民共和国公司法（2018 年修正）》（中华人民共和国主席令第 15 号），2018 年 10 月 26 日发布，2018 年 10 月 26 日施行	《公司法》
7	《中华人民共和国担保法》（中华人民共和国主席令第 50 号），1995 年 6 月 30 日发布，1995 年 10 月 1 日施行	《担保法》
8	《中华人民共和国劳动法（2018 修正）》（中华人民共和国主席令第 24 号），2018 年 12 月 29 日发布，2018 年 12 月 29 日施行	《劳动法》
9	《中华人民共和国劳动合同法（2012 年修正）》（中华人民共和国主席令第 73 号），2012 年 12 月 28 日发布，2013 年 7 月 1 日施行	《劳动合同法》
10	《中华人民共和国个人所得税法（2018 修正）》（中华人民共和国主席令第 9 号），2018 年 8 月 31 日发布，2019 年 1 月 1 日施行	《个人所得税法》
11	《中华人民共和国社会保险法（2018 年修正）》（中华人民共和国主席令第 25 号），2018 年 12 月 29 日发布，2018 年 12 月 29 日施行	《社会保险法》
12	《中华人民共和国民事诉讼法》（中华人民共和国主席令第 71 号），2017 年 6 月 27 日发布，2017 年 7 月 1 日施行	《民事诉讼法》
二、司法文件		
1	最高人民法院关于适用《中华人民共和国企业破产法》若干问题的规定（一）（法释〔2011〕22 号），2011 年 9 月 9 日发布，2011 年 9 月 26 日施行	《破产法司法解释一》

续表

序号	全称	简称
2	最高人民法院关于适用《中华人民共和国企业破产法》若干问题的规定（二）（法释〔2013〕22 号），2013 年 9 月 5 日发布，2013 年 9 月 16 日施行	《破产法司法解释二》
3	最高人民法院关于适用《中华人民共和国企业破产法》若干问题的规定（三）（法释〔2019〕3 号），2019 年 3 月 27 日发布，2019 年 3 月 28 日施行	《破产法司法解释三》
4	最高人民法院关于审理建设工程施工合同纠纷案件适用法律问题的解释（法释〔2004〕14 号），2004 年 9 月 29 日发布，2005 年 1 月 1 日起施行	《建设工程司法解释一》
5	最高人民法院关于审理建设工程施工合同纠纷案件适用法律问题解释（二）（法释〔2018〕20 号），2018 年 12 月 29 日发布，2019 年 2 月 1 日施行	《建设工程司法解释二》
6	最高人民法院关于审理融资租赁合同纠纷案件适用法律问题的解释（法释〔2014〕3 号），2014 年 2 月 24 日发布，2014 年 3 月 1 日起施行	《融资租赁解释》
7	最高人民法院关于适用《中华人民共和国合同法》若干问题的解释（二）（法释〔2009〕5 号），2009 年 4 月 24 日发布，2009 年 5 月 13 日施行	《合同法司法解释二》
8	最高人民法院关于适用《中华人民共和国公司法》若干问题的规定（一）（法释〔2014〕2 号），2014 年 2 月 20 日公布，2014 年 3 月 1 日起施行	《公司法司法解释一》
9	最高人民法院关于适用《中华人民共和国公司法》若干问题的规定（二）（法释〔2014〕2 号），2014 年 2 月 20 日公布，2014 年 3 月 1 日起实施	《公司法司法解释二》
10	最高人民法院关于适用《中华人民共和国公司法》若干问题的规定（三）（法释〔2014〕2 号），2014 年 2 月 20 日公布，2014 年 3 月 1 日起实施	《公司法司法解释三》
11	最高人民法院关于适用《中华人民共和国担保法》若干问题的解释（法释〔2000〕44 号），2000 年 12 月 8 日发布，2000 年 12 月 13 日施行	《担保法解释》
12	最高人民法院关于适用《中华人民共和国民事诉讼法》的解释（法释〔2015〕5 号），2015 年 1 月 30 日发布，2015 年 2 月 4 日施行	《民诉法解释》
13	最高人民法院关于审理企业破产案件若干问题的规定（法释〔2002〕23 号），2002 年 7 月 18 日通过，2002 年 9 月 1 日施行	《破产审理若干规定》

续表

序号	全称	简称
14	最高人民法院关于审理企业破产案件指定管理人的规定（法释〔2007〕8号），2007年4月12日发布，2007年6月1日施行	《指定管理人规定》
15	最高人民法院关于审理企业破产案件确定管理人报酬的规定（法释〔2007〕9号），2007年4月12日发布，2007年6月1日施行	《管理人报酬规定》
16	最高人民法院关于《中华人民共和国企业破产法》施行时尚未审结的企业破产案件适用法律若干问题的规定（法释〔2007〕10号），2007年4月23日通过，2007年6月1日施行	《尚未审结破产案件若干问题规定》
17	最高人民法院关于审理民事案件适用诉讼时效制度若干问题的规定（法释〔2008〕11号），2008年8月21日发布，2008年9月1日施行	《诉讼时效若干问题的规定》
18	最高人民法院关于税务机关就破产企业欠缴税款产生的滞纳金提起的债权确认之诉应否受理问题的批复（法释〔2012〕9号），2012年6月26日发布，2012年7月12日施行	《税款批复》
19	最高人民法院关于企业破产案件信息公开的规定（试行）（法〔2016〕19号），2016年8月1日施行	《破产案件信息公开规定》
20	最高人民法院关于执行案件移送破产审查若干问题的指导意见（法发〔2017〕2号），2017年1月20日发布，2017年1月20日施行	《执转破指导意见》
21	最高人民法院办公厅关于改进人民法院公告发布工作的通知（法办〔2001〕246号），2001年12月21日发布	《人民法院公告发布通知》
22	最高人民法院关于审理上市公司破产重整案件工作座谈会纪要（法〔2012〕261号），2012年10月29日发布	《上市公司重整纪要》
23	最高人民法院印发关于审理公司强制清算案件工作座谈会纪要的通知，2009年11月4日发布	《强制清算座谈会纪要》
24	全国法院破产审判工作会议纪要（法〔2018〕53号），2018年3月4日发布	《破产会议纪要》
25	全国法院民商事审判工作会议纪要（法〔2019〕254号），2019年11月14日发布	《九民会议纪要》
三、地方法院审理规范		
1	山东省高级人民法院《关于依法审理涉“僵尸企业”案件，为经济社会发展提供司法保障的意见》，2016年5月发布并施行	山东高院《审理“僵尸企业”意见》

续表

序号	全称	简称
2	山东省高级人民法院《企业破产案件管理人管理办法（试行）》2016年12月30日公布，2017年1月1日试行	山东高院《管理人管理办法》
3	济南市中级人民法院《破产案件审判操作指引（试行）》，2017年4月6日发布并试行	济南中院《破产审判指引》
4	深圳市中级人民法院关于《破产案件债权审核认定指引》（深中法发〔2017〕5号），2017年9月4日发布并施行	深圳中院《债权审核指引》
5	江苏省高级人民法院《破产案件审理指南（修改版）》（苏高法电〔2017〕794号），2011年11月发布，2017年11月修订	江苏高院《破产审理指南》
6	江西省高级人民法院《企业破产案件审理规程（试行）》，2018年8月8日发布并施行	江西高院《破产案件审理规程》
7	上海市高级人民法院《破产审判工作规范指引（试行）》，2018年8月31日发布并实施	上海高院《破产审判工作指引》
8	济南市中级人民法院《破产案件管理人工作指引（试行）》，2018年9月29日发布并施行	济南中院《管理人工作指引》
9	四川省高级人民法院《关于审理破产案件若干问题的解答》，2019年3月20日发布	四川高院《审理破产案件解答》
10	深圳市中级人民法院《审理企业重整案件的工作指引（试行）》（深中法发〔2019〕3号），2019年3月25日发布并施行	深圳中院《重整工作指引》
11	云南省高级人民法院《破产案件审判指引（试行）》，2019年5月20日发布，2019年5月20日施行	云南高院《破产审判指引》
12	广东省高级人民法院《关于“僵尸企业”司法处置工作指引》，2019年5月29日发布并实施	广东高院《“僵尸企业”处置指引》
13	温州市中级人民法院《关于个人债务集中清理的实施意见（试行）》（温中法〔2019〕45号），2019年8月13日发布并实施	温州中院《个人债务清理意见》
14	河北省高级人民法院《破产案件审理规程（试行）》，2019年9月11日发布并施行	河北高院《破产案件审理规程》
15	山东省高级人民法院《企业破产案件审理规范指引（试行）》（鲁高法〔2019〕50号），2019年9月26日发布并施行	山东高院《破产审理指引》
16	广东省高级人民法院《关于审理企业破产案件若干问题的指引》，2019年11月29日发布并实施	广东高院《审理破产案件指引》

续表

序号	全称	简称
17	北京市第一中级人民法院《北京破产法庭破产重整案件办理规范（试行）》，2019 年 12 月 30 日发布并试行	北京一中院《破产重整案件规范》
四、政策文件		
1	十三部委关于印发《加快完善市场主体退出制度改革方案》的通知（发改财金〔2019〕1104 号），2019 年 7 月 16 日公布并实施	《市场主体退出改革方案》
2	《山东省加快完善市场主体退出制度改革实施方案》（鲁发改财金〔2019〕1088 号），2019 年 11 月 28 日发布并实施	《山东省市场主体退出制度改革方案》
3	济南市人民政府办公厅《关于加快“僵尸企业”处置工作的意见》（济政办发〔2019〕27 号），2019 年 12 月 7 日发布并实施	济南市《“僵尸企业”处置意见》
五、行业规范		
1	中华全国律师协会《律师担任破产管理人业务操作指引》	全国律协《破产管理人指引》

序 言

2015年11月10日，习近平总书记在中央财经领导小组会议上首次提出了“供给侧改革”问题，后又在党的十九大报告中明确指出：“以供给侧结构性改革为主线，推动经济发展质量变革、效率变革、动力变革，提高全要素生产率，着力加快建设实体经济、科技创新、现代金融、人力资源协同发展的产业体系”。在供给侧结构性改革与全面清理“僵尸企业”这一历史背景下，我国破产制度建设取得了突破性进展。2015年以来最高人民法院围绕着《企业破产法》出台了一系列的司法解释、会议纪要、指导性意见等配套措施，使我国的企业破产工作驶入快车道，破产案件受理数量大幅增加，营商环境逐年改善。在世界银行发布的《全球营商环境报告2020》中我国营商环境在全球190个经济体中排名跃居第31位，评价市场救治退出机制与质效的“办理破产”指标排名第51位，与2019年相比上升了10位，这些成绩的取得与党中央的科学决策和包括律师在内的全体破产业务工作者的共同努力是分不开的。为适应我国经济转型发展的需要，有必要深入探索通过进一步完善破产制度，建立健全市场主体救治和退出机制，发挥市场在资源配置中的决定性作用，从根本上改善营商环境，以推动供给侧结构性改革和经济高质量发展，加快现代化经济体系建设。

破产事业的发展，离不开破产管理人队伍的建设。管理人是在法院指导和监督下依法处置债务人财产的管理者，工作艰巨、责任重大，需要具有良好的职业道德和高超的专业技能。管理人在整个破产程序中具有关键作用，是破产流程重要的推动者和参与者，只有管理人队伍真正达到专业化、规范化、高效化的职业水准，破产工作的质量和效率才能得到切实的保障。目前山东省入册机构管理人390家，个人管理人131人，随着管理人队伍的不断壮大，如何加强管理人队伍的自律管理成为一个亟待研究的课题，从当前各地探索实践看，成立破产管理人协会进行行业自治管理已渐成趋势。济南市破产管理人协会于2016年成立，是我省首家、全国第四家成立的专业协会。2019年山东省律师协会等10家单位发起成立了山东省破产管理人协会，标志着我省破产管理人行业的队伍管理、业务建设进入一个新的阶段，走上了规范化、标准化、程序化道路。

近年来，随着市场经济体制改革的深入推进和破产业务的迅猛发展，破产法学也逐渐成为“显学”，不仅法学教研工作者努力耕耘，法官、律师等实务工作者也以极大的热情投入到这一研究领域，这对于我国破产事业的发展是一件非常有意义的事情。山东环周律师事务所作为全国优秀律师事务所，是我省知名的金融、破产法律专业服务机构，也是济南市破产管理人协会发起单位和山东省破产管理人协会的副监事长单位。他们长期从事破产业务，积累了丰富的实践经验，并注重理论联系实际，积极研究破产实务中的疑难复杂问题，取得了丰硕的成果，现由该所主任黄金华律师编著成册，形成了这本《破产全流程实务操作指引》。本书在谋篇布局方面颇具匠心，一方面以破产案件的一般流程为基本架构，另一方面又根据实务问题的复杂程度有所侧重。各章节的理论背景和法律实务对应了破产程序的各环节、各要素，将理论深度与实用程度做了很好的专业平衡，内容涵盖了破产法律适用的各个方面，并对许多争议性和前瞻性问题做了有益的探讨。本书是以管理人的视角，去认识和解决破产工作中遇到的实际问题，具有很强的实用性和针对性，其研究方法和结论也较为客观公允。

本书的撰写及出版，既可以作为破产实务工作者的理论成果，也可以看作是我省一线律师为管理人专业化建设所作的贡献。期待更多的破产业务工作者能与大家分享自己的心得和经验，为促进破产事业发展、推动供给侧结构性改革奉献一份力量。

王民生

二〇二〇年元月二十日

目　　录

第一章 破产程序的启动

第一节 破产原因

一、破产原因的构成要件

理论背景

经济意义上的破产是指企业或者个人资不抵债，无法清偿债务的一种状态。法律意义上的破产是指债务人具备潜在的破产原因时，相关权利人请求人民法院按照破产法要求进行债务清理的法律程序。法律意义上的破产又有狭义和广义之分。狭义的破产程序是指破产清算程序，而广义的破产程序涵盖破产重整、破产和解和破产清算三种程序。破产原因是指债务人丧失清偿能力的状态，也是法院是否受理当事人提出破产申请的审查标准，亦是破产程序启动的原因，其对于整个破产程序至关重要。2007 年 6 月 1 日实施的《企业破产法》有关破产原因的规定为企业法人不能清偿到期债务，并且资产不足以清偿全部债务或者明显缺乏清偿能力。这一规定对 1986 年 12 月 2 日颁布的《企业破产法（试行）》中有关条款做了重大修改。

《企业破产法（试行）》将破产原因规定为经营管理不善造成严重亏损，不能清偿到期债务。但是，“由于债务人的经营管理和财务状况，债权人很难全面了解并且提出相应的证据，以及其中的因果关系更难以获知，这一旧有的规定不仅给申请人举证带来困难，也在司法实践中很难认定和操作”①。一方

① 贾志杰：《关于〈中华人民共和国企业破产法（草案）〉的说明（2004 年 6 月 21 日在第十届全国人民代表大会常务委员会第十次会议上）》，载《全国人民代表大会常务委员会公报》2006 年第 7 期。

面，《企业破产法（试行）》中并未规定破产重整程序，因此其所规定的标准仅适用于破产清算程序；另一方面，《企业破产法（试行）》适用于国有企业，而国有企业的破产关涉就业和社会稳定等诸多问题，破产程序的启动可谓难之又难，因此破产原因规定的较为严格。然而，到《企业破产法》起草时，这一规定已经不适应市场经济发展的需要，根据这一情况，《企业破产法》对原有的破产原因做出了较大的修改。

首先，将对于实践中难以判断的经营管理因素从破产原因中予以剔除，变更为“资产不足以清偿全部债务”或者“明显缺乏清偿能力”两个原因。“对于债务人而言，其知晓自身企业财务状况和资产负债水平，也只有在企业不能清偿到期债务并且资不抵债时，才会申请自己破产。”[①] 对于债权人申请的情形，法院在审查时则适用“明显缺乏清偿能力”这一标准。

其次，增加了对重整程序破产原因的额外规定——“明显丧失清偿能力可能”，这一规定较之第一款中一般破产原因的规定更为宽松，其宗旨在于对存在财务困难、有可能丧失清偿能力的企业，通过重整程序及时进行债务调整和企业重组，从而达到拯救企业的目的。

法律实务

（一）如何确定破产原因

债务人具有破产原因是破产程序启动的前提，相关主体在提出破产申请之前应该首先确定债务人是否具有破产原因。根据《企业破产法》第二条规定，债务人具有破产原因的前提是不能清偿到期债务，这是债务人进入破产程序的必要条件。选择性要件为资不抵债或明显缺乏清偿能力，这两个要件必须具备其中之一才可最终形成债务人的破产原因，即债务人具有破产原因的情形包括“不能清偿到期债务＋资不抵债”及“不能清偿到期债务＋明显缺乏清偿能力”。

假设

A 为必要要件：不能清偿到期债务；

B 为选择性要件：B1 为资不抵债，B2 为明显缺乏清偿能力。

结论：债务人具有破产原因的两种情形分别为 A＋B1 和 A＋B2。

---

① 王东敏：《企业破产法解读》，载《人民司法》2006 年第 11 期。

破产重整原因除上述两种情形之外，在具有明显丧失清偿能力可能的情形下可单独作为破产重整的原因，无须具备 A 要件。

综上，债务人具备 A + B1、A + B2、有明显丧失清偿能力可能这三种情形中任意一种情形即可认定为具有破产原因。

（二）对不能清偿到期债务、资不抵债或明显缺乏清偿能力的理解与判断

1. 关于不能清偿到期债务

不能清偿到期债务根据债务人是否具有清偿能力可分两种情形，一是有清偿能力但拒不履行到期债务；二是没有清偿能力形成的不能清偿到期债务。《企业破产法》规定的不能清偿到期债务属于第二种情形，对于第一种情形债务人有条件履行到期债务而不清偿到期债务的，债权人可以通过诉讼等方式进行维权，而不能申请债务人破产。为了防止理解上的歧义，《企业破产法》第二条将明显缺乏清偿能力作为构成破产原因的一个要件予以规定，以此与第一种情形进行区分。

2. 关于资不抵债或明显缺乏清偿能力

《企业破产法》将资不抵债和明显缺乏清偿能力作为并列的要件，但资不抵债属于明显缺乏清偿能力的主要表现之一，即 B2 要件可以涵盖 B1 要件。实践中，判断企业是否具有破产原因时要先看企业是否存在不能清偿到期债务的情形，再看企业是否具备清偿能力。

相关依据

1. 《企业破产法》第二条
2. 《破产法司法解释一》第一条

二、破产原因的认定

理论背景

《企业破产法》施行后，并未达到预期的减轻当事人证明负担从而落实破产法律制度的效果。根据最高人民法院统计，破产受理案件数量不升反降，而全国法院每年受理破产案件的数量相比于每年工商管理部门吊销、注销的企业

数量，相去甚远。[①] 这一问题产生的原因，既包含社会政策和观念层面的因素，也在一定程度上反映了法条规定模糊和歧义的问题。例如，《企业破产法》第二条第一款中“或者”的歧义以及“资不抵债”等概念的含义模糊。因此，《企业破产法》虽然在破产原因的证明内容方面作了简化，举证责任分配方面也更加合理，但是由于条文表述的简要性等原因，实践中各方对于破产原因的认定标准存在不同理解和认识，出现了债权人和债务人申请破产动力不足，或法院对符合法律规定受理标准的破产申请不予立案等现象。为此，最高人民法院于2011年9月26日颁布的《破产法司法解释一》，试图对相关问题给予澄清，其中第一条至第四条专门针对破产原因作出了更为具体的规定。

《破产法司法解释一》第一条明确了《企业破产法》第二条第一款中破产原因表述的逻辑问题，即在判断债务人是否存在破产原因时，在满足“不能清偿到期债务”的基础上，“资产不足以清偿债务”和“明显缺乏清偿能力”作为并列的标准，其中任何一条存在即可认定为企业法人具有破产原因。《破产法司法解释一》第二条、第三条和第四条分别对破产原因中不能清偿到期债务、资产不足以清偿全部债务和明显缺乏清偿能力几个关键概念作了解释，以澄清司法实践中对几个关键概念理解的混乱和模糊。

法律实务

（一）关于不能清偿到期债务的认定

不能清偿到期债务是企业具备破产原因最为直观的表现，认定相对比较容易。《破产法司法解释一》第一条规定了构成债务人不能清偿到期债务的三个条件：债权债务关系依法成立；债务履行期限已经届满；债务人未完全清偿债务。实践中能够证实债务人具备这三个条件的证明材料包括生效的判决书、调解书、终结本次执行程序的裁定书等。对于未诉债权，债权人能够提交到期合同、支付凭证、对账单、债权确认函和还款协议等证明债权债务关系存在的材料，也可作为不能清偿到期债务的证据，债权是否经过生效法律文书的确认，并非认定不能清偿到期债务的必要条件，债务人若仅以债权未经生效法律文书

① 宋晓明、张勇健、刘敏：《〈关于适用企业破产法若干问题的规定（一）〉的理解与适用》，载《人民司法》2011年第21期。

确认为由提出异议，则其主张不能成立。但若债务人对债权本身提出异议，比如不成立、不存在、已清偿、履行期限未届满或债务已超过诉讼时效等，即双方对债权债务关系存在争议，人民法院经审查后难以作出判断的，此时债权人仍需通过诉讼或仲裁确权后再申请债务人破产。

（二）关于资不抵债的认定

对债务人资不抵债的认定难以从外观直接看出，资不抵债一般是通过审查企业的资产负债表来认定。债务人申请时很容易提供其资产负债表，而债权人申请时情况则有不同，有的相对容易，如企业向银行贷款时，银行会对企业的经营情况、资产状况等进行调查，并且在借款期限内要求债务人提供财务报表，银行债权人对于债务人的了解程度通常高于其他债权人。即便如此，银行债权人也往往难以取得债务人资不抵债的充分证据，原因是债务人向银行提供的财务报表难以及时、客观地反映企业资产负债状况，而其他债权人就更加难以掌握债务人的内部财务情况。故《企业破产法》规定债权人申请债务人破产时，仅提供债务人不能清偿到期债务的相关证据即可，不苛求其提供资不抵债的证据。

实践中，人民法院通常依据债务人的资产负债表或审计报告作为判断债务人是否构成资不抵债的基本依据。如果债权人对债务人提交的资产负债表或审计报告有异议，此时债权人可以向人民法院申请聘请中介机构对债务人进行审计、评估，或者提供其他能够推翻债务人财务状况的证据，以此证明债务人是否存在资不抵债的情形。

（三）关于明显缺乏清偿能力的认定

明显缺乏清偿能力是资不抵债的一种补充，其立法目的在于适当扩大债务人破产原因的认定范围，以便于实务操作中能够灵活处理破产原因的适用标准。《破产法司法解释一》第四条列举了在债务人资产大于负债时被认定为明显缺乏清偿能力的五种情形，具备这些情形时也可构成破产原因。这五种情形包括：因资金严重不足或者财产不能变现等原因，无法清偿债务；法定代表人下落不明且无其他人员负责管理财产，无法清偿债务；经人民法院强制执行，无法清偿债务；长期亏损且经营扭亏困难，无法清偿债务；导致债务人丧失清偿能力的其他情形。

对债务人清偿能力的认定需要独立判断，即主要看债务人自身是否具备清偿全部债务的能力，如果债务人自身不具备清偿能力，即便债务人的保证人或连带债务人具有清偿债务人到期债务的能力，也不影响债务人因具有破产原因而进入破产程序。相关当事人不能以连带责任人未丧失清偿能力为由，主张债务人不具有破产原因。例如进入破产重整程序之前，债务人的保证人尚具有一定的清偿能力，但相关当事人不能以此为由主张债务人不具有破产原因。实践中，因银行抽贷等原因致使企业资金链断裂而陷入困境，由此引发担保圈内企业集体发生信贷危机的情况屡见不鲜。即使担保圈内的保证人就单笔债权而言具有清偿能力，相关利害关系人也不能以此为由主张债务人不具备破产原因。如重庆钢铁股份有限公司破产重整案，虽然部分保证人对个别债务具有清偿能力，但因债务人本身明显缺乏清偿能力，即具备破产原因，最后通过启动破产重整程序，化解了企业债务危机，也成功解决了第三方担保问题。

合伙企业破产清算的相关规定也体现了上述立法精神。《企业破产法》第一百三十五条规定："其他法律规定企业法人以外的组织的清算，属于破产清算的，参照适用本法规定的程序。"《合伙企业法》第九十二条规定："合伙企业不能清偿到期债务的，债权人可以依法向人民法院提出破产清算申请，也可以要求普通合伙人清偿。合伙企业依法被宣告破产的，普通合伙人对合伙企业债务仍应承担无限连带责任。"合伙企业丧失清偿能力时当事人也可申请其破产清算，不以普通合伙人丧失清偿能力为前提，但合伙企业宣告破产后普通合伙人的无限连带责任并不能免除。最高人民法院《关于佛山市中级人民法院受理经济合同纠纷案件与青岛市中级人民法院受理破产案件工作协调问题的复函》第一条指出："依照《中华人民共和国企业破产法（试行）》第三条之规定，确定企业是否达到破产界限，并不以'连带清偿责任人清偿后仍资不抵债'为前提条件。"

（四）关于明显丧失清偿能力可能的认定

在债务人出现"明显丧失清偿能力可能"的情形时，可以被认定为具有破产原因，有关主体可以申请债务人重整。如果企业通过种种迹象表明已经濒临破产，出现"明显丧失清偿能力"的可能，虽尚未出现不能清偿到期债务且资不抵债或明显缺乏清偿能力的情形，为了防止企业经营持续恶化，相关主体也可以申请债务人破产重整，使债务人尽快获得破产保护。根据《企业破产法》第七条的规定，如债务人出现"丧失清偿能力可能"，债务人可直接申请重整，但债权人申请债务人重整，还需具备债务人"不能清偿到期债务"的情形。虽然《企业破产法》第二条第二款规定中将“明显丧失清偿能力可能”作为单独的重整原因，但针对不同的申请主体，《企业破产法》第七条作了不同规定，即债权人申请重整的仍需债务人具有“不能清偿到期债务”的情形。

关于“明显丧失清偿能力可能”的认定标准，《企业破产法》及相关司法解释中并未进行具体规定。为了便于实务操作，目前部分地区的人民法院对此作了较为明确的规定，如江西高院《破产案件审理规程》第十八条规定：“存在下列情形之一的，可以认定债务人具有‘明显丧失清偿能力可能’：（一）资金流动困难或长期过度负债导致债务人陷入财务困境；（二）存在大量诉讼和执行案件，导致债务人陷入经营困境；（三）债务人因经营困难暂停营业或有停业可能；（四）债务人的资产虽超过负债，但资产无法变现或者法律禁止交易，无法用于清偿到期债务；（五）债务人存在大量待处理资产损失，致使实际资产的变现价值可能小于负债；（六）清偿已届清偿期的债务，将导致债务人难以继续经营；（七）人民法院认可的其他情形。”北京一中院《破产重整案件规范》第十三条规定：“有证据证明债务人具备下列情形之一的，应当认定债务人符合本规范第五条第三项所称‘有明显丧失清偿能力的可能’：（一）已经资不抵债且难以持续经营；（二）即将因清偿大额到期债务、接受强制执行等原因出现持续无法清偿债务情形；（三）由于市场、政策、人员等原因，经营即将发生困难且不通过重整程序无法脱困；（四）有明显丧失清偿能力的其他合理可能。”

相关依据

1. 《企业破产法》第二条、第七条、第一百三十五条

2. 《合伙企业法》第九十二条

3. 《破产法司法解释一》第一条、第二条、第三条、第四条

4. 《破产审理若干规定》第三十一条

5. 最高人民法院《关于佛山市中级人民法院受理经济合同纠纷案件与青岛市中级人民法院受理破产案件工作协调问题的复函》第一条

6. 江西高院《破产案件审理规程》第十八条

7. 北京一中院《破产重整案件规范》第十三条

8. 山东高院《破产审理指引》第九条、第十一条

9. 云南高院《破产审判指引》第三条、第四条、第五条、第二十二条

10. 江苏高院《破产审理指南》第二章第三节第一条、第二条、第三条、第四条

第二节 破产申请

一、申请主体

理论背景

我国企业破产程序与一般的民事程序相同，一般而言需依相关当事人申请方可启动，法院不能依职权启动破产程序。[①] 而破产程序的申请主体，是指与破产案件有利害关系、依法具有破产申请资格的主体。关于企业破产申请主体及程序的规定，一方面影响到及时启动破产债务清理程序以实现债权人整体权利保护乃至于挽救企业的目的；另一方面则必须考虑避免债务人企业和相关人员通过滥用破产程序逃废债务。我国破产法规定的破产申请主体为债权人、债务人和负有清算责任的人等，破产程序包含重整、和解、清算三种程序，不同主体可供选择的程序不同，例如和解程序只有债务人有权申请，同时不同主体申请时面临的程序性限制也不相同。

美国破产法有自愿破产（voluntary bankruptcy）和强制破产（involuntary bankruptcy）之分，债务人自行申请破产时为自愿破产，程序上的限制较少，而债权人申请债务人破产的则是非自愿破产，美国破产法对此施加了较多限制，例如规定了需满足人数及债权数额等。这与美国长期以来具有的债务人主义不无关系，历史上美国破产程序确实以债务人自行申请为主要类型。同时，德国和英美破产法均规定了债务人董事和高管在公司陷入困境时的破产申请义务，而我国并无明确直接的规定。[②] 相对于美国，我国破产法更加注重对债务

① 近年来的"执行转破产"程序乃是破产程序依申请启动的一个例外。

② 许德凤：《破产法论·解释和比较功能的视角》，北京大学出版社2015年版，第121页。

人企业及相关人员利用破产程序逃废债务的考量。因此，当债务人自行申请破产时，相对于德国和美国更为宽松的规定，我国《企业破产法》的要求更加严格，需要债务人提供会计账册等来证明企业财务的恶化状况，但是对债权人申请破产提供材料的规定则较为宽松。

法律实务

（一）申请主体的种类

《企业破产法》第七条、第七十条、第一百三十四条明确规定可以向人民法院申请债务人破产的主体为债务人、债权人、依法负有清算责任的人（即清算义务人）、出资人、国务院金融监督管理机构。实践中，对以下特殊申请主体需特别关注：

1. 职工债权人

职工债权人是否有权申请债务人破产，在实践中存在争议。有观点认为不应赋予其申请破产的权利，理由主要有：一是职工债权不是真正意义上的破产债权，它只是在债务人破产的情形下，从保护职工生存权的角度出发，将其纳入破产程序并给予优先偿付。二是职工债权内容繁杂，涉及工资、社保及各种人身损害赔偿等，且由于性质不同、计算标准不统一、涉及社保机构等政府部门，实践中操作难度极大。三是按照《企业破产法》的规定，职工债权无须申报，且位列第一清偿顺位，具有债权优先受偿的性质，这明显区别于其他债权。四是目前我国对职工债权的保护制度和措施已经相当完备，职工可以通过各种途径保护自己的合法权益，申请债务人破产显然不是最佳方式。五是如果允许职工债权人申请债务人破产，可能会出现权利滥用的情形。也有观点认为从《企业破产法》的规定来看，职工债权人属于债权人的一种，目前相关法律法规未对其权利作出限制性规定，并且在债务人被强制执行后可能导致企业财产被瓜分完毕，在职工债权无法得到受偿的情况下，允许职工在企业出现破产原因时申请破产，有利于保护职工债权的法定优先权，维护社会的稳定，故以赋予职工债权人申请债务人破产的权利为宜。实践中，已经有地方法院在本地的破产审判规范中明确了职工债权人申请债务人破产的权利，如上海高院《破产审判工作指引》第二章第二十四条、江苏高院《破产审理指南》第二章第四节第二条均对此作出了规定。

2. 国家机关或机构债权人

债务人欠缴税款、社会保险费用或者法定住房公积金的，税务部门、劳动保障部门或者住房公积金管理部门可以向人民法院申请债务人破产。山东高院《破产审理指引》第十八条、广东高院《审理破产案件指引》第九条第一款、上海高院《破产审判工作指引》第二章第二十四条、江苏高院《破产审理指南》第二章第四节第一条对此进行了明确规定。

3. 担保物权人

第三人提供物的担保，担保物权人不能申请担保人破产。债务人以自有物提供担保的，担保物权人可以申请债务人破产，债务人不能以债权存在担保为由提出异议。广东高院《审理破产案件指引》第八条对此进行了明确规定。

4. 清算义务人

《企业破产法》对清算义务人的范围规定不够具体，实践中可以结合其他相关法规、司法解释、会议纪要等进行确定。2017 年 10 月 1 日实施的《民法总则》第七十条第一款、第二款规定："法人解散的，除合并或者分立的情形外，清算义务人应当及时组成清算组进行清算。法人的董事、理事等执行机构或者决策机构的成员为清算义务人。法律、行政法规另有规定的，依照其规定。"2018 年 10 月 26 日修订后的《公司法》第一百八十三条规定："公司因本法第一百八十条第（一）项、第（二）项、第（四）项、第（五）项规定而解散的，应当在解散事由出现之日起十五日内成立清算组，开始清算。有限责任公司的清算组由股东组成，股份有限公司的清算组由董事或者股东大会确定的人员组成。逾期不成立清算组进行清算的，债权人可以申请人民法院指定有关人员组成清算组进行清算。人民法院应当受理该申请，并及时组织清算组进行清算。"《强制清算座谈会纪要》第 29 条规定："债权人申请强制清算，人民法院以无法清算或者无法全面清算为由裁定终结强制清算程序的，应当在终结裁定中载明，债权人可以另行依据公司法司法解释二第十八条的规定，要求被申请人的股东、董事、实际控制人等清算义务人对其债务承担偿还责任。"上海高院《破产审判工作指引》第二章第二十二条第二款规定："公司自行清算或者强制清算的清算组，发现公司财产不足清偿债务的，可以与债权人协商制作债务清偿方案。无法形成债务清偿方案，或者该方案债权人不予确认、人民法院不予认可的，清算组应当向人民法院申请对公司进行破产清算。"山东高院《破产审理指引》第十七条第二款就清算组申请债务人破产的问题作出了与上海高院类似的规定。广东高院《审理破产案件指引》第十一条规定："企业法人已解散但未成立清算组清算，资产不足以清偿全部债务的，有限责任公司的股东和股份有限公司的董事、控股股东、实际控制人可以向人民法院申请破产清算。企业法人解散后成立清算组清算，资产不足以清偿债务的，清算组应当向人民法院申请破产清算。清算组未提出破产清算申请的，有限责任公司的股东和股份有限公司的董事、控股股东、实际控制人可以提出申请。"根据上述规定，清算义务人或由清算义务人组成的清算组可以申请债务人破产。清算义务人包括债务人的董事、理事、股东等执行机构或者决策机构的成员，以及债务人的实际控制人等。债务人系股份有限公司的，清算义务人还包括董事或者股东大会确定的人员。

5. 出资人

《企业破产法》第七十条第二款规定："债权人申请对债务人进行破产清算的，在人民法院受理破产申请后、宣告债务人破产前，债务人或者出资额占债务人注册资本十分之一以上的出资人，可以向人民法院申请重整。"根据上述规定，出资人申请债务人重整必须同时具备以下条件：一是人民法院已经裁定受理了债权人对债务人的破产清算申请；二是人民法院尚未宣告债务人破产；三是出资人（含单独或合计）出资额占债务人注册资本十分之一以上。

6. 国务院金融监督管理机构

《企业破产法》第一百三十四条规定："商业银行、证券公司、保险公司等金融机构有本法第二条规定情形的，国务院金融监督管理机构可以向人民法院提出对该金融机构进行重整或者破产清算的申请。"根据上述规定，国务院金融监督管理机构可以申请破产的债务人仅为商业银行、证券公司、保险公司等金融机构。

7. 管理人

在合并破产程序中，除债务人的关联企业成员、关联企业成员的债权人、关联企业成员的清算义务人外，已经进入破产程序的关联企业成员的管理人也可以作为申请主体申请债务人的关联企业合并破产。山东高院《破产审理指引》第十九条、深圳中院《重整工作指引》第四十五条均对此作出了明确规定。

此外，民事惩罚性赔偿金、行政罚款、刑事罚金等惩罚性债权的债权人能否申请债务人破产的问题，广东高院《审理破产案件指引》第九条第二款对此作了否定性规定。对于债权不符合条件的债权人如债权未到期的债权人能否申请债务人破产的问题，江苏高院《破产审理指南》第二章第四节第三条对此也作了否定性规定。

（二）申请主体可选择的破产程序和举证责任

1. 程序选择

根据《企业破产法》及其相关规定，不同的申请主体有权申请启动的破产程序有所不同：

申请主体	可申请启动的破产程序
债务人	重整、和解、清算
债权人	清算、重整
负有清算责任的人	清算
占债务人注册资本十分之一以上的出资人	重整
国务院金融监督管理机构	金融机构清算、重整
关联企业成员及其债权人、清算义务人、已经进入破产程序的关联企业成员的管理人	合并破产

2. 举证责任

申请主体在申请债务人破产时，需要提供证据证明债务人具备破产原因，在申请关联企业合并破产时，需要提供证据证明关联企业之间存在法人人格高度混同的情形，在重整程序中申请人还需提供证据证明债务人具备重整的价值和可能。不同主体申请债务人破产或关联企业合并破产时需要提供的证据材料有所不同，承担的举证责任大小也有区别，这里主要对实践中常见的债务人和债权人作为申请主体的举证责任分析如下：

（1）债务人

债务人对自身的实际情况最为了解，知悉企业财产和负债，通常能在第一时间确定自己是否已经具备破产原因，因此债务人自行申请破产的案件较为常见。但实践中债务人借助破产程序逃避债务的情况也时有发生，为防止流弊，《企业破产法》第八条第二款规定："债务人提出申请的，还应当向人民法院提交财产状况说明、债务清册、债权清册、有关财务会计报告、职工安置预案以及职工工资的支付和社会保险费用的缴纳情况。"根据上述规定，债务人自行申请破产时除需要提供一系列的财务资料及数据证明自己具备破产原因外，还需要作出职工安置方案。有的法院会根据当地的实际情况，细化相关举证要求，例如债务人申请破产时除需要提供相关财务资料外，还需要提供第三方专业机构出具的审计、评估报告来证明自己具备破产原因；在破产重整程序中，对于债务人是否具有重整价值和可能，债务人应详细说明事实和理由并提供相关证据。

依法负有清算责任的人、出资人、国务院金融监督管理机构对债务人情况也较为了解，获得相关财务资料和数据更为便利。因此，其在申请债务人破产时的举证责任可以参照适用债务人的标准。

（2）债权人

鉴于债权人很难获知债务人是否确实具备破产原因，为最大限度保护债权人的合法权益，《企业破产法》第十条规定："债权人提出破产申请的，人民法院应当自收到申请之日起五日内通知债务人。债务人对申请有异议的，应当自收到人民法院的通知之日起七日内向人民法院提出。人民法院应当自异议期满之日起十日内裁定是否受理。除前款规定的情形外，人民法院应当自收到破产申请之日起十五日内裁定是否受理。有特殊情况需要延长前两款规定的裁定受理期限的，经上一级人民法院批准，可以延长十五日。"上述规定类似于举证责任倒置，即债权人只需要提交破产申请书及能够证明债务人对其负有未超过诉讼时效或执行时效的应付未付到期金钱之债即可。实践中，有的法院对债权人的债权作出了明确要求，例如广东高院《审理破产案件指引》第七条规定："债权人所享有的债权符合下列条件的，可以向人民法院申请债务人破产清算、重整：（一）具有财产给付内容的到期债权；（二）未过诉讼时效或执行时效；（三）未清偿或未完全清偿。债务人以债权未经生效法律文书确认为由提出异议的，人民法院不予支持。"

（三）申请主体应提交的具体材料

《企业破产法》第八条规定："向人民法院提出破产申请，应当提交破产申请书和有关证据。破产申请书应当载明下列事项：（一）申请人、被申请人的基本情况；（二）申请目的；（三）申请的事实和理由；（四）人民法院认为应当载明的其他事项。债务人提出申请的，还应当向人民法院提交财产状况说明、债务清册、债权清册、有关财务会计报告、职工安置预案以及职工工资的支付和社会保险费用的缴纳情况。"司法实践中，法院立案审查时要求提供的材料更为具体，除了书面的破产申请书外，结合各地法院的审判指引，申请破产时所需要的其他材料主要包括：

1. 债务人申请

（1）债务人主体资格证明。

（2）债务人法定代表人或者主要负责人名单及联系方式。

（3）债务人董事、监事及高级管理人员名单及联系方式。

（4）财产状况说明，包括有形资产、无形资产、对外投资情况等，如有可附资产评估报告。

（5）债务清册，列明债权人名称、联系方式、住所、债务数额、债务形成时间、担保情况和催收偿还情况。

（6）债权清册，列明债务人的债务人名称、住所、债权数额和债权形成时间和担保情况和催收偿还情况。

（7）有关财务会计报告，如有可附财务审计报告。

（8）债务人涉及的担保情况。

（9）债务人在金融机构开设账户的账号及资金情况。

（10）债务人税款缴纳情况说明。

（11）债务人涉及的诉讼、仲裁、执行情况。

（12）职工安置预案。债务人为国家出资企业的，职工安置预案应列明拟安置职工基本情况、安置障碍及主要解决方案、稳定因素评估及主要应对措施等。债务人为非国家出资企业的，职工安置预案应列明债务人解除职工劳动关系后依法应对职工的补偿方案。

（13）职工工资的支付和社会保险费用、住房公积金的缴纳情况。

（14）债务人股东会、股东大会、开办人或者其他依法履行出资义务的人同意申请破产的决议文件，但有证据证明债务人股东会、股东大会、开办人或其他依法履行出资义务的人无法履行职责的除外。债务人系国有独资企业、国有独资公司或者国有资本控股公司的，应当提交对债务人履行出资人职责的机构同意申请破产的文件。

（15）债务人设有分支机构或全资子公司的，应提交分支机构或全资子公司的会计报表、资产情况、债权债务清册等。

（16）债务人申请重整的，应提交重整的必要性和可行性评估材料。

（17）债务人申请和解的，应提交和解协议草案。

此外，除了上述较为普遍性的规定外，各地人民法院根据本地情况对申请材料还作了一些特殊要求，如江西高院《破产案件审理规程》第九条第

（十一）项规定："债务人为国家出资企业的，应提交企业工会或职工代表大会对企业申请破产的意见。"北京一中院《破产重整案件规范》第十二条规定："商业银行、证券公司、保险公司等金融机构或者其出资人提出对该金融机构进行重整申请的，除分别依照本规范第十条、第十一条的规定提交材料外，还应当提交国务院金融监督管理机构等同意或批准的意见。"济南中院《破产审判指引》第八条规定："（十四）债务人股东、开办人或其他出资人的出资证明材料；（十五）债务人为房地产企业的，应当提交小业主利益保护预案；（十六）由债务人制作，且经出资人或上级主管部门认可的社会稳定风险评估报告。"

2. 债权人申请

（1）债权人的主体资格证明。

（2）债权发生的事实及债权性质、数额、有无担保，并附证据。

（3）债务人的基本情况。

（4）债务人不能清偿到期债务的证据。

（5）申请债务人重整的，应提交重整的必要性和可行性评估材料，并附债务人具有重整价值的证据材料。

3. 清算义务人申请

（1）债务人主体资格证明。

（2）清算义务人的基本情况或者清算组成立的文件。

（3）债务人解散的证明材料。

（4）债务人未经清算的，债务人资产不足以清偿债务的财务报告。债务人经过清算的，债务人资产不足以清偿债务的清算报告。

（5）债务清册，列明债权人名称、住所、债务数额、债务形成时间和催讨偿还情况。

（6）债权清册，列明债务人的债务人名称、住所、债权数额和债权形成时间。

（7）债务人涉及的担保情况。

（8）债务人涉及的诉讼、仲裁、执行情况。

（9）债务人为国家出资企业的，职工安置预案应列明拟安置职工基本情况、安置障碍及主要解决方案、稳定因素评估及主要应对措施等。债务人为非国家出资企业的，职工安置预案应列明债务人解除职工劳动关系后依法应对职工的补偿方案。

（10）职工工资的支付和社会保险费用、住房公积金的缴纳情况。

4. 上市公司申请破产重整时需另外提交的材料

（1）上市公司具有重整可行性的报告。

（2）上市公司住所地省级人民政府向证券监督管理部门的通报情况材料以及证券监督管理部门的意见。

（3）上市公司住所地人民政府出具的维稳预案。

（4）职工安置方案。

（5）提供其已就此告知上市公司的有关证据。

其他主体申请破产时，可参照上述要求提供必要的证据和相应的材料。

（四）股东等利害关系人对债务人申请破产的股东会决议提出异议时的处理

股东（大）会决议是债务人申请破产时必须提供的材料之一，对于是否同意破产，股东之间往往会存在意见不一致的情况，为了保护少数股东或小股东的合法权益，《公司法》赋予股东针对股东（大）会决议提起诉讼的权利。云南高院《破产审判指引》第二十一条规定："债务人申请破产，其股东等利害关系人主张同意公司破产的股东（大）会决议不成立、可撤销或无效的，人民法院应暂停审查，并向利害当事人释明，告知其应于十日内就此争议向有管辖权的人民法院提起诉讼。利害关系人期限内起诉的，人民法院应裁定不予受理债务人的破产申请；期限内未起诉的，人民法院应恢复对破产申请的审查。申请人提起破产申请时，利害关系人主张决议应予撤销已明显超过《中华人民共和国公司法》二十二条第二款规定的'六十日'的，人民法院可对破产申请继续予以审查。"故在破产申请受理以前，如债务人的股东对债务人股东（大）会同意破产的决议有异议，并已经提起诉讼，受理破产申请的人民法院可根据实际情况裁定不予受理。

（五）受理前的听证程序

破产申请受理前人民法院一般进行书面审查，特殊情形下人民法院可以组织听证会，组织听证的时间不计入受理审查期间。根据各地审判实践，破产申请受理前需要听证的主要情形有：

1. 债务人对债权人提出的破产申请提出异议的；
2. 人民法院受理案件之前又有其他申请人提出不同类型的破产申请的；
3. 申请债务人重整的；
4. 申请债务人和解的；

5. 申请实质合并破产的；

6. 债务人为国有及国有控股企业、国有实际控制企业的；

7. 债务人为商业银行、证券公司、保险公司等金融机构的；

8. 债务人为上市公司的；

9. 在全国、全省或本辖区有重大影响的。

此外，进入破产程序后需要听证的情形有：债务人申请自行管理的；债权人申请撤销债权人会议决议的；人民法院认为需要听取重整计划草案的反对意见的等。

对于上市公司的听证程序，《上市公司重整纪要》第4条第（1）项规定："债权人提出重整申请，上市公司在法律规定的时间内提出异议，或者债权人、上市公司、出资人分别向人民法院提出破产清算申请和重整申请的，人民法院应当组织召开听证会。"

相关依据

1. 《企业破产法》第七条、第八条、第七十条、第一百三十四条

2. 《公司法》第一百八十七条

3. 《民法总则》第七十条

4. 《公司法司法解释二》第十八条

5. 《破产审理若干规定》第五条

6. 《强制清算座谈会纪要》第29条

7. 《上市公司重整纪要》第3条、第4条、第5条

8. 《执转破指导意见》第三条

9. 山东高院《破产审理指引》第十五条、第十六条、第十七条、第十八条、第十九条、第二十一条、第三十一条、第一百三十二条

10. 广东高院《审理破产案件指引》第七条、第八条、第九条

11. 上海高院《破产审判工作指引》第二章第二十二条、第二十四条、第二十五条

12. 江苏高院《破产审理指南》第二章第四节第一条、第二条、第三条

13. 河北高院《破产案件审理规程》第十三条、第十四条、第十五条

14. 云南高院《破产审判指引》第十八条、第二十一条

15. 江西高院《破产案件审理规程》第九条
16. 北京一中院《破产重整案件规范》第十二条
17. 深圳中院《重整工作指引》第四十五条
18. 济南中院《破产审判指引》第八条

二、破产案件的管辖

理论背景

综观各国立法例，破产案件的管辖一般有三种类型。一类如美国，破产案件有专门的联邦破产法院管辖；一类如法国（1976 年前），区分民事主体与商事主体身份之不同，商人破产案件由商事法院管辖，其他由非商事法院管辖；一类则是破产案件由一般法院管辖，例如我国以及德国、英国。① 我国目前没有设立专门的破产法院，破产案件与一般的民事案件均由人民法院审理。而破产案件的管辖，同一般民事案件的管辖相同，就是指各级人民法院及同级人民法院之间受理破产案件的分工与权限，一般分为地域管辖、级别管辖等。

2002 年 9 月 1 日实施的《破产审理若干规定》对于地域管辖和级别管辖作出规定，在级别管辖方面，该规定要求受理企业破产案件法院的级别应根据企业登记的工商机关的层级来确定。《企业破产法》只对破产案件的地域管辖作了规定，破产案件由债务人住所地人民法院管辖。《破产会议纪要》对破产案件的级别管辖作出了原则性的规定，依据案件复杂程度的高低，分别确立了复杂案件由中级人民法院集中管辖为原则、基层人民法院管辖为例外和简单案件主要由基层人民法院管辖的管辖规则。这样的变化是对注册登记制的经济背景以及与关联企业的合并破产、“执转破”制度的实施和破产审判专业化建设等进行综合考量的结果。

对于关联企业，因其往往横跨多个地域，导致实践中易发生管辖冲突。为此，《破产会议纪要》规定以核心控制企业住所地管辖为原则，核心控制企业不明确的，由关联企业主要财产所在地法院管辖的制度。对于“执转破”案件的管辖，则一定程度上突破了原有的管辖规则，2017 年 1 月 20 日发布并实施

① 王欣新：《破产法》，中国人民大学出版社 2007 年版，第 70 页。

的《执转破指导意见》第三条对级别管辖的改动是符合我国现行的经济政策背景和司法实践经验的。一方面，注册登记制下各地登记权限也随之下移，大量破产企业注册地在区县级企业登记注册部门，主要由基层人民法院管辖可以解决较多债权债务简单的破产案件。另一方面，有些法律关系复杂和专业性高的破产案件审判工作基层法院可能无法胜任。①

未来对于破产案件的管辖规则，必须考虑到2015年以来最高人民法院狠抓破产审判机构的专业化建设带来的变化。目前，全国各级法院已有100多个破产审判庭，北京、上海等地设立了八个专业化破产法庭。② 破产案件的管辖规则也相应地产生了变化，《破产会议纪要》中对级别管辖的规定便是如此。而未来随着司法体制改革的进一步推进和专业化破产审判机构的建设水平提高，管辖规则势必会有进一步的变化。

法律实务

（一）一般管辖

1. 破产案件的地域管辖

（1）主要办事机构所在地为地域管辖的首选地

破产案件由债务人住所地人民法院管辖。《破产审理若干规定》第一条对债务人住所地的解释为债务人主要办事机构所在地。如果没有主要办事机构的，由注册地人民法院管辖。山东、江苏等法院的审理指引中规定，如不能确定主要办事机构所在地的，由注册地人民法院管辖。实践中主要办事机构所在地与住所地一致的情况较多，诸多破产案件都由注册地人民法院管辖。但需要注意的是，注册地人民法院作为管辖法院的主要原因是将注册地认定为主要办事机构所在地。如主要办事机构所在地与注册地不一致时，还是要以主要办事机构所在地的人民法院作为管辖法院，而不是注册地人民法院。

（2）确定主要办事机构所在地的依据

法律对于债务人主要办事机构所在地的认定没有具体规定，河北高院《破

---

① 刘旭东：《执破衔接视阈下“执转破”要点透视及规范进路》，载《河北法学》2019年第4期。

② 杜万华：《提高破产审判质量和效率应当建立的几个重要工作机制、制度和措施——在2019年广东省法学会破产法学研究会年会的主旨演讲》（2020年1月11日广东佛山）。

产案件审理规程》和江苏高院《破产审理指南》将债务人的决策机构认定为主要办事机构，云南高院《破产审判指引》将债务人主营业场所所在地认定为主要办事机构。因目前对于主要办事机构所在地的认定没有统一的标准，主要办事机构所在地可以是公司机关所在地、公司的主要业务部门所在地、主要营业场所、官网记载的联系地址、主要员工的工作地、主要生产基地等。对于申请人来说可据此选择更有利于案件审理的管辖法院。

（3）已经向注册地人民法院申请立案，裁定受理前发现主要办事机构不在注册地的处理

实践中申请人向债务人注册地人民法院申请破产的居多，但人民法院受理前发现注册地为非主要办事机构所在地时，根据《企业破产法》和 2017 年 7 月 1 日实施的《民事诉讼法》的相关规定，一般应将案件移送至主要办事机构所在地的人民法院。根据山东高院《破产审理指引》第一条第二款的规定，在移送前应考虑主要办事机构所在地受理该案是否更加有利于财产处置、节约破产成本等因素，综合判断以后再决定是否移送。

2. 破产案件的级别管辖

级别管辖根据企业工商登记机关的级别确定，县、县级市、区工商行政管理机关核准登记企业由基层人民法院管辖。地级市以上工商行政管理机关核准登记企业由中级人民法院管辖。纳入国家计划调整的企业破产案件，由中级人民法院管辖。特殊情况下高级人民法院根据《企业破产法》第四条、《民事诉讼法》第三十八条之规定，也可以直接受理破产案件，例如广西桂林广维文华旅游文化产业有限公司破产重整案就是由广西高级人民法院直接受理，这也是全国首个直接由高级人民法院受理的破产重整案件。实践中，破产法院的级别管辖规定较为具体明确，争议不大。

（二）特殊管辖

1. 关联企业实质合并破产案件的管辖

关联企业实质合并破产案件以核心控制企业住所地人民法院管辖为原则，核心控制企业不明确的，由企业主要财产所在地人民法院管辖。对管辖权有争议的或因特殊原因需要调整的，应报请共同上级人民法院指定管辖。

2. 上市公司破产重整案件的管辖

《上市公司重整纪要》第 2 条规定，上市公司破产重整案件的级别管辖为中级人民法院管辖，地域管辖以主要办事机构所在地为先，无法确定时由注册

登记地法院管辖。

3. 执转破案件管辖

执转破案件适用特殊级别管辖，根据《执转破指导意见》第三条的规定：“……实行以中级人民法院管辖为原则、基层人民法院管辖为例外的管辖制度。中级人民法院经高级人民法院批准，也可以将案件交由具备审理条件的基层人民法院审理。”实践中，为减少审批环节，提高审查效率，有些地方的高级人民法院概括地授权中级人民法院可以根据各自情况自主决定是否交由基层人民法院审理。如山东高院《破产审理指引》第六条规定：“执行案件移送破产审查，由被执行人住所地中级人民法院管辖为原则、基层人民法院管辖为例外。中级人民法院可以根据辖区两级法院企业破产审判力量，合理分配审判任务，自主决定执行移送破产审查案件是否移交基层人民法院审理，无需报高级人民法院批准。”江苏高院《破产审理指南》也作了类似规定。

相关依据

1. 《企业破产法》第三条
2. 《破产会议纪要》第35条、第38条
3. 《破产审理若干规定》第一条、第二条、第三条
4. 《上市公司重整纪要》第2条
5. 《执转破指导意见》第三条
6. 山东高院《破产审理指引》第一条、第六条
7. 河北高院《破产案件审理规程》第一条
8. 云南高院《破产审判指引》第九条
9. 江苏高院《破产审理指南》第二章第一节第一条

三、破产申请的撤回

理论背景

破产申请能否撤回关系到破产程序是否“可逆”。破产程序一旦开始，便涉及债务人、债权人等众多相关主体的权益，牵扯到诉讼和管理人等产生的费

用以及保全、诉讼等众多程序，因此，对申请人撤回破产申请的时点应当作出明确规定。

在比较法上，依据德国《破产法》第十三条第一款第（二）项的规定，“债权人和债务人都有权提出破产申请。被申请人（债务人）不得请求撤销破产申请，但可以通过履行阻止破产程序的开始（这种情况下债务人要承担相应的破产费用）。破产申请人也可以在法院作出开始破产（或不开始）的决定前主动撤回其申请”。[①] 我国的规定与之类似。

《企业破产法（试行）》没有规定破产申请的撤回制度，《破产审理若干规定》中规定在人民法院决定受理企业破产案件前，破产申请人可以申请撤回破产申请，该规定作为《企业破产法（试行）》的解释，仅针对法院受理破产宣告程序。《企业破产法》明确规定，法院受理破产申请乃是破产程序正式开始的标志，在人民法院受理破产申请前，申请人可以请求撤回申请。

人民法院裁定受理破产申请系对债务人具有破产原因的初步认可，因此《九民会议纪要》规定“破产申请受理后，申请人请求撤回破产申请的，人民法院不予准许”，该规定进一步明确了破产申请撤回的严肃性和实效性。

法律实务

（一）破产申请受理前可撤回，破产申请受理后不得撤回

破产程序依申请而启动，在人民法院裁定受理债务人破产之前，申请人可以随时撤回申请，人民法院不得以债务人实际情况确实符合破产条件为由而不同意撤回申请。实践中，诸多已经符合破产条件的企业因无人申请破产而成为“僵尸企业”，国家近年来也通过追究不履行清算义务人的责任等措施，敦促清算义务人主动履行申请破产义务，试图解决“僵尸企业”出清问题。即便如此，只要破产申请未受理，申请人依法可以随时撤回申请。因此，在破产法领域，破产申请受理前应遵循撤回自愿原则。但破产申请受理后，相关程序已经启动，如通知公告程序、解除保全措施、执行程序中止、债权提前到期、利息停止支付等，如在此时再撤回破产申请，各项损失难以预估，因此人民法院不应当再允许申请人撤回申请。

---

① 转引自许德风：《破产法论·解释和比较功能的视角》，北京大学出版社2015年版，第112页。

此外，债务人进入清算程序后有关主体申请债务人重整在宣告破产前又撤回的，可以按照清算程序继续进行。深圳中院《重整工作指引》第十五条对此作了明确规定。

（二）按撤回破产申请处理的情形

1. 申请人提交的材料需要补正但未能补正

申请人提交的材料需要补正的，人民法院应当以书面形式一次性告知需补充、补正的材料，并要求申请人限期补充、补正。如申请人在期限内未能补充、补正的，人民法院可按照撤回破产申请处理。江西高院《破产案件审理规程》第十二条规定："申请人提交的材料需要补正的，法院可以责令其在限定期限内予以补充、补正。申请人未按期补充、补正或者拒不补充、补正的，视为撤回申请。"

2. 申请人拒不参加听证会

债权人作为申请人提出破产申请时，《企业破产法》第十条规定给予债务人七日的异议期，如债务人在此期间内提出异议的，人民法院可以组织债务人、债权人、职工代表等有关人员参与听证，如债权人经书面通知后无正当理由不参加听证会的，人民法院按撤回破产申请处理，但其他人员不参加的不影响听证的进行。

（三）撤回破产申请的法律后果

申请人撤回破产申请后，债务人暂未进入破产程序，但其他有关主体只要符合《企业破产法》的相关条件，仍可向人民法院申请债务人破产，而且原申请人亦可再次对债务人提出破产申请，即对撤回破产申请无次数限制或时间间隔限制等。此外，破产申请撤回前如已经发生了相关费用，则由申请人负担。

相关依据

1. 《企业破产法》第九条、第十条、第十二条
2. 《破产审理若干规定》第十一条、第三十三条
3. 《九民会议纪要》第 108 条
4. 山东高院《破产审理指引》第三十条
5. 江西高院《破产案件审理规程》第十二条
6. 深圳中院《重整工作指引》第十五条

第三节　破产受理

一、立案审查

理论背景

在债务人无异议的情况下，《企业破产法》第十条规定人民法院应当自收到破产申请之日起十五日内裁定是否受理。《破产法司法解释一》第七条第一款规定，人民法院收到破产申请时，应当向申请人出具收到申请及所附证据的书面凭证。第二款规定，人民法院收到破产申请后应当及时对申请人的主体资格、债务人的主体资格和破产原因，以及有关材料和证据等进行审查。第三款规定，人民法院认为申请人应当补充、补正相关材料的，应当自收到破产申请之日起5日内告知申请人。当事人补充、补正相关材料的期间不计入《企业破产法》第十条规定的期限。2015年4月1日，中央全面深化改革领导小组第十一次会议审议通过了《关于人民法院推行立案登记制改革的意见》。2015年4月13日，最高人民法院通过并公布了《最高人民法院关于人民法院登记立案若干问题的规定》，立案登记制的司法改革大幕在全国拉开。

在这样的背景之下，破产案件的受理与立案登记之间产生了一定的张力。2015年12月，时任最高人民法院民事审判第二庭庭长杨临萍强调，“要准确把握立案登记制与破产受理法定标准的关系。企业破产案件的受理程序与立案登记制实质上是一致的。因此，只要申请人提交的材料符合《企业破产法》第八条的要求，法院即应当编立‘破（预）’字号案件进行审查，并按照有关司法解释的规定向申请人出具相应凭证，然后按照《企业破产法》第十条规定的期间作出受理与否的裁定……在最终决定是否受理破产案件时，法院必须依照《企业破产法》第二条进行判断。只有符合该条规定情形之一的，法院才能受理”①。2016

① 杨临萍：《最高人民法院关于当前商事审判工作中的若干具体问题》（2015年12月24日），载杜万华《民事法律文件解读·总第134辑》人民法院出版社2016年版。

年7月，最高人民法院发布《关于破产案件立案受理有关问题的通知》，规定："对于债权人、债务人等法定主体提出的破产申请材料，人民法院立案部门应一律接收并出具书面凭证，然后根据《企业破产法》第八条的规定进行形式审查。立案部门经审查认为申请人提交的材料符合法律规定的，……当场登记立案。不符合法律规定的，应予释明，并以书面形式一次性告知应当补充、补正的材料，补充、补正期间不计入审查期限。申请人按要求补充、补正的，应当登记立案"，进一步明确了立案登记制在破产申请中的适用。在《九民会议纪要》中，最高人民法院要求继续推动破产案件的及时受理，在立案登记环节将维稳因素排除在外，体现了推动市场主体有序退出和贯彻立案登记制的决心。

法律实务

（一）法院审查的期限

申请人	一般期限	延长期限	最长期限
债权人	5 + 7 + 10 = 22 日	15 日	37 日
债务人	15 日	15 日	30 日

债权人作为申请人的期限中，5 日为人民法院通知债务人的期限；7 日为债务人对破产申请的异议期；10 日为人民法院审查是否受理的期限。

债务人作为申请人的期限中，15 日为人民法院审查是否受理的期限。

延长期限必须经上一级人民法院批准后方可延长 15 日。

（二）人民法院受理的送达

1. 送达的期间

人民法院经审查后认为债务人符合破产条件的，应当在裁定作出之日起 5 日内送达申请人。如申请人为债权人的，应当在裁定作出之日起 5 日内送达债务人，同时要求债务人提交财产状况说明、财务报告等资料。

2. 送达方式

受理裁定的送达方式可以是当面签收、邮寄送达等，但在实践中许多债务人已经成为"三无"企业，债权人申请破产后无人接收人民法院的送达文书，此时可由人民法院在债务人住所地张贴破产申请书及立案通知书，并通过全国企业破产重整案件信息网或者人民法院网络公开平台予以公示。自张贴及公示之日起，经过7日即视为送达。

人民法院裁定受理日为债务人进入破产程序的起点，裁定日即为生效日，而非送达债务人后生效。河北高院《破产案件审理规程》第九条规定：“企业破产法及相关司法解释中规定的裁定，除另有规定外，自作出之日起生效。”

（三）特殊债务人的受理需经备案和批准

根据云南高院《破产审判指引》第二十九条的规定，商业银行、证券公司、保险公司等金融机构以及上市公司作为破产被申请人时，需要向省高级人民法院备案，受理前还需层报至最高人民法院审查批准。

上市公司破产重整的，《上市公司重整纪要》第4条第（3）项规定：“鉴于上市公司破产重整案件较为敏感，不仅涉及企业职工和二级市场众多投资者的利益安排，还涉及与地方政府和证券监管机构的沟通协调。因此，目前人民法院在裁定受理上市公司破产重整申请前，应当将相关材料逐级报送最高人民法院审查。”

（四）申请清算和申请重整同时发生时的处理

对于不同主体对债务人既提出破产清算申请又提出重整申请的，人民法院如何受理并无明确法律规定，需要根据《企业破产法》的立法精神和原则决定。因为《企业破产法》规定债务人、债权人均可以提出破产清算、破产重整申请，如果债务人企业重整的可能性比较大，根据《企业破产法》倡导的保护优质企业资源的精神，人民法院此时应受理重整申请。“因此既有主体申请清算，也有主体申请重整时，法院应受理重整申请。”① 如山东济宁新绿食品股份有限公司破产重整案、重庆伟豪实业有限公司破产重整案等就是按照该原则受理的重整案件。

相关依据

1. 《企业破产法》第二条、第八条、第十条、第十一条
2. 《破产法司法解释一》第六条、第七条、第八条
3. 《上市公司重整纪要》第4条
4. 山东高院《破产审理指引》第二十九条、第三十六条

---

① 孟祥刚：《企业破产纠纷新型典型案例与专题指导》，中国法制出版社2010年版，第253页。

5. 河北高院《破产案件审理规程》第九条
6. 云南高院《破产审判指引》第二十九条

二、裁定不予受理与驳回申请

理论背景

对于破产申请，法院经审查认为符合破产原因的依法裁定受理，从而进入破产程序；对于不符合破产原因的，则通过裁定不予受理和驳回申请两种方式，依法决定债务人企业不进入或退出破产程序。民事诉讼普通程序中，以法院登记立案的时点为界，对于不符合起诉条件或属于其他法定情形的案件，裁定不予受理或者驳回起诉。与之类似，在破产程序中，也以受理的时点为界，对于不满足破产原因或异议成立的申请，法院分别裁定“不予受理”和“驳回申请”。

民事诉讼普通程序中，不予受理、驳回起诉是除管辖权异议之外亦可以上诉的裁定文书，原因是此二者虽然属于程序性的裁定，但是对当事人的实体权利构成了实质性的影响，因此必须保障当事人的诉讼权利。同样，在破产程序中，两个裁定均会对申请人的实体权利造成巨大影响，为了保护申请人的诉权，企业破产法也赋予了申请人上诉的权利。《破产法司法解释一》进一步规定了上级法院的监督权，因法院消极对待当事人的破产申请使得《企业破产法》规定的申请人无法获取不予受理裁定书面文书，导致上诉权无法行使时，申请人可直接向上一级人民法院提出破产申请。

在比较法上，日本破产法允许当事人对受理破产的裁定进行上诉，[①] 我国破产法并不允许，但是在破产程序中，若某一债权人因债权清偿不具主体资格，则会被裁定不予受理。《九民会议纪要》对此予以确认，体现了对于债务人积极清偿债务的鼓励，实际上赋予债务人救济的权利，通过积极清偿申请债权人的债权，避免走向破产。同时，为了平衡整体债权人的利益，《九民会议纪要》还规定，某一债权人被裁定不予受理并不影响其他具备主体资格的债权人继续申请，管理人可在受理破产后以偏颇清偿或个别清偿为由向法院请求撤销。这也与民事普通程序的基本原理一致，依据我国民事诉讼法，对于不符合

① 王欣新：《破产法》，中国人民大学出版社2007年版，第74页。

起诉条件被裁定不予受理或驳回起诉的当事人，因为法院尚未对其实体权利作出审理，若当事人满足起诉条件后再次起诉，则不受“一事不再理”原则的限制。

法律实务

（一）不予受理与驳回申请的区别

1. 二者发生的原因不同

人民法院不予受理破产申请的原因包括债务人不具有破产原因、申请主体不适格等，人民法院驳回申请的原因仅为债务人不具有破产原因。人民法院在审查申请人提交的破产申请材料时，申请人主体是否适格因具有客观性而易于审查，但债务人是否具有破产原因，因申请立案时提交材料的滞后性等原因，在进入破产程序后特别是审计评估机构出具最新审计报告和资产评估报告后发现债务人不符合破产原因的，人民法院可在破产宣告前驳回申请人的申请。对于提出破产申请的债权人在人民法院裁定受理前丧失申请资格的，《九民会议纪要》第108条作出规定：“人民法院裁定受理破产申请前，提出破产申请的债权人的债权因清偿或者其他原因消灭的，因申请人不再具备申请资格，人民法院应当裁定不予受理。但该裁定不影响其他符合条件的主体再次提出破产申请……”

2. 二者发生的时间不同

二者一个发生在破产受理之前，另一个发生在破产受理之后至宣告破产之前。《企业破产法》第十二条规定：“人民法院裁定不受理破产申请的，应当自裁定作出之日起五日内送达申请人并说明理由。申请人对裁定不服的，可以自裁定送达之日起10日内向上一级人民法院提起上诉。人民法院受理破产申请后至破产宣告前，经审查发现债务人不符合本法第二条规定情形的，可以裁定驳回申请。申请人对裁定不服的，可以自裁定送达之日起十日内向上一级人民法院提起上诉。”

（二）救济途径

申请破产对于债权人与债务人来说均意义重大，所以赋予了债务人和申请人相应的救济权。如人民法院收到债权人的破产申请后会将相关资料送达债务人并给予债务人七日的异议期；人民法院受理破产申请后宣告破产前，债务人亦可通过各种方式举证证明其不具有破产原因，人民法院审查认可后可以驳回破产申请。如发生申请人的申请不予受理或驳回申请的情形，可在不予受理或驳回申请的裁定送达之日起十日内向上一级人民法院提起上诉。此外，人民法院裁定不予受理或驳回起诉的，如之后债务人具备破产原因时，有权提出申请的主体仍可再次提出破产申请。

相关依据

1. 《企业破产法》第十二条
2. 《破产法司法解释一》第九条
3. 《破产法司法解释二》第八条
4. 《九民会议纪要》第 108 条
5. 山东高院《破产审理指引》第三十四条

第四节　执转破

一、执转破的要件

理论背景

“执转破”，又称执行转破产或执行案件依法移送破产审查，是指执行法院对于执行程序中具有破产原因的企业法人依法经被执行人或者申请执行人书面同意移送破产程序的制度。执行转破产制度最早是在 2015 年最高人民法院《民诉法解释》中确立的，最高人民法院在《执转破指导意见》中作了较为系统的规定，后在《破产会议纪要》中对此作了进一步的完善，明确该制度的目的在于：“一是助力根本解决执行难，让确已无力清偿到期债务的企业法人通过破产程序尽快退出市场；二是缓解企业破产启动难；三是强制破产制度的替代。执行转破产也是一个过渡性、补充性的制度安排，但该制度在我国当下具有不可替代的重要作用。”①

---

① 贺小荣、葛洪涛、郁琳：《破产清算、关联企业破产以及执行与破产衔接的规范与完善》，载《人民司法（应用）》2018 年第 16 期。

在2015年底的中央经济工作会议上，中央明确提出要加强供给侧结构性改革，抓好去产能、去库存、去杠杆、降成本、补短板五大重点任务；尽快制定执转破的规定，大力推进执转破工作开展，推动执行领域的“僵尸企业”清理，促进市场化、法治化、专业化的破产工作深入开展，充分发挥破产制度在拯救困境企业、淘汰落后产能方面的功能。2016年3月，最高人民法院在十二届全国人大四次会议上提出“用两到三年时间基本解决执行难问题”。“执转破”制度便是在这样的经济背景和司法背景下诞生的。[①]《执转破指导意见》明确了执转破对象、意思表示、破产原因三个要件，三者缺一不可。

法律实务

启动执行转破产程序需要符合三个条件，且必须是同时具备：

（一）对象要件

根据《执转破指导意见》第一条的规定，执行转破产的对象是企业法人，其他组织如合伙企业等不能适用执转破程序。执转破不是进入破产程序的唯一途径，企业法人以外的其他组织虽不能通过执行程序直接转入破产程序，但相关当事人的破产申请权依然存在，仍可以径行申请企业破产。

（二）意思表示要件

人民法院将执行案件移送破产审查应当经过被执行人或者至少一个申请执行人书面同意，此为执转破的意思表示要件。如果被执行人和申请执行人均不同意移送破产审查，人民法院不能依职权主动启动执转破程序。需要注意的是，申请人同意的意思表示应当是明示同意，而非默示同意，并且明示同意的意思表示应清晰明确，不能产生任何歧义。广东高院《审理破产案件指引》第十条第二款规定：“执行法院在征询‘执行案件移送破产审查’意见时，经债务人盖章、法定代表人或有特别授权的代理人同意即可以认定为债务人同意。”关于同意执转破的申请，申请人可以在执转破受理之前予以撤回。

（三）破产原因要件

被执行人需具有破产原因的情形。虽然执行程序中判断是否可以执转破的

① 王富博：《〈关于执行案件移送破产审查若干问题的指导意见〉的理解与适用》，载《人民司法(应用)》2017年第10期。

实质要件与受移送法院破产审查时裁定是否受理的标准完全一致，但由于二者是在不同的程序阶段、依据不同的证据分别作出的判断，因此在结论上也可能会出现不一致的情况。在执转破程序当中，执行法院认定企业具有破产原因必须以穷尽所有调查手段后仍无法查找到债务人有可供执行的财产为前提，有的人民法院的审判指引中要求执行法院通过执行案件网络查控系统、申请执行人举证、被执行人自行申报、查阅会计资料等方式调查被执行人的财产，并根据调查情况来判断企业是否具有破产原因，山东高院《破产审理指引》第二百零六条、第二百零七条对此提出了明确要求。

相关依据

1. 《民诉法解释》第五百一十三条、第五百一十六条
2. 《执转破指导意见》第一条
3. 《破产会议纪要》第40条、第41条、第42条
4. 山东高院《破产审理指引》第二百零六条、第二百零七条
5. 广东高院《审理破产案件指引》第十条

二、执转破的程序

理论背景

从工作流程上看，执转破主要包括决定程序、移送程序、审查处理程序三个环节。执行制度与破产制度在宗旨和目的上具有本质的差异，执行程序是为了实现债权人个别清偿，而破产程序的宗旨则是全体债权人概括清偿，这两项制度之结合是特殊经济和司法环境的产物，也是中国特色和实践意义的制度创新。

在程序方面，执行程序和破产程序作为两个相对独立和宗旨各异的民事非诉程序，两相结合必然面临一定的规则冲突和衔接策略。综览《执转破指导意见》和《破产会议纪要》相关条文，其中有关执转破的程序性规则，体现了规则制定者在尊重既有规范、保障法律安定性和化解执行难、推动企业进入破产的立法目的之间，以及破产法的基本原则和执转破案件的特殊性之间试图达到的平衡。

例如，在决定程序中的意思表示要件便体现了这种平衡。我国企业破产程

序与一般的民事程序相同，一般而言需依相关当事人申请方可启动，法院不能依职权启动破产程序。执转破一定程度上突破了我国《企业破产法》确立的破产申请主义立场，相较于一般破产案件的启动程序，在由执行转换为破产案件的启动程序中法院扮演了一定的主动角色，执行法院可以主动询问申请执行人和被执行人是否同意将案件移送破产审查，有一个主体同意即符合意思表示要件。但是，《执转破指导意见》还规定意思表示要件要满足经过被执行人或者至少一个申请执行人书面明确表示同意移送，否则人民法院不能依职权主动启动，一定程度上又排除了完全的职权主义。而移送程序中的管辖规则，则体现了破产法的基本原则和执转破案件的特殊性之间的法律平衡。

法律实务

执转破程序的核心问题是执行程序与破产程序之间如何有序地衔接，《执转破指导意见》中规定了执转破程序转化过程中必经的三个流程：决定程序、移送程序和审查处理程序。

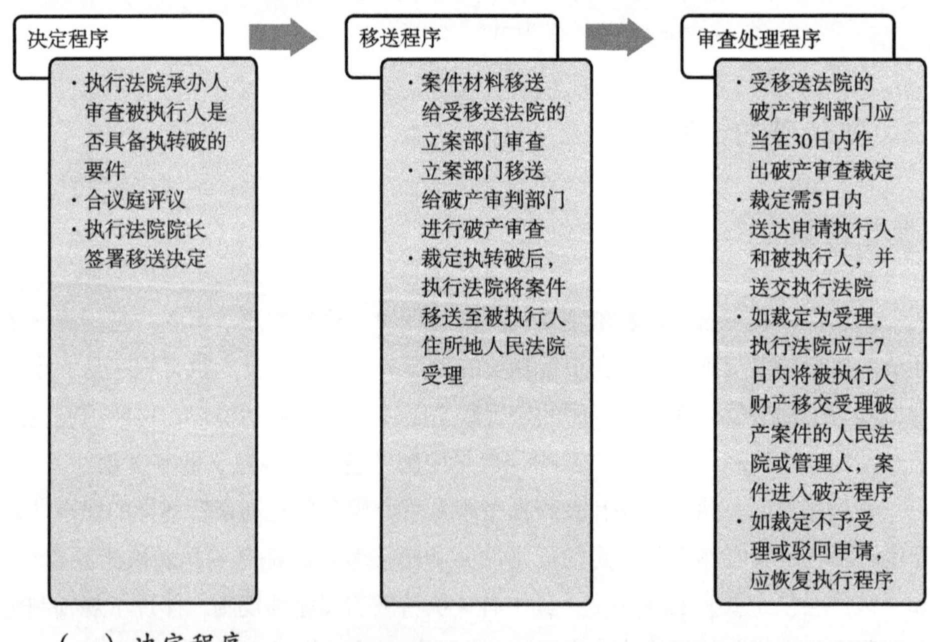

（一）决定程序

决定程序是由执行法院审查被执行人是否具备执转破三个要件的程序。首先，被执行人为企业法人，即符合对象要件。其次，执行法院通过财产调查发现被执行人的财产，经强制执行没有财产或财产无法清偿全部债务，即符合破产原因要件。最后，执行法院询问申请执行人和被执行人是否同意将案件移送破产审查，有一个主体同意即符合意思表示要件。

承办人在审查被执行人符合上述条件后交合议庭进行评议，经合议庭评议同意报执行法院院长签署移送决定后实施。

（二）移送程序

执行法院决定移送后，应将案件材料移送给受移送法院的立案部门，立案部门经形式审查认定材料齐备后编制案号，然后作为破产申请审查案件移送给破产审判部门进行审理。受移送法院对执行法院依法决定移送的案件不得拒绝接收，受移送法院接收移送材料后，应当对移送案件是否具备移送条件进行审查。执转破程序的地域管辖与《企业破产法》的规定一致，裁定执转破后，执行法院将案件移送至被执行人住所地人民法院受理。级别管辖实行以中级人民法院管辖为原则、基层人民法院管辖为例外的管辖制度。中级人民法院可以按规定将其管辖的案件指定具备审理条件的基层人民法院审理。

（三）审查处理程序

受移送法院的破产审判部门为破产审查部门，应当在30日内作出破产审查裁定，于5日内送达申请执行人和被执行人，并送交执行法院。

如果裁定为受理破产案件，执行法院应于7日内将被执行人财产移交受理破产案件的法院或管理人，案件进入破产程序。根据《执转破指导意见》第十九条的规定，如果裁定不予受理或驳回申请，执行法院不得重复启动执转破程序，而应恢复执行程序。但有权提出破产申请的主体可以依据《企业破产法》的规定启动一般的破产程序。受移送法院裁定宣告被执行人破产或裁定终止和解程序、重整程序的，应当自裁定作出之日起5日内送交执行法院，执行法院应当裁定终结对被执行人的执行。

相关依据

1.《民诉法解释》第五百一十四条、第五百一十五条

2.《执转破指导意见》第四条、第五条、第六条、第七条、第八条、第九条、第十条、第十一条、第十二条、第十三条、第十四条、第十五条、第十六

条、第十七条、第十八条、第十九条、第二十条、第二十一条

3.《破产会议纪要》第40条、第41条、第42条、第43条、第44条

4. 山东高院《破产审理指引》第五十四条

三、优先执转破

理论背景

我国司法系统长期以来被“执行难”问题所困扰，据最高人民法院2016年统计，我国执行不能案件数占到未执行到位案件数的40%~50%，其中相当一部分案件是以企业为被执行人的案件。而另一方面，《企业破产法》自2007年开始实施至2015年，每年进入法院的企业破产案件数量仅为2000至3000余件，而同期工商行政机关每年吊销、注销的企业数量均为70万至80万户。两相对比可以看出，破产程序启动难问题十分突出。[①] 由此出现了一个显而易见的矛盾是，执行不能的案件中，大量的企业已经具备破产原因，但是企业无财产可供执行，相关当事人也没有主动申请债务人破产，最终导致大量具备破产原因的被执行人成为“僵尸企业”而未能及时退出市场。

由于以上原因，导致目前我国积压的执行不能案件中符合执转破条件的案件数量巨大，如果这些案件在短时间内全部通过法院移送进入破产审查程序，以全国现有的破产审判力量根本无法承受。因此，最高人民法院民二庭负责人在《执转破指导意见》答记者问中表示，在贯彻《执转破指导意见》过程中，要针对执行积案的实际情况，坚持先易后难、循序渐进、逐步推开的方针，注意讲求执转破的工作节奏，防止案件大进大出。[②]

法律实务

（一）优先执转破的原因

目前全国执行案件体量庞大，因受人民法院审判力量所限，最高人民法院

① 杜万华在全国法院执转破工作视频会议上的讲话，2016年12月7日。

② 罗书臻：《最高人民法院民二庭负责人就〈执行案件移送破产审查若干问题的指导意见〉答记者问》，载《人民法院报》2017年2月7日。

要求全国各级人民法院要首先从无财产可供执行的案件中，将企业法人作为被执行人的案件筛选出来，再利用最高人民法院及地方各级人民法院的网络查控体系进行查询，在此基础上筛选出一批符合破产原因且属于无经营资金、无营业场所和企业管理机构、人员下落不明的案件以及有关当事人申请尽快移送破产审查的案件，率先对其启动执行转破产工作。随着工作的逐步推开，再分批对其他情形的案件启动执转破程序，而不能将符合执转破条件的企业都移送审查。

（二）优先执转破的企业

全国率先启动执转破工作的债务人应当符合的两个条件：一是被执行企业具有破产原因；二是被执行企业是“三无”企业，即无经营资金、无营业场所和企业管理机构、无工作人员，属于“僵尸企业”，应尽快推动这类企业进入破产清算程序，退出市场，这符合清理“僵尸企业”的政策要求。除了上述“三无”企业，目前各地人民法院结合本地实际制定了其他不同的优先条件以及配套制度，如厦门对关联案件众多、执行标的额大、涉及人员多、社会影响大的执行案件，开设执转破绿色通道，优先审查与立案；对确为“无财产、无人员、无账册”的“三无”企业以及资产清楚、债权债务关系简单明确、债务总额不大的执转破案件依法适用简易程序进行审理，简化债权申报、文书送达、财产审计等程序，高效审结执转破案件；将“三无”企业破产清算案件集中打包处置，通过招投标程序确定由一家管理人集中负责该包内的清算案件，充分发挥集约效应，以解决“三无”企业破产清算案件管理人积极性不高的问题。

目前国有四大资产管理公司、银行等金融机构存在大量长年累积的不良债权执行案件，涉及“三无”企业众多，人民法院审查后认为符合优先执转破条件的，可以启动执转破程序，有助于推动存量不良资产的处置工作。司法实践中广东深圳松晖实业（深圳）有限公司执行转破产清算案、江苏宁企担保有限公司执行转破产清算案、浙江安吉同泰皮革有限公司执行转破产清算案等都取得了较好的法律效果。

相关依据

最高人民法院民二庭负责人就《执行案件移送破产审查若干问题的指导意见》答记者问

第五节 破产受理后的工作

一、通知与公告

理论背景

破产案件的通知与公告是指在人民法院裁定受理破产申请后，将破产程序开始的事实和其他相关事项按照法定程序向已知债权人进行通知及向其他利益相关人公告的司法行为。其中，通知针对已知的债权人、债务人和其他利益相关人，而公告则针对不特定的利益相关人。

2001 年世界银行正式出台了《关于有效破产与债权人/债务人制度的准则》，并于 2015 年进行了修订。该准则凝聚了破产法律制度涉及的国际最佳实践，旨在形成一套国际公认标准。近年来，世界银行一直将该准则作为评估各成员国破产保护制度的重要标准和评价一国营商环境的重要指标，同时也成为各成员国评估、改善破产制度的基准性文件。[①] 在该准则的“C2 正当程序：通知和信息”一节中规定：“为有效保护利害关系人在程序中的权利，此类利害关系人需拥有陈述权、接收影响其权利的事项的适当通知，并获得与保护其权利或权益及有效解决纠纷有关的信息……破产制度应当规定，当破产程序中发生影响利益相关人权利的事项时，及时、恰当地告知受影响方。”[②]

人民法院受理破产申请，标志着破产程序正式启动，也意味着随之将会对债务人、债权人以及其他权利人的利益产生影响。由于相关权利人申报债权或者行使权利的前提是对破产程序开始和权利行使方式等有关信息的知悉，通知和公告对于尽快开展案件审理和保护各方的合法权益至关重要。

---

① 深圳市中级人民法院课题组：《世界银行〈关于有效破产与债权人/债务人制度的准则〉》，载《中国应用法学》2019 年第 2 期。

② 深圳市中级人民法院课题组：《世界银行〈关于有效破产与债权人/债务人制度的准则〉》，载《中国应用法学》2019 年第 2 期。

法律实务

（一）通知对象和时间

《企业破产法》第十四条规定："人民法院应当自裁定受理破产申请之日起二十五日内通知已知债权人，并予以公告。……"根据该规定，破产案件受理后的通知对象为已知债权人，通知时间为人民法院受理破产申请之日起25日内。《企业破产法》对通知方式并未明确规定，实践中一般采取邮寄通知和报纸公告结合的方式。获取已知债权人名单及联系方式的方法包括查阅债务人提供的债务清册及通过国家企业信用信息公示系统、中国裁判文书网等网络平台查询债权人的相关信息，有条件的地方可以申请公安机关协助调取。另外，可能有部分已知债权人的联系方式确实无法取得，还有可能存在未知的债权人，因此《企业破产法》规定除了要通知已知债权人外还要发布公告，公告期满即视为通知到了全体债权人。直接通知已知债权人以采取邮寄送达的方式为主，邮寄公司一般选择中国邮政速递（以下简称EMS）。实践中，管理人通过以债务人的名义与EMS签订邮寄合同的方式每日批量发送债权申报通知书等材料，寄件信息如邮寄地址、联系方式、收件人等，管理人仅需填写EMS提供的Excel表格即可，无须手填或APP、微信小程序逐个下单。EMS定期将物流信息通过列表方式进行批量反馈，同时将退件予以退回。

（二）通知与公告的内容

《企业破产法》第十四条第一款规定的通知和公告包括七项内容：申请人、被申请人的名称或者姓名；人民法院受理破产申请的时间；申报债权的期限、地点和注意事项；管理人的名称或者姓名及其处理事务的地址；债务人的债务人或者财产持有人应当向管理人清偿债务或者交付财产的要求；第一次债权人会议召开的时间和地点；人民法院认为应当通知和公告的其他事项。此外，涉及合并破产的，因债权人数量众多，可能会采取网络会议或者网络与线下相结合的会议，故关于会议形式和地点可在通知里登载一个大概方式和地点，并注明如有变更将另行通知。应当注意的是开会时间、地点和方式确定后，应当提前15日通知已知债权人，并发布公告。

山东高院《破产审理指引》第四十三条规定："人民法院裁定受理破产申

请后，应当在十五日内将裁定书、指定管理人决定书送达以下单位并通知其协助履行相关义务：（一）通知债务人的开户银行立即停止债务人的账户支出；（二）通知债务人注册登记、不动产登记、劳动保障等部门配合管理人提供有关债务人的信息及其他事项；（三）通知公安部门为管理人刻制管理人印章，以便管理人设立管理人账户及开展相关工作。”上述通知事项仅是针对特定对象，无须公告。

（三）公告方式和媒体

公告一般采取报纸公告的方式，根据《破产案件信息公开规定》第七条的规定，同时需要在全国企业破产重整案件信息网上发布公告，人民法院、管理人在破产重整案件信息网发布的公告与报纸公告具有同等法律效力。《人民法院公告发布通知》第二条规定：“人民法院报为最高人民法院指定的发布人民法院公告唯一、合法、有效的报纸。”因此，人民法院在通过报纸发布公告时，应当选择人民法院报，不能将公告送交人民法院报以外的报纸发布。人民法院公告分普通、加急与特急三类。普通件从公告受理后进入正常排序发布，一般在 10 日至 20 日内见报；加急件随到随安排，一般在 3 日至 5 日内见报；特急件当日安排见报。但是否能如期见报仍不排除有特殊情况，因此，发布公告一定要预留足够的见报时间。

相关依据

1. 《企业破产法》第十四条
2. 《破产审理若干规定》第十五条
3. 《破产案件信息公开规定》第七条
4. 《人民法院公告发布通知》第二条
5. 山东高院《破产审理指引》第四十三条

二、指定管理人

理论背景

管理人制度是指在破产程序开始以后，“为了加强对债务人财产的管理，防止债务人随意处置财产，保护债权人的利益，由专门机构具体实施对债务人财产的管理、处分、整理、变价、分配等工作”[①]的破产工作制度。管理人制度最早产生于英国，之后被许多国家所采用。我国1986年制定的《企业破产法（试行）》确立了由法院组织以破产企业主管机关和行政机关的指派人员为主体的清算组制度。《企业破产法（试行）》在政策性破产的历史背景下，所针对的主体是国有企业，因此“在立法价值取向上，其目标并非保护债权人或者债务人利益，而是以促进国有企业改革为基本目标”[②]，主要由政府各有关部门派员共同组成清算组，对破产财产进行清算分配。但是这种做法是不妥当的，首先，清算组组成人员是政府机关的工作人员，而作为权力机关的政府参与清算，债权人会议对清算组无法行使有效的监督权，从而使整个清算过程缺乏有效的制约机制。其次，即使清算组行为不当，造成破产财产损失从而导致债权人的权利受到损失，债权人或投资者都很难追究清算组的责任。[③] 最后，因为《企业破产法》也把民营企业纳入了破产法调整范围之中，这就决定了清算组制度已无法适应破产形势发展的需要，为此《企业破产法》在破产程序中正式引入和确立了专业化、市场化的管理人制度。这体现了破产法立法理念的一大进步，也与世界各国主流破产法的规定相一致。

管理人在破产程序的推进过程中具有举足轻重的作用，管理人资格乃是这项制度中起始性和基础性的问题，目前破产程序中出现的效率低、周期长等问题，一定程度上也反映了管理人制度的不足。在资格设定方面有以下两方面亟须探讨。一是要加强管理人队伍的专业化建设，全面提升管理人的业务能力。这就意味着管理人队伍不仅应当拥有法律、会计专业人才，还应当吸纳“企业管理人才、科技人才等专业化人才，以适应不断增长的破产清算、司法重整、司法和解、强制清算等方面的破产财产管理需要”[④]。二是现行立法中呈现出对中介机构而非自然人担任管理人明显倾向，一定程度上反映了立法和司法机关

① 全国人大常委会法制工作委员会：《〈中华人民共和国企业破产法〉释义及实用指南》，中国民主法制出版社2006年版，第27－28页。

② 李燕：《论我国破产法中管理人的法律地位》，载《当代法学》2007年第6期。

③ 王利明：《破产立法中的若干疑难问题探讨》，载《法学》2005年第3期。

④ 杜万华：《提高破产审判质量和效率应当建立的几个重要工作机制、制度和措施》，在2020年1月11日广东省法学会破产法学研究会2019年年会上的演讲。

对自然人管理人的业务能力和责任能力的疑虑。[①] 然而，在比较法上，“多数国家均规定管理人为自然人，如德国、英国等，即使在规定机构管理人的立法例中，也没有对自然人管理人承接的破产案件作出限制，如美国”。[②] 而随着个人破产制度的落地，对于具备专业知识的律师等自然人担任管理人的约束，能否进一步放开，是值得探讨的问题。比较法上，指定管理人的模式大致有两种：一种是法院主导，即由法院来指定管理人；另一种是债权人主导，即允许债权人会议选任管理人。在我国，《企业破产法》对管理人的选任采取了法院主导的模式。[③] 由于管理人是破产程序的主要推动者和破产事务的具体执行者，管理人的有序、合理选任对破产程序的顺利推进具有十分重要的意义。

法律实务

（一）管理人的资格

管理人应该是取得管理人执业资格，经法定管理机构注册和许可从事管理人工作的中介机构或个人。按照管理人的主体划分主要有三类：一是有关部门、机构的人员组成的清算组；二是依法设立的律师事务所、会计师事务所、破产清算事务所等社会中介机构；三是具备相关专业知识并取得执业资格的人员。

通常情况下，人民法院大多指定社会中介机构担任管理人，根据破产案件的实际情况，也会指定清算组或个人担任管理人。破产案件的债务人在当地影响较大、案件比较复杂的，当地政府可能在破产受理之前已经成立工作组处理债务人的借款、职工等相关事宜，或者由强制清算转为破产程序的，此时人民法院指定清算组担任管理人能够更好发挥府院联动机制的作用，更有利于工作的衔接。实践中，清算组担任管理人的，其组成人员中一般包括具备管理人资格的机构或个人，聘用方式上有的由清算组直接聘用，有的由人民法院参照选任中介机构担任管理人的方式进行选聘。根据《指定管理人规定》第一条规定：“人民法院审理企业破产案件应当指定管理人。除企业破产法和本规定另有规定外，管理人应当从管理人名册中指定。”第二条第一款规定：“高级人民

---

① 高民尚：《〈关于审理企业破产案件指定管理人的规定〉的理解与适用》，载《人民司法（应用）》2007 年第 9 期。

② 许德风：《破产法论·解释和比较功能的视角》，北京大学出版社 2015 年版，第 250 页。

③ 蔡人俊：《中国企业破产法律制度的新发展》，载《中国法律》2006 年第 5 期。

法院应当根据本辖区律师事务所、会计师事务所、破产清算事务所等社会中介机构及专职从业人员数量和企业破产案件数量，确定由本院或者所辖中级人民法院编制管理人名册。”可以看出，一般情况下只有在本地管理人名册中，才能被指定为破产案件的管理人。部分地区对管理人的资质进行了级别划分，如山东高院将管理人分为一级、二级、三级资质，河南、广东等地也对管理人进行分级管理，北京、上海等地则未实行分级管理。实践中，对一些重大破产案件，越来越多的地方法院开始从全省（市）或全国范围内公开招募管理人，而不仅局限于本地管理人名册中的中介机构。

（二）指定管理人的时间

《企业破产法》第十三条规定：“人民法院裁定受理破产申请的，应当同时指定管理人。”在司法实践中除清算组为管理人的大多可同时指定管理人外，也有的法院在案件受理前就进行了管理人遴选，在案件受理时可同时指定管理人，多数案件一般是在人民法院作出受理裁定后才启动选聘程序，无法在受理破产申请的同时指定管理人。因此一些地方法院对选聘管理人的时间、方式又作了进一步的规定，如山东高院《管理人管理办法》第六条规定：“人民法院受理企业破产案件后，由企业破产案件审判部门确定破产案件的类型、管理人的类别、级别及产生方式，并委托司法技术部门组织选择管理人。”济南中院《破产审判指引》第二十八条第三款规定：“合议庭决定受理破产案件同时，负责通知法院技术部门从管理人名册中选定管理人。技术部门应在收到通知后五日内选定管理人并将选定情况通知破产案件审判庭或合议庭。”此外，选定管理人后因管理人负责人尚不能确定，也会影响指定管理人的时间，如广东高院《审理破产案件指引》第四十七条规定：“指定中介机构或清算组担任管理人的，被指定的机构或清算组应当在3个工作日内依法指定案件的管理人负责人，并书面告知案件受理人民法院。”

（三）管理人的选任方式

管理人由人民法院指定，《指定管理人规定》第二十条规定：“人民法院一般应当按照管理人名册所列名单采取轮候、抽签、摇号等随机方式公开指定管理人。”另外，第十九条规定：“清算组为管理人的，人民法院可以从政府有关部门、编入管理人名册的社会中介机构、金融资产管理公司中指定清算组成员，人民银行及金融监管机构可以按照有关法律和行政法规的规定派人参加清算组。”指定中介机构和个人担任管理人时是通过公开方式进行，指定清算组担任管理人时是人民法院根据政府推荐或清算组自荐，直接指定清算组为管理人，并明确组长、副组长及成员。在实践中，采取公开选任管理人的方式较为普遍。

1. 一般程序

（1）在程序上明确了管理人名册制度，即由高级人民法院或者高级人民法院授权的中级人民法院在本辖区内确定具有担任管理人资格的组织或者个人来编制管理人名册。

（2）受理破产案件的人民法院在管理人名册中选定破产案件的管理人，选定管理人的方法包括随机、竞争和推荐三种形式。其中随机选定管理人的方法又可以分为轮候、抽签和摇号等形式。

（3）明确了债权人会议申请更换管理人的具体方式，即通过书面申请的方式，由人民法院审查申请理由并决定接受或者驳回。

2. 其他规定和形式

（1）分级管理

高级人民法院或者自行编制管理人名册的中级人民法院可以综合考虑管理人的专业水准、工作经验、执业操守、工作绩效、勤勉程度等因素，合理确定管理人等级，对管理人实行分级管理、定期考评。对债务人财产数量不多、债权债务关系简单的破产案件，可以在相应等级的管理人中采取轮候、抽签、摇号等随机方式指定管理人。

（2）竞争机制

破产案件中可以引入竞争机制选任管理人，提升破产管理质量。上市公司破产案件，在本地有重大影响的破产案件或者债权债务关系复杂、涉及债权人、职工以及利害关系人人数较多的破产案件，在指定管理人时，一般应当通过竞争方式依法选定。

（3）跨区域执业

除从本地名册选择管理人外，各地人民法院还可以从外省、市管理人名册中选任管理人，确保重大破产案件能够遴选出最佳管理人。

（4）联合管理人

人民法院对符合自愿协商、优势互补、权责一致要求且确有必要的，可以准许两家以上具备资质的中介机构联合担任同一破产案件管理人。联合管理人根据工作需要可分为主导管理人和辅助管理人。山东高院《管理人管理办法》

第八条规定："人民法院企业破产案件审判部门根据案件情况，确定是否从律师事务所、会计师事务所、破产清算所三类机构中指定不同类别的联合管理人。"如山东常林机械集团股份有限公司等十九家公司合并重整案、上海超日太阳能科技股份有限公司破产重整案等案件，都采用了联合管理人的方式。

（5）备选管理人

最高人民法院《指定管理人规定》第二十一条第四款规定："采取竞争方式指定管理人的，人民法院应当确定一至两名备选社会中介机构，作为需要更换管理人时的接替人选。"根据该条规定，采取竞争方式选任管理人时需同时确定备选管理人，实践中并非所有采取竞争方式指定管理人的都需要确定备选管理人，即使是确定有备选管理人也不影响指定的管理人独立履职。备选管理人只是在需要更换管理人时可接替原管理人继续履职，在未接替原管理人履职前则不参与管理人的任何工作。

3. 山东省关于管理人选任的相关规定

结合山东省人民法院工作实际，山东高院制定了《管理人管理办法》，在管理人选任上主要有以下几个特点：

（1）企业破产案件管理人分为机构管理人和个人管理人，并根据其执业能力、从业经验、社会信誉等由高到低分为一级管理人、二级管理人和三级管理人，个人管理人不分级。企业破产案件根据破产案件社会影响大小、法律关系复杂程度、债务人财产状况、债权人状况，结合企业注册地、资本金、债务和资产规模、职工人数、是否为上市公司、行业影响力等情况，由复杂到简单分为一类破产案件、二类破产案件和三类破产案件。其中，一级管理人办理一类至三类破产案件，二级管理人办理二类至三类破产案件，三级管理人办理三类破产案件；个人管理人办理中级人民法院辖区内三类案件。

（2）人民法院受理企业破产案件后，由企业破产案件审判部门确定破产案件的类型、管理人的类别、级别及产生方式，并委托司法技术部门组织选择管理人。

（3）企业破产案件管理人名册实行动态管理制度。山东高院司法技术部门与企业破产案件审判部门指导、监督管理人名册的动态管理工作。中级人民法院破产案件审判部门商司法技术部门共同建立管理人的履职评价及业绩考核制度，并由中级人民法院评审委员会根据管理人的履职、考核情况等，提出管理人升降级、增补及除名的意见，报山东高院评审委员会审批。

相关依据

1.《企业破产法》第十三条、第二十二条、第二十四条、第二十九条

2.《破产会议纪要》第4条、第5条、第6条、第7条

3.《指定管理人规定》第一条、第二条、第三条、第十九条、第二十条、第二十一条

4. 山东高院《管理人管理办法》

第六节 破产受理后的法律效力

一、对债务人的法律效果

理论背景

依据西方公司法学界普遍接受的“委托—代理”框架，现代公司管理权和所有权的分离制度下，完善公司治理结构的重要目标就是减少代理成本。公司的经营决策者——董事或董事会，也是公司所有者——股东——的代理人，理应为实现股东利益最大化而进行公司的经营，但是由于双方利益有时并不一致，由此产生的成本即为代理成本。在公司正常经营时，董事会由股东大会选出，甚至有的股东和董事身份重合，代理成本较低。但是，在公司资不抵债或者进入破产程序后，上述论述则不再具有说服力了。曾获诺贝尔奖的经济学家米勒认为，“在企业已经资不抵债之时，应当认为企业的股东已经丧失了对于企业的权益，从而丧失了对债务人企业的所有权，取而代之的是债权人”。① 尤其在公司资不抵债时，

① “From a bloodless finance perspective, a default signifies merely that the stockholders have now lost their entire stake in the firm. Their option, so to speak, has expired worthless. The creditors now become the new stockholders and the return on their original debt claims becomes whatever of value is left in the firm.” Merton H. Miller, Leverage, 46 *The Journal of Finance* 479, 484 (1991).

有限责任制度下的公司股东并不为公司的债务承担责任，因此可能采取鲁莽冒险的高风险投资行为，从而加重公司的负债损害债权人的利益。[①]

因此，此时继续由债务人所有者或者相关人员负责公司的管理和经营，不利于更好地保障破产程序中公司所有者——债权人的利益。因此，债务人及其相关人员在破产程序开始后不再具备企业的控制权，在比较法上，各国破产法大都规定，“除非采用债务人自我管理，否则破产程序一经开始，原企业的所有者和管理层即被剥夺对企业的控制权”，[②] 而是由管理人在债权人会议的监督下进行管理，我国企业破产法的制度设计亦是如此，这也是债权人自治原则的体现。

不过，由于债务人原管理人员仍然是最为熟悉债务人公司的财务和资产状况的人员，此时则负有向法院提交财务资料、保管财产和资料（指定管理人之前）及提供信息、回答询问等协助义务。《企业破产法（试行）》第二十七条仅规定了企业法定代表人的义务，《企业破产法》第十五条则对破产期间债务人及有关人员的义务作了明确规定。

法律实务

（一）对债务人实体上的法律效果

1. 债务人进入程序前 1 年内的违法行为被撤销

根据《企业破产法》第三十一条的规定：“人民法院受理破产申请前一年内，涉及债务人财产的下列行为，管理人有权请求人民法院予以撤销：（一）无偿转让财产的；（二）以明显不合理的价格进行交易的；（三）对没有财产担保的债务提供财产担保的；（四）对未到期的债务提前清偿的；（五）放弃债权的。”实践中，对债务人上述行为的审查，需看企业提供的近 1 年内履行的全部合同明细表及合同原件。如债权人发现管理人怠于行使撤销权的，债权人可以依据《合同法》第七十四条等规定提起诉讼，请求撤销债务人上述行为并将因此追回的财产归入债务人财产。

2. 债务人进入程序后个别清偿无效

债务人进入破产程序后，各债权人应当向管理人申报债权，同时管理人接

---

① Thomas H. Jackson, *The Logic and Limits of Bankruptcy Law*, Harvard University Press, 1986, p. 205.

② 许德风：《破产法基本原则再认识》，载《法学》2009 年第 8 期。

管债务人财产后进行统一管理，公平分配。如发生债务人向个别债权人清偿的行为，将对其他全部债权人的权益造成损害，该行为无效。如果实际发生了个别清偿行为，管理人应当依法向接受受偿的债权人追回财产。

如在破产受理前6个月内发生个别清偿，且债务人已经具备破产原因，管理人有权行使撤销权，但个别清偿使债务人获益的除外。

在债务人进入破产程序后，个别清偿一律无效；在债务人进入破产程序前6个月且债务人已具备破产原因时，个别清偿属于可撤销的行为。但在符合可撤销情形下的个别清偿也有有效的例外情形：

（1）债务人对以自有财产设定担保物权的债权进行个别清偿的有效，但债务清偿时担保财产的价值低于债权额的除外。

（2）债务人经诉讼、仲裁、执行程序对债权人进行个别清偿的有效，但债务人与债权人恶意串通损害其他债权人利益的除外。

（3）债务人为维系基本生产需要而支付水费、电费等以及债务人支付劳动报酬、人身损害赔偿金的有效。

3. 债务人进入程序后违法行为无效

债务人进入破产程序后为逃避债务而隐匿、转移财产的行为以及虚构债务或者承认不真实债务的行为，均属无效行为，管理人应当依据《企业破产法》第三十三条的规定提起诉讼，主张返还债务人财产。

4. 债务人的债务人或财产持有人的义务

破产申请受理后，管理人应当向债务人的债务人或者财产持有人发出清偿债务或者交付财产的通知，要求其在规定的期限内履行清偿义务或交还债务人财产。关于该类财产司法追回问题，《破产审理若干规定》第七十三条规定："清算组应当向破产企业的债务人和财产持有人发出书面通知，要求债务人和财产持有人于限定的时间向清算组清偿债务或者交付财产。破产企业的债务人和财产持有人有异议的，应当在收到通知后的七日内提出，由人民法院作出裁定。破产企业的债务人和财产持有人在收到通知后既不向清算组清偿债务或者交付财产，又没有正当理由不在规定的异议期内提出异议的，由清算组向人民法院提出申请，经人民法院裁定后强制执行；破产企业在境外的财产，由清算组予以收回。"该规定是特定时期的产物，与现行《企业破产法》立法精神不符，目前虽未废止，但实践中如对实体权利产生争议，破产受理法院一般不再适用该规定。针对该种情况，四川高院《审理破产案件解答》第三部分第2条中就明确规定："如果相关财产明确登记在破产企业名下，管理人可根据《企业破产法司法解释二》第六条的规定向受理破产案件的人民法院申请采取保全措施；如果相关财产不在破产企业名下，破产企业仍主张享有一定权属，或要求对方履行一定的债务，应依法提起衍生诉讼，取得人民法院生效法律文书后再强制执行。"

5. 债务人的董事、监事和高级管理人员的非正常收入和侵占企业财产的追回

破产受理之前，债务人的董事、监事和高级管理人员利用职务便利获取过高的收入或侵占公司财产的，管理人可依据《企业破产法》第三十六条规定予以追回。《破产法司法解释二》对于非正常收入进行了规定，主要包括：绩效奖金；普遍拖欠职工工资情况下获取的工资性收入；其他非正常收入。实践中，对于过高的非正常收入的认定非常困难，特别是在需要继续聘用高管人员或者在债务人自营的情形下，高管人员的工资若执行职工平均工资难以留住上述人员继续在企业工作，除非工资过高十分明显，一般情况下高管人员的工资可以按照原来的工资标准继续支付，已经支付的也不宜认定为非正常收入。

6. 债务人的出资人应向债务人依法缴付未履行的出资或者返还抽逃的出资本息

进入破产程序后，债务人的出资人如仍未完全缴纳出资或者存在抽逃出资的情形，应当将出资足额支付或返回，否则管理人可代表债务人提起诉讼，要求公司的发起人和负有监督股东履行出资义务的董事、高级管理人员，或者协助抽逃出资的其他股东、董事、高级管理人员、实际控制人等承担相应责任，并将追回的财产归入债务人财产。

7. 进入破产程序后债务人继续经营的问题

债务人进入破产程序后，管理人应当及时对企业的经营情况进行调查，并分析债务人继续经营的可行性和必要性，之后出具书面意见报人民法院许可，人民法院可根据情况决定是否召开听证会听取各方意见。《企业破产法》第二十六条规定："在第一次债权人会议召开之前，管理人决定继续或者停止债务人的营业或者有本法第六十九条规定行为之一的，应当经人民法院许可。"管理人决定继续经营的基本原则为不减少债务人财产，且不损害债权人利益。

（二）对债务人程序上的法律效果

1. 债务人应当向人民法院提供企业的相关资料

人民法院受理破产申请后，债务人应当根据人民法院的要求提交其财产状

况说明、债务清册、债权清册、财务会计报告等有关材料，以便人民法院进一步了解债务人的具体情况。如果发生债务人拒不提交的情形，人民法院可以对债务人的直接责任人员采取罚款等强制措施。

2. 债务人的有关人员应负的相关义务

债务人的有关人员主要包括法定代表人、财务管理人员和其他经营管理人员。法定代表人履行义务是法定的，其他人员履行相应义务需经人民法院决定。

在企业交由管理人接管之前，债务人的有关人员负有妥善保管财产、资料等义务。在破产程序的整个过程中，有关人员应负的主要义务还包括：根据人民法院、管理人的要求进行工作，并如实回答询问；列席债权人会议并如实回答债权人的询问；未经人民法院许可，不得离开住所地；不得新任其他企业的董事、监事、高级管理人员。

相关依据

1. 《企业破产法》第十五条、第十六条、第十七条、第二十六条、第三十一条
2. 《破产法司法解释一》第六条
3. 《破产法司法解释二》第十四条、第十五条、第十六条、第十七条、第二十条
4. 《破产审理若干规定》第十六条、第七十三条

二、对债权人的法律效果

理论背景

破产申请受理后，债权人对债务人行使权利必须在破产程序内进行，债务人对个别债权人的债务清偿无效。债权人需在债权申报期限内向管理人申报债权以主张权利。除此之外，根据债权性质不同、是否有担保以及是否互负债务等个别性差异，债权人可在法定期限内依据法律规定的其他方式向管理人主张。

之所以在破产申请受理后债权人的权利受到上述影响，主要是由于破产程序中应当遵循破产债权平等保护原则。在一般情形下，债务人拒绝履行所负债务时，债权人可向人民法院申请强制执行获得清偿。债务人对数个债权人负有

债务且均申请强制执行时，依据实体上的优先权以及程序上所获强制执行文书的先后，确定清偿之顺位。“法律不保护在权利上睡觉之人”，这样的制度有助于鼓励债权人积极主张权利以获得优先顺位，在债务人资产充足的情况下这样的安排具有合理性。然而，在破产情形下，由于债务人已经具备破产原因，陷入资不抵债的财产状况，注定无法以其财产全额清偿所有债权人的债务，此时，若允许个别清偿或仍然遵循“先来后到”的原则，可能会给其他众多债权人利益带来极大的损害。因此，在破产程序中，债权的相对性被打破，排除了个别强制执行，所有债权人被纳入到统一的破产法框架内予以评价，同类债权人以同等清偿比例获得清偿。上述债权平等原则，也是破产法基本原则之一，甚至被认为是破产法的“起始原则”或者“任何破产法都必须遵循的最高准则”。①

法律实务

（一）对债权人实体上的法律效果

1. 债权人可申报债权也可向保证人主张权利

债务人进入破产程序后，债权人在向主债务人申报债权的同时也可诉请保证人承担责任。根据《破产会议纪要》第31条的规定，破产程序终结前，已向债权人承担了保证责任的保证人，可以要求债务人向其转付已申报债权的债权人在破产程序中应得清偿部分。破产程序终结后，债权人就破产程序中未受清偿部分要求保证人承担保证责任的，应在破产程序终结后6个月内提出。保证人承担保证责任后，不得再向重整或和解后的债务人行使求偿权。

2. 全部债权自人民法院受理破产案件之日视为全部到期且全部停止计息

根据《企业破产法》第四十六条的规定，在破产申请受理时仍未到期的债权，视为到期，附利息的债权自破产申请受理时起停止计息。即债务人进入破产程序后，全部债权人均可以就其对债务人享有的债权向管理人申报债权，无论该债权是否已经到期，但是债权人在申报债权时的利息计算只能计算至破产受理日，之后发生的利息不予确认。

3. 破产重整程序中担保债权人担保物权的行使

根据《九民会议纪要》第112条的最新规定，虽然担保物权人在破产程序

---

① 许德风：《破产法基本原则再认识》，载《法学》2009年第8期。

中享有别除权，但债务人进入破产程序后，担保债权人的担保物权暂停行使，管理人或自行管理的债务人应当及时确定担保物是否为重整所必需的资产。如该资产的处置不影响重整程序，应该对担保物进行拍卖或变卖，并将拍卖所得价款在支付拍卖、变卖费用后优先清偿担保物权人的债权。

在担保物权暂停行使期间，如出现《企业破产法》第七十五条规定的情形，即担保物有损坏或价值明显减少的可能，担保物权人可向人民法院请求恢复行使担保物权，人民法院经审查认为担保物权人的申请不符合第七十五条的规定，或者虽然符合该条规定但管理人或者自行管理的债务人有证据证明担保物是重整所必需，并且提供与减少价值相应担保或者补偿的，人民法院应当裁定不予批准恢复行使担保物权。担保物权人不服该裁定的，可以自收到裁定书之日起 10 日内，向作出裁定的人民法院申请复议。如人民法院裁定批准行使担保物权的，管理人或者自行管理的债务人应当自收到裁定书之日起 15 日内启动对担保物的拍卖或者变卖，拍卖或者变卖担保物所得价款在支付拍卖、变卖费用后优先清偿担保物权人的债权。

该条规定的目的在于保证企业重整价值，进而在确保维护全体债权人利益的同时，兼顾保护担保物权人的合法权益，避免担保物权人的权利过度让渡。但实践中如何确定担保物为重整所必需并无明确标准，且实际操作起来也会存在争议，因此管理人大多还是采取暂停行使担保物权的处理方法。

（二）对债权人程序上的法律效果

1. 破产受理后债权人仅能向管理人申报债权，无须另行提起新的诉讼或申请强制执行

债权人可按照法定流程向管理人提交证明债权债务关系的资料进行债权申报，未诉或未执行的债权无须再向人民法院提起诉讼或申请强制执行，人民法院对此也不予受理。管理人负责编制债权表，并交由第一次债权人会议核查。如债权人对债权表上的债权有异议，可以向受理破产申请的人民法院提起债权确认之诉。

2. 破产受理前已经对债务人提起的给付之诉，人民法院可继续审理，但裁判结果应当与《企业破产法》及相关司法解释相协调

根据《企业破产法》第二十条及《九民会议纪要》第 110 条的规定，管理人接管债务人财产和诉讼事务后，破产受理前已经开始的民事诉讼由管理人继续参加诉讼，人民法院作出的裁判结果应与《企业破产法》及相关司法解释相

一致，如债权人的借款利息应当截至破产案件受理之日、应该扣除债权人通过破产程序清偿的债权而避免双重受偿等。

需注意的是，在裁判未作出之前，债权人可以向管理人申报债权，但原则上不得行使表决权，除非人民法院临时确定其债权额，债权人可在临时确认的债权额范围内行使表决权。

3. 债务人进入破产程序后，债权人不能就债务人对外享有的债权提起代位诉讼

债务人进入破产程序后，对其他人享有的债权应当作为破产财产由管理人追回后由全体债权人公平受偿。实践中，债务人进入破产程序后债权人以提起代位权之诉的方式向债务人的债务人提起诉讼，其目的是让其债权能够单独受偿，这显然不符合《企业破产法》的规定。对于此种情况，人民法院应当依法驳回其诉讼请求。

相关依据

1. 《企业破产法》第十六条、第二十条、第四十条、第四十四条、第四十六条、第四十八条、第五十八条、第七十五条

2. 《破产法司法解释二》第四十一条

3. 《九民会议纪要》第110条、第112条

三、对未履行完毕合同的法律效果

理论背景

进入破产程序后，对破产申请受理前成立而债务人和对方当事人均未履行完毕的合同，依照对债务人财产最大化的原则，管理人可以选择决定继续履行或者解除合同。若管理人决定继续履行，合同相对人有权请求管理人提供担保，不提供担保视为解除合同，同时相对人对继续履行合同享有的债权属于共益债务；如果管理人决定解除合同，合同对方当事人仅能以合同不履行所产生的损害赔偿请求权申报普通债权。为避免管理人怠于履行该项权利，《企业破产法》还规定了破产受理后两个月的期限以及合同对方当事人的催告权，若在

规定期限内管理人无答复则视为解除。[1]

破产程序开始后，双方均未履行完毕合同处置的问题十分复杂，我国《企业破产法》的规定则相对概括，例如，在比较法上，对于某些特殊类型的合同，各国立法均有强制剥夺管理人选择权的规则。第一，对于因破产程序开始而自动终止的合同。这类存续基础是双方当事人的特殊信任，如委托合同。依照《合同法》第四百一十一条、第四百一十二条之规定，合同一方破产属于终止委托合同的法定事项之一，如何与管理人的选择权进行衔接存在争议。第二，破产程序开始后应当继续存续的合同，如所有权保留的合同。破产程序中，对债务人持有财产的所有权人有取回权，一般认为，所有权保留制度的宗旨是担保出卖价款请求权之实现，具备类物权的性质。《最高人民法院关于审理买卖合同纠纷案件适用法律问题的解释》第三十六条第一款中规定："买受人已经支付标的物总价款的百分之七十五以上，出卖人主张取回标的物的，人民法院不予支持"，这是对出卖人取回出卖物的限制规定。取回权制度如何与所有权保留的买卖合同在破产法框架下衔接则成为问题，而按照《破产法司法解释二》第三十四条之规定，所有权保留合同应当放在双方待履行合同的框架下考虑，管理人依法享有选择权。但是在《破产法司法解释二》第三十六条中规定，即便买受人支付比例超过百分之七十五，在出卖人破产的情形下管理人仍然可以解除合同；在第三十七条中，规定买受人破产同时管理人选择继续履行时，还赋予其付款超过百分之七十五便可免予违约的特权。此外，对于房屋租赁合同、知识产权许可合同等具有某种持续性的合同，我国破产法均未作出明确的规定，实践中如何处置存在很大的争议。[2]

法律实务

《企业破产法》第十八条规定："人民法院受理破产申请后，管理人对破产申请受理前成立而债务人和对方当事人均未履行完毕的合同有权决定解除或者继续履行，并通知对方当事人。管理人自破产申请受理之日起二个月内未通知

---

① 全国人大常委会法制工作委员会：《中华人民共和国企业破产法释义》，法律出版社2016年版，第33－35页。

② 李永军、王欣新、邹海林、徐阳光：《破产法》，中国政法大学出版社2017年版，第118－121页；许德凤：《破产法论·解释和比较功能的视角》，北京大学出版社2015年版，第145－155页。

对方当事人，或者自收到对方当事人催告之日起三十日内未答复的，视为解除合同。管理人决定继续履行合同的，对方当事人应当履行；但是，对方当事人有权要求管理人提供担保。管理人不提供担保的，视为解除合同。”

（一）对于未履行完毕合同的界定

未履行完毕的合同是指当事人的合同主要义务均未履行完毕的合同，即只要有一方已经完成了合同主要义务，就不应当界定为未履行完毕合同。否则，一方当事人已经履行完合同义务，在此情况下解除合同将会对其造成损失，损害其合法权益，故在此情况下不应当再行使解除权。例如在加工承揽合同中，定作人仅支付部分货款，承揽人已经完成货品的制作并交付债务人，此时该加工承揽合同不属于未履行完成的合同。

广东高院《审理破产案件指引》第三十六条第一款规定：“破产受理前成立，债务人未履行完毕，对方当事人履行完毕的合同，自破产受理之日解除；债务人履行完毕，对方当事人未履行完毕的合同，管理人可以要求对方当事人继续履行。双方均未履行完毕的合同，按照企业破产法第十八条的规定处理。”该条规定债务人未履行完毕的合同，不论对方当事人是否履行完毕，合同均可解除。该规定在实务操作中是否可行值得商榷，实践中还是应当视具体情况而定，如债务人承租的土地、房屋租赁合同一旦解除，其地上附属物、存储物可能会面临拆除、搬迁的尴尬境地，将会直接影响破产程序的推进。

（二）决定是否履行的标准

管理人决定解除或者继续履行合同的原则和标准是：有利于保护债务人财产以及债权人利益最大化，进而维护全体债权人的利益。故继续履行合同应当具备的条件包括继续履行合同应与企业继续经营活动有密切关联、继续履行合同能够促进债务人财产的保值增值、继续履行合同能够有利于全体债权人的利益等。

（三）行使解除权的主体

行使解除权的主体包括管理人和相对人。管理人可以决定是否行使解除权，但对方当事人可以要求管理人提供相应的担保，如管理人不提供，则视为解除合同。《企业破产法》的规定是为了平衡合同双方当事人的权利义务，不能仅为了保护债务人的财产而损害到合同相对方的合法权益。

（四）继续履行合同的许可主体

第一次债权人会议之前继续履行合同的许可主体应为人民法院，第一次债权人会议之后的许可主体为债权人委员会，未设立债权人委员会的，许可主体仍为人民法院。

（五）因继续履行合同而在破产受理前发生债务的处理

目前存在两种观点：一种观点认为如继续履行合同能够确保债务人资产的保值增值，且基于同一合同利益的平等保护，可以作为共益债务；另一种观点则认为，破产受理前产生的债务相关债权人均应当申报债权，不能作为共益债务。实践中一般认为作为共益债务更为合理，也符合公平原则。如仅是管理人决定继续履行合同，相对方在合同利益受损的情况下不同意继续履行，也无法达成合同继续履行的合意。

相关依据

1. 《企业破产法》第十八条
2. 《合同法》第四百一十一条、第四百一十二条
3. 《破产法司法解释二》第三十四条、第三十五条、第三十六条、第三十七条、第三十八条
4. 《最高人民法院关于审理买卖合同纠纷案件适用法律问题的解释》第三十六条
5. 广东高院《审理破产案件指引》第三十六条

四、对其他程序的法律效果

理论背景

人民法院受理破产申请后，基于保护债务人财产的目的和平等清偿的原则，也会对其他程序产生一系列的影响。具体而言：

第一是保全措施解除。所谓保全，是指“在诉讼、仲裁或行政执法活动中，为了避免债务人财产被非法转移、人为或自然损毁或灭失，对该财产临时

采取的保证其安全的措施，包括查封、扣押、冻结等”①，这里的解除保全，并非一般意义上因为保全不当或目的实现而最终解除，而是为了实现整体清偿而将所有财产纳入破产程序之中。

第二是执行程序中止是对债务人财产的执行中止。一般民事程序中的执行程序目的是实现个别清偿，而破产程序乃是概括清偿，为了全体债权人公平受偿，所以一般民事程序的执行程序应当中止。

第三是诉讼和仲裁中止，包括有关债务人诉讼和仲裁，以及对次债务人提起的代位权诉讼和基于公司法刺破公司面纱制度提起的诉讼，目的在于在管理人接管之前，防止债务人以及相关人在诉讼中处分实体权利，危害债权人的整体利益。

第四是受理破产申请后，为了协调破产程序和民事程序，有关债务人的民事诉讼只能向受理破产申请的人民法院提起。人民法院受理破产申请后，对债务人与他人已经签订的约定仲裁的条款是否产生影响，实务中虽有争议，但是理论上并不存在问题。原因在于，民事裁判权的范围包括法院的主管与管辖。法院的管辖是指确定法院之间受理民事案件的分工和权限，是司法职能管辖权。其划定了法院职权和权能的外部边界，确定了解决民事纠纷时与其他机构（包括行政机关、仲裁机构、人民调解委员会等）的权力分配，当事人如果约定仲裁条款，则客观上不属于人民法院主管的民事诉讼范围，自然不会受到破产受理后法院管辖变化的影响。

法律实务

（一）保全措施解除，执行程序中止

《企业破产法》第十九条规定：“人民法院受理破产申请后，有关债务人财产的保全措施应当解除，执行程序应当中止。”破产申请受理后，管理人应当在接管债务人资产后了解资产查封情况，并及时通知各个保全法院、执行法院解除查封、中止执行程序。但在特殊情况下，破产受理法院可以依据申请或依职权对债务人的有关财产进行保全。

对于拒不解除保全措施和中止执行的处理方式为：报请上级法院解决。

① 李永军、王欣新、邹海林、徐阳光：《破产法》，中国政法大学出版社2017年版，第31页。

《九民会议纪要》第109条规定："相关人民法院拒不解除保全措施或者拒不中止执行的，破产受理人民法院可以请求该法院的上级人民法院依法予以纠正。"江苏高院《破产审理指南》第二章第六节第三条规定："省内法院采取保全措施的，应当自收到通知后七日内解除保全措施，逾期不解除保全措施的，受理破产申请的人民法院可以层报共同上级法院解除保全措施，上级法院自收到报请后三日内立案监督，符合条件的，自立案后十五日内径行裁定解除保全措施。"山东高院《破产审理指引》第四十五条也有类似规定。该方式是目前各地采取的比较普遍的一种方式，对于保全措施的解除仍是以通知采取保全措施的法院进行解除，如拒不解除，需报共同上级法院进行处理。但在实践中这一规定的操作性不是太强，管理人需花费大量时间去协调有关法院解除保全措施、中止执行程序。协调不成的需破产受理法院报该法院的上级法院进行处理，如是省外的法院，还需要报最高人民法院进行处理。这样的程序设计，并不完全符合破产程序中对提高工作效率的需要。当前有的地方法院已经注意到该问题，并作出了一些突破性的规定，值得借鉴，如广东高院《审理破产案件指引》第三十八条第三款规定："执行法院知悉破产申请受理后不予解除或不出具委托解除函的，破产案件受理法院可以出具协助执行通知书，要求有关协助执行单位解除，并报告共同上级人民法院。"

（二）民事诉讼或仲裁的中止与继续

《企业破产法》第二十条规定："人民法院受理破产申请后，已经开始而尚未终结的有关债务人的民事诉讼或者仲裁应当中止；在管理人接管债务人的财产后，该诉讼或者仲裁继续进行。"但已经受理而尚未终结的以债务人为被告的债权给付之诉，应当变更为债权确认之诉，以防止出现个别清偿的情形，或者人民法院判定当事人实体权利义务时避免出现与《企业破产法》及其司法解释相违背的情形。《九民会议纪要》未再要求将给付之诉变更为确认之诉。

此外，《破产法司法解释二》也对债权人提起的代位权诉讼、出资人瑕疵出资的诉讼、人格混同的诉讼作出了中止审理的规定。第二十一条规定："破产申请受理前，债权人就债务人财产提起下列诉讼，破产申请受理时案件尚未审结的，人民法院应当中止审理：（一）主张次债务人代替债务人直接向其偿还债务的；（二）主张债务人的出资人、发起人和负有监督股东履行出资义务的董事、高级管理人员，或者协助抽逃出资的其他股东、董事、高级管理人员、实际控制人等直接向其承担出资不实或者抽逃出资责任的；（三）以债务人的股东与债务人法人人格严重混同为由，主张债务人的股东直接向其偿还债务人对其所负债务的；（四）其他就债务人财产提起的个别清偿诉讼。债务人破产宣告后，人民法院应当依照企业破产法第四十四条的规定判决驳回债权人的诉讼请求。但是，债权人一审中变更其诉讼请求为追收的相关财产归入债务人财产的除外。债务人破产宣告前，人民法院依据企业破产法第十二条或者第一百零八条的规定裁定驳回破产申请或者终结破产程序的，上述中止审理的案件应当依法恢复审理。”破产申请受理后新提起要求债务人清偿的民事诉讼，人民法院不予受理，应该向管理人申报债权。破产受理后，当事人之间在破产申请受理前订立有仲裁条款或仲裁协议的，仍应当向选定的仲裁机构申请确认债权债务关系。

（三）债务人民事诉讼的管辖

债务人进入破产程序后，有关债务人的民事诉讼实施集中管辖，即由受理破产申请的人民法院管辖。该集中管辖的适用前提有三个：

1. 诉讼主体中包含债务人的，如原告、被告、有独立请求的第三人等。但对于不涉及债务人实体权利与义务的民事诉讼，如无独立请求权的第三人，是否适用集中管辖目前存在争议。江苏高院《破产审理指南》明确规定不包括无独立请求权的第三人。

2. 仅是适用民事诉讼程序，其他如刑事诉讼、行政诉讼等不适用集中管辖。

3. 仅针对诉讼程序，仲裁条款不受影响。《破产法司法解释三》第八条规定：“债务人、债权人对债权表记载的债权有异议的，应当说明理由和法律依据。经管理人解释或调整后，异议人仍然不服的，或者管理人不予解释或调整的，异议人应当在债权人会议核查结束后十五日内向人民法院提起债权确认的诉讼。当事人之间在破产申请受理前订立有仲裁条款或仲裁协议的，应当向选定的仲裁机构申请确认债权债务关系。”即使有关债权确认的问题，如果破产申请受理前订立了仲裁条款的，应由仲裁机构审理确认债权债务关系。山东高院《破产审理指引》第八条也明确规定了破产受理前订立的仲裁条款和仲裁协议不受影响。

这里需要注意的是，根据《九民会议纪要》第 113 条的规定，重整计划执行期间，因重整程序终止后新发生的事实或者事件引发的有关债务人的民事诉讼不适用集中管辖。

（四）进入破产程序后的诉讼主体

《企业破产法》第二十五条规定的管理人职责中包括代表债务人参加诉讼、仲裁或者其他法律程序，即企业进入破产程序后由管理人作为诉讼代表人应诉。虽然企业进入破产程序，但企业主体并未消亡，仍具备民事主体资格，债务人的诉讼主体地位并未灭失，诉讼中的当事人仍为债务人，管理人仅是作为债务人的诉讼代表人应诉。但管理人依据《企业破产法》第十六条、第三十一条、第三十二条、第三十三条提起的请求撤销个别清偿行为之诉、破产撤销权之诉以及确认债务人行为无效之诉，系由管理人直接作为诉讼主体参加诉讼。山东高院《破产审理指引》对此作出了明确规定。此外，四川高院《审理破产案件解答》第二章第一条还规定了破产抵销无效的诉讼由管理人直接作为诉讼主体提起诉讼。

相关依据

1. 《企业破产法》第十七条、第十九条、第二十条、第二十一条
2. 《担保法》第十七条
3. 《破产法司法解释二》第六条、第七条、第二十一条、第四十四条
4. 《破产法司法解释三》第八条
5. 《破产审理若干规定》第十九条、第二十条
6. 《九民会议纪要》第109条、第110条、第113条
7. 山东高院《破产审理指引》第八条、第四十四条、第四十五条、第四十六条、第四十七条、第四十八条、第四十九条
8. 江苏高院《破产审理指南》第二章第六节第三条、第四条、第五条、第六条、第七条、第八条、第九条
9. 四川高院《审理破产案件解答》第二章第一条

第二章　破产参与人

第一节　管理人

一、管理人的权利义务

理论背景

管理人的权利义务是指在企业破产程序中，法律赋予管理人有权为或不为一定的行为及应当履行的职责。管理人的权利义务主要规定在《企业破产法》第十五条、第二十三条、第二十五条、第二十七条和第一百三十一条中，其中，第二十五条概括式地列举了破产程序进程中管理人接管和管理财产与营业事务的职责。

在重整程序和清算程序中管理人承担较多的职责，但是在和解程序中主要是债务人自主进行。具体而言，在破产重整程序中，重整期间内管理人有制订重整计划草案、管理财产和营业事务等职责，若是债务人自行管理，则管理人应当予以监督；重整计划执行期间，管理人依法监督债务人的执行。在破产清算程序中，管理人则需要管理破产财产和对破产财产进行变价、分配、执行等，同时破产清算意味着企业主体资格的消灭，因此在破产程序终结后管理人还需负责企业的注销登记。

总体看来，上述有关管理人权利义务的规定仍然较为粗略，实践中存在的破产案件效率低、周期长等问题，很大程度上也是管理人对自身职责范围不明确的表现。“只有明确其工作职责和任务，规范工作程序，才能提高工作质量和效率。只有紧紧抓住管理人工作的实体任务和工作程序的规范化，才能真正解决工作无头绪，任务多年完不成的顽疾，改变人们对破产审判工作低效率、低质量的旧印象。”[①] 实务操作中，最为突出的表现是管理人的职责与法院职能划分不清晰，导致管理人缺位与法院越位的现象经常出现。为此，《破产会议纪要》在管理人的职权和责任方面提供了指引。具体而言，第一，管理人要切实履职，法院不得替代决定，管理人亦不能将职责转让。第二，对重整管理人的特定职责予以明晰，并要求法院督促管理人落实监督职责。同时，《破产会议纪要》还对重整监督期间、重整等破产程序转化时管理人的职责进行了明确。[②]

法律实务

（一）管理人的权利

管理人具有中立性、独立性和专业性的特点，其主要权利如下：

1. 管理权。“管理人管理破产财产、处理破产事务，依据《企业破产法》的规定进行，既不听从债务人的指示，也不依赖债权人的意志，即使对法院也保持一定的独立性。”[③] 管理人有权基于自己的专业知识，依法管理破产财产、处理破产事务不受任何人的干涉。如基于增加债务人财产以提高债权人清偿比例为目的而享有管理债务人财产的权利，审查申报债权并调查职工债权的权利，全面接管债务人财产、印章与账簿和文书等资料的权利，对债务人财产的调查权，通过撤销个别清偿、要求出资人补足出资等追回债务人财产的权利，取回债务人质押、留置物的权利等。

2. 决定权。如决定债务人财产、人员及经营管理等权利；决定债务人日常开支及其他开支的权利；决定债权人会议成立前债务人是否继续营业的权利；正在履行中合同的解除还是履行及提供担保的决定权等。

3. 处分权。根据《企业破产法》第六十九条规定，所涉财产权转让、担保等对债权人利益有重大影响行为的权利。

4. 获得报酬的权利。管理人接受人民法院指定，管理债务人财产，处理破产事务，根据《企业破产法》第二十八条的规定，依法享有取得报酬的权利。

---

① 杜万华：《中国破产审判工作崛起及其配套制度与工作机制》（2019 年 12 月 20 日在四川省法学会破产法学研究成立大会上的学术报告）。

② 贺小荣、王富博、杜军：《管理人与重整制度的探索与完善》，载《人民司法（应用）》2018 年第 13 期。

③ 黎晨辉：《论我国破产管理人权利义务及立法完善》，载《法治与社会》2018 年第 11 期（上）。

在我国，管理人由人民法院指定，其报酬也由人民法院确定，并从破产财产中支付。

5. 诉讼等其他权利。管理人接受人民法院指定后，有代表债务人或以自己名义进行诉讼的权利。此外还享有提议召开债权人会议、拟定提交重整计划草案、破产财产变价方案、破产财产分配方案等程序性权利及对破产财产进行处置、分配等实体性权利。

（二）管理人的义务

管理人应履行如下基本义务：

1. 注意义务

管理人的注意义务本质上是一种管理型的义务，是管理人在履职过程中运用自己的专长、知识、经验等技能达到某种标准的义务。例如在审核债权时，管理人应当认真审查债权人提供的申报材料，根据法律法规的相关规定，出具审核结论。管理人在管理破产财产和处理破产事务时，要争取实现破产财产价值最大化，以及制定切实可行的经营方案等方面的义务也属于注意义务的范畴。管理人的注意义务有以下特点：（1）要具备一定的资格和相关能力，能胜任管理人工作；（2）一般不得将管理人自己应承担的法定职责转让给他人；（3）履行职务要积极主动，不得因履职不及时给债务人的财产造成损害；（4）应谨慎处理突发情况，能及时采取有效措施避免不利结果发生。

2. 勤勉尽责，忠实执行职务义务

《企业破产法》第二十七条规定：“管理人应当勤勉尽责，忠实执行职务。”勤勉尽责、忠实履职可以概括为忠实义务，也是管理人最基本的义务，是指管理人在执行职务时，应当最大限度地保护债务人财产和维护全体债权人利益。其特点主要是：（1）忠实义务对象具有广泛性，包含债权人、债务人、人民法院、其他利害关系人，还包括债务人的职工、投资人等。管理人的忠实义务不是单方面的，不单独忠实于哪一方，而是忠实于全体利害关系人。（2）忠实义务的标准是公平公正、合法合规。管理人由人民法院指定，具有一定的资格能力和执行能力，且熟知自身的职责及法律法规的规定，因此，管理人履职过程中，理应公平公正、合法合规。

3. 接受监督的义务

在管理人制度中，破产法赋予了管理人占有、控制、管理和处分破产财产，处理破产事务的权利，“为防止管理人滥用权利，维护管理人的公正性、独立性和客观性，就必须在管理人制度中创设一定的监督机制，防止管理人滥用权力、牟取私利、损害破产债权人或债务人的利益"①，规定管理人接受监督的义务，建立监督管理人的法律机制是十分必要的。

4. 管理债务人的义务

管理人凭借专业技能从事破产管理活动，依法对债务人进行管理。管理人管理债务人的内容包括很多方面，例如对债务人的人事、财产、财务、营业事务、分支机构的接管和管理等。债务人自行管理企业的，管理人负有监督义务，要督促债务人依法有序地开展生产经营活动。

相关依据

1. 《企业破产法》第十五条、第二十三条、第二十五条、第二十七条、第二十八条、第六十七条、第一百三十一条

2. 《破产会议纪要》第8条、第9条、第11条

二、管理人的报酬

理论背景

管理人的报酬是指社会中介机构或自然人在破产案件中担任管理人提供服务时取得的报酬。比较法上，各国普遍规定社会中介机构和自然人管理人有取得报酬的权利，目的在于提供物质激励，保障其积极履职。确定管理人报酬的模式大致有两种：一种是法院主导，即由法院确定管理人的报酬；另一种是债权人主导，即允许债权人会议选任管理人和确定管理人的报酬。② 我国《企业破产法》确立了法院主导的模式，最高人民法院制定的《管理人报酬规定》和《企业破产法》同时施行，对管理人报酬的决定主体、计算方式和支付程序等作出了明确规定。如前所述，在我国，管理人的类型包含自然人、社会中介机构以及清算组。在清算组作为管理人时，可分为两种情况，如清算组不聘请中

---

① 刘雯丽：《我国企业破产重整管理人职能研究》，载《广西大学学报（哲学社会科学版）》，2018年3月第40卷第2期。

② 蔡人俊：《中国企业破产法律制度的新发展》，载《中国法律》2006年第5期。

介机构，仅是由一般清算义务人或政府工作人员等履行职能，依法不需要支付报酬，但如清算组聘用中介机构等作为成员提供服务的，则应当支付合理报酬，其中中介机构的报酬可参照管理人的报酬方法和标准确定。管理人报酬的决定主体方面，人民法院具有决定权。但是，债权人会议对报酬方案有知情、协商和异议的权利。管理人报酬的计算方式：基数为债务人可供清偿财产总额，比例根据债务人基数梯级确定累退比例后各项予以加总。在管理人报酬的支付程序上，包括分期支付和一次性支付两种形式。

实践中，担任管理人的律师事务所和会计师事务所等中介机构乃是人力资源集中而资金积累有限的中介组织，但是实际上破产案件往往周期较长、工作量巨大，加上破产企业往往财务状况不佳，缺乏足够的资金保障会严重影响管理人的执业动力和质量。为此《破产会议纪要》“设计了分期支付为主、一次性支付为辅的报酬支付方式，恰当发挥管理人报酬激励作用；第十二条明确要求各地法院采取争取地方财政部门支持、从破产案件管理人报酬中提取一定比例成立保障资金等方式来解决无力支付报酬问题，推动建立管理人报酬等破产费用保障制度”①。《九民会议纪要》则对重整转清算程序中管理人的报酬计算问题予以澄清，应当综合管理人为重整工作和清算工作分别发挥的实际作用等因素合理确定。重整期间因法定事由转入破产清算程序的，应当按照破产清算案件确定管理人报酬。重整计划执行期间因法定事由转入破产清算程序的，后续破产清算阶段的管理人报酬应当根据管理人实际工作量予以确定，不能简单根据债务人最终清偿的财产价值总额计算。

法律实务

《企业破产法》设立管理人制度的一项重要内容就是赋予管理人收取报酬的权利。管理人享有取得报酬的权利，作为其付出劳动和承担风险责任的对价，这也是管理人制度能够吸引专业水准较高的社会中介机构和人员参与的基本保证。

（一）确定管理人报酬的原则

1. 最高额限制原则。根据《管理人报酬规定》第二条第一款的规定，管

① 贺小荣、王富博、杜军：《管理人与重整制度的探索与完善》，载《人民司法（应用）》2018 年第 13 期。

理人以债务人最终清偿的财产价值总额为基数，在不同数额范围内按照不同的比例计算报酬，但取酬比例原则上不能超过规定的上限。

2. 浮动报酬原则。《管理人报酬规定》第二条第二款规定："高级人民法院认为有必要的，可以参照上述比例在30%的浮动范围内制定符合当地实际情况的管理人报酬比例限制范围，并通过当地有影响的媒体公告，同时报最高人民法院备案。"根据该条规定，高级人民法院可以根据本地区的实际情况制定管理人报酬的浮动标准。

3. 合理支付报酬原则。确定管理人报酬的具体标准，是对管理人和债权人利益平衡点的选择。如果报酬标准过高，必然会影响债权人的分配利益，但如报酬标准过低，则会影响管理人工作的积极性，而且很难吸引高素质的人才从事破产管理工作，不利于破产案件工作质量的提高和管理人队伍的发展，也不利于保护债权人的利益。因此，应结合案件的复杂程度、工作时间以及管理人在处理破产事务上的贡献合理计算管理人报酬。

"按比例确定管理人报酬的制度是一种激励机制，如果破产管理人对破产财产的处理得当，破产财产的变现率较高，其得到的报酬就相应提高。"① 另外，人民法院可以根据破产案件的不同情况确定管理人报酬的支付方式，发挥管理人报酬在激励、约束管理人勤勉履职方面的积极作用。管理人报酬原则上应当根据破产案件审理进度和管理人履职情况分期支付。案情简单、耗时较短的破产案件，可以在破产程序终结后一次性向管理人支付报酬。广东高院《审理破产案件指引》第五十二条规定："管理人报酬按照最高人民法院有关规定，参照管理人工作量、工作效果、工作质量和效率确定。采取竞争方式确定管理人的，还应当参照竞争选任过程中管理人的报酬承诺方案。"江苏高院《破产审理指南》第三章管理人第六条规定："管理人对担保物的维护、变现、交付等管理工作付出合理劳动的，有权向担保权人收取适当的报酬，管理人与担保权人就报酬数额不能协商一致的，人民法院应当根据《最高人民法院关于审理企业破产案件确定管理人报酬的规定》第二条规定的方法确定，但报酬比例不得超出该规定限制范围的十分之一。"

（二）管理人报酬的确定主体

《企业破产法》第二十八条第二款规定："管理人的报酬由人民法院确定，

---

① 孟祥刚：《企业破产纠纷新型典型案例与专题指导》，中国法制出版社2010年版，第95页。

债权人会议对管理人的报酬有异议的，有权向人民法院提出。”可以看出，确定管理人的报酬是人民法院的专属权利，债权人会议对管理人的报酬有异议的，可以向人民法院提出但无权决定。管理人报酬的确定主体是人民法院，而非债权人会议。破产案件中债权人与管理人事实上处于破产利益分配的对立两端，因此由有利益冲突的一方来决定另一方的报酬，这种做法的前提必须是要有健全的职业管理人制度和完善的市场运行机制，目前这个前提尚未完全具备，因此由人民法院确定管理人报酬是符合现阶段我国管理人工作现状的。

（三）管理人报酬的确定标准

《管理人报酬规定》第二条第一款规定：“人民法院应根据债务人最终清偿的财产价值总额，在以下比例限制范围内分段确定管理人报酬：（一）不超过一百万元（含本数，下同）的，在12%以下确定；（二）超过一百万元至五百万元的部分，在10%以下确定；（三）超过五百万元至一千万元的部分，在8%以下确定；（四）超过一千万元至五千万元的部分，在6%以下确定；（五）超过五千万元至一亿元的部分，在3%以下确定；（六）超过一亿元至五亿元的部分，在1%以下确定；（七）超过五亿元的部分，在0.5%以下确定。”根据该规定，管理人报酬采取的是超额累退的计算标准。实践中，对于清算组担任管理人聘请中介机构提供服务的情形，其报酬收取标准做法不一。通常情况下，清算组成员中的国家工作人员不收取报酬，聘任中介机构作为管理人成员的，根据案件实际情况和中介机构的工作成果收取报酬，确定报酬的标准参照上述规定，最终由人民法院按照法定程序确定。

（四）管理人报酬的确定程序

管理人报酬的确定程序是保障管理人报酬确认过程的公平、公正的重要制度。《管理人报酬规定》明确规定了管理人报酬的确定程序。

1. 初定管理人报酬方案。人民法院受理债务人破产申请后，应当对债务人可供清偿的财产价值和管理人的工作量作出预测，初步确定管理人报酬方案，该方案应当包括管理人报酬比例和收取时间。如果人民法院采取公开竞争方式指定管理人的，可以参考社会中介机构提出的报价方案或报价承诺初步确定管理人报酬方案。

2. 确定管理人报酬方案。人民法院应当自确定管理人报酬方案之日起3日内，书面通知管理人。管理人应当在第一次债权人会议上报告管理人报酬方案内容，至于法院何时确定管理人报酬方案法律并无明确规定。

3. 调整管理人报酬方案。债权人会议对管理人报酬方案有意见的，可以进行协商。双方就调整管理人报酬方案内容协商一致的，管理人应将协商结果向人民法院书面报告，并附相应的债权人会议决议。人民法院经审查认为上述结果不违反法律和行政法规强制性规定，且不损害他人合法权益的，应当按照双方协商的结果调整管理人报酬方案。人民法院确定管理人报酬方案后，可以根据破产案件和管理人履行职责的实际情况进行调整。人民法院应当自调整管理人报酬方案之日起3日内，书面通知管理人。管理人应当自收到上述通知之日起3日内，向债权人委员会或者债权人会议主席报告管理人报酬方案调整内容。实践中，管理人报酬方案确定后一般很少进行调整。

4. 确定管理人报酬。人民法院根据管理人的报酬方案和案件的实际情况，最终确定管理人报酬数额及收取时间、方式等。该报酬费用应列入破产财产分配方案，在和解、重整程序中，应列入和解协议草案或重整计划草案中。

相关依据

1.《企业破产法》第二十二条、第二十八条
2.《管理人报酬规定》第二条
3.《破产会议纪要》第10条、第12条
4.《九民会议纪要》第113条、第114条
5. 广东高院《审理破产案件指引》第五十二条
6. 江苏高院《破产审理指南》第三章

三、对管理人的监督

理论背景

对管理人的监督是管理人在破产程序中公平、有效履职的重要保障，根据监督主体的不同，分为人民法院、债权人会议、债权人委员会以及个别债权人的监督等。

第一是人民法院的监督。管理人由人民法院选任、向人民法院报告工作的

模式决定了法院的监督是督促管理人履职的主要方式，除此之外，人民法院作为居中裁判的司法机关，也可依据相关主体的请求作出裁决。第二是债权人的监督。债权人乃是破产程序中直接的利益关系者，因此对管理人的监督具有最充足的动力，因此《企业破产法》同时赋予债权人会议和债权人委员会监督管理人的职权。[①] 第三是个别债权人的监督。《企业破产法》仅是概括规定了债权人的权利，并未明确个别债权人行使监督权的方式和途径，《破产法司法解释三》的第十条则明确了个别债权人的知情权及行使方式、救济方式。

由于破产受理法院往往工作任务繁重，对于管理人的监督无法面面俱到，而债权人会议和债权人委员会在投票多数决的集体决策中往往容易出现“搭便车”的情况，而个别债权人的监督是否能够具体落实还有待实践检验，因此探索积极有效的其他监督方式成为一项新的课题。“各国经验表明，建立管理人行业协会有利于强化管理人行业自治，提升管理人素质和水平。”[②] 近年来，全国各地省级、市级的管理人协会如雨后春笋般涌现，《破产会议纪要》等文件也要求推动各地建立管理人协会，“充分发挥管理人协会在管理人对于指导、规范、发展、淘汰和管理报酬保障等方面的职能作用”[③]，使这一行业自律组织在对管理人监督方面发挥更大的作用和价值。

法律实务

根据《企业破产法》第二十二条和第二十八条的规定，管理人由人民法院指定，报酬也由人民法院确定，管理人对人民法院负责并向其报告工作。人民法院对管理人的监督是宏观上的监督，债权人会议和债权人委员会负责管理人执行具体事务的监督，人民法院保障债权人会议和债权人委员会监督权的行使。人民法院在我国管理人监督体系中起主导作用，债权人和其常设机构债权人委员会辅助人民法院对管理人实施监督。另外，在日常的破产管理工作中，债权人、利害关系人，包括股东、投资人等，也有对管理人监督的权利。

---

① 乔文心：《推进破产审判制度机制建设，提升民商事审判工作质效——最高法民二庭负责人就两个优化营商环境司法解释回答记者提问》，载《人民法院报》2019 年 3 月 29 日。

② 贺小荣、王富博、杜军：《管理人与重整制度的探索与完善——〈会议纪要〉的理解与适用（上）》，载《人民司法（应用）》2018 年第 13 期。

③ 杜万华：《当前破产审判工作必须重点把握的十个问题》，载《人民法院报》2018 年 4 月 4 日第 5 版。

（一）人民法院的监督

人民法院决定是否受理破产申请，并对破产程序实施全面的监督。“人民法院作为国家公权力的代表，为债权人会议等监督主体监督权的行使提供国家强制力的保障，人民法院主导破产程序决定破产案件的进程。”[①] 人民法院对管理人的监督也处于主导地位。《企业破产法》对人民法院监督权的行使作了明确的规定，人民法院的监督权主要体现在以下几方面：

1. 对管理人的任免权。《指定管理人规定》对管理人的更换和解任作了详细的规定，管理人由人民法院从管理人名册中的个人和机构中选任。管理人辞去职务应当经人民法院许可，人民法院也可以依职权或依申请更换管理人。

2. 对管理人报酬的决定权。《管理人报酬规定》第一条规定：“管理人履行企业破产法第二十五条规定的职责，有权获得相应报酬。管理人报酬由审理企业破产案件的人民法院依据本规定确定。”人民法院可根据《管理人报酬规定》的相关规定确定管理人报酬，同时，可根据管理人履职情况来对管理人的报酬作相应的调整。

3. 对管理人执行职务的监督权。《企业破产法》第二十三条第一款规定：“管理人依照本法规定执行职务，向人民法院报告工作，并接受债权人会议和债权人委员会的监督。”管理人在执行职务过程中，要及时向人民法院报告工作情况，一些重大处分行为或决定也需要先向人民法院报告，经人民法院许可后方可实施。

（二）债权人的监督

1. 债权人自行监督。这里主要是指债权人可以通过查阅相关资料、询问管理人破产进程等，行使日常监督权利，保障自己的合法权益。

2. 通过债权人会议行使监督权利。“对管理人实施有效监督的目的在于保障破产程序公平公正，保护债权人合法债权得到清偿。”[②] 债权人会议对管理人的监督主要体现在以下几个方面：

（1）监督管理人执行职务。《企业破产法》第二十三条第二款规定：“管理人应当列席债权人会议，向债权人会议报告职务执行情况，并回答询问。”

---

① 张君明：《理性分析与制度完善：论人民法院对破产管理人的监督》，载《民主与法制》2012年5月。

② 佘子寒：《论我国破产管理人监督机制的完善》，载《法制与社会》2019年第5期（上）。

（2）申请更换管理人。债权人会议发现管理人不称职或有侵害债权人利益的违法行为时有权提出异议，请求人民法院更换管理人。债权人会议提出更换管理人时需举证证明管理人不能胜任职务或不依法公正执行职务。

（3）对管理人的报酬方案提出异议。管理人的报酬方案合理与否，是债权人会议对管理人监督的一项重要内容。债权人会议认为管理人的报酬方案不合理的，可以提出异议，由人民法院决定是否对管理人的报酬方案作出调整。

3. 通过债权人委员会行使监督权利。由于债权人会议是临时性机构，一般都会为债权人会议设立一个常设性的机构——债权人委员会，代表其行使监督权，监督管理人的日常工作。管理人实施财产处分行为时应当向债权人委员会报告，没有成立债权人委员会的，管理人应当向人民法院报告。但涉及重大财产处分的，根据《破产法司法解释三》第十五条的规定，应当事先制作财产管理或者变价方案并提交债权人会议进行表决，债权人会议表决未通过的，管理人不得处分。

（三）其他利害关系人的监督

除了法院、债权人，其他的利害关系人也有对管理人进行监督的权利，例如债务人、出资人、投资人等，都可以了解管理人的履职情况，并可对管理人的履职行为提出意见、建议等。

由于管理人协会目前在全国各地尚未普及，其对管理人进行工作监督的内容及方式方法等，需要在实践中不断研究、探索和完善。

相关依据

1.《企业破产法》第二十二条、第二十三条、第二十八条、第六十一条、第六十九条

2.《破产法司法解释二》第十五条、第三十三条

3.《破产法司法解释三》第十条、第十五条

4.《管理人报酬规定》第一条、第二条、第三条

第二节 债权人

一、债权人的权利义务

理论背景

债权人是破产程序的主导者之一，有时也是破产程序的发动者，在整个破产程序中具有重要地位。债权人的资格是指在破产程序中有权以债权人身份行使权利并请求参与破产财产分配的资格。广义的债权人包括“就破产中特定财产享有优先权的优先权人、担保物权人与就破产财产整体优先受偿的破产财团债权人、就债务人一般财产受偿的一般债权人和后顺位债权人”①。狭义的债权人是无财产担保的债权人和放弃了优先受偿的有财产担保的债权人。

债权人最为主要的义务是配合解除保全和中止执行等。债权人未依法申报债权，便不能取得破产程序当事人地位，也会丧失参加债权人会议的权利。若不配合及时解除保全和中止执行，既不利于整体破产财产的处置，也不利于债权人利益的保护。

债权人最主要的权利即为参加债权人会议的权利和最终参与分配的权利。所有依照《企业破产法》第六章规定申报债权的债权人均为债权人会议成员，包括无财产担保的债权人、有财产担保的债权人和代替债务人清偿债务后享有求偿权的人等。债权人通过债权人会议集体行使权利，债权人会议是全体债权人的意思表示机关，债权人权利行使的方式既可以亲自出席债权人会议，也可以委托代理人出席债权人会议。“特别是由于我国社会保障尚不完善，在企业破产中职工利益受到侵害的现象还比较多，因此规定债权人会议应当有企业职工以及工会的代表参加，不仅仅是参加会议，还允许其对事关职工利益等方面

① 许德风：《破产法论·解释和比较功能的视角》，北京大学出版社2015年版，第163页。

的事项发表意见。"[①] 经过管理人审查、债权人会议核查和法院确认债权的债权人，能够享有参与分配破产财产的权利。除表决权和参与分配的权利之外，债权人还享有知情权、异议权等其他权利。相较于《企业破产法》，《破产法司法解释三》进一步强化了个别债权人的权利保护。一方面，《破产法司法解释三》规定了个别债权人的知情权和查阅权，明确规定单个债权人"有权查阅参与破产程序所必需的债务人财务和经营信息资料，同时明确了管理人无正当理由拒不提供时的救济途径，以充分保护单个债权人知情权的行使"[②]；另一方面，《破产法司法解释三》也明晰了个别债权人对债权表记载行使异议权的路径和方式。

法律实务

（一）债权人的权利

债权人主要权利包括债权申报权、查阅权、知情权、抵销权、表决权等。

1. 债权申报权。《企业破产法》第四十四条规定："人民法院受理破产申请时对债务人享有债权的债权人，依照本法规定的程序行使权利。"因此，债权申报是债权人在破产程序中的一项法定权利，管理人应当及时通知债权人申报债权并发布公告，详细告知债权人申报债权的有关事项并提供相关便利条件，以充分保障其债权申报的权利。

2. 查阅权。债权人可以查阅的资料包括债权表、债权申报材料、审计评估报告、衍生诉讼材料、相关会议记录、管理人工作报告等。查阅相关材料时，需要提交授权委托书、查询档案材料情况说明、查询目的，并提前与管理人进行联系，以便管理人及时备好其所需查阅材料。在查阅时，管理人要做好查阅登记，注明查阅人、查阅材料名称、查阅时间、受托人等信息。

3. 知情权。债权人通过管理人了解的破产程序进程、债权审核确认情况、异议债权处理、优先权认定、审计和评估情况、财产处置以及后期清偿问题等，都属于知情权的范畴。管理人及相关外聘中介机构在债权人会议上所作的

---

① 全国人大常委会法制工作委员会：《〈中华人民共和国企业破产法〉释义及实用指南》，中国民主法制出版社2006年版，第154－157页。

② 乔文心：《推进破产审判制度机制建设，提升民商事审判工作质效——最高法民二庭负责人就两个优化营商环境司法解释回答记者提问》，载《人民法院报》2019年3月29日。

工作汇报、管理人向债权人委员会报告履职情况等，也都属于债权人知情权的组成部分。

4. 抵销权。《企业破产法》第四十条明确规定了债权人行使抵销权的方式及情形，需要注意的是抵销权的行使是债权人主动行使的权利，管理人不得主动行使抵销权，但抵销能使债务人财产受益的除外。

5. 表决权。债权人主要是通过债权人会议行使表决权，债权人会议表决的事项有所不同，主要表决事项有债务人财产的管理方案、债务人财产的变价方案、破产财产分配方案、重整计划草案、和解协议等。

6. 参与分配权。参与债权分配是债权人在破产程序中最重要的权利，债权人在破产程序中的最终目的是获得清偿。因此，同一类型的债权在最终债权分配时拥有平等的权利，例如对特定财产享有担保权的债权，应在担保财产的拍卖、变卖价款的范围内优先受偿，未获清偿的部分转为普通债权清偿。

7. 别除权。《企业破产法》第一百零九条规定："对破产人的特定财产享有担保权的权利人，对该特定财产享有优先受偿的权利。"第一百一十条规定："享有本法第一百零九条规定权利的债权人行使优先受偿权利未能完全受偿的，其未受偿的债权作为普通债权；放弃优先受偿权利的，其债权作为普通债权。"实践中，别除权主要是为了保障抵押、质押等享有优先受偿权利的债权人行使权利，一般会提前对担保财产进行现场指认，确认担保财产的存在状况，然后再根据担保财产变现价值确定优先受偿金额。

8. 核查债权的权利。《企业破产法》第五十八条规定："依照本法第五十七条规定编制的债权表，应当提交第一次债权人会议核查。债务人、债权人对债权表记载的债权无异议的，由人民法院裁定确认。债务人、债权人对债权表记载的债权有异议的，可以向受理破产申请的人民法院提起诉讼。"核查债权是债权人的一项重要权利，债权确认的结果会影响到债权清偿比例，因此，核查债权的权利对债权人来说意义重大。

9. 异议权。债权人对管理人的债权审查结果、债权处理方式、报酬方案等，有权提出异议。管理人对债权人提出的异议，应依法进行回复，针对不同的问题可采取不同的回复方式，不限于书面形式，对于一些简单的问题可以通过电话、微信、短信等方式进行回复。

10. 监督权。债权人监督权的内容比较广泛，行使监督权的形式也比较多样，既可以自行监督，也可以通过债权人会议、债权人委员会行使。

11. 其他权利。除上述列举的主要权利外，债权人还享有其他的一些权利，例如申请撤销债权人会议决议的权利、债权转让的权利等。

（二）债权人的义务

1. 财产保全措施解除与执行程序中止的配合义务

《企业破产法》第十九条规定："人民法院受理破产申请后，有关债务人财产的保全措施应当解除，执行程序应当中止。"《破产法司法解释二》第七条规定："对债务人财产已采取保全措施的相关单位，在知悉人民法院已裁定受理有关债务人的破产申请后，应当依照企业破产法第十九条的规定及时解除对债务人财产的保全措施。"实践中，管理人通过向相关人民法院邮寄解封申请及中止执行申请，协调相关人民法院解除债务人的资产查封，并中止相关执行程序。债权人有义务对此予以积极配合，协助人民法院及时解除对债务人的资产查封、中止对债务人的执行程序。

2. 停止接受债务人个别清偿的义务

债权人有义务配合破产程序，法院受理破产申请后，应停止接受债务人的个别清偿，有符合《企业破产法》第三十二条规定的个别清偿行为的，应配合管理人予以撤销。

3. 履行债权人会议决议的义务

《企业破产法》第六十四条第三款规定："债权人会议的决议，对于全体债权人均有约束力。"据此，债权人应依法遵守债权人会议的议事规则，并履行债权人会议决议。如遵守债权人会议通过的财产管理方案、变价方案、分配方案以及重整计划草案、和解协议等。

4. 其他义务

除上述义务外，债权人还应依法履行其他相关义务，如诚实义务、返还债务人财产的义务、在规定期限内依法申报债权的义务和债权转让后及时变更债权主体的义务等。

相关依据

1.《企业破产法》第十六条、第十九条、第三十二条、第四十条、第四十四条、第四十五条、第四十八条、第四十九条、第五十八条、第五十九条、第六十四条、第六十六条、第一百零九条、第一百一十条

2.《破产法司法解释二》第七条、第四十一条、第四十二条、第四十三条、第四十四条、第四十五条、第四十六条

3.《破产法司法解释三》第十条

二、债权人的法律责任

理论背景

债务人具备破产原因，往往意味着债务人已经陷入财务危机，企业偿还债权人债务的能力大大减弱。债权人或其他利益相关人申请启动破产程序，往往是其期待实现债权所诉诸的最后途径，因为在破产程序中，债权往往并不能获得全额清偿，而除去破产费用和共益债务等支出，普通债权人所获得的清偿极为有限。而债务人对于自身经营不善陷入破产境地负有主要责任，对财产和财务状况也最为知悉。因此，一般认为债权人是整个破产程序各当事人中较为弱势和权利较容易受到损害的一方。相较于破产法施加给债务人移交财产配合调查等诸多义务以及不予配合时的法律责任，法律一般不倾向于让债权人承担过多的法律责任，而是更加注重保护其合法权益，包括鼓励其积极申请启动破产程序，在破产程序中及时申报债权获得合法的债权人地位，以及最终参与破产财产分配等。不论是比较法上各国（地区）破产法的立法例，还是我国《企业破产法》的规定，基本上都贯彻了这样的宗旨。

不过，鉴于实践中确实存在部分债权人恶意申请破产干扰企业经营或是虚构债权参与破产分配的情况，法律也对这样的行为给予了威慑。破产法的基本原则之一是集体清偿，债权人与债务人之间的债权债务关系需要按照破产程序统一进行清理，否则不利于破产财产的完整性和全体债权人的整体利益。因此，法律也要求个别在破产程序开始之前便采取保全或执行措施的债权人予以配合解除相关措施，不予配合的债权人也需要承担一定的法律责任。

法律实务

（一）恶意申请债务人破产的法律责任

根据《企业破产法》及相关司法解释的规定，债务人符合破产的条件，债

权人可以依法申请债务人破产，若债务人不符合《企业破产法》规定的破产条件，债权人恶意申请债务人破产，对债务人、其他债权人、利害关系人造成损害的，受害人可以要求有关债权人承担相应的赔偿责任。

（二）逾期申报债权的法律责任

《企业破产法》第五十六条规定："在人民法院确定的债权申报期限内，债权人未申报债权的，可以在破产财产最后分配前补充申报；但是，此前已进行的分配，不再对其补充分配。为审查和确认补充申报债权的费用，由补充申报人承担。债权人未依照本法规定申报债权的，不得依照本法规定的程序行使权利。"因此，债权人逾期申报债权的，应依法承担审查和确认补充申报债权的费用，以及由此产生的其他法律后果。

（三）虚构债权的法律责任

《企业破产法》第四十四条规定："人民法院受理破产申请时对债务人享有债权的债权人，依照本法规定的程序行使权利。"债权人应以事实为依据，依法申报债权，并行使相关权利，不得虚构债权。对于虚构债权的，可以依法追究相关债权人的法律责任，构成犯罪的，依法追究刑事责任。

（四）不执行债权人会议决议的法律责任

《企业破产法》第六十四条第三款规定："债权人会议的决议，对于全体债权人均有约束力。"债权人应依法执行债权人会议决议，拒不履行债权人会议决议，给其他债权人或利害关系人造成损失的，应承担相应的赔偿责任。

（五）不履行协助义务的法律责任

债权人有涉及抵质押、财产保全等限制措施未解除的，应当配合办理解除抵质押手续及查封冻结等保全措施。债权人不履行协助义务的，其债权可暂不分配，待受限措施解除完毕后再进行分配。这是对不履行协助义务债权人的权利限制措施，目的是督促相关债权人依法履行配合义务，保证破产案件的顺利推进。

（六）其他应承担的法律责任

除以上法律责任外，债权人有拒不返还债务人财产及个别清偿款项等情形的，也应当承担相应的法律责任。

相关依据

《企业破产法》第一条、第二条、第四十四条、第四十五条、第五十六条、第六十四条

第三节 债务人

一、债务人的权利义务

理论背景

债务人的权利义务是指在破产程序中，债务人及债务人的有关人员（企业的法定代表人、经人民法院决定的企业财务管理人员和其他经营管理人员）享有的权利和应当履行的职责。虽然进入破产程序后，债务人财产和营业事务一般由管理人接管，但是由于债务人的相关人员仍然是对债务人的经营状况和财务状况最为熟悉的主体，破产程序的有序推进离不开债务人及相关人员的配合，因此法律并不免除其配合义务，并且还在一定情况下赋予其自行管理的权利。

在权利方面，债务人有以自己名义从事生产经营及社会活动并申请自行管理的权利。由于申请破产重整企业尚有“起死回生”的可能性，因此债务人具备配合重整挽救企业的积极性。实践中，申请进入重整程序的企业一般规模较大，管理人需要一定的时间熟悉其经营状况，而债务人对企业的经营和管理更为熟悉，由其负责经营更能降低时间成本，有利于促进重整程序的成功。因此，法律规定，经债务人申请，人民法院批准，债务人可以在管理人的监督下自行管理财产和营业事务。在重整计划经人民法院裁定批准后债务人负责执行，由管理人进行监督。《九民会议纪要》第111条进一步细化了关于重整期间债务人申请自行管理相关权利的规定，明确了具体的适用条件及申请时间，并对债务人具有不适宜自行管理情形时，规定了管理人、债权人等利害关系人

可以向人民法院申请终止债务人自行管理。

在义务方面，一般而言，债务人需要履行保管和移交财产、印章、文书、账簿等资料，列席债权人会议并如实回答询问，未经人民法院许可不得离开住所地等义务。另外，在破产重整程序中，为了促进重整程序的推进和最终成功，法律规定重整期间债务人的董事、监事、高级管理人员不得向第三人转让其持有的债务人的股权。在破产和解程序中，债务人应当按照和解协议规定的条件清偿债务。

法律实务

（一）债务人的权利

在破产程序中，债务人的民事权利虽受到一定程度的限制，但在被注销之前，仍有权以自己的名义从事相关民事活动。

1. 以自己的名义参加诉讼的权利。虽然债务人已进入破产程序，但其主体资格尚未消灭，债务人依然是适格的诉讼主体，其有权以自己的名义参加诉讼。

2. 以自己的名义订立合同的权利。在日常的生产经营中，债务人可以自己的名义与客户签订合同，保证企业的正常运作。需要注意的是，管理人需对债务人订立合同的行为进行监管，确保合同的签订有利于债务人的生产经营、破产财产的增值和债权清偿比例提高，进而维护全体债权人的利益。

3. 自行管理的权利。重整期间，经债务人申请，人民法院批准，债务人可以在管理人的监督下自行管理财产和营业事务。

（二）债务人的义务

1. 向人民法院提交相关材料的义务。《企业破产法》第十一条第二款规定："债务人应当自裁定送达之日起十五日内，向人民法院提交财产状况说明、债务清册、债权清册、有关财务会计报告以及职工工资的支付和社会保险费用的缴纳情况。"

2. 债务人有关人员承担的义务。这里所称的有关人员，是指企业的法定代表人及经人民法院决定履行相关义务的企业财务管理人员和其他经营管理人员。根据《企业破产法》第十五条的规定，债务人的有关人员在人民法院受理破产申请后需履行保管和管理财产、配合管理人工作等法定义务。

3. 债务人董监高的勤勉、忠实义务。《企业破产法》第一百二十五条规定："企业董事、监事或者高级管理人员违反忠实义务、勤勉义务，致使所在企业破产的，依法承担民事责任。有前款规定情形的人员，自破产程序终结之日起三年内不得担任任何企业的董事、监事、高级管理人员。"

4. 执行重整计划或和解协议的义务。依据《企业破产法》第八十九条的规定，重整计划由债务人负责执行。自人民法院裁定批准重整计划之日起，在重整计划规定的监督期内，由管理人监督重整计划的执行。在监督期内，债务人应当向管理人报告重整计划执行情况和债务人财务状况。在破产和解程序中，债务人应当按照和解协议规定的条件清偿债务。

相关依据

1.《企业破产法》第十一条、第十五条、第二十五条、第七十三条、第八十九条、第九十条、第一百零二条、第一百二十五条、第一百二十六条、第一百二十七条、第一百二十八条、第一百二十九条

2.《九民会议纪要》第111条

二、债务人的法律责任

理论背景

若债务人没有履行《企业破产法》所规定的义务，根据《企业破产法》的规定，债务人的有关人员可能面临罚款、训诫、拘留等处罚和民事赔偿责任，甚至是刑事责任。

具体而言，有义务列席债权人会议的债务人的有关人员在以下情形下可能面临罚款：一是经人民法院传唤，无正当理由拒不列席债权人会议的；二是拒不陈述、回答，或者作虚假陈述、回答。债务人的直接责任人员可能在两种情形下面临罚款：一是拒不向人民法院提交或者提交不真实的财产状况说明、债务清册、债权清册、有关财务会计报告以及职工工资的支付情况和社会保险费用的缴纳情况；二是拒不向管理人移交财产、印章、账簿、文书等资料的，或

者伪造、销毁有关财产证据材料而使财产状况不明。

债务人存在《企业破产法》第三十一条至第三十三条规定的无效行为或者可撤销行为，损害债权人利益的，债务人的法定代表人和其他直接责任人员依法承担赔偿责任。债务人的有关人员违反《企业破产法》规定，擅自离开住所地的，人民法院可以予以训诫、拘留，并处罚款。

另外，企业董事、监事或者高级管理人员违反忠实义务、勤勉义务，致使所在企业破产的，依法承担民事责任。相关人员自破产程序终结之日起3年内不得担任任何企业的董事、监事、高级管理人员。这一规定“与新公司法、证券法规定的董事、监事、高管人员应尽的注意义务、勤勉尽责义务，刑法中规定的虚假破产罪，都实现了对应”①。

法律实务

在破产程序中，债务人的法律责任涉及很多方面，一是债务人自己需要承担的法律责任，二是债务人相关人员需要承担的法律责任。

（一）债务人依据诉讼结果需承担的法律责任

进入破产程序后，债务人会涉及未结束的诉讼案件，也有进入程序后，管理人依法提起的诉讼。这些破产程序中的衍生诉讼案件，管理人作为债务人的诉讼代表人参加诉讼，裁决文书生效后，由债务人承担相应的法律责任。

（二）债务人工作人员承担的法律责任

这里主要是指董监高未履行勤勉忠实义务且致使所在企业破产的，依法承担民事责任，债务人有关人员不配合人民法院工作而产生的法律责任，还包括债务人的法定代表人和其他直接责任人员损害债权人利益的，债务人的法定代表人和其他直接责任人员依法承担赔偿责任，以及债务人的有关人员擅自离开住所地的法律责任，《企业破产法》对此都作出了相应规定，还规定构成犯罪的，依法追究刑事责任。

（三）债务人股东承担有限责任

《九民会议纪要》对《最高人民法院关于债权人对人员下落不明或者财产

① 李曙光：《新企业破产法的意义、突破与影响》，载《华东政法大学学报》2006年第6期。

状况不清的债务人申请破产清算案件如何处理的批复》第三款判定债务人有关人员承担责任作出了明确界定。人民法院在审理债务人相关人员下落不明或者财产状况不清的破产案件时，应当充分贯彻债权人利益保障原则，避免债务人通过破产程序不当损害债权人利益，同时也要避免不当突破股东有限责任原则。

(四) 造成债务人财产损失的责任

债务人的法定代表人和其他直接责任人员对所涉债务人财产的相关行为存在故意或者重大过失行为的，管理人可以要求其承担赔偿责任。

相关依据

1.《企业破产法》第三十一条、第三十二条、第三十三条、第一百二十五条、第一百二十六条、第一百二十七条、第一百二十八条、第一百二十九条

2.《九民会议纪要》第118条

第四节 出资人

一、出资人的权利义务

理论背景

权利方面，出资人有申请债务人破产重整、列席重整计划草案的讨论和一定条件下的表决权利。《企业破产法》规定了出资额占债务人注册资本十分之一以上的出资人可以申请债务人重整，赋予了出资人申请破产重整的权利。在破产重整中，出资人有参加重整申请听证会的权利，《破产会议纪要》第15条规定了重整案件的听证程序。《企业破产法》增加了以挽救债务人为目的的重整程序，并赋予出资人在重整计划草案讨论中列席的权利。《企业破产法》规定，重整计划草案涉及出资人权益调整事项的，应当设出资人组，对该事项进行表决。

义务方面，债务人的出资人负有缴清出资的义务，即破产状态中的股东出

资加速到期制度，这一制度在认缴制下对于保护债权人的利益尤为重要。《企业破产法》第七十七条作出了在重整程序中对出资人与高管的权利进行限制的规定，明确在重整期间，债务人的出资人不得请求投资收益分配。之所以作出上述规定，是因为在债务人陷入财务危机后，如果出资人不付出必要的代价而仅让债权人作出牺牲，那么债权人可能难以充分地支持债务人进行重整。没有债权人的支持，债务人就无法成功重整，必将走向破产清算，出资人将会面临血本无归的悲惨境况，故其有义务放弃必要的利益来换取重整成功的获益。①

考虑到破产重整为众多上市公司所采取，为了保护中小股东的利益，在最高人民法院2012年发布的《上市公司重整纪要》中，进一步明确了出资人组的通过方式，并允许其行使网络表决的权利。《破产法司法解释三》第十一条对权益调整后出资人的表决资格作出限制，规定权益因重整计划草案受到调整或者影响的债权人或者股东，有权参加表决，权益未受到调整或者影响的债权人或者股东不参加重整计划草案的表决。

法律实务

（一）出资人资格的认定标准

1. 以登记机关的股东登记认定出资人资格。《公司法》第三十二条第三款规定："公司应当将股东的姓名或者名称向公司登记机关登记；登记事项发生变更的，应当办理变更登记。未经登记或者变更登记的，不得对抗第三人。"实践中，管理人一般通过向登记机关查询债务人的登记信息来确定出资人的资格。

2. 其他确定出资人资格的依据。如果出现实际的出资人与登记机关的登记不一致的，或变更后未登记的，根据出资证明书、股票、公司章程、股东名册、出资协议等可以确定为实际出资人的，一般根据实际情况确定出资人资格。

（二）出资人的权利

在破产程序中出资人的权利主要包括以下方面：

1. 重整申请权。《企业破产法》第七十条第二款规定："债权人申请对债务人进行破产清算的，在人民法院受理破产申请后、宣告债务人破产前，债务

---

① 李震东：《公司重整中债权人利益衡平制度研究》，中国政法大学出版社2015年版，第216－217页。

人或者出资额占债务人注册资本十分之一以上的出资人，可以向人民法院申请重整。”因此，出资人享有向人民法院申请债务人重整的权利。

2. 知情权。出资人代表可以列席讨论重整计划草案的债权人会议，重整计划草案涉及出资人权益调整事项的，应当设出资人组对该事项进行表决。因此，管理人应当依法通知出资人参加债权人会议，并就有关调整出资人权益的事项与出资人沟通，征求出资人的意见。出资人权益调整涉及股东自身利益，出资人应有知情权。

3. 重整计划草案的建议权。《企业破产法》第八十条规定：“债务人自行管理财产和营业事务的，由债务人制作重整计划草案。管理人负责管理财产和营业事务的，由管理人制作重整计划草案。”实践中，无论重整计划草案的制作主体是债务人还是管理人，出资人都有权对重整计划草案提出自己的建议。出资人一般都熟悉债务人的生产经营和管理情况，具有丰富的从业经验，可以对重整计划草案提出一些有针对性的可行性建议。对于涉及出资权益调整的事宜，应当听取出资人的意见与建议，这样有利于优化重整计划草案的设计，维护出资人的合法权益。

4. 重整计划草案表决权。《企业破产法》第八十五条规定：“债务人的出资人代表可以列席讨论重整计划草案的债权人会议。重整计划草案涉及出资人权益调整事项的，应当设出资人组，对该事项进行表决。”重整计划草案涉及出资人权益调整事项的，应当设出资人组，对该事项进行表决。

5. 监督权。出资人可以了解管理人履职情况及破产程序的进展，对债务人的生产经营与管理等提出意见和建议，这些都是出资人监督权利的体现。

（三）出资人的义务

在破产程序中，出资人的义务主要体现在以下方面：

1. 补足出资义务。《企业破产法》第三十五条规定：“人民法院受理破产申请后，债务人的出资人尚未完全履行出资义务的，管理人应当要求该出资人缴纳所认缴的出资，而不受出资期限的限制。”根据《破产法司法解释二》第二十条的规定，若出资人未能及时履行出资义务，足额缴纳各自认缴的出资，管理人可以通过诉讼的方式主张出资人履行补足出资义务。就公司法人的出资人而言，应依据有限责任公司与股份有限公司的不同规定，补足出资。对于名义出资人和实际出资人的出资义务也应当注意区分。

（1）有限责任公司补足出资义务。《公司法》第二十八条第一款规定：

“股东应当按期足额缴纳公司章程中规定的各自所认缴的出资额。股东以货币出资的，应当将货币出资足额存入有限责任公司在银行开设的账户；以非货币财产出资的，应当依法办理其财产权的转移手续。”

（2）股份有限公司补足出资义务。《公司法》第八十三条第一款规定：“以发起设立方式设立股份有限公司的，发起人应当书面认足公司章程规定其认购的股份，并按照公司章程规定缴纳出资。以非货币财产出资的，应当依法办理其财产权的转移手续。”第八十四条规定：“以募集设立方式设立股份有限公司的，发起人认购的股份不得少于公司股份总数的百分之三十五；但是，法律、行政法规另有规定的，从其规定。”

（3）出资义务的履行。在破产程序中，管理人向债务人股东主张履行出资义务时，可以向名义股东主张权利，让名义股东承担一定的股东责任，主要是从保护善意第三人这一立场出发的。这里需要注意的是名义股东背后的实际出资人，特别是合并破产企业，在进入破产程序之前企业为了融资，成立多家子公司，子公司的股东、法定代表人多为集团公司工作人员，而非实际出资人。在破产程序中，管理人向公司股东主张履行出资义务时，可以向这些名义股东主张权利。名义股东根据《公司法司法解释三》第二十七条的规定承担赔偿责任后，可以向实际出资人追偿。在实践中，向名义股东主张履行出资义务，一般不会取得实际效果，可根据实际情况进行股权穿透，找到实际出资人，向其直接主张权利，或同时向两者主张权利。但在破产程序中，由于具有实际补足出资能力的出资人少之又少，管理人代表债务人要求出资人履行补足出资义务的诉求往往难以实现。

2. 配合办理股权转让、解除股权受限措施的义务。实践中，涉及出资人权益调整的，出资人应配合办理股权转让手续。出资人持有的股权可能存在质押、查封、冻结等情形，出资人有义务配合解除股权受限措施。各省市的破产审理指引也对出资人配合解除股权的受限措施作了相关规定，山东高院《破产审理指引》第一百五十七条：“重整计划对债务人、全体债权人有约束力。重整计划涉及出资人权益调整的事项，对债务人的全体出资人均有约束力。债务人资不抵债，重整计划所调整的股权已设定质押的，质押权人应当配合办理解除股权质押手续。重整计划所调整的股权未被质押与冻结，但出资人拒不配合办理股权转让手续的，人民法院可以依据债务人的申请向有关单位发出协助执行通知书。”广东高院《审理破产案件指引》第九十八条、北京一中院《破产重整案件规范》第一百三十二条、深圳中院《重整工作指引》第一百零九条对此也作出了明确规定。

3. 配合执行重整计划或和解协议的义务。依据《企业破产法》相关规定，重整计划由债务人负责执行，并由管理人监督重整计划的执行。在破产和解程序中，债务人应当按照和解协议规定的条件清偿债务。作为出资人，重整计划或和解协议涉及出资人需要配合处理的事项，出资人应当配合执行，这是出资人应尽的义务。

相关依据

1. 《公司法》第二十八条、第三十二条、第八十三条、第八十四条
2. 《企业破产法》第十七条、第三十五条、第七十条、第七十七条、第八十条、第八十五条
3. 《破产法司法解释二》第二十条
4. 《破产法司法解释三》第十一条
5. 《公司法司法解释三》第二十七条
6. 《破产会议纪要》第15条
7. 山东高院《破产审理指引》第一百五十七条
8. 广东高院《审理破产案件指引》第九十八条
9. 北京一中院《破产重整案件规范》第一百三十二条
10. 深圳中院《重整工作指引》第一百零九条

二、出资人的法律责任

理论背景

在破产程序中，出资人对债务人未足额缴纳出资和抽逃出资、拒不履行协助配合义务以及不执行重整计划、和解协议的，应承担相应的法律责任。关于注册资本缴纳方式我国在2013年对《公司法》作了大幅度修改，除保留了募集设立的股份有限公司注册资本实缴制外，对其余各类公司实行注册资本认缴制，即不再硬性要求首期缴纳资本的比例和其余未缴资本的缴纳期限，完全通过公司的章程确定与履行。股东和出资人缴纳的出资是公司财产的重要组成部

分，也是公司履行债务清偿责任的基础，而在注册资本认缴制的背景下，公司股东和出资人可能约定较长的出资期限，此时在公司不能清偿债务时，如何避免出资人利用公司注册资本认缴制来逃避债务则成为必须考虑的问题。

在破产程序中，债务人的出资人尚未完全履行出资义务的，管理人要求出资人缴清出资，不受出资期限的限制。依据现代公司法的基本原则，公司有独立法人人格和财产，以其全部财产对公司的债务承担责任，但是出资人的出资理应成为企业法人财产的重要组成部分，是债务人清偿债务的基础。而进入破产程序后的企业实际上已经进入了“紧急状态”，因此，对于债务人的出资人应缴未缴的出资和抽逃的出资，管理人应当予以追回，而不受出资期限的限制，以保障债权人的权益。《企业破产法》和《破产法司法解释二》对破产程序中的股东出资义务加速到期制度作出了明确规定，出资人以认缴出资尚未届至公司章程规定的缴纳期限或者违反出资义务已经超过诉讼时效为由抗辩的，人民法院不予支持。

《破产法司法解释二》与《公司法》相互衔接，进一步明确了其他相关人员的相应责任，规定公司的发起人和负有监督股东履行出资义务的董事、高级管理人员，或者协助抽逃出资的其他股东、董事、高级管理人员、实际控制人等，对股东违反出资义务或者抽逃出资承担相应责任。

法律实务

在破产程序中，出资人的法律责任主要有：

（一）违约责任

根据《企业破产法》第三十五条和《公司法》第二十八条、第八十三条的规定，出资人的违约责任主要是指未能按期足额缴纳认缴出资，对已按期足额缴纳出资的股东需要承担的违约责任。在债务人进入破产程序后，负有补足出资义务的出资人，应当承担补足出资的责任，且补足的出资应当作为债务人的财产。

（二）连带责任

《公司法》第三十条规定：“有限责任公司成立后，发现作为设立公司出资的非货币财产的实际价额显著低于公司章程所定价额的，应当由交付该出资的股东补足其差额；公司设立时的其他股东承担连带责任。”第九十三条规定：

"股份有限公司成立后，发起人未按照公司章程的规定缴足出资的，应当补缴；其他发起人承担连带责任。股份有限公司成立后，发现作为设立公司出资的非货币财产的实际价额显著低于公司章程所定价额的，应当由交付该出资的发起人补足其差额；其他发起人承担连带责任。"第九十四条规定："股份有限公司的发起人应当承担下列责任：（一）公司不能成立时，对设立行为所产生的债务和费用负连带责任；（二）公司不能成立时，对认股人已缴纳的股款，负返还股款并加算银行同期存款利息的连带责任；（三）在公司设立过程中，由于发起人的过失致使公司利益受到损害的，应当对公司承担赔偿责任。"在连带责任上，有限责任公司与股份有限公司有所不同，有限责任公司主要是出资的非货币财产实际价额显著低于公司章程所定价额的由交付该出资的股东补足其差额，公司设立时的其他股东承担连带责任。股份有限公司在这一点上与有限责任公司是相同的，此外，股份有限公司成立后，发起人未按照公司章程的规定缴足出资的，应当补缴，其他发起人也要承担连带责任。

（三）未履行协助配合义务的责任

出资人有义务配合办理股权转让手续、配合解除股权受限措施，这是《企业破产法》对出资人权益调整相关规定的应有之义，各省市法院相关的审理指引，对未履行协助配合义务的出资人，也规定可以追究其相应的法律责任，影响重整计划执行的，可以依法要求其承担赔偿责任。

（四）不执行重整计划或和解协议的责任

重整计划或和解协议需要出资人执行的事项，出资人应依法予以执行，对不执行重整计划或和解协议的出资人，应依法要求其执行，拒不执行的，可以追究其相应的法律责任。

相关依据

1.《公司法》第二十六条、第二十八条、第三十条、第八十条、第八十三条、第九十三条、第九十四条

2.《企业破产法》第三十五条

3.《破产法司法解释二》第二十条

4.《公司法司法解释二》第二十二条

第五节 其他参与人

一、审计、评估机构

理论背景

破产审计是指债务人进入破产程序后，管理人依法委托审计机构依据《审计法》、《企业破产法》等法律法规及行业准则，运用特定的审计方法，对债务人财务、经管活动的真实性、合法性、有效性和相关责任进行监督、审查与评价的一种审计行为。资产评估是指评估机构及其评估专业人员根据委托对不动产、动产、无形资产、企业价值、资产损失或者其他经济权益进行评定、估算，并出具评估报告的专业服务行为。

在企业的破产程序中，管理人的职责包括接管债务人的财产、调查债务人财产状况、制作财产状况报告、管理和处分债务人的财产等，而履行上述职责，需要对债务人财务状况进行审计，对债务人财产进行评估、拍卖、变卖或分配等。但是，在此过程中，聘请审计、评估、拍卖等专业中介机构时，中介机构的资格、选聘方式及如何确定费用等，《企业破产法》及其司法解释没有明确规定。司法实践中各地法院的做法也不一致，有的通过人民法院选定，有的则由管理人直接选定。根据《企业破产法》规定的管理人职责，管理人可以自行选定审计、评估、拍卖机构。但是，由于审计、评估、拍卖的费用直接涉及债权人的利益，聘请的中介机构的资质、专业能力不足可能影响债务人财产价值的确定，所需费用过高可能损害债权人的利益，在相关选聘程序中，应当由债权人会议或者法院加以指导和监督。①

《九民会议纪要》也涉及对中介机构的选定问题，要求合理区分人民法院和管理人在委托审计、评估等财产管理工作中的职责。

---

① 马晓瑞、邹吉东、张余、李美鸥：《破产案件审理指南》，人民法院出版社2018年版，第36-37页。

法律实务

在破产实务操作中，审计、评估、拍卖等中介机构都具有各自的专业职能，因拍卖在重整与和解程序中较少使用，这里就重点探讨一下审计、评估机构的选聘问题。

（一）审计、评估机构的选聘

1. 范围

破产案件审计、评估机构的选聘范围，各地法院的要求有所不同，有的要求在人民法院中介机构名册中选聘，有的在人民法院许可后由管理人自行公开选聘。

2. 选聘标准

在众多的审计、评估机构中，工作实力和专业能力往往有较大的差异。公开选聘时应在保证审计、评估质量的前提下，再行考虑效率、费用等问题。因此，在选聘审计、评估机构时，一般按照质量优先、效率其次、费用再次的原则，对三者进行合理的兼顾和平衡，择优确定合适的审计、评估机构。

但在同等条件下应优先选聘具有破产管理人资质或有丰富从业经验的机构，该类机构通常有一定规模，水平较高，实践经验较为丰富，在费用合理的情况下，选聘这类机构有利于提高工作效率，保证审计、评估质量。

3. 选聘方式

《企业破产法》第二十八条第一款规定："管理人经人民法院许可，可以聘用必要的工作人员。"《九民会议纪要》第116条规定："要合理区分人民法院和管理人在委托审计、评估等财产管理工作中的职责。破产程序中确实需要聘请中介机构对债务人财产进行审计、评估的，根据《企业破产法》第28条的规定，经人民法院许可后，管理人可以自行公开聘请，但是应当对其聘请的中介机构的相关行为进行监督。"根据上述规定，破产程序中管理人确实需要聘请中介机构对债务人财产进行审计、评估的，经人民法院许可后，可以自行公开聘请。但实践中，对于审计、评估机构的选聘方式各地操作方法不一。有的经人民法院同意后由管理人自行选聘；有的由受理法院技术室直接选聘；有的由受理法院技术室与管理人共同选聘等多种形式。

管理人选聘审计、评估机构的一般方式是邀请招标。管理人在接受人民法院指定后，应及时接管债务人，并与债务人原管理人员进行沟通，以了解债务人的基本情况。在此基础上，管理人制定中介机构招标方案，可向三家以上的机构发出邀请招标通知，邀请审计、评估机构参与投标。或者向符合条件的中介机构先询价，再根据报价情况定向邀请若干家中介机构参与投标。

对于一些财产较少、债务人规模较小的案件，为提高处置效率，在征求人民法院意见后，也可由管理人直接选定中介机构，再向人民法院报备。

4. 选聘程序

一般选聘程序为：

（1）发布选聘公告或邀标通知。管理人应通过媒体公开发布选聘公告，或者向符合选聘条件的中介机构定向发送邀标通知。

（2）召开现场投标会议。除可以摇号选定中介机构外，还可以通过召开现场投标会议、书面评标、网上评标等方式选定中介机构。召开现场投标会议时管理人可以邀请债务人、债权人、政府有关部门、人民法院等方面的代表参与评标议标工作，听取审计、评估机构的当面陈述。审计、评估机构可以陈述机构基本情况、机构参与破产项目工作经验、项目团队人员组成、本项目的工作计划和安排、报价等，评标人可以向竞标的中介机构询问相关问题。

（3）投标会议确定中标机构。评标时确定中标机构要考虑以下因素：一是服务质量，主要是参考中介机构实际做过的案件；二是工作效率，这需要考虑到审计、评估机构对工作的计划安排及整体方案设计；三是审计、评估费用，对于费用报价要根据破产案件的难易程度和工作量及中介机构的综合实力等情况统筹评价，费用所占的分值不宜过高，更不能简单地采取最低价中标的方式，而应以确保工作质量为优先考虑。

管理人要以公开、公正、公平的方式选择审计、评估机构，应依法选择信誉比较高的中介机构，以预防道德风险，增加社会公信力，使破产程序顺利推进。

（二）审计、评估机构的工作内容

1. 审计机构

破产程序中由审计机构协助管理人处理破产事务，给予专业化审计建议，用以维护债权人、债务人和第三人的合法权益。实践中，破产审计主要有以下几个方面的工作：

（1）确定破产审计的基准日。通常是以人民法院裁定受理破产日为破产审计基准日。

(2) 破产审计的主要工作内容如下：

①根据会计准则对债务人的财务状况做常规审计。

②协助管理人进行债权审核、出具审核意见，对特殊事项进行审计，并发表审计意见，具体内容包括：根据财务账册、债权申报等资料，对每一笔申报债权包括但不限于以下事项发表书面审查意见并明确审定债权金额：对特定财产享有优先受偿权的债权人具体债权金额、特定财产价值，并编制汇总明细表；职工债权金额；税款债权金额；普通债权金额；债务人对外担保情况以及其他公司对债务人提供担保情况等。

③根据财务账册等文件资料及管理人要求，对债权清收、涉诉案件中财务事项发表书面审计意见。

④根据财务账册等文件资料，对包括但不限于以下事项发表书面审计意见：债务人是否有《企业破产法》第三十一条、第三十二条、第三十三条规定的行为。

⑤审计债务人出资人的实缴出资情况，是否存在《企业破产法》第三十五条规定的行为。

⑥审计债务人的董事、监事和高级管理人员是否有《企业破产法》第三十六条规定的行为。

⑦根据财务账册、债权申报等资料，统计账面记载但未申报债权的明细，并就需预留债权发表审计意见。

⑧安排专门财务人员协助管理人日常费用的收支记账，并出具专项审计报告。

⑨人民法院或管理人认为其他需要审计的事项。

此外，涉及关联企业实质合并破产的，还需要审计机构对关联企业财务混同事项进行专项审计，包括被审计单位的财务混同、法人意志混同等内容。并出具财务混同审计报告、关联企业的合并审计报告、各关联企业的单项审计报告等。各关联企业划分为不同产业板块的，需出具各板块的合并审计报告。

(3) 审计报告的撰写与提供。审计机构在完成债务人的审计后，应及时撰写审计报告和审计说明。审计报告应包含以下内容：一是流动资产与固定资产清册，企业的财务状况账目、报表以及企业的呆账、坏账的核销，企业资产的盘盈、盘亏及报废情况。二是要做好各项审计的技术说明，明确审计参照依据、各种因素对审计工作的影响等。三是需要审计机构披露的其他事项。审计机构应当按照人民法院和管理人的要求及有关规定提供审计报告。

（4）参加债权人会议，汇报审计工作进展，接受债权人的询问。审计机构出具的审计报告将作为管理人制订破产分配方案、重整计划草案、和解协议的重要依据。参与审计的主要负责人应参加债权人会议，对审计标准、审计方法、重要的审计项目等有关情况进行汇报，并对债权人的询问作出解释。

2. 评估机构

评估机构作为管理人选聘的中介机构，要协助管理人处理破产事务，并给予专业化评估建议，包括协助管理人做好债务人实物资产的接管工作；组织人员对债务人的实物资产进行盘点、造册；协助管理人组织召开债权人会议；协助管理人对债务人的盘亏、盘盈资产进行处理；按规定时间向管理人提交债务人截至破产申请受理日的资产评估报告以及其他破产程序中与资产评估有关的工作成果。实践中，债务人资产评估工作主要有以下内容：

（1）确定债务人资产评估的基准日。通常以人民法院裁定受理破产申请日为债务人资产评估的基准日。

（2）债务人资产评估的范围。一是可供分配资产，可供分配资产是指能够变现用于偿还债务的资产，包括债务人的货币资金、对外投资、应收账款、存货、固定资产、无形资产的转让收入等。二是不可分配资产，包括债务人的待处理财产损失、待摊费用及递延资产等，这部分资产虽然在企业资产总额中体现，但实质是企业资产中的损失和费用，并不存在价值。

这里需要注意无形资产的评估问题，债务人的无形资产包括商标权、专利权、矿业权、专营权、许可权与专有技术等。债务人无形资产的评估应考虑以下几个方面：一是评估应以转让为目的，因为要清偿债务，转让收入应计入破产财产；二是评估价值因需要快速变现，可能低于正常的转让价格；三是对于自创无形资产一般采用财务核算法和市价调整法进行评估。

（3）债务人资产评估方法。第一，现行市价法。运用这种方法一是要在市场上找到相同或类似的资产的快速交易价格作为基础评估价格；二是要考虑差异因素的调整，然后确定资产价值。第二，现行市场折扣法。这种方法与现行市价法的区别是，其要在市场上找到相同或类似的资产在一般交易条件下的价格，然后根据快速变现的条件，估算出一个折现率。第三，重置成本法。在没有市场交易案例进行比较的情况下，对债务人的资产采用重置成本作为参照然后得出强制清算价值，采用这种方法必须要考虑快速变现的现实。第四，模拟拍卖法。这种方法是根据向被评估资产的潜在购买者询价或以某一特定的购买者作为对象，确定被评估资产强制清算价值的一种方法。

另外，在破产重整程序中，债务人的机器设备、土地房产正处于正常生产经营状态，评估机构在评估时，要考虑到债务人持续经营的情况，评估结果要能正确反映该类资产的价值，不能一刀切，应当分别出具反映债务人资产的清算价值和持续经营价值的评估报告。因为制订重整计划草案时需要对债务人在破产清算状态下的清偿率进行论证和分析，实践中，一般还要求评估机构出具债务人的清偿能力分析报告。关联企业实质合并破产还要求评估机构出具合并资产评估报告、清偿能力分析报告以及各关联企业的单体资产评估报告、清偿能力分析报告等。

（4）资产评估报告的撰写与提供。评估机构在完成债务人资产的评估后，应及时撰写评估报告和评估说明。债务人资产的评估报告一是需要详细说明哪些是应纳入破产分配的财产，哪些是属于担保、依法扣押执行的财产等。二是要做好各项资产评估的技术说明，说明评估参照依据、各种因素对评估价值的影响、价值调整原因的说明、折扣率与采用的说明。三是要披露财务资料与现场勘查结果不一致的部分。评估机构应当按照人民法院和管理人的要求及有关规定提供评估报告。

（5）参加债权人会议，接受债权人的询问。评估机构出具的债务人的资产评估报告将作为管理人制订破产财产分配方案、重整计划草案、和解协议草案的法律依据，参与评估的主要负责人应参加债权人会议，对评估标准、评估方法、重要的评估项目等有关情况进行汇报，并对债权人的询问作出解释。

（三）审计、评估机构的法律责任

《九民会议纪要》第116条规定：“要合理区分人民法院和管理人在委托审计、评估等财产管理工作中的职责。破产程序中确实需要聘请中介机构对债务人财产进行审计、评估的，根据《企业破产法》第28条的规定，经人民法院许可后，管理人可以自行公开聘请，但是应当对其聘请的中介机构的相关行为进行监督。上述中介机构因不当履行职责给债务人、债权人或者第三人造成损害的，应当承担赔偿责任。管理人在聘用过程中存在过错的，应当在其过错范围内承担相应的补充赔偿责任。”该条规定对审计、评估机构的法律责任给出了具体的指导意见，审计、评估机构因不当履职给债务人、债权人或者第三人造成损害的，应当承担赔偿责任。

（四）涉及中介机构费用等的其他问题

我国法律法规对破产审计、评估费用问题没有作出规定，各地人民法院对此进行了一些探索，济南中院对破产审计评估费用方面的一些规定，有一定的借鉴和参考意义。济南中院《破产审判指引》第三十六条规定：“破产案件审理过程中，需要委托中介机构对债务人财产进行审计、评估、拍卖的，管理人应当尽职调查债务人财产状况，收集债务人相关财务资料，申请合议庭通过技术部门按照有关规定选定所需中介机构。选定的中介机构按照有关收费标准提出审计费用、评估费用数额，管理人可就中介费用与中介机构进行协商，协商不一致的，视情况更换中介机构或者终止委托。终止委托的，由管理人按照债权人会议通过的或法院裁定认可的债务人财产管理方案、破产财产变价方案执行。”

相关依据

1. 《企业破产法》第二十八条
2. 《中华人民共和国审计法》第十条
3. 《中华人民共和国资产评估法》第十七条
4. 《九民会议纪要》第116条
5. 济南中院《破产审判指引》第三十六条

二、托管方

理论背景

在企业出现危机后，债务人为保证经营资本的维持，需要借鉴先进的经营与管理经验，及时注入资金，激发企业的生产活力，以期促进企业的快速重生。因此通过托管的方式借助第三方的经验和资金来对债务人进行经营管理有许多好处，如能让企业的设备得到运转，从而实现资产保值，稳定市场客户资源；托管期间职工的工资正常发放和社保正常缴纳，有利于社会和家庭维稳等。

破产程序中的托管在我国《企业破产法》以及相关司法解释中并无规定。在实践中，各地政府、法院和管理人对“托管”之道进行了多种形式的探索，积累了大量的经验，也探讨出了许多行之有效的托管方式。比较有影响的方式有以下几种：一种是金利水泥托管方式，采取同业托管 + 破产重整的方式。将托管运用于破产程序之中，由重整意向投资人担任托管方参与企业的经营管理。2017 年，在广西柳州金利水泥公司进入破产程序后，通过公开招募的方式为金利水泥公司寻找精通水泥生产和管理的托管人，最终与昌江华盛天涯水泥有限公司达成托管协议，由托管方注入 5000 万元资金恢复生产，使金利水泥重获新生。[①] 一种是中核钛白公司托管方式，将托管、重整与重组并行考虑，做到了同行业并购与业务整合、持续经营与技术改造的同步进行。该案件采取的托管方式受到了最高人民法院的认可。还有一种是国有独资企业作为托管平台的"国安方式"。安阳市国安企业管理服务有限公司是由原河南省安阳市国资委组建成立的企业托管平台，负责处理接收市属破产企业、退管会、省属国有企业剥离的退休职工管理以及政府职能部门安排、委托的相关工作事宜，为破产企业、"僵尸企业"和省属国有企业等提供市场化托管服务。[②]

现代社会需要"建立一批能够挽救危困企业的企业"，"建立一个能集资本、技术、管理、市场为一体的企业，这些企业可以叫公司、基金、中心等。……能够将分散的生产要素集中起来，在破产重整需要的时候，它们能够作为战略投资人，及时进入破产重整中来"。[③] 总之托管方的范围十分宽泛，只要有实力、有意愿的企业和组织都可以作为托管方参与到破产程序中来。在实践中，根据对债务人托管范围的不同可分为整体托管与部分托管；根据进入破产程序的节点前后又可分为进入程序前的托管和进入程序后的托管等。

法律实务

（一）托管的形式

我国现有法律法规对企业托管还没有明确的规定，实务操作中主要有以下几种形式：

1. 整体托管经营。微利或亏损不大的中小型企业一般可以采用这种方式，

---

① 《广西经济新闻网》2018 年 7 月 31 日刊。

② 《安阳日报》2019 年 6 月 5 日 8 版。

③ 杜万华：《提高破产审判质量和效率应当建立的几个重要工作机制、制度和措施》，在 2020 年 1 月 11 日广东省法学会破产法学研究会 2019 年年会上的演讲。

即将整个企业交给受托方进行经营。

2. 部分托管经营。大型企业可以对其下属的分厂或车间、生产线等化整为零、分而治之，实行分层式托管经营。

3. 专项托管经营。对企业中的某项业务，如产品生产组织或产品销售，产品设计等单个环节实行托管经营，或者对企业的债权债务进行托管。

在我国很多的托管成功案例中，大多采用了整体托管经营的方式。

（二）不同时间节点的托管

不同时间节点的托管是指以破产受理之日为节点，分为进入破产程序前的托管和进入破产程序后的托管。

1. 进入破产程序前的托管。在破产程序中，托管方主要负责企业生产经营，一般而言，在进入破产程序之前，为维护本地经济秩序稳定，托管方已经开始托管企业，托管方大多为本地与将要破产企业同领域或相关领域的有实力的企业，由其进行托管有利于被托管企业生产经营的延续及破产程序的开启。进入破产程序后，根据企业实际情况，管理人既可以选择履行原托管协议，也可以重新招募托管方，在没有更好的托管方可以选择时，继续履行原托管协议更为稳妥。如上述甘肃嘉峪关中核钛白公司破产重整案，重整前中核钛白公司股东经在全国范围内公开遴选，决定由金星钛白公司对其进行托管经营。嘉峪关中院受理本案重整申请后，决定继续履行与金星钛白公司的托管协议，保证了重整工作的有序推进。山东菏泽洪业集团等 29 家企业合并破产重整案，亦采取了继续履行原托管协议的方式，由原托管方继续对债务人进行托管，亦取得了良好效果。

2. 进入破产程序后的托管。在进入破产程序后，管理人可以根据实际情况决定是否需要对债务人进行托管。众所周知，企业之所以走到破产的境地大多与经营管理不善有关。此时，若引入同行业中富有生产经营与管理经验的托管方来管理企业，有利于企业逐步走上正轨。因此，在进入破产程序后，管理人可以根据实际需要，通过各种形式招募托管方。上述金利水泥公司破产重整案就是在进入破产程序后公开招募的托管方，对债务人进行全面托管，然后注资经营，使破产重整取得成功。在托管过程中，管理人需做好监督工作，对于重大事项，托管方要对管理人反馈、请示；托管方签订重要合同文件及重大费用支出要经过管理人审批；管理人也可以制订托管制度对托管方进行监督管理。这样可以有效地保证生产经营与破产程序的顺利进行，为后期招募合适的投资人打下基础。

相关依据

1.《中华人民共和国国债托管暂行管理办法》第十一条、第十二条

2.《证券投资基金托管资格管理办法》第二条

3.《中国银行业监督管理委员会关于加强信托投资公司集合资金信托业务项下财产托管和信息披露等有关问题的通知》第二条

4.《关于对中国建设银行申请无息再贷款托管北海城市信用社的批复》第三条

5.《保险公司股票资产托管指引（试行)》第五条

三、投资人

理论背景

投资人是破产程序中地位特殊的参与人，我国《企业破产法》虽然没有专门针对投资人作特别的规定，但从破产重整的实践来看，投资人是破产企业得以成功重整的重要保障。因此，也有学者将其列为破产程序的参与人。①

引入投资人需要满足一定的前提条件，企业应当具有重整价值。在实务中，识别出哪些企业适合破产重整，哪些企业适合直接破产清算，是对管理人和法院的一大挑战，因为这不仅关乎法律判断，还涉及商业判断。对具有重整价值的企业，通过重整程序依法合理调整债务结构，及时引入投资者及资金，针对存在的问题改进原来的经营模式，增强企业盈利能力。②

经济新常态下，我国实施与推进“供给侧结构性改革”，亟须破产重整制度挽救困境公司、促进市场要素重新组合与实现产业结构优化升级。但是，长期以来我国破产法对重整投资人权益保护比较欠缺，导致重整中的企业融资困难，破产重整价值目标难以实现。鉴于此，重整程序中若想要拓展渠道，破解重整程序中融资困难，必须保护重整投资人合法权益。③ 另外，破产重整中投

① 郭毅敏：《破产重整·困境上市公司复兴新视野》，人民法院出版社2010年版，第44页。

② 孔维璜：《重整程序中的投资人招募制度设计》，载王欣新、郑志斌主编：《破产法论坛》第十辑，法律出版社2015年版，第183－186页。

③ 丁燕：《论合同法维度下重整投资人权益的保护》，载《法律适用》2018年第7期。

资人的招募，实际上是资本与技术等要素的重新组合，而投资人招募的困难就在于现今这些要素呈现割裂的状态，对此，管理人协会、商会等行业组织应当发挥积极的作用，组织协调潜在投资人和管理人对接，“在政府和社会各界的支持下，大力促进能够挽救危困企业或组织的建立和完善，并在司法重整中依法公平公正地处理好它们与各方当事人的利益关系，按照法治化、专业化、市场化的要求，积极救治危困企业”。①

法律实务

破产程序中，无论是破产重整还是和解、清算，可能都会涉及投资人，投资人的主要作用是为债务人财产变现或债务人重生注入资金，保证破产程序的顺利推进。尤其在破产重整程序中，如果没有投资人介入，债务人的重生就根本无从谈起。因此投资人的引进是破产程序中的一个重要环节，应格外重视。

（一）投资人的概念

投资人是指购买某种破产财产或对破产标的投入资金以期望获取利益或利润的自然人、法人或其他组织。破产法意义上的投资人多见于重整程序中。重整投资人是指在重整程序中，债务人无力自行摆脱经营及债务困境时，为债务人提供资金或者其他资源，帮助债务人清偿债务、恢复经营能力的自然人、法人或其他组织。重整投资人一般分为战略投资人和产业投资人，战略投资人主要是资本的整合方和资金的提供方，更多关注债务人的流动性和产业投资人的资信和能力。战略投资人大多在企业产生流动性危机时介入，实践中进入破产程序后临时招募战略投资人的较少。产业投资人是最终接收债务人生产经营事业的投资人，对于一些资源稀缺、业务优质的债务人，往往会有较多的产业投资人关注，容易产生竞争态势。有时一个投资人又同时扮演了战略投资人和产业投资人两个角色，使融资与产业发展有机地融为一体。

（二）投资人的确定

我国现行《企业破产法》及相关司法解释对如何确定投资人并未进行明确

---

① 杜万华：《提高破产审判质量和效率应当建立的几个重要工作机制、制度和措施》，在2020年1月11日广东省法学会破产法学研究会2019年年会上的演讲。

规定，实践中部分地区的人民法院对投资人的确定作了一定的细化和明确。例如，山东高院《破产审理指引》第二节重整投资人招募部分对重整投资人招募的流程、方式等方面作了规定。深圳中院《重整工作指引》第五章重整投资人部分也对重整投资人招募流程、注意事项等作了相关规定。

（三）投资人的权利与义务

1. 投资人的权利

投资协议是企业破产程序中对投资人权益进行确定和保护的核心法律依据。实践中投资人的权利包括但不限于：（1）在投资协议签订前，投资人有权充分了解债务人的相关情况，在此过程中管理人、债务人应当重视对信息的披露，防止由于信息不对称给投资人的判断造成偏差并产生投资风险。（2）在投资协议签订时，投资人有权就协议条款提出自己的意见，或补充相关条款，以保护自身的合法权益。（3）在投资协议履行过程中，投资人有权要求管理人、债务人等相关主体移交财产或营业事务，协助办理股权过户及资产的解押、解封等事宜。投资协议如非因投资人的原因无法履行的，应当保障投资人退出渠道的畅通，依法提供各种便利。

2. 投资人的义务

投资人的义务主要是全面履行投资协议。例如，按时足额支付投资款项、妥善安置职工、接管债务人的财产和营业事务、及时恢复生产、主动完成股权及其他财产的过户、积极办理财产限制措施的解除使企业财产尽快恢复初始状态等。另外，投资人不依约履行投资协议的需要承担违约责任，如给债权人、债务人等其他利害关系人造成损失的还应依法承担赔偿责任。

除上述破产参与人外，各参与人根据需要聘请的财务顾问、投资顾问、法律顾问等，有时也分别以不同的角色参与到破产程序中。

相关依据

1. 《企业破产法》第八十五条、第八十九条
2. 山东高院《破产审理指引》第二节
3. 深圳中院《重整工作指引》第五章

第三章　债务人财产

第一节　债务人财产范围与保全

一、债务人财产的范围

理论背景

债务人财产是指破产程序中能够用于清偿债务的债务人全部财产，也是指破产申请受理时属于债务人的全部财产，以及破产申请受理后至破产程序终结前债务人取得的财产。就债务人财产的范围，比较法上有两种立法原则，一种是“固定主义”，即认为债务人财产的范围是破产受理/宣告这一时点债务人所拥有的财产认定为债务人财产的范围；另一种为“膨胀主义”，即认为破产财产的范围包括破产受理/宣告时债务人的财产以及自此时点至破产程序终结债务人所获得的财产。[①]

就立法目的而言，“为了实现债权人利益的最大化，有必要在破产财产范围的问题上采取宽松的态度，尽可能将破产债务人的各类财产纳入到破产财产中来”，[②] 我国《企业破产法》立法采用“膨胀主义”。不过，《企业破产法》只是规定了债务人财产的范围节点，而对债务人财产具体表现形态并未作出规定，引起了实务中的偏差，造成破产程序中债务人财产的流失。为了“避免实践中对债务人财产具体表现形态范围可能存在的误解，尤其是对具有财产价值

① 王欣新：《破产法》，中国人民大学出版社2001年版，第154－155页。

② 许德凤：《破产法论·解释和比较功能的视角》，北京大学出版社2015年版，第364页。

的无形财产的忽略"[①]，《破产法司法解释二》第一条借鉴《公司法》第二十七条的规定，将债务人所有的可以用货币估价并可依法转让的财产通过列举加概括的方式明确规定为债务人财产，第三条至第五条则将设定担保的财产、共有财产的分割和执行回转的财产纳入债务人财产之中。

在《企业破产法》颁布之前的《破产审理若干规定》专章规定了破产财产的范围，其第六十四条至第七十二条规定了债务人财产的组成并且列出了负面清单。而在《破产审理若干规定》后的立法和司法解释的出台过程中，基于司法实践和现实考量，债务人财产的范围逐渐被增补和重新表述，有关规则呈现出"叠床架屋"之势，体现出不断向债权人利益倾斜的司法价值取向。

法律实务

（一）债务人财产的认定

《企业破产法》第三十条对债务人财产的范围作出概括性规定，按照该规定，下列财产均应认定为债务人财产。

1. 破产申请受理时属于债务人的全部财产

破产申请受理时属于债务人的全部财产包括破产申请受理时，债务人所拥有的银行存款、流动资产、固定资产、无形资产、用益物权等全部财产或财产权益等财产。《破产法司法解释二》第一条、第三条、第四条、第五条对债务人财产作出了更为详细的规定，具体为：

（1）债务人依法享有的可以用货币估价并可以依法转让的债权、股权、知识产权、用益物权等财产和财产权益。

（2）债务人为自己或者他人的债务依法设定担保物权的特定财产。

（3）债务人对按份享有所有权的共有财产的相关份额，或者共同享有所有权的共有财产的相应财产权利，以及依法分割共有财产所得部分。

（4）破产申请受理后，有关债务人财产依照《企业破产法》第十九条规定中止的，依法执行回转的财产。

---

① 最高人民法院民事审判第二庭：《最高人民法院关于企业破产法司法解释理解与适用：破产法解释（一）、破产法解释（二）》，人民法院出版社2013年版，第112页。

管理人接受指定后，应当对上述债务人财产进行盘点，并分类进行接管，使债务人财产处于管理人监管之下。

2. 破产申请受理后至破产程序终结前债务人取得的财产

破产申请受理后至破产程序终结前债务人取得的财产主要包括管理人决定债务人继续经营取得的收益以及管理人行使撤销权、取回权、追回权、合同选择履行权以及与债务人财产有关的衍生诉讼等增加的财产。针对管理人行使追回权取得的财产，河北高院《破产案件审理规程》第三十三条规定："破产申请受理后，管理人依法追回的下列财产归入债务人财产：（一）依据企业破产法第三十一条、第三十二条或者第三十三条的规定而取得的财产；（二）人民法院受理破产申请后，债务人的出资人尚未完全履行的出资；（三）债务人的董事、监事和高级管理人员利用职权从企业获取的非正常收入和侵占的企业财产；（四）他人基于仓储、保管、承揽、代销、借用、寄存、租赁、质押、留置等合同或者其他法律关系占有、使用的债务人财产；（五）管理人依法追回的其他财产。"

（二）非债务人财产的认定

根据《破产法司法解释二》第二条之规定，下列财产不应认定为债务人财产：

1. 基于仓储、保管、承揽、代销、借用、寄存、租赁等合同或者其他法律关系占有、使用的他人财产。人民法院受理破产申请后，债务人占有的不属于债务人的财产，该财产的权利人可以通过管理人取回。但是，《企业破产法》另有规定的除外。

实践中，较为常见的为融资租赁物的取回，出租人可以行使取回权，但如果出租人既要求取回租赁物，又就债务人尚未支付的租金等向管理人申报债权的，管理人应当告知其只能选择其中一种方式主张权利，出租人不予认可的，管理人应当告知其可向人民法院提起诉讼。对此，河北高院《破产案件审理规程》第三十五条规定："融资租赁物不属于债务人财产，为保证债务人财产的完整性和最大限度发挥财产的价值，管理人可以根据最有利于债务人财产的原则，经出租人同意后，将租赁物与债务人财产一并处理。租赁物的变现价值超过剩余租金的，管理人可以选择继续履行合同，支付租金后的剩余部分价值列入债务人财产；租赁物的变现价值低于剩余租金的，出租人就该部分财产价值受偿后不足部分申报债权。"

2. 债务人在所有权保留买卖中尚未取得所有权的财产

对于债务人在所有权保留买卖中尚未取得所有权的财产，出卖人可以通过管理人取回，但是根据《破产法司法解释二》第三十七条的规定，当买受人已支付标的物总价款百分之七十五以上或者第三人善意取得标的物所有权或者其他物权的除外。

3. 所有权专属于国家且不得转让的财产

所有权专属于国家且不得转让的财产主要指国有划拨土地使用权、文物、国防设施、电力设施和油气管道等基础设施以及矿藏、水流、海域等属于国家所有的财产，但法律另有规定的除外。

4. 其他依照法律、行政法规不属于债务人的财产

（三）特殊财产的认定

1. 国有划拨土地使用权

根据《最高人民法院关于破产企业国有划拨土地使用权应否列入破产财产等问题的批复》（法释〔2003〕6 号），破产企业以划拨方式取得的国有土地使用权不属于破产财产。但是经政府部门批准，已经作为企业注册资本登记的，应属于破产财产。上海高院《破产审判工作指引》、山东高院《破产审理指引》均有相同规定。

2. 执行法院划转至法院代管款账户的资金

根据《民诉法解释》第四百九十三条和《执转破指导意见》第 17 条的规定，执行法院收到破产案件受理法院的通知或受理裁定时，已通过拍卖程序处置且成交裁定已送达买受人的拍卖财产，通过以物抵债偿还债务且抵债裁定已送达债权人的抵债财产，已完成转账、汇款、现金交付的执行款，因财产所有权已经发生变动，不属于债务人的财产，不再移交管理人处理。据此，执行法院划转至法院代管款账户的资金，未实际交付申请人的仍属于被执行人财产，该企业进入破产程序的，应移交管理人处理。

相关依据

1. 《企业破产法》第三十条
2. 《公司法》第二十七条
3. 《破产法司法解释二》第一条、第二条、第三条、第四条、第五条、第

六条、第三十七条

4.《民诉法解释》第四百九十三条

5.《最高人民法院关于破产企业国有划拨土地使用权应否列入破产财产等问题的批复》第一条

6.《执转破指导意见》第17条

7. 上海高院《破产审判工作指引》第四章第二条

8. 山东高院《破产审理指引》第五十五条

9. 河北高院《破产案件审理规程》第三十三条、第三十五条

二、债务人财产的保全

理论背景

债务人财产的保全，又称破产财产保全制度，是指“破产程序开始时旨在保护债务人财产的完整性所给予的限制性措施的统称”①。破产法的基本原则之一是集体清偿，即“各债权人应受到破产程序的限制，不得谋求通过单独强制执行实现其权利”②。破产中债务人财产的保全则是为了实现所有债权人集体清偿而将所有财产纳入破产程序之中。比较法上，各国（地区）均通过不同形式的制度实现破产财产的保全，例如美国破产法中的“自动冻结”制度、德国破产法的“临时管理人”制度。

我国《企业破产法》关于破产财产保全制度的规则主要体现在第十五条、第十六条和第十九条，包括债务人配合破产案件审理、解除对债务人财产的保全措施、对债务人的执行中止以及个别清偿无效，总体上保障了破产申请受理后债务人全部财产由管理人接管并按照破产程序依法处置。

实践中，破产申请受理到管理人接管债务人之间存在一定的时间差，管理人也需要一定的时间调查了解债务人资产状况，特别是对于强制破产案件、“人去楼空”失踪的债务人、“别有企图”不愿配合工作的债务人等。为应对这一问题，《破产法司法解释二》规定受理破产申请之前，对破产财产申请保

① 最高人民法院民事审判第二庭：《最高人民法院关于企业破产法司法解释理解与适用：破产法解释（一）、破产法解释（二）》，人民法院出版社2013年版，第161页。

② 许德风：《破产法论·解释和比较功能的视角》，北京大学出版社2015年版，第90页。

全者应当解除保全，同时也规定了受理破产申请之后人民法院可以对债务人全部或者部分财产采取保全措施，为解除原保全做一铺垫，以避免解除保全和财产接管过程中债务人财产的不当流失。①《破产会议纪要》就执转破案件中存在的破产案件受理后查封措施的解除或查封财产的移送作出规定，要求执行法院收到破产受理裁定后，应当解除对债务人财产的查封、扣押、冻结措施；执行法院收到破产受理裁定拒不解除的，破产受理法院可以请求执行法院的上级法院依法予以纠正。《九民会议纪要》进一步作出规定，要求充分运用信息化技术手段，通过信息共享与整合，维护债务人财产的完整性。为了确保债务人财产统一在破产程序中进行分配，在以上规则的演进中，我们可以看到针对债务人财产保全措施的解除这一实务难题，相关程序和制度处于不断的修正、完善过程中。

法律实务

债务人财产的保全，包含两个层次的含义，一方面是对破产程序外债务人财产保全措施的解除，另一方面是对债务人的全部或者部分财产采取保全措施。

（一）解除财产保全措施

1. 解除保全措施的程序

（1）调查债务人财产保全情况

管理人在接管债务人财产后，应当通过各种途径对债务人财产的保全情况进行调查，包括但不限于向债务人法务部门等相关人员，向不动产登记中心、工商管理部门、银行、车管所等部门调查核实，需要调查的内容包括被采取保全措施的财产、采取保全措施的人民法院或行政机关、相关案件承办人员及联系方式、保全裁定书及协助执行通知书等法律文书等。

---

① 最高人民法院民事审判第二庭：《最高人民法院关于企业破产法司法解释理解与适用：破产法解释（一）、破产法解释（二）》，人民法院出版社2013年版，第160页。

（2）发送解除保全措施告知函

管理人对债务人财产保全情况调查后，应及时向采取保全措施的人民法院或行政机关发送解除财产保全措施告知函。管理人在告知函中应当详细写明需要解除保全措施的财产情况及人民法院或行政机关采取保全措施的相关法律文书号，便于案件承办人员能清楚了解需要解除保全措施的财产及相应的案件情况。发送告知函方式法律没有规定，实践中一般选择通过邮政快递送达。快递寄送一方面节约人力和时间，另一方面便于管理人工作留痕。管理人发送告知函后，应当保持与案件承办人员的联系，跟进解封进度，并建立电子档案做好相关记录。

2. 未依法及时解除保全措施的处理机制

相关人民法院接到告知函后仍不解除财产保全措施的情况时有发生，此时，管理人可以请求破产案件受理法院协调解决。对于拒不解除保全措施的相关人民法院，根据《九民会议纪要》第 109 条的规定，破产受理人民法院可以请求该法院的上级人民法院依法予以纠正，对债务人财产采取保全措施的人民法院未依法及时解除保全措施的，上级人民法院应当依法予以纠正。相关人员违反上述规定造成严重后果的，破产受理人民法院可以向人民法院纪检监察部门移送其违法审判责任线索。

同时，根据《九民会议纪要》第 109 条规定，人民法院审理企业破产案件时，有关债务人财产被其他具有强制执行权力的国家行政机关，包括税务机关、公安机关、海关等采取保全措施，人民法院应当积极与上述机关进行协调和沟通，取得有关机关的配合，解除有关保全措施，以便保障破产程序顺利进行。

3. 保全措施的恢复

根据《破产法司法解释二》第八条规定，以下两种情形发生时应当通知已依法解除保全措施的单位按照原保全顺位恢复相关保全措施：

（1）人民法院受理破产申请后至破产宣告前裁定驳回破产申请

《企业破产法》第十二条第二款规定："人民法院受理破产申请后至破产宣告前，经审查发现债务人不符合本法第二条规定情形的，可以裁定驳回申请……"当债务人破产申请被人民法院裁定驳回时，相应地，债务人财产的保全措施亦应当恢复至破产前的状态。

（2）人民法院破产宣告前裁定终结破产程序

《企业破产法》第一百零八条规定："破产宣告前，有下列情形之一的，人民法院应当裁定终结破产程序，并予以公告：（一）第三人为债务人提供足额担保或者为债务人清偿全部到期债务的；（二）债务人已清偿全部到期债务的。”破产宣告前终结破产程序的，债务人并未实质进入破产程序，故债务人财产的保全措施应当恢复。

（二）对债务人财产采取保全措施

1. 采取保全措施的目的

根据《企业破产法》第十九条的规定，法院受理破产申请后，有关债务人财产的保全措施均应解除，债务人的全部财产应由管理人统一管理，并依法处分债务人财产。但在实践中，管理人因故无法履行对债务人财产的接管和处分的情况时有发生。受理破产申请人民法院对债务人全部或者部分财产采取保全措施，可以避免解除原保全措施和财产接管过程中债务人财产的不当流失。对此，河北高院《破产案件审理规程》第十九条第一款还规定：“在申请人提交申请材料后，人民法院受理破产申请前，债务人财产、印章、账簿、文书等存在被隐匿、转移、销毁等紧急情形的，申请人可以向人民法院申请采取保全措施，但应根据民事诉讼法相关规定提供相应担保。”在破产重整案件中，因涉及股东权益调整，广东高院《审理破产案件指引》第三十三条第二款规定：“重整案件受理后，对于债务人的股东股权，管理人可以申请人民法院查封。”

2. 采取保全措施的程序

根据《破产法司法解释二》第六条规定，受理破产申请的人民法院对债务人的全部或者部分财产采取保全措施，可以依管理人的申请，也可依职权。管理人申请采取保全措施，应向受理破产申请的人民法院提出书面申请，受理破产申请人民法院发现利益相关人的行为损害债务人财产，或者因为其他原因影响破产程序依法进行的，可以依职权对债务人全部或者部分财产采取保全措施。受理破产申请人民法院无论是依管理人申请还是依职权决定采取保全措施，均应当作出保全裁定书及协助执行文书，并下达给相关单位，从而完成保全措施。

相关依据

1.《企业破产法》第十二条、第十五条、第十六条、第十九条、第一百零八条

2. 《破产法司法解释二》第六条、第八条
3. 《九民会议纪要》第109条
4. 广东高院《审理破产案件指引》第三十三条
5. 河北高院《破产案件审理规程》第十九条

第二节 债务人财产的追收

一、破产前的可撤销行为

理论背景

破产前的可撤销行为，是指“债务人在破产受理前的法定期间内进行的欺诈债权人或损害全体债权人公平清偿的行为”①，管理人有申请法院予以撤销的权利。

对于一般的无财产担保债权人而言，债务人以其全部责任财产作为债务履行的担保，如果债务人不当操作其责任财产的增减，则可能影响到履行债务的能力，撤销权制度便是在此情形下债权人可寻求的救济手段。在非破产情形下，债务人故意通过无偿转让或放弃担保等行为，如果损害了个别债权人的利益，个别债权人可以诉诸民法上的债权人撤销权制度寻求救济，但是需要满足较为严格的构成要件。在破产受理前的法定期间内，债务人可能采取不当行为或者个别清偿等影响总体责任财产的行为，虽然此时债务人尚未进入破产程序，但是该行为实质上已经损害了全体债权人的利益。因此，进入破产程序后，管理人有权代替全部债权人来行使破产撤销权，而且其需要满足的条件较一般民法上的撤销权条件相对宽松，因此是对债权人更强的保护。

破产撤销权制度与无效行为制度是破产法中的重要制度，《企业破产法（试行）》第三十五条规定受理破产案件前6个月至破产宣告之日的期间内，债务人处置财产的行为无效，而并未设置破产撤销权制度。与《企业破产法（试

① 王欣新：《破产法》，中国人民大学出版社2007年版，第158页。

行)》相比,《企业破产法》的一项重要变化就是区分可撤销的行为与无效行为。一方面,将《企业破产法(试行)》所规定的“大部分无效行为转而规定为可撤销行为,赋予管理人请求人民法院予以撤销的权利;另一方面,对于债务人主观恶意明显,并且严重损害债权人利益的行为,保留了无效行为制度”,[①]且不受期限的限制。破产撤销权制度规定在《企业破产法》第三十一条和第三十二条,另在《破产法司法解释二》的第九条至第十六条作了更为细致的规定。

法律实务

(一)受理前1年内债务人不当行为的撤销

1. 无偿转让财产行为的认定

《企业破产法》及相关司法解释并未就无偿转让财产行为进行界定,实践中,财产无偿转让既包括有形财产的无偿转让,也包括债权、股权、知识产权等财产性权利的无偿转让;既包括真正意义上的无偿转让行为,也包括形式上是有偿的,但实质上为无对价的无偿转让行为。在对无偿转让财产行为进行认定时,江苏高院《破产审理指南》第四章债务人财产第四条规定,债务人在人民法院受理破产申请前一年内无偿加入他人债务的,将导致债务人责任财产减少,属于广义的无偿转让财产,管理人请求人民法院予以撤销的,应予支持。

2. 以明显不合理的价格进行交易行为的认定

以明显不合理的价格进行交易包括以明显不合理的高价买入和明显不合理的低价卖出两种行为,管理人在对该行为进行认定时,可参照《合同法司法解释二》第十九条的规定,转让价格达不到交易时交易地的指导价或者市场交易价百分之七十的,一般可以视为明显不合理的低价;对转让价格高于当地指导价或者市场交易价百分之三十的,一般可以视为明显不合理的高价。但转让对价的合理性并非唯一标准,还应当参考债务人与相对人的关系、债务人的交易动机和目的、交易是否为债务人的经营范围等其他因素。需要注意的是,因撤销该交易,对于债务人应当返还受让人已支付价款所产生的债务,可按照共益债务清偿。

---

① 蔡人俊:《解读新企业破产法撤销权制度与无效行为制度》,载《华东政法大学学报》2006年第6期。

3. 对没有财产担保的债务提供财产担保行为的认定

实践中，对没有财产担保的债务提供财产担保常见于金融借款，比较典型的是“借新还旧”中对新贷提供担保的行为，对此，《九民会议纪要》第57条规定：“贷款到期后，借款人与贷款人订立新的借款合同，将新贷用于归还旧贷，旧贷因清偿而消灭，为旧贷设立的担保物权也随之消灭。”广东高院《审理破产案件指引》第五十九条规定：“以偿还债务为目的签订新借款合同，债务人为新借款合同提供物的担保，所偿还的债务没有担保物或虽有担保物但价值低于新借款合同担保物的，管理人可以依据企业破产法第三十一条关于‘为没有担保债务提供财产担保行为’的规定，对新设或增设担保主张撤销权。”

4. 对未到期的债务提前清偿及放弃债权行为的认定

（1）对未到期的债务提前清偿的行为

在债务人丧失清偿能力的情况下，其未到期债务通常情况下作为破产债权只能得到部分清偿，甚至得不到清偿。债务人在破产受理前对未到期债务提前清偿，损害了其他债权人的利益，故应予撤销。但管理人应当注意的是，如该笔债权在破产申请受理前已经到期，管理人不得撤销，但该清偿行为发生在破产申请受理前6个月内且债务人有《企业破产法》第二条第一款规定情形的除外。

（2）放弃债权的行为

如何认定债务人放弃债权行为法律没有明确规定，上海高院《破产审判工作指引》第四章债务人财产第七条规定：“放弃债权包括积极放弃和消极放弃两种形式。积极放弃行为表现为免除债务、撤销诉讼等；消极放弃行为表现为诉讼时效内不行使债权、执行时效内不申请执行等。”

（二）债务人个别清偿行为的撤销

《企业破产法》第三十二条规定了对债务人个别清偿行为的撤销。

1. 个别清偿行为的认定

（1）个别清偿行为发生于人民法院受理破产申请前6个月内

这是撤销个别清偿行为的时间要求，该期限性质上属于除斥期间，不适用诉讼时效中止、中断、延长的规定。管理人在接管债务人财产后，应梳理债务人在人民法院受理破产申请前6个月内的全部对外清偿行为，厘清对外清偿的性质，确定是否为个别清偿。

（2）债务人已具备破产原因

根据《企业破产法》第二条第一款规定：“企业法人不能清偿到期债务，

并且资产不足以清偿全部债务或者明显缺乏清偿能力的，依照本法规定清理债务。”因此，管理人应当按照《破产法司法解释一》第二条至第四条对于“不能清偿到期债务”“资产不足以清偿全部债务”“明显缺乏清偿能力”的认定对债务人是否已经具备破产原因进行分析。

2. 个别清偿行为的撤销

（1）梳理债务人在法定期限内的全部对外清偿行为。由债务人向管理人提供人民法院受理破产申请前6个月内全部对外清偿明细，管理人对此进行全面排查。

（2）核查债务人的财务状况，确定行为发生时是否已经具备破产原因。即确定债务人自何时开始存在破产法第二条第一款规定的情形，按照《破产法司法解释一》第二条至第四条对于“不能清偿到期债务”“资产不足以清偿全部债务”“明显缺乏清偿能力”的认定对债务人是否已经具备破产原因进行分析。

（3）梳理对外清偿的性质，确定是否为个别清偿。按照上述个别清偿行为的认定，管理人对每笔对外清偿行为的性质进行分析，排除不属于个别清偿的行为，《破产法司法解释二》第十四条、第十五条、第十六条规定了个别清偿行为的例外情形，主要包括债务人为维系基本生产需要而支付的水费、电费等，债务人支付的劳动报酬、人身损害赔偿金，经诉讼、仲裁、执行程序对债权人进行的个别清偿，债务人对以自有财产设定担保物权的债权进行的个别清偿以及使债务人财产受益的其他个别清偿的行为，管理人需形成专项分析报告。

（4）撤销个别清偿行为的方式

管理人通过电话、邮寄等方式要求相对方向管理人返还债务人个别清偿的款项，如相对方拒不返还的，管理人应当向受理破产申请人民法院提起诉讼，请求撤销债务人的个别清偿行为。

3. 特殊情况的处理

实践中，最常见的情形为金融机构因债务人违约，根据合同中加速到期或授权划款等条款的约定扣划债务人银行存款的行为，不同法院的裁判结果也有所不同，《最高人民法院民事审判第二庭法官会议纪要》中指出：“人民法院受理破产申请前6个月内，债务人具有《企业破产法》第2条第1款规定的情形，银行债权人利用其对债务人银行账户的控制地位扣划债务人银行账户资金清偿其到期债务的，属于《企业破产法》第 32 条规定的‘对个别债权人进行清偿’的行为，管理人请求人民法院撤销的，人民法院应当予以支持，但符合《企业破产法》第 32 条规定的使债务人财产受益的除外。”①

相关依据

1. 《企业破产法》第二条、第三十一条、第三十二条
2. 《破产法司法解释一》第二条、第三条、第四条
3. 《破产法司法解释二》第九条、第十条、第十一条、第十二条、第十三条、第十四条、第十五条、第十六条
4. 《合同法司法解释二》第十九条
5. 《九民会议纪要》第 57 条
6. 江苏高院《破产审理指南》第四章第四条
7. 广东高院《审理破产案件指引》第五十九条
8. 上海高院《破产审判工作指引》第四章第七条

二、破产无效行为

理论背景

破产无效行为，是指为逃避债务而隐匿、转移财产的行为，以及虚构债务或承认不真实债务的行为。针对这些故意损害债权人利益的行为，破产法设计了破产无效制度，破产无效制度无法定期间的限制。

《企业破产法（试行）》便设置了破产无效制度以阻止逃废债的行为，《企业破产法》则采纳了撤销权制度与无效行为制度相并行的二元结构。相对于破产撤销制度，破产无效制度可更为有力地遏制债务人恶意破产和逃废债务的行为。与可撤销的行为相比较，涉及债务人财产的无效行为具有以下四方面的特征：“一是无效行为是严重损害债权人利益的行为；二是无效行为的发生期限

① 贺小荣：《最高人民法院民事审判第二庭法官会议纪要》，人民法院出版社 2018 年版，第 180 页。

没有限制；三是无效行为的发生与债务人是否出现破产原因没有必然的联系；四是无效行为是法律上确定不发生效力的行为，当事人之间不因此而存在权利义务关系，并且无效行为自始无效。”① 之所以作出这样的规定，是为了回应实践中层出不穷的各种通过隐匿转移财产和虚构债务来恶意破产和逃避债务的行为，更好地保护债权人的合法权益。

比较法上，对于破产程序启动的效力分为溯及主义和不溯及主义两种立法原则。溯及主义认为破产程序启动的效力及于破产程序开始之前已经发生破产原因的行为，而不溯及主义认为其效力只及于破产程序开始之后，比较法上的破产无效制度乃是破产效力溯及主义的体现。但是，《企业破产法》中的无效行为是对民法和合同法中无效民事行为在破产程序中表现出来的特点而作出的强调性规定，是对当事人意思表示性质的彻底否定性评价。与贯彻破产效力溯及主义的国家所设置的破产无效行为制度完全不同，所涉及的范围只限于任何时候依法律规定均属无效之行为，不包括可撤销行为，所以不具备对撤销权制度的替代作用。②

法律实务

根据《企业破产法》第三十三条规定，破产无效行为包括为逃避债务而隐匿、转移财产的行为和虚构债务或者承认不真实债务的行为。

（一）破产无效行为认定

1. 为逃避债务而隐匿、转移财产的行为

隐匿、转移财产的行为构成无效行为需要满足以下条件：

首先，必须以逃避债务为目的。也就是说，债务人在主观上表现为故意，如果债务人的行为是正常的生产经营活动所必需，而不是为了逃避债务，则不构成无效行为。

其次，存在隐匿、转移财产的行为。对隐匿财产的行为应作广义理解，既包括对财产的隐匿，也包括对财产性权利的隐匿，如对债权的隐匿不报。隐匿

---

① 蔡人俊：《解读新企业破产法撤销权制度与无效行为制度》，载《华东政法大学学报》2006年第6期。

② 王欣新：《破产法》，中国人民大学出版社2007年版，第161页、第183页。

财产的行为是多种多样的，既包括积极藏匿财产的行为，也包括消极隐瞒的行为，如对财产不在财务报表上作相应记载或者作不真实的记载等。而转移财产是将债务人财产转移至原所在地之外或债务人的控制之外，使管理人无法接管和处分。

2. 虚构债务或者承认不真实债务的行为

在民事活动中，债的发生必须要有依据。这些依据主要有合同、侵权行为、无因管理和不当得利四种。虚构债务实际上是在没有这些依据的情形下债务人自己虚构的债权债务。承认不真实债务，是指债务人对于债权人虚构申报的债务予以承认并给其他人以误认，以实现使个别债权人获得更多清偿利益，或者掩盖企业真实财务状况的行为。在实践中，一些债务人为了转移财产、逃避债务，往往通过虚构债务或者承认不真实债务的方式来达到目的。虚构债务与承认不真实的债务主要表现为订立虚假的合同、虚构应付账款、在财务账册上多列支出等。

在实践中，上述两种无效行为往往比较隐蔽，管理人在调查时，可以要求审计、评估机构予以配合。针对债务人资产，评估机构应当就物的采购、折旧、现状、去向等进行调查；而审计机构应当就款项流向进行调查，针对去向不明的财物和不真实的债务，管理人应要求债务人提供相应材料予以证明，债务人不配合管理人调查的，管理人可以申请人民法院采取强制措施。

（二）破产无效行为的确认

破产无效行为自成立时便无效，无须诉讼确认。但在实践中，因部分行为涉及第三人，对行为是否有效存在争议，此时便需要通过诉讼进行确认。根据《破产法司法解释二》第十七条规定，提起确认债务人行为无效的诉讼主体为管理人，即管理人为确认债务人行为无效诉讼的原告，债务人为被告，如无效行为涉及第三人的，为了方便调查事实，人民法院还要求列明第三人，诉讼请求为确认某具体行为无效。在人民法院确认行为无效后，管理人方可依据《破产法司法解释二》第十七条的规定追回财产。

（三）破产无效行为的法律后果

无效行为的一般法律后果是恢复原状，破产无效行为也不例外。恢复原状就是使法律关系和财产归属回到行为发生前的状态。因此，对于破产无效行为，首先，行为自始无效；其次，对于已给付的财产，应当予以返还。相对人拒绝返还或者对管理人要求有异议的，管理人可依据《企业破产法》第三十四条的规定提起诉讼。

同时，根据《企业破产法》第一百二十八条的规定，债务人有逃避债务而隐匿、转移财产的行为，虚构债务或者承认不真实债务的行为损害债权人利益的，债务人的法定代表人和其他直接责任人员依法承担赔偿责任。债务人的法定代表人和其他直接责任人拒绝承担赔偿责任的，管理人可以向人民法院提起诉讼。

相关依据

1.《企业破产法》第三十三条、第三十四条、第一百二十八条
2.《破产法司法解释二》第十七条

三、欠缴出资的追缴

理论背景

公司资本认缴制下，对于公司现有资产不足以清偿到期债务，但股东出资期限尚未届满的，依照《企业破产法》的规定，在公司破产状态下，股东出资应加速到期。对于管理人如何向出资人主张，存在一定争议。

一是当名义股东与实际股东不一致时，管理人应当向何者主张权利的问题。根据《公司法司法解释三》第二十七条规定，公司债权人以登记于公司登记机关的股东未履行出资义务为由，请求其对公司债务不能清偿的部分在未出资本息范围内承担补充赔偿责任，股东以其仅为名义股东而非实际出资人为由进行抗辩的，人民法院不予支持。名义股东根据前款规定承担赔偿责任后，向实际出资人追偿的，人民法院应予支持。这一条是规定债权人向公司股东请求承担补充赔偿责任的规定，而在破产程序中，股东出资义务加速到期，此时管理人向公司股东主张履行出资义务时，参考该条规定，可向名义股东进行主张。当然，如能确定实际股东时，也可直接向实际股东主张，或同时向两者主张。

二是对破产申请受理时尚未到期的出资是否有请求权的问题。一方面，债权人请求股东或出资人在出资期限已满但是尚未缴足的部分承担补充责任没有

争议，最高人民法院发布的《公司法司法解释三》第十三条第二款规定，“公司债权人请求未履行或者未全面履行出资义务的股东在未出资本息范围内对公司债务不能清偿的部分承担补充赔偿责任的，人民法院应予支持”。一般认为，“这一规定适用的前提乃是被诉股东未履行或者未全面履行出资义务。依据《合同法》的基本原理，未履行或者未全面履行出资义务也即构成了实际违约，实际违约的构成以合同义务期限已经到来为前提”①。另一方面，在出资期限尚未到期的情况下，能否适用股东出资义务加速到期需要谨慎处理。公司不能清偿单个债权人到期债权时，在非破产情形下不宜适用股东出资义务加速到期制度，山东高院和江苏高院均持上述观点②，最高人民法院民二庭亦倾向于该观点，如果公司不能清偿单个债权人到期债权，“单个的债权追及诉讼符合《企业破产法》第三十一条、第三十二条的精神。债权人应当申请债务人破产，进入破产程序后再按照《企业破产法》第三十五条使股东出资义务加速到期，最终在真正意义上保护全体债权人利益”③。《破产法司法解释二》第二十条进一步明确，管理人主张出资人向债务人依法缴付未履行的出资或者返还抽逃的出资本息，出资人以认缴出资尚未届至公司章程规定的缴纳期限或者违反出资义务已经超过诉讼时效为由抗辩的，人民法院不予支持。

法律实务

（一）欠缴出资的认定

在破产程序中，债务人的股东欠缴出资情形主要有两种：一是章程规定的缴纳期限已届满，股东违反章程规定而未缴纳；二是因为尚未届至章程规定的缴纳期限而未缴纳。对于第一种情形，管理人可以依据公司章程规定的缴纳期限并结合审计机构的审计情况进行认定。对于第二种情形，管理人可依据《企业破产法》第三十五条的规定，认定股东未届期限出资加速到期，并结合审计机构的审计情况进行认定。

---

① 李建伟：《认缴制下股东出资责任加速到期研究》，载《人民司法（应用）》2015年第9期。

② 山东省高级人民法院民二庭：《关于审理公司纠纷案件若干问题的解答》（2018年7月17日公布），江苏省高级人民法院民二庭：《江苏全省法院公司纠纷案件审判调研报告》。

③ 杨临萍：《最高人民法院关于当前商事审判工作中的若干具体问题》（2015年12月24日），载杜万华《民事法律文件解读·总第134辑》人民法院出版社2016年版。

（二）追缴欠缴出资的主体

《破产法司法解释二》第二十条规定，债务人的股东未履行或者未完全履行出资义务，由管理人代表债务人提起追缴未缴出资诉讼。因此，追缴欠缴出资的主体仍为债务人，在追缴欠缴出资的诉讼中，原告为债务人，由管理人作为诉讼代表人参加诉讼。而债务人的债权人，在人民法院受理破产申请后，应依法向管理人申报债权，不能在破产程序中请求欠缴出资股东为其债权承担补偿赔偿责任。

（三）追缴欠缴出资的对象

管理人代表债务人追缴股东欠缴出资，追缴对象应为登记于公司登记机关的股东。登记于公司登记机关的股东，依法负有足额缴纳出资的义务，即便其为名义股东，在实际出资人出资不实的情况下，其不得以与实际出资人之间的关系对抗债务人及其他股东，其对债务人的补足出资义务不能免除。

（四）追缴欠缴出资不适用诉讼时效制度

追缴欠缴出资是基于股东的法定出资义务而由债务人享有的法定债权请求权，不同于当事人合意产生的意定债权请求权，不能由当事人自由约定处置。如果规定出资请求权适用诉讼时效制度，就违背了公司资本充足原则，不但会动摇公司制度的根基，而且还无法保护足额出资股东和债权人的利益。所以，基于投资关系产生的缴纳出资请求权不受诉讼时效的限制。同样，人民法院受理破产申请后，管理人代表债务人追缴未缴出资也不适用诉讼时效制度。

（五）追缴欠缴出资不受股东认缴期限的限制

在破产程序中，债务人的股东未履行或者未完全履行出资义务一般是因为尚未届至章程规定的缴纳期限而未缴纳。根据《企业破产法》第三十五条规定，人民法院受理破产申请属于出资缴纳加速到期的法定事由，股东应及时将尚未到缴纳期限的出资缴纳到位。因此，管理人代表债务人追缴股东所认缴的出资，不受股东认缴期限的限制。

（六）追缴的出资归入债务人财产

公司是拟制的法律主体，出资人的出资构成公司的原始财产，因出资人未按照其认缴的出资额缴纳出资，故无论企业是否进入破产程序，股东未缴纳的出资额在认缴后均属于企业财产。在企业资不抵债而进入破产程序后，股东未缴纳的出资额在认缴后作为债务人财产向所有债权人公平清偿。

相关依据

1. 《企业破产法》第三十一条、第三十二条、第三十五条
2. 《破产法司法解释二》第二十条、第四十六条
3. 《公司法司法解释三》第十三条、第二十七条
4. 《九民会议纪要》第6条
5. 江苏高院《破产审理指南》第四章第七条
6. 山东高院《破产审理指引》第六十一条

四、非正常收入和财产的追回

理论背景

债务人的董事、监事和高级管理人员利用职权从企业获取的非正常收入和侵占的企业财产，进入破产程序后，由管理人予以追回。依据产权理论，现代企业的重要特点是所有权与经营权的分离，而企业的经营决策者——董事、监事和经理、副经理、财务负责人等高级管理人员，与企业所有者双方利益并不完全不一致，由此产生的成本，即为代理成本。在经营过程中，董事、监事和高级管理人员可能利用职权从企业获取非正常收入或者侵占企业财产，进而降低企业的偿债能力，客观上损害了债权人的利益，甚至于使企业陷入资不抵债的境地。

为了约束公司的董事、监事和经理、副经理、财务负责人等高级管理人员，公司法和破产法设置了诸多制度来规制公司的经营者。例如，《公司法》明确规定了董监高的忠实义务，规定："董事、监事、高级管理人员应当遵守法律、行政法规和公司章程，对公司负有忠实义务和勤勉义务。董事、监事、高级管理人员不得利用职权收受贿赂或者其他非法收入，不得侵占公司的财产"，对于董事、高级管理人员违反禁止行为所得的收入应当归公司所有。与之对应的，破产法则赋予管理人在破产申请受理后追回管理人员非正常收入和侵占财产的权利。

法律实务

（一）高级管理人员范围界定

根据《公司法》第二百一十六条第一款第（一）项之规定，高级管理人员是指公司的经理、副经理、财务负责人，上市公司董事会秘书和公司章程规定的其他人员。因高管任免属于企业自主经营管理范畴，故《公司法》中规定了公司章程中认定的人员也属于高管范围这样一个兜底条款。此外《中外合资经营企业法实施条例》第八十三条将高管的人员范围进一步扩大，并在列举中用了一个“等”字，使其人员主体范围的外延可继续扩大。《中国银监会非银行金融机构行政许可事项实施办法》第一百七十二条将风险总监、总经理助理、内审部门负责人等人员也纳入企业高管范围。实践中，需结合企业的经营规模、组织架构、职位权限及职责、工资待遇、规章制度等来综合认定，不宜过分苛求企业会对所属的高级管理人员范围有明确的外在公示行为。

（二）“非正常收入”认定标准

《破产法司法解释二》第二十四条规定了债务人董监高“非正常收入”的认定标准，即“破产原因”和“利用职权”。

1. 对“破产原因”的认定

管理人在接管债务人后，可根据《企业破产法》第二条和《破产法司法解释一》第二条、第三条、第四条的规定判断债务人破产原因出现的时间点。然后，管理人对该时间点之后取得的收入进行审查，认定是否属于非正常收入。

2. 对“利用职权”的认定

《企业破产法》对如何认定“利用职权”并无明确规定。对此，可以参照《全国法院审理经济犯罪案件工作座谈会纪要》中关于利用职务上的便利的认定。《全国法院审理经济犯罪案件工作座谈会纪要》规定：“利用职务上的便利既包括利用本人职务上主管、负责、承办某项公共事务的职权，也包括利用职务上有隶属、制约关系的其他国家工作人员的职权。”故《破产法司法解释二》第二十四条规定的“利用职权”可以理解为既包括利用本人职务上主管、负责、承办某项公司事务的职权，也包括利用职务上有隶属、制约关系的其他公司工作人员的职权。

（三）董事、监事和高级管理人员权利救济途径

按照《破产法司法解释二》第二十四条的规定，债务人的董事、监事和高级管理人员因返还绩效奖金、其他非正常收入形成的债权，可以作为普通债权清偿。

因返还普遍拖欠职工工资情况下获取的工资性收入形成的债权，依据《企业破产法》第一百一十三条第三款的规定，按照该企业职工平均工资计算的部分作为拖欠职工工资清偿；高出该企业职工平均工资计算的部分，可以作为普通债权清偿。

相关依据

1.《企业破产法》第二条、第三十六条、第一百一十三条
2.《公司法》第二百一十六条
3.《破产法司法解释一》第二条、第三条、第四条
4.《破产法司法解释二》第二十四条
5.《中外合资经营企业法实施条例》第八十三条
6.《中国银监会非银行金融机构行政许可事项实施办法》第一百七十二条
7.《全国法院审理经济犯罪案件工作座谈会纪要》第三条

五、取回质物、留置物

理论背景

人民法院受理破产申请后，管理人可以通过清偿债务或者提供为债权人接受的担保，取回质物、留置物。

质物是指在用动产进行质押时，债务人移交给债权人占有以担保债务履行的动产；留置物是指债权人依法占有以担保债务履行的债务人的动产。质物和留置物，在其担保的债权被满足以前，由债权人占有，出质人或者债务人想收回其质物或者留置物，必须满足法定的条件。依据《物权法》的相关规定，债务人履行债务或者出质人提前清偿所担保的债权的，质权人应当返还质押财产。留置权人对留置财产丧失占有或者留置权人接受债务人另行提供担保的，

留置权消灭。由于人民法院受理破产申请以后，债务人的财产由法院指定的管理人管理，管理人可以通过债务清偿或者替代担保取回质物、留置物。

管理人为了取回质物或者留置物而进行的债务清偿或者替代担保，若质物或留置物价值高于被担保债权额时，管理人仅需就所担保债务范围内清偿或提供担保以取回质物、留置物；在质物或者留置物的价值低于被担保的债权额时，应以其在当时质物、留置物的市场价值为限进行清偿或者替代担保以取回。“无论是质权还是留置权，都是以其标的物即质物或者留置物的价值为限，负担担保作用的。管理人为了收回质物或者留置物所付出的代价也不应当高于质物或者留置物的价值。”[①] 否则就等于给予质权人或者留置权人额外利益，而损害了其他债权人的利益。

法律实务

（一）管理人取回质物、留置物的事由

管理人在接管债务人财产后，应当本着有利于债务人财产价值最大化的原则对债务人财产进行管理。管理人决定取回质物、留置物一般存在以下事由：

（1）质权人、留置权人的保管行为有可能导致质物、留置物价值减少或者毁损灭失，不利于质物、留置物的安全；

（2）质物、留置物与债务人的其他财产是成套设备或者因其他原因集中管理和处分更有利于财产价值最大化；

（3）管理人认为应当取回质物、留置物的其他情形。

（二）取回质物、留置物的程序

1. 评估质物、留置物的价值

管理人应当委托有资格的评估机构对质物、留置物的市场价值作出评估，根据评估价格决定是否有必要通过清偿债务或者提供担保取回质物、留置物。

2. 向人民法院或债权人委员会报告

管理人决定通过清偿债务或者提供担保取回质物、留置物，应当根据《企业破产法》第六十九条的规定，及时将取回质物、留置物的决定报告债权人委

---

① 吴高盛：《〈中华人民共和国企业破产法〉条文释义与适用》，人民法院出版社2006年版，第94页。

员会；未设立债权人委员会的，管理人应当将相关情况报告人民法院。

3. 执行取回的决定

管理人履行完报告程序后，应当将取回质物、留置物的决定通知质权人或留置权人，待管理人与质权人或留置权人协商一致后，管理人方可取回质物、留置物。

（三）不宜取回质物、留置物的破产程序

管理人决定取回质物、留置物主要发生在重整、和解程序中，在破产清算程序中，一般不宜采取简单取回的方式。因为，破产清算最后都要将破产财产变价出售转换为货币，提前以当前的市场价值对价取回，很难保证不损害其他债权人利益。管理人应当考虑该质物、留置物是在破产财产变价方案中拟单独处置，还是需要并入整体处置。如果可以单独处置，则应单独变价出售，出售后的价款可单独列明；如果确有必要整体变价出售，管理人可在变价出售前与担保权人约定变价出售后对该物价值的确认方式。

相关依据

1.《企业破产法》第三十七条、第六十九条

2. 山东高院《破产审理指引》第六十四条

第三节　债务人财产的减少

一、破产取回权

理论背景

破产取回权是所有权人或其他权利人不受破产程序约束，向管理人或债务人请求返还其“不属于债务人的财产”的权利。破产程序中的取回权并非破产法单独创设的一项新权利，而是对其他实体法上已经规定的财产权利的保护，是“权利人基于物权等基础性权利主张有关财产不属于债务人进而请求返还的

'权能'"[①]。

对于取回权的基础权利，有的学者认为应当为所有权等物权[②]，也有学者认为，取回权的基础权利"主要是物权，尤其是所有权，但也不能完全排除依债权产生取回权的情况"[③]。可见，取回权所依赖的基础权利可以是所有权等物权这一命题的争议不大，如债务人基于仓储、保管、加工承揽、委托交易、代销、借用、寄存、租赁等法律关系占有、使用的他人财产。但是，债权人是否可以基于基础性的债权权利取回财产，则存在一定的争议。有学者试图从取回权的价值基础和制度构建方面作出澄清，认为取回权制度的背后是不得将他人财产据为己有的朴素公平观念，在此基础上，特定类型的债权也可以作为取回权的基础权利。[④] 具体而言，这一类债权取回权包括：以基础债权的归属性特征而成立的债权取回权，以营业外观为基础的委托债权取回权，以与所有物的密切关联及公平考量为基础的债权取回权。

对于上述第二种债权取回权最为典型的例子体现在证券经纪和委托理财业务中。在法律性质上，虽然客户对委托证券公司经营的资金享有的仅为债权，但是，在证券公司破产时，客户的资金若独立于证券公司自有资金，则不能作为证券公司的责任财产清偿债务，那么客户仍可以按比例取回其资金[⑤]，其背后的原理在于证券公司受客户委托为客户利益而行为的属性和营业外观。

第三种最为典型的则是代偿取回权和买卖关系中的在途标的物取回权。代偿性取回权，"是指当非债务人财产取回权行使的标的财产毁损、灭失时，该财产的权利人依法对取回权标的物的代偿财产行使取回的权利。……出卖人在途标的物取回权，是指尚未收到全部价款的动产出卖人，将买卖标的物发送后，如果买受人在尚未收到标的物前破产的，出卖人可以请求取回标的物的权利"[⑥]。

---

① 许德凤：《破产法论·解释和比较功能的视角》，北京大学出版社2015年版，第209页。

② 李永军：《论破产程序中的取回权》，载《比较法研究》1995年第2期。

③ 王欣新：《破产法》，中国人民大学出版社2011年版，第146页。

④ 许德凤：《破产法论·解释和比较功能的视角》，北京大学出版社2015年版，第222－238页。

⑤ 宋晓明在"全国法院证券公司破产案件审理工作座谈会"上的讲话（2007年11月20日）。

⑥ 人民法院出版社法规编辑中心：《最高人民法院民二庭负责人就〈关于适用《企业破产法》若干问题的规定（二）〉答记者问》，载《解读最高人民法院司法解释（2013年卷）》，人民法院出版社2014年版，第253页。

法律实务

（一）权利人财产的取回权

1. 权利人行使取回权的时间

《企业破产法》第三十八条规定："人民法院受理破产申请后，债务人占有的不属于债务人的财产，该财产的权利人可以通过管理人取回。但是，本法另有规定的除外。"《破产法司法解释二》第二十六条规定："权利人依据企业破产法第三十八条的规定行使取回权，应当在破产财产变价方案或者和解协议、重整计划草案提交债权人会议表决前向管理人提出。……"因此，权利人行使取回权的时间节点为人民法院受理破产申请后，在破产财产变价方案或者和解协议、重整计划草案提交债权人会议表决前，在上述期限后主张取回相应财产的，应当承担延迟行使取回权增加的相关费用。

2. 特殊情形下权利人取回权的行使

（1）债务人占有他人财产被变价并将变价款提存的

当债务人占有的他人财产为权属不清的鲜活易腐等不易保管的或者不及时变现价值将严重贬损的，管理人应当及时对该财产变价并将变价款提存，有关权利人就该变价款行使取回权的，管理人应当予以返还。

（2）债务人占有他人财产毁损灭失的

①当债务人占有的他人财产毁损、灭失，因此获得保险金、赔偿金、代偿物的

第一，获得的保险金、赔偿金、代偿物尚未交付给债务人的，权利人主张就此获得保险金、赔偿金、代偿物的，管理人应当予以返还；

第二，代偿物虽已交付给债务人但能与债务人财产予以区分的，权利人主张就此获得保险金、赔偿金、代偿物的，管理人应当予以返还；

第三，保险金、赔偿金已经交付给债务人，或者代偿物已经交付给债务人且不能与债务人财产予以区分的，如果财产毁损、灭失发生在破产申请受理前的，权利人因财产损失形成的债权，作为普通债权清偿；如果财产毁损、灭失发生在破产申请受理后的，因管理人或者相关人员执行职务导致权利人损害产生的债务，作为共益债务清偿。

②债务人占有的他人财产毁损、灭失，没有获得相应的保险金、赔偿金、代偿物，或者保险金、赔偿物、代偿物不足以弥补其损失的部分的

第一，如果财产毁损、灭失发生在破产申请受理前的，权利人因财产损失形成的债权，作为普通债权清偿；

第二，如果财产毁损、灭失发生在破产申请受理后的，因管理人或者相关人员执行职务导致权利人损害产生的债务，作为共益债务清偿。

（3）债务人占有的他人财产被违法转让给第三人的

①原权利人无法取回转让财产的

债务人占有的他人财产被违法转让给第三人，依据《物权法》第一百零六条的规定第三人已善意取得财产所有权，原权利人无法取回该财产的，人民法院应当按照以下规定处理：

第一，转让行为发生在破产申请受理前的，原权利人因财产损失形成的债权，作为普通债权清偿；

第二，转让行为发生在破产申请受理后的，因管理人或者相关人员执行职务导致原权利人损害产生的债务，作为共益债务清偿。

②原权利人依法追回转让财产的

债务人占有的他人财产被违法转让给第三人，第三人已向债务人支付了转让价款，但依据《物权法》第一百零六条的规定未取得财产所有权，原权利人依法追回转让财产的，对因第三人已支付对价而产生的债务，人民法院应当按照以下规定处理：

第一，转让行为发生在破产申请受理前的，作为普通债权清偿；

第二，转让行为发生在破产申请受理后的，作为共益债务清偿。

（二）出卖人对在途买卖标的物的取回权

《企业破产法》第三十九条规定：“人民法院受理破产申请时，出卖人已将买卖标的物向作为买受人的债务人发运，债务人尚未收到且未付清全部价款的，出卖人可以取回在运途中的标的物。但是，管理人可以支付全部价款，请求出卖人交付标的物。”按照上述规定，出卖人取回在途标的物需满足以下条件：

1. 出卖人行使取回权的时间要件

在人民法院受理破产申请时，出卖人必须已经将买卖标的物发运，如果在人民法院受理破产申请之后发运的，则不适用该规则，因此时债务人已经进入破产程序，买卖标的物尚未交付至债务人，债务人亦未付清全部价款，属于双

方均未履行完毕的合同，管理人有权依据《企业破产法》第十八条的规定决定解除或者继续履行合同。

2. 债务人未付清全部价款

这里的未付清全部价款既包括全部未支付价款，也包括部分未支付价款，即只要债务人未付清全部价款的，出卖人均可以行使取回权。但是需要注意的是，当该货物为生产经营所必需，或者能够使债务人整体拍卖价值增加的，管理人可以支付全部价款，请求出卖人交付标的物。

3. 买卖标的物在运输途中尚未运送至债务人

出卖人取回在途标的物，需该标的物尚未运送至债务人，但如果出卖人依据《企业破产法》第三十九条的规定，通过通知承运人或者实际占有人中止运输、返还货物、变更到达地，或者将货物交给其他收货人等方式，对在运途中标的物主张了取回权但未能实现，或者在货物未达管理人前已向管理人主张取回在运途中标的物，在买卖标的物到达管理人后，出卖人向管理人主张取回的，管理人应予准许。

（三）出卖人对所有权保留买卖合同标的物的取回权

1. 管理人的选择权

《破产法司法解释二》第三十四条规定："买卖合同双方当事人在合同中约定标的物所有权保留，在标的物所有权未依法转移给买受人前，一方当事人破产的，该买卖合同属于双方均未履行完毕的合同，管理人有权依据企业破产法第十八条的规定决定解除或者继续履行合同。"按照该规定，管理人对所有权保留买卖合同履行与否决定了出卖人行使取回权的方式。

2. 出卖人取回权

（1）管理人决定继续履行所有权保留买卖合同的

当买受人破产，管理人决定继续履行所有权保留买卖合同的，所有权买卖合同中约定的买受人支付价款或者履行其他义务的期限在破产申请受理时视为到期，管理人应当及时向出卖人支付价款或者履行其他义务。

管理人无正当理由未及时支付价款或者履行完毕其他义务，或者将标的物出卖、出质或者作出其他不当处分，给出卖人造成损害的，出卖人可依据《合同法》第一百三十四条的规定主张取回标的物。但是，买受人已支付标的物总价款百分之七十五以上或者第三人善意取得标的物所有权或者其他物权的除外。

（2）管理人决定解除所有权保留买卖合同的

买受人破产，管理人决定解除所有权保留买卖合同的，则出卖人可依据《企业破产法》第三十八条的规定向买受人管理人主张取回买卖标的物，管理人应当予以返还。

3. 出卖人权利的救济

（1）管理人决定继续履行所有权保留买卖合同的

当标的物无法取回的，出卖人可依法主张买受人继续支付价款、履行完毕其他义务，以及承担相应的赔偿责任。对因买受人未支付价款或者未履行完毕其他义务，以及买受人管理人将标的物出卖、出质或者作出其他不当处分导致出卖人损害产生的债务，出卖人可以主张作为共益债务清偿。

（2）管理人决定解除所有权保留买卖合同的

出卖人取回买卖标的物，买受人管理人应当要求出卖人返还已支付的价款。取回的标的物价值明显减少给出卖人造成损失的，出卖人可从买受人已支付价款中优先予以抵扣后，将剩余部分返还给买受人；对买受人已支付价款不足以弥补出卖人标的物价值减损损失形成的债权，出卖人可以主张作为共益债务清偿。

相关依据

1. 《企业破产法》第十八条、第三十八条、第三十九条
2. 《合同法》第一百三十四条
3. 《物权法》第一百零六条
4. 《破产法司法解释二》第二十六条、第二十七条、第二十八条、第二十九条、第三十条、第三十一条、第三十二条、第三十四条、第三十七条、第三十八条

二、破产抵销权

理论背景

一般民法意义上的抵销是指当事人互负到期债务，该债务的标的物种类、

品质相同的，任何一方可以将自己的债务与对方的债务抵销。当事人互负债务，标的物种类、品质不相同的，经双方协商一致，也可以抵销。抵销可以免除双方继续履行的义务，也具有担保的功能。破产抵销权则是指债权人在破产申请受理前对债务人负有债务的，可以向管理人主张抵销。

尽管从渊源上破产抵销权是民法抵销权制度在破产程序中的特别运用，但两者在功能和目的上有很大差别。“民法抵销权适用的主要目的，是节省当事人双方的结算时间和费用，避免交叉诉讼。而破产抵销权，是为了使债权人的破产债权在抵销范围内得以从破产财产中得到全额、优先的清偿，避免和其他债权人一样接受破产财产的按比例清偿……使其在破产程序中拥有不同于其他债权人的优先地位。”[①] 由此看来，破产抵销权看似背离了破产法中债权人平等保护的原则，而之所以如此设置，其原因在于在破产程序中保护抵销权具有正当性和合理性。第一，通过抵销双方结清债务，能够降低破产中的交易成本；第二，保护抵销权体现了自然正义和公平的要求；第三，抵销制度具有担保功能，债权人因为在破产受理前对债务人负有债务，若法律保护抵销，则即便最差情况下债务人进入破产，债权人也可获得全额清偿，则债权人更有意愿向债务人提供资金，从而便利于债务人从债权人处融通资金摆脱困境。[②] 当然，上述抵销权的行使也受到一定的限制，例如，破产开始后获取的债权、破产开始前一年内对债务人负担的债务或取得的债权等不得抵销，从而与破产法禁止偏颇清偿原则相衔接。

法律实务

（一）破产抵销权行使的条件

1. 债权人必须在破产申请受理前对债务人负有债务

债权人在破产申请受理前对债务人负有债务的，无论是否已到清偿期限、双方互负债务标的物的种类和品质是否相同，均可向管理人主张抵销。但破产申请受理后负有债务的，不得抵销，因为破产抵销权实质是一种优先受偿权，

---

① 人民法院出版社法规编辑中心：《最高人民法院民二庭负责人就〈关于适用《企业破产法》若干问题的规定（二）〉答记者问》，载《解读最高人民法院司法解释（2013 年卷）》，人民法院出版社 2014 年版，第 253 页。

② 许德风：《破产法论·解释和比较功能的视角》，北京大学出版社 2015 年版，第 432 页。

如果允许在破产申请受理后对债务人负有债务，将会存在债权人对债务人恶意负担债务的道德风险，以期实现个人清偿，损害其他债权人利益。

2. 抵销权人需取得债权人地位

首先，抵销权人要在规定的债权申报期内申报债权，取得债权人地位。《企业破产法》第五十六条第二款规定，债权人未依照本法规定申报债权的，不得依照本法规定的程序行使权利。破产抵销权是在破产程序中设立的制度，债权人行使破产抵销权通过债权申报参与到破产程序中来。

其次，债权人申报的债权须由管理人审核确认，经债权人会议审查后，报人民法院裁定确认。债权抵销的前提在于双方互负债权债务，在债权人申报的债权未得到管理人确认时，就无法满足行使抵销权对于双方互负债权债务的条件要求。

3. 管理人不得主动提出抵销主张

按照《破产法司法解释二》第四十一条之规定，债权人依据《企业破产法》第四十条的规定行使抵销权，应当向管理人提出抵销主张。管理人不得主动抵销债务人与债权人的互负债务，但抵销使债务人财产受益的除外。故原则上，破产抵销权的行使主体只能是债权人，但在抵销行为可使破产债务人财产受益时，管理人可以主动抵销。

（二）禁止抵销的情形

1. 债务人的债务人在破产申请受理后取得他人对债务人的债权的。

2. 债权人已知债务人有不能清偿到期债务或者破产申请的事实，对债务人负担债务的；但是，债权人因为法律规定或者有破产申请 1 年前所发生的原因而负担债务的除外。

3. 债务人的债务人已知债务人有不能清偿到期债务或者破产申请的事实，对债务人取得债权的；但是，债务人的债务人因为法律规定或者有破产申请 1 年前所发生的原因而取得债权的除外。

4. 债务人股东因欠缴债务人的出资或者抽逃出资对债务人所负债务，债务人股东滥用股东权利或者关联关系损害公司利益对债务人所负的债务。

5. 破产申请受理前的 6 个月内，债务人具有破产原因时，与个别债权人以抵销方式进行清偿，其抵销的债权债务属于《企业破产法》第四十条第（二）项、第（三）项规定情形的，该抵销无效。

（三）管理人的处理方式

1. 经审查对抵销主张无异议

管理人在收到债权人提出的主张债务抵销的通知后，需按照《破产法司法解释二》第四十二条的规定进行审查，经审查无异议的，抵销自管理人收到通知之日起生效。

2. 经审查对抵销主张有异议

根据《破产法司法解释二》第四十二条的规定，经审查对抵销主张有异议的，管理人应当在约定的异议期限内或者自收到主张债务抵销的通知之日起3个月内向人民法院提起诉讼。无正当理由逾期提起的，人民法院不予支持。当人民法院判决驳回管理人提起的抵销无效诉讼请求的，该抵销自管理人收到主张债务抵销的通知之日起生效。

相关依据

1. 《企业破产法》第四十条、第五十六条
2. 《破产法司法解释二》第四十一条、第四十二条、第四十四条

三、别除权

理论背景

别除权是指在破产程序中，对于债务人财产中的特定财产享有担保物权或其他法定优先权的权利人，可以不受破产程序的约束，在破产程序开始以后，直接向管理人请求就该特定财产行使优先受偿权，并在无财产担保的债权人按照破产财产分配方案受偿之前随时进行清偿的权利。其未受偿的债权作为普通债权；放弃优先受偿权利的，其债权作为普通债权。

别除权是德国、日本等大陆法系国家破产法中对担保物权人在破产程序中享有的权利的专有名称。英美法系国家如美国破产法没有直接规定别除权制度，但是同样规定了享有抵押等担保物权的债权人可以优先于大多数普通债权人在破产程序中优先受偿，与别除权制度的效果基本相同。由此可见，在破产程序中保证担保物权人优先受偿的权利，是各国破产法都普遍接受的一项原则。

就我国而言，《企业破产法》虽然并未使用“别除权”这一名称，但是在实际立法中基本上贯彻了“别除权”的原则。根据《企业破产法（试行）》的规定，担保债权在担保物上享有优先权，劳动债权则由无担保财产以及担保债权受偿后的剩余财产受偿。虽然在新《企业破产法》起草过程中，相关方曾就担保债权和职工债权的顺位产生一定的争议，2004 年全国人大常委会在审议财经委草案时，有些委员主张给予劳动债权更强的保护，但是最终还是对担保债权给予优先权的地位。①

就别除权的行使方式，《企业破产法》对破产清算和破产和解程序中的规定较为概括，导致了实务中对别除权人权利的处理不一。《破产会议纪要》则明确规定，对债务人特定财产享有担保权的债权人，在以上两种程序中可以随时向管理人主张就该特定财产变价处置行使优先受偿权。

法律实务

（一）别除权的权利基础

实践中，别除权的权利基础不仅限于担保物权，还包括其他法定优先权。

1. 担保物权

我国《担保法》规定了五种担保方式，即保证、定金、抵押、质押、留置，由此产生的权利即为担保权。但这五种担保方式对应的担保权并非都属于别除权范畴，保证和定金属于债权性质的担保，抵押、质押和留置属于物权性质的担保，《物权法》中规定的三种担保物权与之对应，即抵押权、质押权和留置权，破产程序中别除权的范围主要就是指这三种担保物权。

2. 其他法定优先权

法定优先权主要是由《合同法》《海商法》《民用航空法》等法律规定而享有的优先权，具体包括消费性购房人的优先权、建设工程价款优先受偿权、划拨国有土地使用权的土地出让金优先权、船舶优先权等。

（二）不同破产程序中的别除权制度

1. 重整程序中的别除权制度

（1）重整期间别除权暂停行使。《企业破产法》第七十五条第一款规定：

① 许德风：《破产法论·解释和比较功能的视角》，北京大学出版社 2015 年版，第 431 页。

“在重整期间，对债务人的特定财产享有的担保权暂停行使。但是，担保物有损坏或者价值明显减少的可能，足以危害担保权人权利的，担保权人可以向人民法院请求恢复行使担保权。”重整期间别除权暂停行使是为了实现债务人财产价值最大化，避免因担保物的随意变价处置而影响企业的挽救与生产经营考虑。但《九民会议纪要》第112条第1款中指出：“如果认为担保物不是重整所必需，管理人或者自行管理的债务人应当及时对担保物进行拍卖或者变卖，拍卖或者变卖担保物所得价款在支部拍卖、变卖费用后优先清偿担保物权人的债权。”

（2）对重整计划草案的表决权不受影响。按照《企业破产法》第八十二条之规定，对债务人的特定财产享有担保权的债权应单独分组，债权人参加讨论重整计划草案的债权人会议，并对重整计划草案进行表决。故在破产重整程序中，对债务人的特定财产享有优先权的债权人表决权不受影响。

2. 和解程序中的别除权制度

（1）和解期间别除权行使不受限制。《企业破产法》第九十六条第二款规定：“对债务人的特定财产享有担保权的权利人，自人民法院裁定和解之日起可以行使权利。”但河北高院《破产案件审理规程》第一百零三条第二款规定：“但因单独处置担保财产会降低其他破产财产的价值而应整体处置的除外。”济南中院《破产审判指引》第一百四十五条规定：“本院裁定债务人和解后，管理人同意对债务人的特定财产享有担保权的权利人行使权利的，应向本院报告。”

（2）表决权受限。《企业破产法》第五十九条第三款规定：“对债务人的特定财产享有担保权的债权人，未放弃优先受偿权利的，对于本法第六十一条第一款第七项、第十项规定的事项不享有表决权。”其中《企业破产法》第六十一条第一款第（七）项规定的事项为通过和解协议。故在破产和解程序中，因对债务人的特定财产享有优先权的债权人在和解期间的别除权不受影响，故在对和解协议进行表决时，其无表决权。

3. 清算程序中的别除权制度

（1）清算期间别除权行使不受限制。按照《破产会议纪要》第25条的规定，在破产清算程序中，对债务人特定财产享有担保权的债权人可以随时向管理人主张就该特定财产变价处置行使优先受偿权，管理人应及时变价处置，不得以须经债权人会议决议等为由拒绝。但因单独处置担保财产会降低其他破产财产的价值而应整体处置的除外。

（2）表决权受限。《企业破产法》第五十九条第三款规定："对债务人的特定财产享有担保权的债权人，未放弃优先受偿权利的，对于本法第六十一条第一款第七项、第十项规定的事项不享有表决权。"其中《企业破产法》第六十一条第一款第（十）项规定的事项为通过破产财产的分配方案。故在破产清算程序中，对债务人的特定财产享有优先权的债权人的表决权受限。

（三）别除权的行使

1. 别除权行使的条件

（1）基础债权、担保物权或者法定优先权应当合法有效。对于担保物权，担保合同从属于主债权债务合同，主债权债务合同无效也将导致担保合同无效，除非法律另有规定。实践中，管理人应当根据别除权性质的不同，在债权接收阶段分类接收并采取不同的债权编号予以区分，后续亦应当分类登记、分类制定审核规则并予以审核、分类制作债权确认表、分类进行数据统计等，特别在多家企业合并重整案件中。其中最重要的环节为债权审核，管理人应当谨慎对基础债权、担保债权或者法定优先权是否成立进行分析。

（2）基础债权、担保物权或者法定优先权不违反《企业破产法》的规定。具体体现为：按照《破产法司法解释二》第三条之规定，债务人已依法设定担保物权的特定财产，应当为债务人财产；基础债权、担保物权或者法定优先权在人民法院裁定受理破产申请之前已经成立；基础债权和担保物权或者法定优先权不存在破产法上的无效或可撤销事由等。

（3）权利人应当在法定期间内主张优先权。比如建筑工程承包人应当自发包人应当给付建设工程价款之日起6个月内行使权利；抵押权人应当在主债权诉讼时效期间行使抵押权；船舶优先权因"具有船舶优先权的海事请求，自优先权产生之日起满一年不行使"等原因而消灭。

2. 别除权行使的方式

（1）别除权的行使应当通过管理人进行。按照《破产法司法解释二》第三条之规定，债务人已依法设定担保物权的特定财产，为债务人财产。在债务人进入破产程序之后，权利人应当通过管理人行使其优先权。

（2）管理人收取适当报酬的权利。实践中，行使别除权一般是先对债务人的特定财产进行评估，评估后由管理人通过拍卖或者变卖的方式对特定财产进行变价，权利人就拍卖或者变卖的价款优先受偿。按照《管理人报酬规定》第十三条之规定，管理人对担保物的维护、变现、交付等管理工作付出合理劳动的，有权向担保权人收取适当的报酬，但报酬比例不得超出规定限制范围的百分之十。

（3）别除权的不完全实现与放弃。按照《企业破产法》第一百一十条的规定，对债务人的特定财产享有优先受偿权的债权人行使优先受偿权利未能完全受偿的，其未受偿的债权作为普通债权；而当债权人放弃优先受偿权利的，其债权作为普通债权。

3. 别除权行使的例外情形

《企业破产法》第一百三十二条规定："本法施行后，破产人在本法公布之日前所欠职工的工资和医疗、伤残补助、抚恤费用，所欠的应当划入职工个人账户的基本养老保险、基本医疗保险费用，以及法律、行政法规规定应当支付给职工的补偿金，依照本法第一百一十三条的规定清偿后不足以清偿的部分，以本法第一百零九条规定的特定财产优先于对该特定财产享有担保权的权利人受偿。"

相关依据

1. 《企业破产法》第五十九条、第六十一条、第七十五条、第八十二条、第九十六条、第一百零九条、第一百一十条、第一百一十三条、第一百三十二条

2. 《担保法》第五十六条

3. 《中华人民共和国海商法》第二十一条、第二十二条

4. 《管理人报酬规定》第十三条

5. 《破产法司法解释二》第三条

6. 《破产会议纪要》第 25 条

7. 《最高人民法院关于建设工程价款优先受偿权问题的批复》第二条

8. 河北高院《破产案件审理规程》第一百零一条、第一百零二条、第一百零三条

9. 江苏高院《破产审理指南》第七章第四条、第十章第一条

10. 济南中院《破产审判指引》第一百四十五条

第四章　破产债权

第一节　破产债权的类型

一、优先债权

理论背景

破产程序中的优先债权，是指在破产程序中优先受偿的债权，其中基于特定财产优先受偿的债权指向特定财产，就特定财产的变现所得享有优先权，《企业破产法》第一百零九条规定："对破产人的特定财产享有担保权的权利人，对该特定财产享有优先受偿的权利。"这一类优先债权主要指担保物权及各类优先权，如船舶优先权、民用航空器优先权及建设工程价款优先权；破产费用债权和共益债权指向破产主体，相对于普通债权人就该财产优先受偿。①《破产法司法解释二》第三条第二款规定："对债务人的特定财产在担保物权消灭或者实现担保物权后的剩余部分，在破产程序中可用以清偿破产费用、共益债务和其他破产债权。"

本章所探讨的优先债权，主要是指基于特定财产享有优先受偿权的债权，其中，最为常见的类型是担保物权的实现，在大陆法国家又称之为"别除权"。担保物权与破产保护是相互竞争的两项制度，虽然二者都是为了帮助债权人实现债权，但是提供担保是为了实现优先清偿，而破产制度的基本目的是让同等顺位债权人平等受偿。而随着担保制度的发展，在企业破产时，绝大多数资产上通常都会附有担保物权。实践中担保物权的实现会受到很多限制，基于优先

① 许德风：《破产法论·解释和比较功能的视角》，北京大学出版社2015年版，第163页。

权的性质不同，各项权利之间也具有不同的优先顺位，特别是担保物权的顺位并不靠前，增加了权利实现的难度。在本节中我们按照优先债权的先后清偿顺序，仅对以下优先权作一分析：消费性购房人优先权、建设工程价款优先受偿权、财产担保物权、融资租赁债权。

法律实务

《最高人民法院关于建设工程价款优先受偿权问题的批复》第一条规定："人民法院在审理房地产纠纷案件和办理执行案件中，应当依照《中华人民共和国合同法》第二百八十六条的规定，认定建筑工程的承包人的优先受偿权优于抵押权和其他债权。"第二条规定："消费者交付全部或者大部分购房款的消费性购房者的权利优先于工程价款优先受偿权。"据此，优先债权中的消费性购房人优先权优先于建设工程价款优先受偿权优先于财产担保债权。

（一）消费性购房人优先权

《最高人民法院关于建设工程价款优先受偿权问题的批复》第二条规定："消费者交付购买商品房的全部或者大部分款项后，承包人就该商品房享有的工程价款优先受偿权不得对抗买受人。"据此确立了消费性购房人优先权。消费性购房人优先权是基于生存利益大于经营利益的社会原则，为保护购房人居住权而设置的特殊规定。《最高人民法院针对山东省高级人民法院就处置济南彩石山庄房屋买卖合同纠纷案请示的答复》中对消费性购房人的优先权做了进一步阐释，即建设工程承包人的工程价款优先受偿权不得对抗买受人的规定，建设工程价款优先受偿权既不得对抗买受人在房屋建成情况下的房屋交付请求权，也不得对抗买受人在房屋未建成等情况下的购房款返还请求权。因此，消费性购房人优先权包括在房屋建成情况下的房屋交付请求权和在房屋未建成等情况下的购房款返还请求权两项内容。破产程序中消费性购房人优先权需具备以下要件：

1. 购房人系消费者

根据《消费者权益保护法》第二条规定，消费者是为生活消费需要而购买商品、使用商品或者接受服务的人。从该条规定看，"为生活消费需要"应仅限于自然人。法人或其他组织等单位，不应包括在该法适用主体之列，即消费性购房人优先权仅适用于自然人。

2. 已签订合法有效的购房合同

消费性购房人优先权必须建立在债权合同合法有效的基础上，因此在房地产企业破产中，管理人要重点关注相关商品房买卖合同的真实性和有效性，如发现存在《企业破产法》第三十一条、第三十二条规定的情形，应及时行使撤销权。预售合同网签备案制度作为一种行政监管手段，具备一定的公示效能，并且该制度推广时间较长，由行政强制力保障监管实施，已经贯彻落实在房地产开发运作之中。网签制度已在市场各主体间形成共识，大多数购房者在购房时都会办理网签。因此，对未经网签的预售合同应重点审查、从严把握，无特别事由未进行网签的购房人一般不享有消费性购房人优先权，但应结合具体案情而定，不能一概而论。

3. 购房人名下无其他用于居住的房屋

此处的“用于居住”应当作宽泛理解，不管是单纯的居住房还是商住两用住房，只要有居住功能的，即应视为用于居住的房屋。“无其他用于居住的房屋”是指买受人在被执行房屋所在地长期居住，而在同一地点其名下无其他能够用于居住的房屋。对于同一地点名下无其他用于居住的房屋，有一个理解和把握问题。由于房屋所处区域不同，导致价格相去甚远，根据《九民会议纪要》第 125 条之规定，实践中同一地点可以理解为在案涉房屋同一设区的市或者县级市范围内商品房消费者名下没有用于居住的房屋。对于名下无其他用于居住的房屋的理解，应作宽泛把握，即应将买受人、实行夫妻共同财产制的配偶一方以及未成年子女一并考虑。只要三者之一名下有房屋，即可视为已有居住用房。

4. 已付购房款超过合同总价的百分之五十

《最高人民法院关于人民法院办理执行异议和复议案件若干问题的规定》第二十九条第三项规定：“已支付的价款超过合同约定总价款的百分之五十。”此处已支付大部分购房款是指超过合同总价款的百分之五十，基于对消费者生存权的倾斜保护，只要缴纳的购房款超过百分之五十，就足以产生消费者物权期待权，从而使消费性购房者在破产程序中获得特殊保护。

（二）建设工程价款优先受偿权

《最高人民法院关于建设工程价款优先受偿权问题的批复》第一条规定：“人民法院在审理房地产纠纷案件和办理执行案件中，应当依照《中华人民共和国合同法》第二百八十六条的规定，认定建筑工程承包人的优先受偿权优于抵押权和其他债权。”《建设工程司法解释（二）》第二十二条规定：“承包人行使建设工程价款优先受偿权的期限为六个月，自发包人应当给付建设工程价款之日起算。”据此承包人应当在六个月除斥期间届满前向发包人主张建设工程价款优先受偿权。当建设工程债权人在六个月除斥期间届满前，以协议工程折价的方式向发包人主张建设工程价款优先受偿权的，自发包人拒绝之次日起依据《民法总则》的规定开始计算诉讼时效。实践中，管理人对于建设工程施工人主张建设工程价款优先受偿权的，应重点关注债务人应当付款日的起算时间，即建设工程债权人是否在法定的期间内主张了优先权。建设工程的应当付款时间包括以下情形：

1. 正常履行合同的。在建设工程合同的实际履行过程中，工程通常要经过竣工、验收、结算之后才能付款，在建设工程施工合同正常履行完毕，双方经过工程结算后，则应当付款时间不存在争议。当然，建设工程合同对付款日另有约定的，从其约定。

2. 当事人对付款时间没有约定或者约定不明的。实践中，管理人可以借鉴《建设工程司法解释（一）》第十八条规定：“利息从应付工程价款之日计付。当事人对付款时间没有约定或者约定不明的，下列时间视为应付款时间：（一）建设工程已实际交付的，为交付之日；（二）建设工程没有交付的，为提交竣工结算文件之日；（三）建设工程未交付，工程价款也未结算的，为当事人起诉之日。”具体而言：（1）建设工程实际交付的，以建设工程交付之日为应付款时间；（2）建设工程没有交付，所涉建设工程仍由承包人掌管，但承包人已经在建设工程竣工验收合格后按照合同约定的时间提交了竣工结算文件，发包人如在合同约定的期限内不予答复的，应当认定此时为应付款时间；（3）建设工程价款未结算，建设工程也未交付，这种情况下，由于合同约定的工程价款结算条件未成就，以一审原告起诉时间作为应当付款时间比较适当。

3. 合同解除或者终止履行的。根据《建设工程司法解释（一）》第十条之规定，发包人应当按照约定支付相应的工程价款，应付款的日期，即优先受偿权行使的起算时间也应当遵从合同约定，但如果双方对工程款的数额有争议，可能需要对工程进行鉴定，如果当事人向司法机关主张权利，应付款之日则应为当事人提起诉讼之日。另外根据《最高人民法院关于印发〈全国民事审判工作会议纪要〉的通知》第二十六条规定，建设工程合同未约定竣工日期，或者由于发包人的原因，合同解除或终止履行时已经超出合同约定的竣工日期的，承包人行使优先受偿权的期限自合同解除或终止履行之日起计算。

4. 经诉讼调解重新约定的。承包人因发包人未支付工程款将其诉至法院，最后达成调解协议，重新约定了支付工程款的日期，此种情形下，优先受偿权行使的起算时间如何确定实务中案例较少。河南高院审理的商丘市淮海营造工程有限公司与河南建信置业有限公司建设工程施工合同纠纷一案中法院认定，发包人作出还款承诺的，按照《合同法》第二百八十六条的规定，在支付工程款的条件成就之时起算优先受偿权的除斥期间，即可从发包人承诺的付款到期日起算建设工程价款优先受偿权。管理人可以参考该案例，对该类应付工程款起算点进行认定。

（三）财产担保债权

对财产担保债权，我国《物权法》已明确规定，包括抵押权、质权、留置权。实践中，财产担保类债权有三种情形：一是抵押担保债权；二是享有质押担保债权；三是留置担保债权。财产担保债权的范围包括：

1. 抵押担保债权

抵押担保债权是债务人或者第三人不转移对某一特定物的占有，而将该财产作为债权的担保，债务人不履行债务时，债权人有权依照担保法的规定以该财产折价或者以拍卖、变卖该财产的价款优先受偿的债权。依据我国《物权法》关于物权公示效力的规定，不动产抵押的物权变动未经登记不生效，不生效就意味着债权人在破产程序中不享有优先受偿的权利，这是破产法尊重实体规范的直接体现。依据《物权法》第一百九十九条之规定，未登记的抵押权依照债权比例清偿。因此未依法办理抵押登记的担保权人在破产程序中只能被当作无财产担保的债权人，同其他普通债权人处于同一顺位。

2. 质押担保债权

质押担保债权是债务人用自己享有所有权的动产或合法的权利凭证作为质物交债权人占有，或者第三方用自己享有所有权的动产或合法的权利凭证作为质物交债权人占有而为债务人提供担保的债权。基于质押权设立需要交付的原因，破产程序中动产质押权很少存在。在破产债权中出现的质押债权通常是指金钱质押、股权质押与票据质押。金钱质押通常为债务人或担保人交纳的保证金。股权类质押类债权分为两类：债务人持有的内部企业（涉及的企业为集团内部子公司等关联型企业）的股权质押与债务人持有外部企业股权的质押。对于该类债权，管理人要落实质押登记内容是否与质押合同约定一致，并确定质押期限是否过期。如果质押不存在瑕疵，可根据类型不同分别进行处理。票据质押是以票据为标的物而成立的质权，以票据的交付和背书为权利成立的前提。

3. 留置担保债权

留置担保债权是指债权人因合法手段占有债务人的财物，在由此产生的债权未得到清偿以前，留置该项财物并在超过一定期限仍未得到清偿时依法变卖留置财物，从所得价款中优先受偿的权利。留置权的效力主要体现为留置权人的占有权和优先受偿权。留置权人的占有权需受到一定限制，即除了保管上的必要或经债务人同意外不得使用留置物，未经债务人同意不得将留置物出租或抵押。实践中，留置担保债权在破产程序中较为少见。

（四）融资租赁债权

融资租赁债权应对是否行使取回权予以区分，在不行使取回权的情况下对融资租赁债权一般参照财产担保债权进行处理。《合同法》第二百三十七条规定："融资租赁合同是出租人根据承租人对出卖人、租赁物的选择，向出卖人购买租赁物，提供给承租人使用，承租人支付租金的合同。"根据上述法律规定，融资租赁债权是指出租人根据承租人对租赁物品的要求和对供货人的选择，出租人向供货人购买租赁物，并出租给承租人使用，承租人分期向出租人支付租金的一种债权。融资租赁实质上是一种转移与资产所有权有关的全部或绝大部分风险和报酬的租赁。资产的所有权最终可以转移，也可以不转移。融资租赁和传统租赁一个本质的区别就是：传统租赁以承租人租赁使用物件的时间计算租金，而融资租赁以承租人占用融资成本的时间计算租金。

融资租赁债权的主要特征是：由于租赁物的所有权只是出租人为了控制承租人偿还租金的风险而采取的一种形式所有权，在合同结束时租赁物的所有权往往转移给承租人，因此租赁物的购买由承租人选择，维修保养也由承租人负责，出租人只提供融资服务。融资租赁中的租金计算原则是：出租人以租赁物的购买价格为基础，按承租人占用出租人资金的时间为计算依据，根据双方商定的利率计算租金。融资租赁实质是依附于传统租赁上的金融交易，是一种特殊的金融工具。实践中，常见的融资租赁模式包括直租和售后回租两种形式，其中售后回租式融资租赁在破产程序中出现的问题较多，管理人应予以特别关注。

相关依据

1.《企业破产法》第十九条、第三十一条、第三十二条、第七十五条、第七十九条、第九十六条、第一百零九条

2.《物权法》第一百七十条、第一百八十九条、第一百九十九条、第二百一十二条

3.《合同法》第二百三十七条、第二百八十六条

4.《消费者权益保护法》第二条

5.《破产法司法解释二》第三条

6.《建设工程司法解释（一）》第十条、第十八条

7.《担保法解释》第六十一条

8.《融资租赁解释》第一条、第九条、第二十一条、第二十二条

9.《九民会议纪要》第112条、第125条

10.《破产会议纪要》第25条

11.《最高人民法院关于人民法院办理执行异议和复议案件若干问题的规定》第二十九条

12.《最高人民法院关于印发〈全国民事审判工作会议纪要〉的通知》第26条

13.《最高人民法院关于建设工程价款优先受偿权问题的批复》第一条、第二条

14.《最高人民法院针对山东省高级人民法院就处置济南彩石山庄房屋买卖合同纠纷案请示的答复》

二、职工债权

理论背景

破产程序中的职工债权又称劳动债权，是指债务人所欠职工的工资和医疗、伤残补助、抚恤费用，所欠的应当划入职工个人账户的基本养老保险、基本医疗保险费用，以及法律、行政法规规定应当支付给职工的补偿金等所形成

的债权。在清偿顺序上，我国《企业破产法》规定，职工债权在担保债权之后、税款债权和普通债权之前清偿。

根据1986年《企业破产法（试行）》，担保债权在担保物上享有优先权，劳动债权则由无担保财产以及担保债权受偿后的剩余财产受偿。但是，根据1994年以来国务院及有关部门发布的规定，国有企业破产时，职工享有一种特别优先权，即企业的所有财产必须在债权人受偿之前首先用于对职工的支付。自2004年以来，由于劳动债权与以银行为代表的担保债权的优先顺位之争，我国新破产法的立法进程一直裹足不前。全国人大常委会在审议财经委草案时，有些委员主张给予劳动债权更强的保护。银行业不同意这种主张，也有专家指出，这样可能造成银行不愿意向企业放贷，进而导致企业倒闭。当时在这个问题上的争论陷入僵局。①

从最终的结果来看，我国《企业破产法》基本上还是在保护债权人，尤其是银行等机构债权人的利益和职工利益之间做出了平衡，一方面给予担保债权优先于职工债权的清偿顺位，另一方面还创造性地设计了《企业破产法》第一百三十二条，规定在《企业破产法》公布之日即2006年8月27日前形成的职工债权可优先于担保权人受偿。新《企业破产法》颁布前企业拖欠的职工工资等费用，是我国经济转轨中的历史遗留问题，有必要采取一些特殊措施予以解决，并做出适当的安排。当然，"由于这部分历史欠账已是一个定量，其优先于有担保的债权受偿可能带来的风险基本上是可以控制的"②。这表明新破产法"既确认了担保债权优于职工劳动债权的一般原则，也允许部分有限的职工劳动债权可以优先于担保债权受偿"③，既坚持了一般的法律原则，也尊重了职工的现实利益。

《破产会议纪要》中特别强调，在破产程序中要依法妥善处理劳动关系，推动完善职工欠薪保障机制，依法保护职工生存权。规定由第三方垫付的职工债权，原则上按照垫付的职工债权性质进行清偿；由欠薪保障基金垫付的，应按照《企业破产法》第一百一十三条第一款第（二）项的顺序清偿。

---

① 王卫国：《中国新破产法中的清偿顺序与破产责任》，载《中国法律》2006年第3期。

② 全国人大法律委员会：《关于〈中华人民共和国企业破产法（草案）〉审议结果的报告》，http：//www. npc. gov. cn/wxzl/gongbao/2006 – 09/26/content_ 5354977. htm。

③ 王建平：《企业破产法上的利益平衡》，载《人民司法》2006年第11期。

法律实务

《企业破产法》第四十八条第二款规定："债务人所欠职工的工资和医疗、伤残补助、抚恤费用，所欠的应划入职工个人账户的基本养老保险、基本医疗保险费用，及法律、行政法规规定应当支付给职工的补偿金，不必申报，由管理人调查后列出清单并予以公示。"据此债务人所欠职工的工资和医疗、伤残补助、抚恤费用，应当划入职工个人账户的基本养老保险、基本医疗保险费用均属于职工债权。

（一）工资、医疗、伤残补助和抚恤费用

劳动者依法与用人单位签订劳动合同并提供劳动，有获得劳动报酬的权利。实践中，为依法保护职工合法权益，管理人对于债务人所欠职工的工资，应会同企业人事部门、财务部门进行审查、核对，核对无误后列出清单予以公示。公示期间，职工认为公示债权金额有误的，可以向管理人提出异议，要求管理人及债务人人事部门、财务部门进行复核。管理人经复核认为异议成立的，予以更正；异议不成立的，应建议职工通过仲裁或诉讼等司法途径维护其权益。对于无异议的职工债权，管理人应要求职工签字确认。如果债务人的董事、监事和高级管理人员的工资明显高于债务人职工平均工资的，应按照债务人职工的平均工资计算，高出的部分作为普通债权。

对于债务人涉及的企业职工因工致伤的情形，管理人应依照《企业破产法》、《工伤保险条例》等相关规定，与企业人事与财务部门对工伤人数及具体情况进行统计，并对统计内容与金额进行公示。对于确实属于因工致伤，而不构成伤残的，按照其实际花费，对其合理的医疗费用进行报销。对于构成伤残的，管理人应建议其通过仲裁或诉讼等司法程序主张其医疗、伤残补助及抚恤费用，待仲裁或司法机关确认后，管理人应按照《工伤保险条例》第六十二条规定支付相应费用。

（二）应当划入职工个人账户的基本养老保险、基本医疗保险费用

根据《社会保险法》第十条的规定，职工应当参加基本养老保险，由用人单位和职工共同缴纳基本养老保险费。用人单位应当按照国家规定的比例缴纳基本养老保险费，记入基本养老保险统筹基金。根据现行政策，用人单位缴纳

基本养老保险费的比例，一般不超过职工工资总额的百分之二十，具体缴纳比例各省份有所差异。

对于基本医疗保险，依据《社会保险法》第二十三条，职工应当参加职工基本医疗保险，由用人单位和职工按照国家规定共同缴纳基本医疗保险费。基本医疗保险费由用人单位和职工双方共同负担。具体缴费比例由各统筹地区根据实际情况确定。

实践中，对于基本养老保险与基本医疗保险费用的欠缴数额统计，管理人在与企业人事部门、财务部门核对人数与补缴金额无误后，联系当地人力资源和社会保障局。由人力资源和社会保障局通过线上缴费系统对职工应补缴的基本养老保险、工伤保险、失业保险、基本医疗保险进行汇总、统计，统计无误后管理人予以公示。职工认为公示金额有误的可以向管理人提出异议，经核查异议成立的，管理人予以更正，核查无异议的，管理人应交职工签字确认。

（三）法律行政法规规定的应当支付给职工的补偿金

因解除劳动合同需要支付的补偿金，根据《劳动法合同法》规定，用人单位在特定情况下与职工解除劳动合同的，应当给予职工经济补偿：（1）劳动合同当事人协商一致解除合同的；（2）劳动者患病或者非因工负伤，医疗期满后，不能从事原工作也不能从事由用人单位另行安排的工作的；（3）劳动者不能胜任工作，经过培训或者调整工作岗位，仍不能胜任工作的；（4）劳动合同订立时所依据的客观情况发生重大变化，致使原劳动合同无法履行，经当事人协商不能就变更劳动合同达成协议的；（5）用人单位濒临破产法定整顿期间或者生产经营状况发生严重困难，确需裁减人员的。基于上述情形所产生的补偿金属于职工债权。

（四）公积金与职工集资款

实践中，大量破产企业往往存在未开立住房公积金账户，或者虽然开立公积金账户但是未为职工缴存住房公积金的情形。《企业破产法》对于债务人欠缴的住房公积金所属债权性质并未进行明确。《破产会议纪要》第27条规定：“债务人欠缴的住房公积金，按照债务人拖欠的职工工资性质清偿。”据此，债务人欠缴的住房公积金与职工工资和医疗、伤残补助、抚恤费用、基本养老保险、基本医疗保险费用、补偿金等费用均视为职工债权，清偿顺序优先于税款债权与普通债权。对于职工集资款是否属于职工债权优先于其他债权受偿，《企业破产法》并未明确规定，《破产审理若干规定》第五十八条规定：“债务人所欠企业职工集资款，参照企业破产法第三十七条第二款第（一）项规定的顺序清偿。但对违反法律规定的高额利息部分不予保护。”据此可以确定，职工集资款属于职工债权，优先于税款债权与普通债权清偿。另从维护社会稳定及职工切身利益的角度来考虑，把破产企业的职工集资款作为职工债权清偿也是符合立法本意的。

（五）除基本养老保险与基本医疗保险之外的其他社会保险

《社会保险法》第三十三条规定：“职工应当参加工伤保险，由用人单位缴纳工伤保险费，职工不缴纳工伤保险费。”第四十四条规定：“职工应当参加失业保险，由用人单位和职工按照国家规定共同缴纳失业保险费。”第五十三条规定：“职工应当参加生育保险，由用人单位按照国家规定缴纳生育保险费，职工不缴纳生育保险费。”除基本养老保险和基本医疗保险外，债务人欠缴的应当纳入社会统筹基金部分的失业保险、工伤保险、生育保险费与税款债权清偿顺位相同，优先于普通债权清偿。

相关依据

1. 《企业破产法》第四十八条、第一百一十三条、第一百三十二条
2. 《社会保险法》第二十三条、第三十三条、第四十四条、第五十三条
3. 《破产会议纪要》第27条
4. 《工伤保险条例》第六十二条
5. 山东高院《破产审理指引》第九十二条

三、税款债权

理论背景

税款债权系征税机关对债务人欠缴税款享有的债权。税法是公法，而破产法是典型的私法，税款债权如何在破产程序中做出适当的安排，关系到两个部门法规则的衔接和协同。

依据《税收征管法》第三十二条规定："纳税人未按照规定期限缴纳税款的，扣缴义务人未按照规定期限解缴税款的，税务机关除责令限期缴纳外，从滞纳税款之日起，按日加收滞纳税款万分之五的滞纳金。"如何理解《企业破产法》中采用的税款概念，是否包含欠税引起的滞纳金？如果包含起止点如何计算？如何与《企业破产法》中破产受理后停止计息制度相衔接？上述问题长期困扰着税收机关债权人、管理人和人民法院。近年来，这些问题在司法实践中有了逐步的澄清。

担保债权和税款债权的清偿顺位问题。依据我国现行《企业破产法》，税款债权在破产程序中优先于普通债权，劣后于担保债权和职工债权清偿。根据我国《税收征管法》第四十五条规定："税务机关征收税款，税收优先于无担保债权，法律另有规定的除外；纳税人欠缴的税款发生在纳税人以其财产设定抵押、质押或者纳税人的财产被留置之前的，税收应当先于抵押权、质权、留置权执行。"企业具备破产原因进入破产程序，应当推定企业进入非正常状态，税款债权的公益性不当然支持其优先顺位，在比较法的立法趋势上，一百多年前较多国家赋予税款优先顺位，但是现在的趋势是许多国家已经取消了税款债权的优先权或者弱化优先地位。[①] 在此趋势下，过多强调税款债权的优先性并不合时宜，我国也在《破产法司法解释二》中进一步对担保物权优先于税款债权的顺位予以明确。

法律实务

税款债权作为优先于普通债权清偿的债权，即便涉及企业破产时，税务机关也不能作出减免与调整，而且税款债权具有国家强制性，不能放弃优先权。实践中，管理人对于税款债权需要关注以下内容：

（一）税款债权的本金

《企业破产法》第一百一十三条第一款规定："破产财产在优先清偿破产费用和共益债务后，依照下列顺序清偿：（一）破产人所欠职工的工资和医疗、伤残补助、抚恤费用，所欠的应划入职工个人账户的基本养老保险、基本医疗保险费用，以及法律、行政法规规定应当支付给职工的补偿金；（二）破产人

① 熊伟、王宗涛：《中国税收优先权制度的存废之辩》，载《法学评论》2013年第2期。

欠缴的除前项规定以外的社会保险费用和破产人所欠税款；（三）普通破产债权。”据此，破产程序中税款债权在破产财产清偿顺位中优先于普通债权。实践中，针对优先于普通债权清偿的税款债权管理人需要注意的是，享有优先清偿顺序的税款债权仅及于税款债权的本金部分，破产申请受理前因债务人欠缴税款产生的滞纳金仍属于普通债权。

（二）税款债权的罚款、滞纳金

对于税务机关申报的债务人破产前未按期缴纳税款而产生的罚款，根据《破产审理若干规定》第六十一条之规定，罚款不属于破产债权。实践中，对于税务机关申报的罚款，管理人需要进行登记，依法审查后根据《破产会议纪要》的规定作为劣后债权。根据最高人民法院《税款答复》的规定，税款滞纳金应当作为破产债权。《破产法司法解释三》第三条规定：“破产申请受理后，债务人欠缴款项产生的滞纳金，包括债务人未履行生效法律文书应当加倍支付的迟延利息和劳动保险金的滞纳金，债权人作为破产债权申报的，人民法院不予确认。”据此，破产申请受理前产生的滞纳金属于破产债权，破产申请受理后产生的欠税滞纳金不属于破产债权。

需要注意的是，税务机关作为申报人，申报债权时通常会将税款本金与滞纳金、罚款一并申报，对此管理人应与破产企业财务进行对接，按照《企业破产法》及相关司法解释的法规，对税款本金、罚款滞纳金分别审查、区别对待。

相关依据

1. 《企业破产法》第一百一十三条
2. 《税收征管法》第三十二条、第四十五条
3. 《破产审理若干规定》第六十一条
4. 《破产法司法解释三》第三条
5. 《税款批复》
6. 山东高院《破产审理指引》第九十四条

四、普通债权

理论背景

普通债权是破产程序中第三顺序清偿的债权。普通债权是指除对债务人的特定财产享有优先权的债权、法律规定享有优先权的债权、职工债权以及税款、其他社会保险等债权以外的破产债权。根据法律规定，普通债权包括无财产担保的债权，放弃优先受偿权的债权和行使优先权后未能完全受偿的债权。《破产法司法解释二》第二十四条还规定，债务人的董事、监事和高级管理人员因返还绩效奖金和第三项非正常收入形成的债权，也可以作为普通债权清偿。

比较法上还有后顺位债权，是指全体普通债权人获得全部清偿后，破产财团仍有剩余时才得以清偿的债权。根据德国《破产法》第三十九条，后顺位债权主要包括：主债权在破产程序期间的利息（自破产程序开始之日起计算），各债权人因参加破产程序所支出的费用，行政罚款或者刑事罚金，债务人以无偿给付为内容的债权，股东出借给公司的借款。在 2018 年的《破产会议纪要》中，最高人民法院对于破产债权的清偿原则和顺序作了更为细致的规定，体现了后顺位债权的原则。规定了人身损害赔偿债权优先于财产性债权、私法债权优先于公法债权、补偿性债权优先于惩罚性债权的原则，还规定破产财产依照《企业破产法》第一百一十三条规定的顺序清偿后仍有剩余的，可依次用于清偿破产受理前产生的民事惩罚性赔偿金、行政罚款、刑事罚金等惩罚性债权。

法律实务

破产程序中涉及的普通债权较为广泛，实践中，管理人常见的普通债权包括以下几类：

（一）债权人申报建设工程价款优先受偿权、船舶优先权和航空器优先权的，应当在法律规定的期限内申报或者提交在法律规定的期限内主张权利的证据。债权人不能提交主张权利证据以致其优先权不成立的，属于普通债权。

（二）依法应当办理登记的担保物权，未办理登记以致担保物权未设立的，作为普通债权。

（三）经评估的担保财产价值或经变现后的价值不足以清偿担保债权的，超出评估值以外的或未获清偿的剩余债权属于普通债权。

（四）债务人在破产案件受理前因欠缴税款产生的滞纳金属于普通债权。

（五）债权人申报的无财产担保债权。

（六）虽有财产担保但是债权人放弃优先受偿权的债权。

（七）票据出票人被宣告破产，付款人或者承兑人不知其事实而向持票人付款或者承兑所产生的债权。

（八）解除合同后对方当事人依法或者依照合同约定对债务人产生的债权。

（九）债务人的受托人在债务人破产后，为债务人的利益处理委托事务所发生的债权。

（十）债务人发行债券形成的债权。

（十一）债务人的保证人代替债务人清偿债务后依法向债务人追偿的债权。

（十二）债务人的保证人按照《担保法》第三十二条的规定预先行使追偿权而申报的债权。

（十三）债务人为保证人，已经被生效的法律文书确定承担保证责任的保证债权。

（十四）债务人在破产申请受理前因侵权、违约给他人造成财产损失而产生的侵权责任债权。

（十五）经管理人审查认定的其他普通债权。

相关依据

1. 《企业破产法》第一百一十三条
2. 《破产法司法解释二》第二十四条
3. 深圳中院《债权审核指引》第六十三条、第六十五条、第六十七条

第二节　破产债权的申报

一、申报期限与申报通知

理论背景

人民法院受理破产申请后，确定债权人申报债权的期限。除职工债权外的债权人应当在人民法院确定的债权申报期限内向管理人申报债权。对于大多数债权人而言，参与破产程序中的财产分配几乎是实现债权的最后途径，而债权申报则是获得债权人资格和参与分配的前置条件。

破产程序往往复杂漫长、涉及主体众多，因此有必要向债权人予以通知和公告，并设置一定的债权申报期限，以保障破产程序的推进。我国《企业破产法》规定，破产债权申报的通知由人民法院自裁定受理破产申请之日起 25 日内予以通知和公告。

就债权申报的期限，在比较法上，各国（地区）破产法有所规定，具体有两种方式，一种是固定的申报周期，如我国《企业破产法（试行）》规定“债权人应当在收到通知后一个月内，未收到通知的债权人应当自公告之日起三个月内，向人民法院申报债权”；另一种是弹性申报期限，由法院裁量确定具体案件的申报期限，如英国、日本。我国《企业破产法》规定债权申报期限自受理破产申请公告之日起计算，最短不得少于 30 日，最长不得超过 3 个月，由人民法院根据具体案件裁量确定，以符合破产案件多样化的实际需求。

对于逾期未申报的债权如何处理，各国法律规定并不统一，大多数国家规定逾期未申报不当然视为放弃权利，而是在承担一定成本的基础上允许补充申报。我国《企业破产法（试行）》规定逾期未申报债权的，视为自动放弃债权。《企业破产法》出于最大限度保护当事人的考虑，规定逾期未申报债权的债权人可以在破产财产最终分配前补充申报，在重整、和解程序中，逾期申报的债权可以在重整计划或和解协议执行完毕后按照其规定的条件获得清偿。但同时为了避免债权人故意拖延，也规定了逾期申报的不利负担予以平衡，包括清偿范围以申报时未被分配的财产为限，且需债权人自行负担相关审查和确认的费用。

法律实务

（一）债权申报期限

《企业破产法》第四十五条规定：“人民法院受理破产申请后，应当确定债权人申报债权的期限。债权申报期限自人民法院发布受理破产申请公告之日起计算，最短不得少于三十日，最长不得超过三个月。”第四十八条规定：“债权人应当在人民法院确定的债权申报期限内向管理人申报债权。”第五十六条规定：“在人民法院确定的债权申报期限内，债权人未申报债权的，可以在破产财产最后分配前补充申报；但是，此前已进行的分配，不再对其补充分配。为审查和确认补充申报债权的费用，由补充申报人承担。债权人未依照本法规定申报债权的，不得依照本法规定的程序行使权利。”

实践中，债权申报期限由人民法院与管理人共同协商后确定，自人民法院发布受理破产申请的公告及债权申报通知之日起开始计算。从保护债权人权利的角度而言，债权申报期限，不宜太短，应当让债权人有充分的时间准备债权申报材料；从提升破产效率的角度而言，债权申报期限又不宜太长，因为债权申报期限越长，破产程序推进的速度就越慢。因此确定债权申报期限时应兼顾债权人权利保护和破产效率两个方面。人民法院与管理人确定债权申报期限时，应当综合考虑破产案件的具体情况，如债权人的人数、债权金额、债权人地域分布及债权债务关系的复杂程度等因素。经人民法院确定的债权申报期限，适用于全体债权人，不因债权人是否知晓债务人已进入破产程序的事实而有所区别。

（二）债权申报通知

管理人对于债务人的债务情况，可以通过查阅债务人的财务资料得知。实践中，由于各种原因，例如债务人向管理人交接的财务账册不齐全或者没有交接相关财务账册等，管理人不一定能够完全掌握债务人的所有债权人情况。为保障全体债权人权益，《企业破产法》明确规定应通过通知和公告两种方式告知债权人，以最大限度地让所有债权人知晓申报债权事宜。债权申报通知包括口头通知和书面通知两种方式，管理人应采用书面通知方式，通知已知债权人及时申报债权。

相关依据

1. 《企业破产法》第十四条、第四十五条、第四十八条、第五十六条

2. 山东高院《破产审理指引》第八十九条、第九十条、第九十一条、第九十二条、第九十三条、第九十四条、第九十五条

3. 深圳中院《债权审核指引》第六条、第七条

二、债权申报材料的接收与登记造册

理论背景

债权申报材料的接收人接到债权申报后，必须按照法律规定的形式进行登记和管理。在我国，债权申报材料的接收人是管理人，管理人收到债权申报材料后，应当登记造册，对申报的债权进行审查，并编制债权表。债权表和债权申报材料由管理人保存，供利害关系人查阅。

债权申报材料接收登记造册的主体在我国破产法发展历程中经历了从法院到管理人的变迁。在《企业破产法》制定之前，尚未有管理人制度，《企业破产法（试行）》规定接受债权申报的机构是受理破产案件的人民法院。而《企业破产法》一项新的制度就是在破产案件中设立管理人制度，管理人作为在破产程序中负责债务人财产的管理和其他事务的执行者，接受债权申报的机构也改为管理人，而不再是受理破产案件的人民法院。①

债权的登记造册工作是管理人开展后续审查和确认债权工作的重要基础。因为债权申报登记表经管理人审查后形成债权表，再经债权人会议核查和人民法院确认，将成为债权人行使权利的依据，因此申报债权的登记工作兼具重要性和基础性。但是，由于立法语言的概括性，债权登记的内容方法等都缺乏具体的指导。《破产法司法解释三》及各地方法院的审判指引对这一问题作出了

① 付翠英：《论破产债权的申报、调查与确认》，载《政治与法律》2015年第2期。

比较明确的规定。一方面对登记造册的内容作出了规定，另一方面还规定了债权表、债权申报登记册及债权申报材料在破产期间由管理人保管，可供债权人、债务人、债务人职工及其他利害关系人在破产程序期间进行查阅。

法律实务

（一）债权申报材料的接收

破产程序中的债权接收是指债权人将债权登记表及相应证据材料提交给管理人的过程。管理人接受指定后，应将制作好的《债权申报通知书》、《债权申报须知》、《送达地址确认书》等相关材料邮寄给债权人，通知债权人及时向管理人申报债权。管理人接收债权申报材料需注意以下问题：

1. 债权接收人员需要相对固定

实践中，管理人接收债权申报材料时，可以按照债权类型进行分类，每一类债权接收人员相对固定，最好安排两名工作人员作为AB角进行接收。这样做是因为接收材料人员有时对问题的看法不同，可能导致接收标准不统一，如安排两名人员同时接收材料，即便一人因事不能正常工作，另一名工作人员也可以按照原定标准继续进行债权接收工作，不会影响债权接收标准的执行与债权接收进度。

2. 债权申报登记表的内容要齐全

《债权申报登记表》应当登记的内容包括但不限于以下几个方面：（1）债权人的基本情况（企业名称或个人姓名、法定代表人或负责人姓名及职务、住所、联系方式等）；（2）代理人的基本情况（姓名、住所、联系方式）；（3）债权申报时间；（4）债权申报金额（本金、利息等）；（5）申报债权的类型及有无优先权；（6）债权发生的原因；（7）财产担保情况；（8）涉诉情况（诉讼或仲裁、受诉法院或仲裁机构、案件名称、案号等）；（9）其他相关内容。

3. 及时向债权人出具债权申报回执

管理人接收债权申报材料后，应及时向债权人出具《债权申报回执》。《债权申报回执》应当载明下列内容：申报人名称、申报编号、申报债权金额、申报时间、申报债权的性质、申报债权有无财产担保及管理人接收申报材料清单。

（二）债权申报材料的登记造册

《破产法司法解释三》第六条第一、二款规定："管理人应当依照企业破产法第五十七条的规定对所申报的债权进行登记造册，详尽记载申报人的姓名、单位、代理人、申报债权额、担保情况、证据、联系方式等事项，形成债权申报登记册。管理人应当依照企业破产法第五十七条的规定对债权的性质、数额、担保财产、是否超过诉讼时效期间、是否超过强制执行期间等情况进行审查、编制债权表并提交债权人会议核查。"在接收债权人提供的申报材料后，管理人应按债权性质进行登记并编号，可按有财产担保的债权、普通债权、税收债权等进行分类登记，也可以按金融机构债权、供应商债权、民间借贷债权等进行分类登记。同时还应将相关材料归档，严格保管。此外，管理人应认真审查相关材料，避免债权人重复申报，参照山东高院《破产审理指引》第一百零八条和深圳中院《债权审核指引》第二十四条的规定，对已申报债权登记造册。

1. 对申报债权进行编号

登记存档是一项非常重要的工作，对申报债权进行编号更是尤为重要。如果仅一家企业破产，那么档案编号工作相对较为简单，如果是关联企业合并破产，管理人更要对档案编号进行区分，按照每个成员企业及不同的债权类型进行编号，这样有助于档案的查找、审阅及管理。实践中，管理人对已申报债权进行编号时，可以参照《企业破产法》第八十二条关于债权分组的相关规定，01 代表有财产担保的债权、02 代表职工债权、03 代表税款债权、04 代表普通债权、05 代表建设工程债权、06 代表破产企业对外保证债权、07 代表劣后债权。

2. 制作债权申报登记表

管理人接受债权申报后，应当对所接收的债权申报材料登记造册，制作《债权申报登记表》。《债权申报登记表》应对申报的债权进行分类编号，并按照号码顺序排列债权人申报资料，以便查找。为便于对申报的债权进行审查，方便与债权人沟通，管理人还需编制《债权人信息表》，要求债权人填写《送达地址确认书》。《债权人信息表》应当记载债权人名称、联系人的姓名、联系地址、联系方式及收款银行、账号、户名、债权编号、申报日期、申报金额、申报债权的证据材料，有无财产担保等信息；有委托代理人的，还应载明代理人的姓名、住址、联系方式及授权委托权限等事项。《送达地址确认书》主要是记载债权人的联系地址、电话、邮箱等，同时管理人还应当在《送达地址确认书》中告知关于送达的有关法律规定。

相关依据

1.《企业破产法》第四十八条、第四十九条、第八十二条

2.《破产法司法解释三》第六条

3. 山东高院《破产审理指引》第一百零八条

4. 深圳中院《债权审核指引》第二十四条

第三节　破产债权的审查

一、审查原则与审查要点

理论背景

破产债权的审查是破产债权申报后进行债权确认前的必经程序，是对“申报的债权是否符合申报规则，申报的债权是否合法有效，破产债权的性质、数额等进行查证分析的一种程序性制度”①。广义的债权审查，既包括管理人的审查，也包括债权人会议的核查。依据我国《企业破产法》及相关司法解释，破产债权的申报和确认一般需要经过“债权人申报—管理人登记（形成债权申报登记册）—管理人审查（形成债权表）—债权人会议核查—法院裁定确认”的程序。

就破产债权的审查原则和基本程序而言，综观各国尤其是大陆法系国家破产法有关债权审查确认的规定，尽管因国情、历史沿革等不同，但基本原则与程序是相同的。在比较法上，多数国家的立法规定，债权审查是“由受理破产案件的法院指定债权调查期日，并主持由债权人、破产人、其他利害关系人及

① 付翠英：《论破产债权的申报、调查与确认》，载《政治与法律》2015 年第 2 期。

管理人等参加的债权调查活动”①。

就破产债权的审核要点而言，根据时点不同有形式审查和实质审查之分。根据我国《企业破产法》及《破产法司法解释三》的规定，管理人接收债权申报材料后，对申报债权登记造册形成债权申报登记册，对债权进行审查后，编制债权表。这里的审查包括形式审查与实质审查两方面。管理人在编制债权申报登记册时，只需进行形式审查，凡是符合登记形式要件的债权，就必须将其编入债权申报登记册内。之后，管理人需要对编入债权申报登记册的债权进行实质审查，通过审查后编入债权表提交给债权人会议核查。

管理人编制的债权表，应当提交债权人会议核查。债权表关系到每个债权人的实际利益，债权人会议对管理人编制的初步债权表有权核查。在破产程序期间，债权表、债权申报登记册及债权申报材料由管理人保管，债权人、债务人、债务人职工及其他利害关系人有权查阅。

法律实务

（一）破产债权的审查原则

债权审查是破产程序中的一项重要工作，也是管理人履行职务的重要内容，它是债权人会议核查债权、人民法院裁定确认债权的前提和基础，破产债权的审查直接关系到债权人能否顺利参与破产程序并行使表决权、分配权等权利。管理人审查破产债权时应遵循以下原则：

1. 审查标准统一原则

管理人开展债权审查工作前，需要依据相关规定制作统一的债权审查规则。所有负责债权审查的工作人员均需熟知各类债权审查时的注意事项与审查标准，对于同一类型的破产债权审查的标准要统一，保证债权审查的统一性、公平性，避免同一类型债权出现不同的审查标准，损害债权人的合法权益。破产债权审查标准统一原则也是民事法律行为公平原则的重要体现。

2. 尊重生效法律文书原则

人民法院的判决书、调解书以及仲裁委员会依法制作的仲裁裁决书，一旦生效即具备法律效力，管理人工作人员审查债权时该类法律文书可以直接作为

① 李永军、王欣新、邹海林、徐阳光：《破产法》，中国政法大学出版社2017年版，第185页。

审查依据。对于已生效的判决书、裁定书、调解书、裁决书、赋予强制执行效力的公证文书等法律文书，管理人审查债权时应该予以尊重，如果没有新的证据或事实推翻已生效的相关司法文书，应对文书确定的内容予以审查确认。

3. 形式审查与实质审查相结合的原则

管理人审查债权时应坚持形式审查和实质审查相结合的原则。对债权的形式审查包括：是否采用书面形式，是否在申报期限内申报债权，是否提交了债权申报主体资格、债权数额和有无财产担保的证明材料。对破产债权的实质审查包括：债权是否成立，债权性质，债权数额，是否超过诉讼时效，证据是否真实、合法、充分，债务人财务账册是否有明确记载或其他证明材料等。

（二）破产债权的审查要点

《企业破产法》及相关司法解释对管理人审查破产债权的注意要点没有进行明确规定。实践中，参照深圳中院《债权审核指引》的相关规定，管理人审查债权应注意以下几点：

1. 债权人主体是否适格

审查债权人主体的证明材料包括：自然人提交的身份证复印件，法人或其他组织提交的营业执照、法定代表人或负责人的有效身份证明等；若委托他人代为申报，是否提交授权委托书及受托人的有效身份证明。对于企业法人的主体资格进行审查时需要重点审查企业法人的主体资格是否已注销。

2. 债权申报材料是否齐备

债权申报过程中存在债权申报材料不齐全的情况，管理人经形式审查认为需要补充的，应要求债权人限期补充申报材料。申报人逾期不补充或者补充后仍不合格的，管理人应以现有证据作出审查结论。

3. 债权申报金额、债权性质是否明确

管理人审查债权时对于债权申报金额，要予以重视，特别是涉及金融类债权时，其计算破产受理前的本金、利息、复息、罚息、违约金、滞纳金等，要有明确的计算依据和计算过程。对于申报债权的性质，管理人审查时应标注明确是属于优先债权还是普通债权。

4. 债权是否已过诉讼时效

管理人审查债权过程中要关注债权是否超过诉讼时效。超过诉讼时效的债权，虽然实体权利即申报债权的权利依然存在，但是从程序上看，该债权人已经丧失了请求人民法院强制债务人履行还款义务的权利，即已经超过诉讼时效的债权不属于破产债权。

相关依据

1. 《破产法司法解释三》第七条
2. 山东高院《破产审理指引》第一百零八条、第一百零九条
3. 深圳中院《债权审核指引》第十五条、第十九条

二、一般债权的审查

理论背景

破产债权审查的目的在于对申报的债权进行查证，确认债权有效成立的事实，排除虚假申报债权、恶意串通债权、超过诉讼时效债权等情况。根据我国《企业破产法》及《破产法司法解释三》的规定，管理人接收债权申报材料后，一般债权的审查过程大致包含以下流程：首先是管理人登记以形成债权申报登记册，其次由管理人进行形式审查和实质审查，并将审查结论逐一通知相应债权人，最后根据审查结论编制债权表。债权的审查工作是管理人在破产程序中最为重要的工作之一，经管理人审查后的债权编入债权表，再经债权人会议核查和人民法院确认，就成为债权人行使权利的最为重要的依据，因此合理有效的审查流程和规范，对于保障债权人的利益至关重要。但是，长期以来，有关法规对债权审查的对象和具体规则等缺乏指导。《破产法司法解释三》对这一问题作出了明确规定，对管理人在不同环节的审查对象和工作流程作出了规范。

按照《破产法司法解释三》的规定，管理人的审查包括形式审查与实质审查两方面。参照深圳中院《债权审核指引》第十二条、第十九条的规定，形式审查包括审查债权人的身份证明文件、有关信息、申报的债务人是否为破产案件的债务人、申报的权利种类和性质。实质审查管理人应当结合债权人的申报材料和债务人提供的材料对债权是否成立、债权性质、债权数额、担保情况等进行审查。

法律实务

管理人对破产程序中一般债权进行审查时应注意以下内容：

1. 破产债权的产生依据

债权债务关系的发生，都必须有事实和法律依据。管理人对债权进行审查时应注意债权的形成依据，即证明债权真实存在的证据。实践中，破产债权的形成依据包括以下几类：

（1）合同。合同是债权债务关系发生的重要事实依据。破产债权如果依据合同形成，则管理人应当重点审查合同是否合法有效。债权人依据无效合同申报的债权显然不能成立。

（2）人民法院的判决书、调解书。债权人依据人民法院的判决书、调解书申报债权，管理人此时主要审查判决书、调解书的真实性以及其是否已经生效。未生效的判决书、调解书等法律文书不能作为确认债权的依据。

（3）仲裁裁决书。仲裁委员会依法制作的仲裁裁决书一旦生效，则与人民法院的判决书具有同样的法律效力，是重要的债权申报依据。管理人依据仲裁裁决书对申报债权进行审查，要注意的是当事人之间是否存在有效的仲裁条款以及仲裁事项是否在当事人所约定的仲裁范围之内。

（4）其他能够证明债权成立的依据。凡是能够证明债权债务关系真实发生的收款收据、债务确认函、转账凭证、往来电报、函件、借条、欠条等材料，都可以作为债权申报的依据。管理人对这些债权进行审查时，不仅需要对这些证据材料本身的真实性进行审查，同时还必须审查是否有其他证据材料证明当事人之间发生了真实的债权债务关系，进而形成完整的证据链。

2. 破产债权的时效

管理人审查债权时需要注意债权是否超过诉讼时效以及申请强制执行的期间。

3. 破产债权的具体金额

管理人审查债权时对债权金额的审查主要包括以下内容：

（1）债权人依据合同、协议书、判决书、裁决书等债权文书计算债权金额的，要按照债权文书约定或确定的债权计算依据进行审查；对于债权人没有按照债权文书约定或确定的债权计算依据计算债权金额的，管理人应当予以纠正；约定的债权计算标准不符合法律法规的强制性规定的，管理人应当按照法律规定对债权金额重新计算。

（2）申报债权包含利息的，利息计算至破产申请受理日。债权人与债务人有减免利息约定的，从其约定；申报人计算利息应以合同约定或生效法律文书确认的利率计算，除非该利率约定违反法律规定或者约定不明时，则按照相关法律、司法解释及人民银行规定的利率标准认定；申报的债权包含违约金、定金的，以实际损失为限；对于资金被债务人占用的，其利息损失以人民银行规定的同期贷款利率标准为限，超出部分不予确认。

（3）申报债权时已经生效的法律文书，直接予以确认；生效法律文书仅列明债权的计算方法的，依照文书计息至债务人破产受理日；对受理日之后产生的利息、罚息、违约金、滞纳金等不予确认。

相关依据

1. 《企业破产法》第四十五条、第四十六条
2. 山东高院《破产审理指引》第一百一十条
3. 深圳中院《债权审核指引》第十二条、第十八条、第十九条

三、特殊债权的审查

理论背景

债权人申报的债权需得到确认后才能在破产程序中行使权利，但债权人申报债权情况各异，《企业破产法》规定了几类特殊债权的资格认定。这几类特殊债权包括：未到期的债权；附条件、附期限的债权；诉讼、仲裁未决的债权；债务人的保证人或者其他连带债务人已经代替债权人清偿债务的，对债务人的求偿权；债务人的保证人或者其他连带债务人尚未代替债权人清偿债务的，对债务人的将来求偿权；合同当事人因管理人或者债务人依据破产法解除合同所产生的损害赔偿请求权；受托人因不知进入破产程序继续处理债务人委托事务而产生的请求权；付款人因对债务人出票的票据继续付款或者承兑产生的请求权等。

以上债权之所以具有特殊性，乃是由于该债权虽然不符合一般破产债权的要求，但是具备法定的事由，因此允许申报。由于该债权或者债权数额在债权人申报债权时尚未完全确定，因此对后续管理人编制债权表时造成了困难。一般而言，在破产债权申报环节，我国《企业破产法》允许这些债权人对这些特殊债权进行申报，但是对于尚未确定的债权，管理人还需在编制债权表时暂缓确认或者在分配程序中以提存等方式暂时处理，等待债权最终确定后方可处置。对于融资租赁债权，诉讼、仲裁未决债权，附条件债权、附期限债权，连带债权，未到期债权等在实务中常见的特殊债权，管理人审查和编制债权表时应当如何处理，需进一步探讨。

法律实务

（一）融资租赁债权的审查

实践中，融资租赁的融资一般来说并无异议，争议焦点往往在于融物。融物应如何判断，融资租赁本质上可分为直租和回租两种形式，其中回租式融资租赁在融物判断上最容易产生纠纷。在（2017）最高法民申111号民事裁定书中，最高人民法院提出了“三步审查法”，对管理人审查融资租赁债权提供了指引。

1. 融资租赁物是否客观存在

实践中，有部分名为融资租赁的合同仅有资金空转，并无实际租赁物。毫无疑问，此类合同当然不足以构成融资租赁法律关系，而属借贷合同关系或者其他法律关系。需要说明的是，融资租赁合同虽对租赁物作出约定，但未特定化的，也不能认定租赁物客观存在。例如（2016）最高法民终286号民事判决书中，最高人民法院认为，出租人与承租人签订的《融资租赁合同》，虽名为“融资租赁”，并就租赁物及租金等问题作出明确约定，且附有《租赁物所有权转移证书》及《租赁物清单》，但《租赁物所有权转移证书》仅载明租赁物所有权转移而未载明具体的租赁物名称及型号，《租赁物清单》仅列明了租赁物的供货商、租赁物名称、入账金额、入账时间、已提折旧及账面净值。而入账金额、时间、折旧、账面净值系财务记账方式，供货商及设备名称尚不足以使得租赁物特定化。仅凭《租赁物所有权转移证书》及《租赁物清单》尚不足以证明存在能与《租赁物清单》所列租赁物一一对应的特定租赁物，也不足以证明案涉《融资租赁合同》履行过程中存在租赁物的所有权转移，因此法院对出租人有关租赁物实际存在、合同性质系融资租赁合同的主张不予支持。

2. 融资租赁合同中转让价款是否合理

融物的特征在于其担保功能，即出租人保留租赁物的所有权以担保其对承租人租金债权的实现。如租赁物的价值与租金构成并无直接关联或差异过大，租金体现的不是租赁物的购买价值及出租人的成本利润，则意味着租赁物担保功能丧失。在山东高院再审的仲津国际租赁有限公司与山东鸿利化纤科技有限公司融资租赁合同纠纷一案中，案涉售后回租的租赁物原值仅为522.8万元，而在双方未对租赁物的价值进行必要的评估的情况下，承租人即以1064.2万元的价格转让给出租人。法院认为，租赁物的转让价格与其实际价值明显不符，明显存在租赁物低值高估的情形，以融资租赁之名，行借贷之实，应按照其实际构成的借款合同关系处理。

3. 融资租赁物的所有权是否发生转移

此处的所有权转移是指租赁物的所有权从出卖人处转移到出租人处。传统的融资租赁交易中，所有权转移鲜有争议。但在售后回租式融资租赁中，由于出卖人与承租人混同，租赁物一般不发生占有的实际变动，所有权转移与否也变得模糊。在（2014）民二终字第109号民事判决书中，最高人民法院认为，案涉房地产售后回租式《融资租赁合同》的出卖人和承租人均为置业公司，租赁物为其在建商品房。在合同订立前该租赁物已被有关行政主管部门认定为超规划建设的违章建筑，在租赁期间亦未取得商品房预售许可，故租赁物所有权无法从出卖人移转至出租人。出租人作为专业的融资租赁公司，其对案涉租赁物所有权无法过户亦应明知，故其真实意思表示并非融资租赁，而是出借款项。置业公司作为租赁物的所有权人，虽名为承租人，但实际上不可能与自己所有的房产发生租赁关系，其仅是以出卖人之名从租赁公司获得款项，并按合同约定支付利息，其真实意思表示也并非售后回租，而是借款。故案涉融资租赁交易，只有融资，没有融物，双方之间的真实意思表示名为融资租赁，实为借款法律关系。

破产程序中管理人可依“三步审查法”，对融资租赁合同的法律关系进行认定。若其通过“三步审查法”检验，则应当认定其构成融资租赁合同；若其未通过，则应当根据其构成的实际法律关系进行认定。

（二）诉讼、仲裁未决债权的审查

未决债权是指正在诉讼或仲裁过程中尚未有裁判结果的债权。对债权人申报的诉讼、仲裁正在进行中的债权审查时，管理人对于此类债权申报登记后，无须进行实质审查，待法院、仲裁机构作出裁决后，管理人可以依据法院判决或者仲裁裁决进行认定。为保证债权人在裁决结果确定后能够行使权利，法律赋予未决债权人以申报债权的权利。但是，未决债权在裁决结果确定前，其权利应受到限制，管理人可以在第一次债权人会议召开前，向人民法院申请是否给予该类债权人表决权。

（三）附条件债权、附期限债权的审查

管理人对附条件、附期限的债权审查，应当重点审查债权所附条件和期限。对于附条件债权，管理人应当审查所附条件是否成就，条件尚未成就的，暂缓认定。对于附生效条件的债权，管理人应当将其分配额提存，在最后分配公告日，生效条件成就的，应当交付给债权人；生效条件未成就的，应当分配给其他债权人；对于附解除条件的债权，管理人应当将其分配额提存，在最后分配公告日，解除条件成就的，应当分配给其他债权人；解除条件未成就的，应当交付给债权人。附开始期限的债权，无论其所附期限是否到来，在破产申请受理时，均视为已经到期，属于破产债权。附终止期限的债权，在破产申请受理时所附期限未到来的，认定为破产债权。

（四）连带债权的审查

管理人审查连带债权时，应注意以下问题：（1）连带债权人可以由其中一人代表全体连带债权人申报债权，也可以共同申报债权。（2）债务人的保证人或者其他连带债务人已经代替债务人清偿全部或者部分债务的，可以就其对债务人已清偿部分的求偿权向管理人申报债权，管理人应依法进行审查。（3）债务人的保证人或者其他连带债务人尚未代替债务人清偿债务的，可以就其对债务人尚未清偿部分的将来求偿权向管理人申报债权。但是，债权人已经向管理人申报全部债权的除外。（4）债务人是连带债务人时，债权人可以向管理人申报债权。连带债务人数人被人民法院裁定受理破产申请的，债权人可以分别向债务人和其他连带债务人的管理人申报其全部债权。债权人未申报债权的，其他连带债务人可就将来可能承担的债务申报债权。

（五）对未到期债权和附利息债权的审查

未到期债权是指在人民法院受理破产申请后，债权人对债务人享有的债权是尚未到期履行的债权。一般情况下，只有到期的债权才发生请求对方履行和强制执行的请求权，未到期的债权不能请求债务人履行义务。但进入破产程序后，债务人的财产已依法被管理人接管，债务人已无法保证在债权期限到来时履行义务，如果不允许债权人对债务人的未到期债权进行申报，显然无法对该类债权人进行保护，因此对未到期债权可以进行申报和审查。对于附利息债权，企业被裁定受理破产时，利息停止计算。但对于停止计息的时间是裁定受理当日还是裁定受理的次日，法律法规没有相应规定，对此管理人在债权审查过程中一般按照破产受理次日不再计算利息。

（六）逾期申报债权的审查

《企业破产法》第四十八条第一款规定："债权人应当在人民法院确定的债权申报期限内向管理人申报债权。"第五十六条第一款规定："在人民法院确定的债权申报期限内，债权人未申报债权的，可以在破产财产最后分配前补充申报；但是，此前已进行的分配，不再对其补充分配。为审查和确认补充申报债权的费用，由补充申报人承担。"破产程序的核心价值之一是维护全体债权人的合法权益，对未在规定期限内申报债权的债权人，一方面应给予必要的救济，另一方面也应当使其承担不利后果。管理人对于逾期申报债权进行审查时，一方面应同样对该类债权的形式要件与实质内容进行全面审查，另一方面需要对申报期限进行严格把控。审查与确认补充申报债权的费用，破产法未进行明确规定，实践中，管理人可以根据逾期申报债权的工作量制定相应的收费标准。

相关依据

1.《企业破产法》第四十六条、第四十七条、第四十八条、第五十条、第五十一条、第五十二条、第五十六条

2. 山东高院《破产审理指引》第一百一十条

3. 深圳中院《债权审核指引》第四十六条、第四十七条、第四十八条、第四十九条

第四节 破产债权的认定

一、债权确认

理论背景

债权确认是指破产程序中经债权人申报、管理人审查和债权人会议核查后的债权和依法无须申报的债权最终由人民法院裁定确认的程序。申报的债权只有经法院裁定确认后，债权人才能在破产程序中拥有债权人的资格，享有参与分配的权利。人民法院确认债权表的裁定，具有与生效判决同等的法律效力。

在比较法上，各国（地区）尤其是大陆法系国家的破产法，“对债权争议的确认之权，各国无一例外地规定为法院的职权，包括那些将债权审查列入债权人会议职权的国家。利害关系人对债权确认的结果有异议，应通过债权确认诉讼的方式解决”①。在我国《企业破产法》中，债权确认可由人民法院通过两种程序完成：一种是债务人、债权人对债权表记载无异议的债权，由人民法院直接裁定确认；另一种是债务人、债权人对债权表记载有异议的债权，由异议人在法定期限内提起诉讼予以确认，异议债权在诉讼时间内表决权受到限制。对于债权确认之诉，《企业破产法》仅仅规定了异议人必须在债权人会议核查债权结束后提起，但对异议程序及法律后果均未予以具体规定。《破产法司法解释三》第八条和第九条在此基础上对异议权的适用路径进一步细化，对债权人、债务人如何行使异议权作出了具体的规定。

对于生效法律文书确认的债权，原则上不需要审查确认。因为“这些债权都属于已经经过发生法律效力的裁判确认、依法可强制执行的债权，其执行效力可自然延续至破产的执行程序中，故可不经审查确认程序而直接受偿”②。

---

① 王欣新：《债权审理确认程序》，载《人民法院报》2000年5月27日。

② 李永军、王欣新、邹海林、徐阳光：《破产法》，中国政法大学出版社2017年版，第183页。

《破产法司法解释三》第七条对此作了明确规定，强调管理人如无特殊情况必须承认生效法律文书确认的债权，限制管理人对裁量权的滥用，节约债权人因重复起诉产生的不必要成本。

法律实务

（一）债权确认的认定程序

根据《企业破产法》的规定，债权确认分为非诉和诉讼两类程序。非诉程序，是指通过债权人会议核查及人民法院裁定的方式确认债权；诉讼程序是指在债权人或债务人对债权表有异议的情况下，通过人民法院判决或仲裁机构裁决的方式确认债权。

1. 非诉程序确认。债权人、债务人对管理人审查债权后编制的《债权表》记载内容无异议的，在非诉程序中经债权人会议核查，由受理破产案件的人民法院裁定直接确认，《债权表》记载的无异议债权通过非诉程序得到确认。

2. 诉讼或仲裁程序确认。债权人、债务人对管理人审查债权后编制《债权表》记载的债权有异议的，可以向受理破产案件的人民法院提起债权确认之诉。债权异议权应被赋予有异议的债权人、债务人和其他债权人，债权异议包括债权人对自己债权的异议、债权人对《债权表》中记载的他人债权的异议、债务人对《债权表》记载债权的异议。债权确认程序，应当以相对人为被告启动债权确认的诉讼或仲裁程序。异议不成立的，则管理人依原审查结论将其列入《债权表》；异议成立的，则该债权经裁决后，管理人应将裁决确认后的债权列入《确认债权表》。

（二）债权确认产生的法律后果

债权确认，一般产生以下三个方面的法律后果：

1. 债权被确认的债权人获得参加破产程序的债权人资格，有权出席债权人会议，依据其被确认的债权性质及债权数额等在债权人会议中享有表决权；在破产财产分配时，参加同类债权的清偿顺位，并以此计算获得清偿数额。

2. 债权未被确认的债权人不能在破产程序中行使相关权利。

3. 债权不能确定或者尚未确定的债权人，经人民法院临时确认债权的，按照人民法院临时确定的债权性质和债权数额，在债权人会议中行使表决权。但如果最终被确认不属于破产债权的，相关债权人则不得参加破产财产分配；如果最终确定为破产债权，相关债权人按照最终确认的债权性质和债权数额参加表决、参与分配，已经按临时债权额行使的表决权不再纠正，但分配财产时应当按最终确定的债权金额受偿。

相关依据

1.《企业破产法》第五十八条

2.《破产法司法解释三》第七条、第八条、第九条

3. 山东高院《破产审理指引》第一百零九条、第一百一十条、第一百一十一条、第一百一十二条、第一百一十三条

二、不予确认

理论背景

对于不予确认债权的规则，《企业破产法》中并未直接规定，《破产法司法解释三》也仅仅是明确了审核的内容，山东高院《破产审理指引》，将债权区分为应予确认、暂缓确认及不予确认三种类型并分别编制债权表。但是，对于管理人以何种标准进行审核和区分三类债权，却并未作出具体的规定。

2012 年《税款批复》明确规定破产企业在破产受理前因欠缴税款产生的滞纳金属于普通债权，破产受理后产生的滞纳金则仍然按照 2002 年最高法《破产审理若干规定》第六十一条第一款第（二）项处理，《破产法司法解释三》中也对这一规则进行了重申。

《破产审理若干规定》第六十一条第一款第（一）项中规定“行政、司法机关对破产企业的罚款、罚金以及其他有关费用”不属于破产债权，但《破产会议纪要》第 28 条明确规定，破产财产依照《企业破产法》第一百一十三条规定的顺序清偿后仍有剩余的，可依次用于清偿破产受理前产生的民事惩罚性赔偿金、行政罚款、刑事罚金等惩罚性债权，因此《破产会议纪要》的这一表达事实上否定了前述规定，将该惩罚性债权纳入了普通债权的范围，只不过在

清偿顺序上获得了“劣后债权”的顺位。由此看来，由于最高人民法院《破产审理若干规定》事实上被《破产会议纪要》所修改，各地法院的“审理指引”中也未对具体的审核规则作出明确规定，实践中对申报的债权进行审查时，不妨按照《破产会议纪要》的规定对《破产审理若干规定》中的范围进行修正。对于《破产会议纪要》引入的“劣后债权”的概念，因我国法律和司法解释中对此尚无具体规定，管理人可参考比较法上对于劣后债权的处理规则进行操作。

综合上述地方司法性文件，不难看出其中所规定的不予确认的债权，乃是《破产审理若干规定》第六十一条不属于破产债权情形的修订或者补充。

法律实务

对债权不予确认时管理人通常从两个方面进行考虑。一是形式要件即债权申报主体是否适格，若债权人主体不适格，该债权不予确认。二是实质要件即依据《企业破产法》及相关司法解释对申报债权进行审查，符合不予确认债权情形的，管理人应作出不予确认的审查意见。深圳中院《债权审核指引》第五十四条在《破产审理若干规定》第六十一条规定的不属于破产债权情形的基础上对管理人不予确认债权的类型进行了更加明确的区分。实践中，管理人对于不予确认债权可以结合《破产会议纪要》的规定、参考深圳中院《债权审核指引》和本地法院的有关规定进行审查。管理人对债权人申报的下列债权应作出不予确认的审查意见：

（一）破产案件受理日以后，债务人欠缴款项产生的滞纳金，包括债务人未履行生效法律文书应当加倍支付的迟延利息和劳动保险金的滞纳金；

（二）债务人逾期不履行行政决定的金钱给付义务，行政机构加处的超过金钱给付义务数额一倍的滞纳金；

（三）破产案件受理日以后的债务利息；

（四）债权人参加破产程序所支出的费用；

（五）债务人的股权、股票持有人在股权、股票上的权利；

（六）超过诉讼时效的债权，超过法律规定的期限未申请强制执行的债权；

（七）债务人开办单位对债务人未收取的管理费、承包费；

（八）管理人或债务人在破产程序内解除合同，合同相对方申报的超出实际损失的赔偿请求或者要求返还定金的加倍部分；

（九）政府无偿拨付给债务人的资金，但财政扶贫、科技管理等行政部门通过签订合同，按有偿使用、定期归还原则发放的款项除外；

（十）超过债权人申报范围的债权；

（十一）其他依据相关法律法规不予认定的债权。

相关依据

1.《破产审理若干规定》第六十一条

2.《破产会议纪要》第28条

3. 深圳中院《债权审核指引》第五十四条

三、暂缓确认

理论背景

暂缓确认的债权主要是指在管理人审查债权、编制债权表时由于债权本身或债权数额尚未确定，管理人因此登记为暂缓确认，等待债权具备确认条件后再予以确认的债权。对于破产程序中暂缓确认债权的判定标准、处理方式和配套制度，我国现行《企业破产法》中并未直接规定，对这一问题的规定和指导，散见于各地方司法文件。

一般而言，管理人在完成债权审查后编制债权表时应当将债权区分为应予确认、暂缓确认及不予确认三种类型，并且在提交债权人会议核查时列表并予以说明。对于债权被暂缓确认的债权人，其表决权受到一定的限制。凡依法申报债权的债权人均为债权人会议的成员，但是债权人会议的成员并不当然享有表决权，行使表决权往往需要以债权确定作为前提条件。根据《企业破产法》第五十九条第三款的规定，人民法院为债权尚未确定的债权人临时确定债权额，债权人有根据该临时债权额行使表决的权利。另外，暂缓确认的债权具有不确定性，随着条件的成就或者解除与否，债权的存在与否和数额大小也会发生变化，因此，管理人应当将其分配额进行提存或预留。

法律实务

常见的暂缓确认债权包括以下几类：

（一）管理人作出审查结论后债权人提起诉讼的债权

管理人按照法律规定对债权性质、债权数额作出审查意见后，如果债权人对管理人审查后的债权提出异议，管理人应将此类债权列为暂缓确认债权。实践中，对管理人审查意见提出异议的情形包含三种：

1. 是否属于破产债权的异议

债权人申报的债权，依照最高人民法院《破产审理若干规定》第六十一条规定不属于破产债权的。管理人审查后对此类债权作出不予确认的审查意见，债权人提出异议并向人民法院提起诉讼的，管理人应将此债权列为暂缓确认债权。

2. 对于债权数额的异议

根据《企业破产法》第四十六条规定，未到期的债权，在破产申请受理时视为到期，附利息的债权自破产申请受理时停止计息即进入破产程序后，债务利息不再计算。管理人在法院裁定受理债务人破产后，依据相关法律规定，对于附利息的债权停止计算利息。管理人对此类债权作出审查意见后，债权人对于利息部分提出异议并向人民法院提起诉讼的，管理人应将此债权列为暂缓确认债权。

3. 是否属于优先债权的异议

对优先债权的异议主要包括：（1）关于有财产担保债权的异议。案涉担保物是动产性质的担保物时，因债务人日常生产中产生损耗，而导致担保物灭失，使债权人对该动产担保物的优先权丧失，管理人对债权作出审查意见后，债权人提出应对登记在册的担保物享有优先权，而非以实际现存的担保物享有优先权的异议。（2）对于建设工程优先权的异议。最高人民法院《关于建设工程价款优先受偿权问题的批复》第四条规定，建设工程承包人行使优先权的期限为六个月，自建设工程竣工之日或者建设工程合同约定的竣工之日起计算。《建设工程司法解释二》第二十二条将该期限的起算点改为“自发包人应当给付建设工程价款之日起算”。实践中，部分建设工程债权人未在规定期限内行使建设工程优先受偿权，管理人对此类债权作出审查意见后相关债权人对于管理人未确认其建设工程优先权提出异议。

（二）诉讼或仲裁未决债权

诉讼或仲裁未决债权是指正在诉讼或仲裁过程中尚未有诉讼仲裁结果的债权。《企业破产法》第四十七条规定，附条件、附期限的债权和诉讼、仲裁未决的债权，债权人可以申报。为保证债权人在诉讼仲裁结果确定后能够行使权利，法律赋予未决债权人以申报债权的权利。实践中，诉讼仲裁结果作出前，相应的债权性质、金额无法确定，因此管理人应将该类债权列入暂缓确认债权，待诉讼仲裁结果作出后，按照相应法律文书的裁判结果进行审查。

（三）附条件但条件未成就的债权

《企业破产法》第四十七条规定，附条件、附期限的债权，债权人可以申报。为保证债权人的合法权益，在所附条件未成就时，债权人申报债权的，管理人应对此类债权接收登记。管理人债权审查时应将此类条件未成就的债权列入暂缓确认债权，待所附条件成就时，依法进行审查。

（四）其他暂缓确认债权

其他暂缓确认债权包括管理人尚未作出审查结论或复核结论的债权、债务人的保证人或者其他连带债务人对债务人将来求偿权进行申报但债务人的责任尚不能确定的债权等，管理人对于此类债权应暂缓确认。

对于暂缓确认债权管理人可以告知债权人暂缓确认的原因，待暂缓确认原因消除后，管理人应及时完成债权审查。

相关依据

1. 《企业破产法》第四十六条、第四十七条、第五十九条
2. 《破产审理若干规定》第六十一条
3. 《关于建设工程价款优先受偿权问题的批复》第四条
4. 《建设工程司法解释二》第二十二条
5. 山东高院《破产审理指引》第一百零八条、第一百一十一条

第五章　破产费用与共益债务

第一节　破产费用

一、破产费用范围

理论背景

破产费用范围包括与破产案件审理和破产管理密切相关的案件受理费和管理费用。在比较法上，各国（地区）均规定了破产费用和共益债务相关的制度，虽然名称各异，但是所规范的对象和范围与破产费用和共益债务相类似。例如，德国破产法规定了财团费用和财团债务，日本破产法规定了财团债权。①

我国《企业破产法》上规定的破产费用包括：破产案件的诉讼费用，管理、变价和分配债务人财产的费用，管理人执行职务的费用，报酬和聘用工作人员的费用。在清偿顺序上，破产费用和共益债务优先于职工债权、税款债权和普通债权，劣后于担保债权清偿。在实际的破产案件中，破产费用和共益债务由债务人财产随时清偿。

最高人民法院《破产会议纪要》明确了对管理人聘用其他人员费用的负担。规定上述费用如需列入破产费用的，应当经债权人会议同意。《破产法司法解释三》则进一步扩大解释了《企业破产法》第四十一条破产费用的范围。一般而言，破产费用是人民法院受理破产申请后发生的费用。这一规定突破性地将破产开始之前的执行费用纳入破产费用范围，目的在于解决实践中执行程

① 王欣新：《破产法》，中国人民大学出版社2007年版，第392页。

序、强制清算程序与破产程序的衔接。《执转破指导意见》第十五条规定，“受移送法院裁定受理破产案件的，在此前的执行程序中产生的评估费、公告费、保管费等执行费用，可以参照破产费用的规定，从债务人财产中随时清偿”。《破产法司法解释三》将该指导意见上升为效力更高的司法解释，予以确认和重申。

法律实务

（一）法定破产费用

根据《企业破产法》第四十一条及相关司法解释的规定，破产费用为人民法院受理破产申请后发生的下列费用：

1. 破产案件的诉讼费用

破产案件的诉讼费用主要包括破产案件的受理费、破产案件的其他诉讼费用以及破产衍生案件诉讼费用等。

（1）破产案件受理费

破产案件的受理费是指法院受理破产申请后应当从债务人财产中收取的费用。《诉讼费用交纳办法》第十四条第（六）项规定：“破产案件依据破产财产总额计算，按照财产案件受理费标准减半交纳，但是，最高不超过30万元。”

（2）破产案件的其他诉讼费用

破产案件的其他诉讼费用具体包括公告费、鉴定费、勘验费、财产保全费、证据保全费、调查费、邮寄费和法院认为应当交纳的其他费用。

（3）破产衍生诉讼案件的诉讼费用

破产衍生诉讼案件的诉讼费用主要包括普通债权确认诉讼、职工债权确认诉讼、对外催收债权诉讼、破产抵销权诉讼、破产撤销权诉讼、追收未缴出资诉讼等案件，依照《诉讼费用交纳办法》应当缴纳的案件受理费、申请费及其他费用。

2. 管理、变价和分配债务人财产的费用

债务人对其财产的管理和处分权利，自破产案件受理后而丧失，债务人所有财产由管理人接管。当然，重整程序中债务人自行管理的除外。管理人对债务人财产进行管理、变价和分配，必然要支出相应的费用，这些费用也就是债务人财产的管理、变价和分配费用。

（1）债务人财产的管理费用

管理人为占有、清理和保管债务人财产或者继续债务人的营业而必须支出相应的费用。主要包括：债务人财产的保管费用、仓储费用、运输费用、清理费用、维修保养费用、保险费用、营业税费、公告费用、通知费用等。

（2）债务人财产的变价费用

管理人为处理债务人的非金钱财产而将其变现为货币所支出的费用。主要包括债务人财产的评估费用、鉴定费用、公证费用、公告费用、通知费用、拍卖费用、登记费用以及变价债务人财产的税费等。

（3）债务人财产的分配费用

管理人为将债务人财产分配给债权人所发生的费用。主要包括债务人财产分配表的制作费用、转账手续费用、公告费用、通知费用、提存分配费用等。

3. 管理人执行职务的费用及报酬

（1）管理人执行职务的费用

管理人执行职务的过程中必然要产生必要的费用，主要包括：管理人使用办公场所的费用、执行职务产生的办公费用、差旅费及其他必要费用。管理人使用办公场所的费用包括水电费、物业费、取暖费等，如债务人无法提供办公场所，则还可能发生租赁办公场所的费用；办公费用包括相关会议费用、购置办公用品费用、印刷费、邮政资费、通讯费及刻制印章费、开设管理人银行账户费、调查费等；差旅费用包括城市间往返交通费、伙食费、住宿费、出差交通费等；其他必要费用主要包括办理管理人银行账户注销、印章注销及债务人工商登记注销、税务登记注销、银行账户注销、印章注销等可能产生的费用及破产案件相关的档案保管费用等。

（2）管理人报酬

管理人履行《企业破产法》第二十五条规定的职责，有权获得相应的报酬，由审理企业破产案件的人民法院依据《管理人报酬规定》确定，该费用列入破产费用。

4. 管理人聘用工作人员、中介机构的费用

《管理人报酬规定》第十四条规定：“律师事务所、会计师事务所通过聘请本专业的其他社会中介机构或者人员协助履行管理人职责的，所需费用从其报酬中支付。破产清算事务所通过聘请其他社会中介机构或者人员协助履行管理人职责的，所需费用从其报酬中支付。”据此，经人民法院许可聘请其他社会

中介机构或者工作人员的费用，应区分情况分别列支，管理人聘请本专业人员协助履行职责的，所需费用从管理人报酬中支付。聘请非本专业人员的，所需费用作为破产费用另行支付。最高人民法院《破产会议纪要》第 11 条规定：“管理人经人民法院许可聘用企业经营管理人员，或者管理人确有必要聘请其他社会中介机构或人员处理重大诉讼、仲裁、执行或审计等专业性较强工作，如所需费用需要列入破产费用的，应当经债权人会议同意。”

（二）参照破产费用处理的费用

根据《破产法司法解释三》第一条的规定，可将人民法院裁定受理破产申请前债务人尚未支付的公司强制清算费用、未终结的执行程序中产生的评估费、公告费、保管费等执行费用参照适用企业破产法关于破产费用的规定。

相关依据

1. 《企业破产法》第二十五条、第四十一条
2. 《破产法司法解释一》第一条
3. 《破产法司法解释三》第一条
4. 《执转破指导意见》第十五条
5. 《诉讼费用交纳办法》第十四条
6. 《管理人报酬规定》第十四条
7. 《破产会议纪要》第 11 条

二、破产费用认定

理论背景

破产费用，是指在破产程序中为全体债权人的共同利益而支出的旨在保障破产程序的顺利进行所必需的程序上的费用。[①] 破产费用的认定，是指对破产

① 全国人大常委会法制工作委员会：《〈中华人民共和国企业破产法〉释义及实用指南》，中国民主法制出版社 2006 年版，第 119 页。

程序中某一项支出是否应该纳入破产费用的认可和确定程序，包括认定的依据、标准、程序等。破产费用是破产程序顺利推进的保障和基础，在破产程序中随时清偿，而破产费用不足可能直接导致企业破产程序终结，因此在破产费用的认定中应当保证效率价值。当然破产费用的清偿相较于其他各类债权，居于优先顺位，因此在认定的程序设置上也应当注意公平保护其他债权人的利益。

我国《企业破产法》上规定的破产费用包括：破产案件的诉讼费用，管理人执行职务的费用、报酬和聘用工作人员的费用，管理、变价和分配债务人财产的费用。其中，诉讼费用主要由《诉讼费用交纳办法》规定，按照破产财产总额计算；管理人执行职务的费用和报酬，主要由《管理人报酬规定》规定。以上几项由于有较为明确的法律依据，实践中对该项支出的性质和数额的认定争议不大。管理、变价和分配债务人财产的费用，包括拍卖费、财产管理费、变现中的税费等，其中对变现中的税费的认定争议较多。对于管理人聘用工作人员的费用是否应该纳入、如何纳入破产费用，实践中一直缺乏明确的指导，《破产会议纪要》中对管理人聘用其他人员费用负担作出了规定，管理人经人民法院许可聘用企业经营管理人员，或者管理人确有必要聘请其他社会中介机构或人员处理重大诉讼、仲裁、执行或审计等专业性较强工作，如所需费用需要列入破产费用的，应当经债权人会议同意。

法律实务

（一）破产费用认定标准

根据《企业破产法》第四十一条及相关司法解释的规定，符合下列条件的费用可以认定为破产费用：

1. 破产费用发生在人民法院受理破产申请后。

2. 破产费用为全体债权人利益产生的费用。

《破产法司法解释三》第一条规定：“人民法院裁定受理破产申请的，此前债务人尚未支付的公司强制清算费用、未终结的执行程序中产生的评估费、公告费、保管费等执行费用，可以参照企业破产法关于破产费用的规定，由债务人财产随时清偿。”因该条所规定的费用均发生在破产申请受理前，且均为人民法院应当收取的费用，管理人在接受指定后，应当重视对该部分费用的处理，以免遗漏。

（二）易产生争议的破产费用的认定

1. 破产清算程序中处置财产所产生的应由债务人承担的税款

破产清算程序中处置财产所产生的应由债务人承担的税款是否属于破产费用在实践中尚存在争议，该款项虽然不是变价行为本身产生的费用，但财产拍卖后往往涉及产权的变更，特别是不动产，缴纳相关税费是办理产权变更手续的前置程序，从这个角度来说，缴纳因处置财产所产生的应由债务人承担的税款是为了变价的最终实现，是为了全体债权人的利益，符合破产费用的认定标准。因此，将处置财产所产生的应由债务人承担的税款认定为破产费用是符合破产法立法本意的。

2. 破产案件审理期间，破产衍生诉讼涉及的诉讼费用

根据《企业破产法》第四十一条的规定，破产案件的诉讼费用属于破产费用。该项费用不仅包括破产案件的受理费，而且还包括在破产案件审理期间发生的其他衍生诉讼案件的诉讼费用。破产案件受理后，已经开始而尚未终结的有关债务人的民事诉讼，以及破产案件受理后新发生的有关债务人的民事诉讼所产生的应由债务人承担的诉讼费用，列为破产费用，优先受偿。针对破产衍生诉讼涉及的缓交诉讼费，经生效法律文书确认应当由债务人承担的，管理人根据破产费用的相关规定预留该诉讼费用。针对债权人预交的最终由债务人承担的诉讼费，若债权人未要求法院退还该诉讼费，可以向管理人主张作为破产费用清偿，若法院已将预交的诉讼费退还债权人，则相关法院可以要求管理人将该费用作为破产费用直接向法院清偿。

相关依据

1. 《企业破产法》第四十一条
2. 《破产法司法解释三》第一条

第二节　共益债务

一、共益债务范围

理论背景

共益债务是指在破产申请受理后，为全体债权人的共同利益或者为进行破产程序所必需而负担的债务。破产费用和共益债务的体例在比较法上有合并制和分别制两种不同的立法例。合并制，是指凡是在破产程序中发生的为全体债权人利益而支付的费用和发生的债务，统一以破产费用或者财团债权处理的立法例，如美国。所谓分别制，是指分别适用破产费用（财团费用）和共益债务（共益债权）制度的立法例，如我国台湾地区，[①]《企业破产法（试行）》和1991年《民事诉讼法》第十九章企业法人破产还债程序只规定了破产费用而未对共益债务作出明确规定，当时尚属合并制。《企业破产法》对1986年《企业破产法（试行）》中的诸多制度作出修改，其中重要的一项就是引入了“共益债务”。《企业破产法》以其第五章规定了“破产费用和共益债务”，而《企业破产法（试行）》中对此只用一条即第三十四条规定“为债权人的共同利益而在破产程序中支付的其他费用”，并未涉及共益债务。《企业破产法》则独立成章规定了“破产费用和共益债务”，适用于所有破产程序之中。

法律实务

根据《企业破产法》第四十二条及《破产法司法解释三》第二条规定，发生在人民法院受理破产申请后的下列债务为共益债务：

（一）*履行双方均未履行完毕的合同所产生的债务*

根据《企业破产法》第十八条的规定，管理人对债务人进行接管后，应当

---

① 付翠英：《论破产费用和共益债务》，载《政治与法律》2010年第9期。

及时审查债务人及对方当事人均未履行完毕的合同。管理人在决定是否需要继续履行双方均未履行完毕的合同时应当本着审慎及有利于债务人财产最大化的原则来决定，以免扩大共益债务范围，损害其他债权人利益。

（二）债务人财产受无因管理所产生的债务

管理人在审查无因管理所产生的债务时，应当重点审查无因管理行为产生及结束的时间，如无因管理行为在破产受理前已结束，那么因此产生的无因管理之债不应当认定为共益债务。

（三）因债务人不当得利所产生的债务

对于不当得利产生的债务，管理人亦应当重点审查不当得利行为产生及结束的时间，如不当得利行为在破产受理前已结束，那么因此产生的不当得利之债不应当认定为共益债务，不应纳入共益债务的范围。

（四）为债务人继续营业而产生的债务

债务人继续营业主要发生在破产重整程序中，债务人因继续营业产生的共益债务主要包括应当支付的劳动报酬、社会保险、住房公积金及破产申请受理后因债务人继续经营而应当支付的合同对价等。根据《破产法司法解释三》第二条的规定，债务人进入破产程序后，为了继续营业而新产生的借款，应当列为共益债务，包括借款本金及合理的借款利息。

（五）管理人或者相关人员执行职务致人损害所产生的债务

管理人、管理人聘用的工作人员及债权人委员会等为债权人的共同利益而执行职务，因此产生的债务，均应列入共益债务。

（六）债务人财产致人损害所产生的债务

债务人财产本身所造成的他人损害包括因债务人财产造成他人人身或财产损害。如债务人企业的厂房倒塌造成的损害，债务人的变压器防护不严致人被电击，以及债务人的生产造成污染事故等形成的债务，均属于共益债务。

相关依据

1. 《企业破产法》第十八条、第四十一条、第四十二条、第四十三条
2. 《破产法司法解释三》第二条

二、共益债务认定

理论背景

共益债务的认定是指对破产程序中某一项支出是否应该纳入共益债务的认可和确定程序，包括认定的依据、标准、程序等。共益债务与破产费用一样，在破产程序中随时清偿，且相较于其他各类债权居于较为优先的顺位。不同之处在于破产费用是为破产程序顺利进行，为管理、变价和分配债务人财产而必须支出的费用，其范围和数额一般相对固定和可控；而共益债务则是管理人执行职务过程中因合同、侵权、无因管理和不当得利等民事行为而使债务人承担的债务，其范围和数额具有偶然性。因此，为了公平保护各类债权人的利益，应当确定相对明晰的认定规则和标准。

《企业破产法》第四十二条规定了共益债务的范围，列举出六种共益债务的情形，但是对于如何认定则缺乏具体的标准。《破产法司法解释二》对一些实务中易产生的共益债务类型规定了认定规则，具体而言，包括共有财产分割致人损害之债；撤销明显不合理交易后的返还之债；破产申请受理后债务人占有的他人财产被违法转让给第三人且第三人已善意取得，因管理人或者相关人员执行职务导致原权利人损害产生的债务；破产申请受理后债务人占有的他人财产被违法转让给第三人，第三人已向债务人支付了转让价款，原权利人依法追回转让财产的，对因第三人已支付对价而产生的债务；在破产申请受理之后，管理人或者相关人员执行职务致人财产毁损、灭失及致人损害之债。

法律实务

（一）共益债务的认定标准

根据《企业破产法》第四十二条及相关司法解释的规定，共益债务应当符合下列标准：

1. 共益债务通常发生在人民法院受理破产申请受理后、破产程序终结前；
2. 共益债务是为了全体债权人的利益而产生的债务。

（二）易产生争议的共益债务的认定

1. 租赁合同解除后的预付租金

管理人根据《企业破产法》第十八条的规定解除租赁合同后，承租人预付的租金如何处理在实践中存有争议，租赁合同为继续性合同，对承租人而言，合同解除后负有返还租赁物的义务；对出租人而言，合同解除后，多收的剩余租期租金即构成不当得利，根据权利义务对等原则，亦应予以返还。承租人不当得利的返还请求权有别于《企业破产法》第五十三条规定的损害赔偿请求权，不应当作普通债权对待。最高人民法院答复湖南高院《关于破产企业签订的未履行完毕的租赁合同纠纷法律适用问题的请示》的答复意见（〔2016〕最高法民他93号）亦明确："租赁合同如判解除，则预付租金构成不当得利应依法返还，根据《企业破产法》第四十二条第（三）项的规定，该不当得利返还债务应作为共益债务，由破产企业财产中随时返还。"因此，租赁合同解除后，承租人预付租金作为债务人的不当得利，应当认定为共益债务。

2. 在所有权保留买卖中，债务人作为买受人支付标的物总价款百分之七十五以上后破产，未支付的剩余价款

根据《破产法司法解释二》第三十七条第二款的规定，在买受人已支付标的物总价款百分之七十五以上，出卖人无法行使取回权时，出卖人可根据《破产法司法解释二》第三十七条第三款的规定，要求买受人继续支付价款、履行完毕其他义务，该规定限制了管理人行使《企业破产法》第十八条规定的解除权，即出卖人有权要求继续履行所有权保留买卖合同。出卖人要求履行，买受人应当履行，如不履行，由此产生的债务，根据《破产法司法解释二》第三十七条第三款的规定，应当认定为共益债务。

3. 管理人或债务人决定继续履行双方均未履行完毕的合同，债权人在破产申请受理前因履行该合同享有的债权

《企业破产法》第四十二条规定："管理人或者债务人请求对方当事人履行双方均未履行完毕的合同所产生的债务属于共益债务。"根据该规定，管理人或债务人决定履行双方均未履行完毕的合同，债权人在破产申请受理后因履行该合同所享有的债权认定为共益债务。对于债权人在破产申请受理前因履行该合同产生的债权是否能认定为共益债务在实践中仍存有争议。有观点认为债权人在破产受理前因履行该合同所享有的债权发生在破产受理前，不符合共益债务性质。这种观点忽视了合同的不可分性，管理人或债务人决定履行的是整个

合同，如不将债权人在破产申请受理前因履行该合同产生的债权列为共益债务清偿，该合同将会因债权人主张先履行抗辩权而无法继续履行。因此，管理人或债务人决定继续履行双方均未履行完毕的合同，应将债权人在破产受理前因履行该合同产生的债权列为共益债务。

相关依据

1.《企业破产法》第十八条、第四十二条、第五十三条

2.《破产法司法解释二》第三十条、第三十一条、第三十二条、第三十七条

三、共益债务融资

理论背景

共益债务是指在破产申请受理后，为全体债权人的共同利益或者为进行破产程序所必需而负担的债务，而管理人则是作为破产申请受理后债务人的财产管理者和处分者。共益债务可以保障破产程序的有序进行，同时由于共益债务在破产程序中由债务人财产随时清偿，能够免除管理人垫付乃至借款推动破产程序进行时的顾虑，保障管理人积极履职。但是，在实务操作中，出现共益债务暂时无法由债务人财产随时清偿时，应当如何处理呢？特别是在重整程序中，当管理人或者自行管理的债务人决定继续营业时，难免发生对外的交易而需要资金的融通。长期以来，由于《企业破产法》和相关司法解释对此没有明确规定，导致潜在的出借人因为担心借款未来的回收风险而不愿出借，实务中管理人或自行管理的债务人继续营业时常常为资金短缺问题捉襟见肘。

破产程序启动后，“债务人企业继续经营对于重整至关重要，对于清算程序中将企业作为营运资产出售也非常关键。而债务人继续经营的前提是能够获得新的借款，用来及时支付正常运营过程中的支出和相关费用”①。《破产法司

① 乔文心：《破产审判制度机制建设 提升民商事审判工作质效——最高法民二庭负责人就两个优化营商环境司法解释回答记者提问》，载《人民法院报》2019 年 3 月 29 日。

法解释三》一定程度上解决了该问题。其第二条规定，在满足一定的前置程序下，“管理人或者自行管理的债务人可以为债务人继续营业而借款”，而提供借款的债权人有优先于普通债权、劣后于有担保的债权清偿的顺位，事实上，等于赋予了其“准共益债务”的清偿顺位。通过明确该类新产生的借款在破产程序中的清偿顺序，潜在的出借人便可以评估判断出其借款存在的风险程度，从而可以增强其对债务人提供资金支持的意愿与可能。

法律实务

（一）共益债务融资的批准程序

《破产法司法解释三》第二条第一款规定：“破产申请受理后，经债权人会议决议通过，或者第一次债权人会议召开前经人民法院许可，管理人或者自行管理的债务人可以为债务人继续营业而借款。”因此，为了便于在破产程序中通过借款进行融资，管理人在第一次债权人会议召开前在财产管理方案的制作过程中就应当将借款作为融资方式纳入其中，并设置相应的担保措施及资金占用费比例，以保证债权人的知情权和表决权。

（二）共益债务融资的担保措施

根据《破产法司法解释三》第二条第二款的规定，管理人或者自行管理的债务人可以为继续营业中发生的借款设定抵押担保。当然这里的抵押应当履行相应的报告或许可程序，即应当按照《企业破产法》第二十六条、第六十九条的规定，报告债权人委员会或者在第一次债权人会议召开之前经人民法院许可。

（三）共益债务融资的利息

共益债务融资是否需要支付利息实践中还存有争议。共益债务融资与破产债权不同，共益债务融资是为了债务人继续营业、资产保值增值，对全体债权人有利，出借人向债务人提供借款需要承担资本的机会成本，从公平的原则出发，亦应当向出借人支付借款利息。特别是在市场化融资的过程中，如不支付利息，很难融资成功。在实务操作中，为了避免纠纷的发生，管理人在第一次债权人会议召开前，在财产管理方案的制作过程中，可以将借款利息纳入财产管理方案中，由债权人会议表决通过。

相关依据

1.《企业破产法》第二十六条、第四十二条、第六十九条
2.《破产法司法解释三》第二条

第三节 破产费用与共益债务的清偿

一、清偿财产范围

理论背景

破产费用和共益债务由债务人财产随时清偿，清偿破产费用和共益债务是保证破产程序顺利进行的重要条件，且在清偿完优先债权后有着优先于其他类别债权的清偿顺位，但用于清偿破产费用和共益债务的财产范围以债务人的全部财产为限。在破产程序中，破产费用和共益债务是随时发生的，为了保证破产程序的顺利进行，当任何一笔破产费用或者共益债务发生时，可由债务人财产随时予以清偿。

在比较法上，破产费用和共益债务由债务人财产随时清偿，这是许多国家破产法所确立的一项基本原则，这是因为，如果连破产费用都无法得到清偿，破产程序自然也就无法继续进行下去。例如，“德国破产法规定，应当以破产财团优先清偿破产程序费用和其他财团债务。日本破产法规定，财团债权可以不依破产程序而随时清偿”①。债务人财产如明显不足以支付破产费用，破产程序便因无法开展而走向终结。因此，《企业破产法》第四十三条也规定，债务人财产不足以清偿破产费用的，管理人应当提请人民法院终结破产程序。人民法院应当自收到请求之日起十五日内裁定终结破产程序，并予以公告。实践

① 全国人大常委会法制工作委员会:《〈中华人民共和国企业破产法〉释义及实用指南》，中国民主法制出版社2006年版，第126页。

中，对于有担保物权的特定财产是否属于债务人财产，是否可以用于清偿破产费用和共益债务，也曾存在争议。

法律实务

（一）清偿财产的种类

根据《企业破产法》第四十三条的规定，破产费用和共益债务由债务人财产随时清偿。债务人财产包括破产申请受理时属于债务人的全部财产，以及破产申请受理后至破产程序终结前债务人取得的财产。具体包括债务人所有的货币、实物以及债务人依法享有的可以用货币估价并可以依法转让的债权、股权、知识产权、用益物权等财产和财产权益。

（二）已经设定担保的财产清偿问题

《企业破产法》第四十三条规定的债务人财产是否包含债务人所有但是已经设定担保的财产，实践中还存有争议。一种观点认为，《企业破产法》第三十条和《破产法司法解释二》第三条第一款已规定，无论担保财产还是非担保财产，均应当认定为债务人财产，据此并结合《企业破产法》第一百一十三条之规定，破产费用和共益债务当然可以由属于债务人财产的担保财产随时清偿，而随时清偿即具有优先效力之意；另一种观点认为，根据《企业破产法》第一百零九条的规定，对破产人的特定财产享有担保权的权利人，对该特定财产享有优先受偿的权利。担保权人的优先受偿权不仅优先于普通债权，也优先于破产费用和共益债务，据此根据《企业破产法》第四十三条第一款，则不能得出可以由担保财产来清偿破产费用和共益债务的结论。同时，《破产法司法解释二》第三条第二款规定，对债务人的特定财产在担保物权消灭或者实现担保物权后的剩余部分，在破产程序中可用以清偿破产费用、共益债务和其他破产债权。对本款的反面解释即为有担保债权未实现或消灭之前，不得用于清偿破产费用、共益债务。

《破产法司法解释二》第三条第二款的规定，实际上是对担保财产清偿破产费用和共益债务设定了前提条件，即债务人的特定财产担保物权消灭或者实现担保物权后有剩余的，才能用来清偿破产费用和共益债务，而不能径行用担保财产清偿破产费用和共益债务。但在债务人除担保财产外无其他任何财产的情况下，以担保财产清偿破产费用和共益债务，也符合谁受益、谁负担的原则。

相关依据

1.《企业破产法》第三十条、第四十三条、第一百零九条、第一百一十三条

2.《破产法司法解释二》第三条

二、清偿顺序

理论背景

破产费用和共益债务是破产程序顺利推进的保障和基础，而破产费用不足可能直接导致企业破产程序终结，因此各国一般均规定破产费用和共益债务优先于一般的无担保债权清偿的原则，在其内部，实行破产费用和共益债务分别制的国家，一般规定破产费用优先于共益债务清偿。我国《企业破产法》规定，债务人财产不足以清偿所有破产费用和共益债务的，先行清偿破产费用。债务人财产不足以清偿所有破产费用或者共益债务的，按照比例清偿。

具体而言，共益债务与破产费用的清偿应当满足优先、随时、按比例等原则。随时清偿是指破产费用不依破产分配程序，而是根据破产案件的需要随时支付，因此管理人应当关注破产费用的支付情况，当债务人财产不足以支付破产费用时，应当及时向法院申请终结破产程序。优先是指破产费用和共益债务优先于职工债权、税款债权以及普通债权受偿。在破产费用和共益债务内部，破产费用优先于共益债务受清偿。按比例清偿是指债务人财产不足以清偿所有破产费用或者共益债务的，对尚未清偿部分根据破产费用或者共益债务所属范围的数额按比例受偿。[①] 例如，日本破产法规定，财团债权可以不依破产程序而随时清偿。破产财团明显不足以清偿财团债权的总额时，对财团债权的清偿可以不受法令所定的优先权限制，而按未清偿债权的比例为之。[②]

---

① 付翠英：《论破产费用和共益债务》，载《政治与法律》2010年第9期，第24页。

② 全国人大常委会法制工作委员会：《〈中华人民共和国企业破产法〉释义及实用指南》，中国民主法制出版社2006年版，第126页。

法律实务

根据《企业破产法》第四十三条、第一百一十三条及《破产法司法解释二》第三条的规定，破产费用和共益债务优先清偿。这里的优先清偿包括内部优先和外部优先，内部优先指的是破产费用和共益债务之间的优先顺序，外部优先指的是清偿破产费用和共益债务与清偿职工债权、税款债权、普通债权等其他债权的优先顺序。

1. 内部优先

破产费用优先于共益债务清偿。当债务人财产不能完全支付破产费用和共益债务时，应当先行清偿破产费用。当债务人财产不足以支付破产费用时，按照可分配财产的金额占未清偿费用总额的比例对各项破产费用予以清偿。这种情况下，共益债务将不予清偿。当出现债务人财产不足以支付破产费用的情形时，一般来说破产程序将无法继续进行，或者即使继续进行也没有实质意义。因此，管理人应当提请人民法院终结破产程序。人民法院应当自收到请求之日起十五日内裁定终结破产程序，并予以公告。

2. 外部优先

破产费用和共益债务优先于职工债权、税款债权、普通债权等其他债权清偿。管理人以债务人财产优先清偿破产费用和共益债务后有剩余的，才能清偿职工债权、税款债权、普通债权等其他债权。当债务人财产清偿破产费用后的剩余财产不足以清偿共益债务时，按照可分配财产的金额占未清偿共益债务总额的比例对各项共益债务予以清偿。这种情况下，职工债权、税款债权、普通债权等其他债权将不予清偿。

然而，破产费用和共益债务是否优先于担保债权在实践中还存有争议。该争议归根结底还是能否用担保财产清偿破产费用和共益债务的问题。原则上担保债权优先于破产费用和共益债务清偿，但在债务人除担保财产外无其他财产的案件中，为了破产案件的顺利推进，则应当优先清偿破产费用和共益债务。

相关依据

1. 《企业破产法》第四十三条、第一百一十三条
2. 《破产法司法解释二》第三条

第六章　债务人的接管与管理

第一节　债务人的接管

一、接管的原则

理论背景

债务人的接管是指在法院受理破产申请并指定管理人后，由管理人接管债务人的财产和营业事务的过程。我国《企业破产法》仅仅规定了管理人接管债务人的财产、印章和账簿、文书等资料的职责，但并无关于管理人如何接管债务人的具体规定。除此之外，也没有其他法律、法规对管理人接管债务人的财产和营业事务等相关事宜进行统一规范。

在破产程序中，选择合适的管理债务人财产的主体对破产程序至关重要。由于债务人与债权人属于利害关系人，由债权人负责破产财产的管理难保公平，而法院虽然能够保证公平性，但是日常工作繁忙，由其直接管理破产财产也不具有可行性。在破产状态下，债务人及其管理层存在着较高的道德风险，各方当事人之间也存在着一定的利益冲突，有必要设立专门的机构来执行破产程序管理，特别是破产财产和事务的管理。[①] 因此由管理人接管并管理债务人的财产最为妥当、可行。但在破产重整程序中，债务人自营的，管理人应将破产财产移交债务人管理，管理人依法进行监督。

实践中，因债务人类型及人民法院的要求不尽相同，管理人在接管债务人过程中容易出现各种问题，进而影响破产程序的推进。为此《企业破产法》明

① 邹海林：《新企业破产法与管理人中心主义》，载《华东政法大学学报》2006 年第 6 期。

确了管理人的责任，其中第二十七条规定，管理人应当勤勉尽责，忠实执行职务。第一百三十条规定，管理人未依照本法规定勤勉尽责，忠实执行职务的，人民法院可以依法处以罚款；给债权人、债务人或者第三人造成损失的，依法承担赔偿责任。法律不仅赋予了管理人全面接管债务人的权利，同时也明确规定了管理人的义务与责任，防止管理人失职或滥用职权。

法律实务

债务人的接管，工作复杂、责任重大，接管时应遵循一定的原则和规范。总体来讲，债务人的接管应当合法、全面、有序、分类、及时、规范。

（一）合法接管

合法接管是接管原则的核心内容。它是指管理人对债务人的接管要符合《企业破产法》等相关法律、法规及司法解释的规定，不能与之相抵触。管理人必须严格遵守法律，不得享有法律规范以外的特权，违法接管应追究相应的法律责任。合法接管包括主体合法、内容合法、权限合法、程序合法等。

（二）全面接管

为避免债务人财产被转移、毁损，保证债权人、债务人等相关各方的合法权益得到最大限度的保护，管理人在接受人民法院指定后，要全面接管债务人的人员、财产、资料以及相关事务，这是管理人应尽的职责，也是破产程序顺利进行的保障。

（三）有序接管

债务人在破产时通常因为人员、财物、档案资料等疏于管理处于混乱状态，可能会给管理人的接管工作带来较大困难，这就需要管理人分清主次、难易、轻重、先后等事项，制订接管方案有序接管，以提高工作效率、避免疏漏和重复。

（四）分类接管

实践中债务人需要接管的对象较为庞杂，笼统接管缺乏条理性，为方便接管工作的开展及后期的保管，管理人应按照接管对象的类型进行分别接管，并形成相关独立档案，从而实现类别化管理。

（五）及时接管

人民法院裁定受理债务人破产申请至管理人接管债务人需要一定的时间，为防止在此期间出现管理真空，造成债务人财产毁损灭失，或引发群体性事件，管理人接受指定后应对债务人及时进行接管，以免出现意外及增加管理人后期工作的难度。

（六）规范接管

管理人应根据个案情况制作接管方案，在接管债务人前对参与接管的工作人员进行专门培训，以明确接管的原则、范围、方式、流程及注意事项等，为接管工作的顺利开展做好准备。

相关依据

1. 《企业破产法》第二十五条、第二十七条、第一百三十条
2. 济南中院《管理人工作指引》第二章第二节

二、接管的范围

理论背景

接管债务人是管理人的法定职责。就其接管的范围而言，我国《企业破产法》规定，在法院受理破产申请、指定管理人后，管理人应当接管债务人的全部财产和营业事务，另外，管理人更换时新管理人也要从原管理人那里完成接管；除此之外，《企业破产法》还规定了管理人履行接管债务人的财产、印章和账簿、文书等资料的职责。

我国《企业破产法》规定管理人在破产程序开始后要依法对债务人的财产进行接管、清理、保管、运营以及必要的处分，由此确立了破产程序中管理人中心主义。相较于债务人或者债权人自行管理，管理人具有独立、中立和专业的优势，更能保障各债权人的合法利益。在这种管理人中心主义的立法原则下，管理人应当在法院的领导下，对债务人的财产行使全面的管理权，并负具

体的责任。[①] 在这样的制度安排下，《企业破产法》第二十五条则规定了管理人的全面接管的职责。因此，管理人接受指定后的首要职责就是接管债务人，将债务人全面置于管理人的掌管之下，未经管理人同意，任何人不得处分债务人的财产[②]。

管理人的有效接管是后续破产财产变现、分配和债权人公平保护的基础，但是由于立法语言的概括性，就接管的范围而言，现有的规则仍然比较粗疏，对实务操作中可能遇到的问题尚不能完全覆盖，仅有部分地区法院或者行业协会作出指引可供参考，具体如何操作还需要管理人在实践中不断进行探索。

法律实务

根据《企业破产法》第二十五条的规定，参照济南中院《管理人工作指引》第十七条、全国律协《破产管理人指引》第十一条的规定，并根据接管工作实际情况，可以将债务人的接管范围概括如下：

（一）人的接管

人民法院裁定受理债务人破产申请时，尚未解除劳动关系的职工应当予以接管。管理人可以通过职工花名册、劳动合同、用工手续、工资流水、劳动保险等资料和信息审查有关人员是否属于被接管的范围。

（二）财物的接管

1. 公章、财务专用章、合同专用章、发票专用章、海关报关章、职能部门章、各分支机构章、电子印章、法定代表人名章及其他印章。

2. 债务人的法人营业执照、税务登记证书、外汇登记证、海关登记证明、经营资质文件等与债务人经营业务相关的批准、许可或授权文件。

3. 债务人占有或管理的存货、流动资产、固定资产、在建工程等实物资产及其权利凭证。

4. 债务人占有或管理的现金、银行存款、开户许可证和开户原始密码、银行票据、有价证券、知识产权、对外投资、特许经营权等无形资产及其权利

① 邹海林：《新企业破产法与管理人中心主义》，载《华东政法大学学报》2006 年第 6 期。

② 全国人大常委会法制工作委员会：《中华人民共和国企业破产法释义》，法律出版社 2006 年版，第 43 页。

凭证。

5. 债务人的批准设立文件、章程、管理制度、股东名册、股东会决议、董事会决议、监事会决议以及债务人内部会议记录等档案文件。

6. 债务人的总账、明细账、台账、日记账、会计凭证、重要空白凭证、会计报表等财务账簿及债务人审计、评估等资料。

7. 债务人的各类合同协议及相关债权、债务等文件资料。

8. 债务人诉讼、仲裁案件及其案件材料。

9. 债务人的人事档案文件，包括职工人员名单、身份信息、岗位、工作年限、劳动合同材料、社保缴纳情况、工资支付情况等。

10. 债务人的电脑数据和授权密码及相应控制权限的硬件介质，电子银行授权密码和相应硬件介质。

11. 其他依法应当接管的财物。

（三）营业事务的接管

1. 债务人对外的生产、销售等经营事务

债务人进入破产程序后继续营业的，管理人应当依法接管债务人对外的生产、销售等经营事务，管理人可以聘任债务人的经营管理人员负责营业事务。债务人申请自行管理财产和营业事务且经人民法院批准的，管理人应当依法移交已接管的财产和营业事务，并依法进行监督。

2. 债务人对内的人事、行政等管理事务

债务人破产状态下的人事、行政等内部事务通常缺乏规范性和秩序性，导致运转不畅，工作效率不高，不利于债务人财产的保护和破产程序的进行，管理人接受指定后应当依法接管债务人的人事、行政等内部事务，管理人可以聘任债务人的人事、行政等管理人员负责相关事务的处理。债务人申请自行管理财产和营业事务且经人民法院批准的，管理人应当依法移交已接管的人事、行政等管理事务，并依法进行监督。

（四）分支机构的接管

债务人无法人资格的分公司、工厂、办事处等分支机构属于管理人依法应当接管的范围。分支机构的人员、财物及营业事务等需要接管的内容与管理人对债务人的接管内容相同。

（五）其他

管理人除依法应当接管债务人的在职员工、财产、营业事务、分支机构外，其他与债务人有关且影响债权人利益的重要财物、资料等均属于应当接管的范围。

相关依据

1. 《企业破产法》第二十五条
2. 济南中院《管理人工作指引》第十七条
3. 全国律协《破产管理人指引》第十一条

三、接管的流程

理论背景

接管的流程是管理人接管债务人财产、事务和资料等需遵循的业务步骤和次序安排。接管债务人是管理人的法定职责。一般而言，在法院受理破产申请、指定管理人后，管理人应当接管债务人的全部财产和营业事务。特殊情况下，在破产重整期间债务人自行管理的，管理人已接管债务人的事务应当移交给债务人；在管理人变更时，原管理人也应当向新任管理人移交其接管的全部财产、资料及相关事务。

在一般的接管工作中，管理人上任后首要的职责就是接管债务人的财产，将债务人的财产全面置于管理人的掌管之下，避免破产财产被侵占或不当处置。同时，管理人还应积极调查债务人的财产状况和担保状况，制作财产报告或财产清单，通过制作财产状况报告，清理债务人的财产，明确债务人财产的归属，为变价破产财产和分配破产财产做好前期准备①。

关于管理人应当按照何种流程对债务人进行接管，现行《企业破产法》并未明确规定，仅有部分省市的人民法院及行业协会对接管债务人的流程作出了相关规范，其中比较具体的如全国律协《破产管理人指引》。实践中债务人进入破产程序前的管理通常较为混乱，财产、资料等疏于管理，处于不规范状

① 全国人大常委会法制工作委员会：《中华人民共和国企业破产法释义》，法律出版社2006年版，第43页。

态。而管理人作为临时成立的机构，对债务人了解较少，这给管理人接管债务人带来了巨大障碍。科学有效的接管流程对债务人的接管具有重大意义，接管流程是一种对债务人接管的思路和方式，是一种操作规范和守则。债务人的接管是一个系统工程，要使这个系统工程能够正常运转，并获得高效、优质成果，管理人就必须运用科学的方法、手段和原理，按照一定的制度框架，对需要接管的事项进行规范化、程序化、标准化设计，然后形成有效的接管机制，即实现接管的流程化。因此，制定一套详细、完整的接管流程对接管工作的顺利推进至关重要。

法律实务

接管流程包括一般接管流程和特殊情况的处理。

（一）一般接管流程

参照济南中院《管理人工作指引》第二章第二节、全国律协《破产管理人指引》第十一条及其他人民法院及行业协会出台的规范性文件，并根据实际接管情况，就债务人的一般接管流程总结如下：

1. 组建接管组

管理人团队应当组建债务人接管组，接管组可设人事资料、财务资料、文件资料、诉讼文书、债务资料、资产等若干工作小组，并设小组负责人，具体办理债务人接管中的各专项事务。

2. 设立专门办公室

基于破产程序的长期性和复杂性，管理人应当在债务人办公地址或就近设立管理人办公室。要特别注意办公场所的安全性、私密性，例如可以加设防盗门、防盗窗，所有钥匙由管理人自行保管；安装监控设备；配备专门的保险柜等。

3. 申请调阅债务人相关材料

管理人应当主动听取法院对接管工作的指导，申请调阅包括破产申请书、财产状况说明、债务清册、债权清册、有关财务会计报告、审计评估资料以及职工工资支付和社会保险费用缴纳情况等债务人的相关卷宗，以了解破产案件的基本情况。

4. 刻制管理人印章，开设管理人账户

管理人应凭人民法院的民事裁定书、指定管理人决定书、协助执行通知书等文书按照国家相关规定刻制管理人印章，开设管理人银行账户，以便后续债务人接管及破产工作的开展。

5. 召开接管会议

管理人认为有必要，可以提请人民法院召集债务人的法定代表人、财务负责人及有关人员召开接管协调会，了解与接管有关的情况，并对接管事项作出安排。

6. 制订接管方案

为了有计划地接管，管理人应对债务人的职工、财产、印章和账簿、文书等资料的接管制订详细的接管方案，并在报人民法院备案后，根据接管方案对债务人实施接管。

7. 制发接管通知

管理人在接管债务人前，应当将拟接管的内容、范围，接管时间、地点，债务人应参加人员等事项书面告知债务人的有关人员（包括债务人的法定代表人、实际控制人、实际经营人和债务人的财务、会计、统计、保管、保卫及其他经营管理人员），督促其做好交接准备，并告知其违反交接义务应该承担的法律责任。

8. 做好接管记录

管理人接管过程中，应当对债务人有关人员进行调查、核实，告知其破产程序进程中应当协助、配合的事项，并制作相应的笔录或有可备查的书面材料。

9. 安排接管批次

管理人可以对债务人的财产、印章、账簿和文书等资料进行一次性全面接管，也可以根据实际情况进行分期、分批接管。

10. 制作接管清单

管理人应根据接管债务人资料的特点制作接管清单，接管清单应当载明接管对象的全称、编号、属性、坐落、位置等基本信息，以便实现清单与实物相符。

11. 进行接管盘点

接管清单填写完毕后，管理人会同债务人、审计机构、评估机构按照接管清单进行逐一盘点，并根据盘点的实际情况，及时修改接管清单中的错误记录。

12. 完善交接手续

盘点完成后，由管理人、债务人及审计、评估机构的工作人员在接管清单上共同签字确认。应接管的债务人财产、印章与账簿、文书等资料未能实际接管的，应当在接管清单上予以注明。接管清单和接管的资料管理人应当统一保存。

13. 提交接管报告

管理人在债务人的接管过程中应及时向人民法院汇报有关情况，在接管完毕后十日内将接管情况书面报告人民法院，并附相应的接管材料清单。

14. 其他事项

实践中因债务人的情况各有不同，管理人在接管过程中应当根据实际情况，增减相关事项，制定切实可行的接管流程，推进接管工作的顺利进行。

（二）特殊情况的处理

实践中，管理人接管债务人的过程中经常会遇到有关特殊情况，根据《企业破产法》第四条、第十七条、第十九条、第二十条、第三十八条的规定，参照江苏高院《破产审理指南》第六条、济南中院《管理人工作指引》第二十四条的规定，以及参考常熟法院《如何实现对债务人的有效接管》的论述，结合实际情况，对管理人接管债务人过程中遇到特殊情况的处理方式总结如下：

1. 第三人财产和由第三人占有财产的接管

债务人占有或者管理但不属于自己所有的财产，管理人应当一并接管，接管后应及时联系实际权利人，商议相关处理办法。债务人财产由他人占有或者管理的，管理人应当向实际占有人或财产管理人送达接管通知书，要求移交相关财物，并告知相关义务及拒不移交应承担的法律责任。

2. 被采取保全、执行措施财产的接管

债务人财产被依法采取保全措施未解除，或债务人财产被依法采取执行措施未中止，管理人应当通知有关人民法院解除保全措施或者中止执行措施，以便管理人有效接管该项财产。在相关人民法院或有关部门不配合的情况下，管理人可以向破产案件受理人民法院申请协助办理。

3. 负有清算义务的人员不配合接管

实践中经常会遇到债务人负有清算义务的有关人员不配合接管工作的情况，管理人应及时将该情况报告人民法院，申请人民法院向负有清算义务的有关人员下发通知书，告知其在破产程序期间的移交、配合等义务以及可能承担的法律责任。

4. 债务人负有清算义务的人员无法取得联系

实践中债权人申请债务人破产的情况下，可能会出现债务人负有清算义务的人员无法取得联系的情况，此时管理人无法实现对债务人的有效接管，为避免因接管不能发生的不利后果，管理人应综合考虑债务人的经营范围、规模大小、业务地域等因素，选择在合适的媒体上对债务人的印章和证照等进行登报挂失。同时，管理人可申请人民法院协调公安机关等部门调取债务人法定代表人等负有清算义务人员的联系方式。此外，债务人负有清算义务的人员虽无法取得联系，但债务人仍有财产，管理人可根据债务人财产的实际情况采取相应的接管措施，实践中常见的有以下几种情况：

（1）债务人有独立的生产经营场所且未对外租赁

债务人有独立的生产经营场所且未对外租赁，债务人财产权属明确无争议，针对该情形，管理人可通过聘请安保公司实现对债务人财产的看护，避免可能发生的财产流失。

（2）债务人的生产经营场所系向第三方租赁

在债务人的生产经营场所是向第三方租赁的情况下，如债务人的财产与第三方的财产能够区分且分别存放在不同场所，管理人可会同评估机构和租赁方一并对债务人财产进行清点造册，并将债务人财产进行封存。如债务人的财产与第三方的财产共同存放在同一空间，管理人可根据实际情况进行处理：①数量较少、可以移动且有其他合适场所存放的，可迁至合适的场所进行封存保管；②数量较大、不便移动或移动后价值明显降低且无其他合适场所可供放置的，管理人可会同评估机构、第三方进行清点造册，通过摄影、拍照等方式记录盘点过程，张贴标识以固定财产范围，有条件的可以就地封存。管理人应书面告知第三方妥善保管债务人财产，如保管不当将依法承担相应的法律后果。

（3）债务人将生产经营场所出租给第三方

债务人将自有生产经营场所出租给第三方，且第三方尚在使用过程中。针对该种情形，管理人应在充分掌握租赁物实际情况的前提下，向第三方告知配合清点、妥善使用和保管的义务，以及不当使用、侵占和毁弃的法律后果。

5. 强制接管

债务人的有关人员及与破产案件有关的人员不协助或阻碍管理人接管的，管理人应当报告人民法院，由人民法院按照《民事诉讼法》中妨害诉讼秩序的有关规定执行，并在人民法院的指导下对债务人进行强制接管。强制接管应当事先作出预案，并根据实际需要请求人民法院协调当地基层组织、公安机关予以协助。强制接管过程应全程录像或拍照，录像或者拍照的内容作为档案保存，必要时可申请公证。

相关依据

1.《企业破产法》第四条、第十七条、第十九条、第二十条、第二十五条、第三十八条

2. 江苏高院《破产审理指南》第六条

3. 济南中院《管理人工作指引》第二章第二节、第二十四条

4. 全国律协《破产管理人指引》第十一条

第二节 债务人的管理

一、管理的原则

理论背景

管理人按照《企业破产法》的相关规定，依法全面接管债务人之后，应当对债务人进行有效管理，以避免债务人财产毁损灭失，同时要尽最大努力实现财产的保值增值，从而使债权人的合法权益得到最大限度的保护。破产制度承载了不同主体的利益诉求，需要公平地对待不同主体。在这场围绕着债权人、债务人、职工、新的投资人等利益相关方展开，并有政府、法院等公权力主体参与的程序中，公平地处理各方的诉求是保障破产顺利进行乃至成功的关键所在。

管理人如何管理债务人，我国现行《企业破产法》及其他法律法规和司法解释并没有具体的规定，目前仅有部分省市的人民法院、行业协会作了一些工作指引。根据《企业破产法》第二十七条的规定，管理人应当勤勉尽责，忠实执行职务。因此，管理人在接受人民法院的指定以后，应当认真、细致、扎实地做好每一项管理工作。依法须经人民法院许可方能实施的行为，必须事先得

到人民法院的许可。依法须经债权人会议或者债权人委员会作出决议的事项，必须取得债权人会议或者债权人委员会的决议。自觉接受债权人会议的监督，认真履行报告义务，忠实地执行职务。① 债务人管理原则根据《企业破产法》的立法精神，并参照济南中院《管理人工作指引》、全国律协《破产管理人指引》等地方人民法院、行业协会出台的规范性文件的相关规定和规范予以确定。

法律实务

债务人管理原则概括起来讲，主要有以下几项：

（一）优先保护职工合法权益的原则

债务人破产对于职工的冲击最为直接，职工在企业的收入是其自身乃至整个家庭的主要生活来源，企业一旦破产职工将面临失业的风险，这将给职工及其家庭带来较大影响，如果不能妥善处理会引发社会矛盾，进而会影响到社会的和谐稳定。因此，《企业破产法》第六条明确规定了人民法院审理破产案件，应当依法保障企业职工的合法权益，并且《企业破产法》第一百一十三条规定职工债权优先于税款债权、普通债权清偿。

（二）财产价值最大化的原则

债务人破产通常意味着债权人的债权将无法得到全额受偿，实践中普通债权的受偿比例极低，甚至为零。因此，管理人应根据《企业破产法》及相关法律法规，对债务人的财产进行管理，在保证债务人财产安全的前提下，追求实现财产价值的最大化，尽可能减少和避免财产价值减损。

（三）降低管理成本的原则

管理人接管债务人后成为管理者，为尽可能减少债权人的损失，在决定债务人的日常开支和其他必要开支时应当严格坚持合法、合理、必要的原则，厉行节约，勤俭办事，努力降低管理成本。

（四）勤勉尽责、接受监督的原则

管理人由人民法院依法指定，主要职责是核查债务人资产和负债，并将债务人的财产在全体债权人之间按照《企业破产法》及相关法律的规定进行公平

① 吴高盛：《〈企业破产法〉条文释义与适用》，人民法院出版社2006年版，第73－74页。

清偿。管理人的行为牵扯到每一位债权人的切身利益。为此《企业破产法》第二十三条规定："管理人依照本法规定执行职务，向人民法院报告工作，并接受债权人会议和债权人委员会的监督。管理人应当列席债权人会议，向债权人会议报告职务执行情况，并回答询问。"第二十七条规定："管理人应当勤勉尽责，忠实执行职务。"因此，管理人执行职务必须勤勉尽责、接受监督。

相关依据

1. 《企业破产法》第六条、第二十三条、第二十七条、第一百一十三条

2. 济南中院《管理人工作指引》第三章

3. 全国律协《破产管理人指引》第十三条、第十四条、第十五条、第十六条、第十七条、第十八条、第十九条、第二十条、第二十一条、第二十二条、第二十三条、第二十四条、第二十五条、第二十六条、第二十七条、第二十八条

二、管理的范围及方式

理论背景

债务人管理的范围及方式主要是指对管理债务人财产和营业事务时的范围限制、决定主体、决策程序等，包括财产处分与分配，营业事务的中止与继续和日常的经营管理等。

我国《企业破产法》颁布之前，原破产立法中一直由清算组行使着管理和处分债务人破产财产的职责。《企业破产法（试行）》和相关司法解释中，对于清算组的职责，规定"主要是接管破产企业，清理、回收、管理、处分和分配破产财产，决定是否履行合同和在清算范围内进行经营活动，确认别除权、抵销权、取回权，代表破产企业参加诉讼和仲裁活动等事项"①。但是，清算组通常为政府工作人员，法院则是居中裁判者，均为公法主体，而企业作为私法主体，其营业与否的问题具有专业性，也主要关系到债权人的利益，因此这一决定不宜由法院或清算组决定。《企业破产法》第二十五条规定了管理人的主

① 王欣新：《论新破产法中管理人制度的设置思路》，载《法学杂志》2004年第5期。

要职责，根据该规定，管理人凡是为了实现破产事务目的而实施的符合破产程序的一切行为，均应属于管理人的职责范围。当然，“管理人在管理、处分时还要受到债权人会议的监督，例如管理人实施债务人财产或者营业的转让、设定财产担保、收回担保物等财产处分和管理行为时，应当获得债权人会议许可，受到债权人委员会的监督。如果上述行为发生在第一次债权人会议召开之前，管理人应当征得法院的许可”①。

但在破产过程中，难免出现管理人的过失行为乃至违法行为，为了便于管理人正确履行职责，同时便于债权人等相关利害关系人对管理人进行制约和监督，最大限度维护债权人、债务人及其他利害关系人的合法权益，应当明确管理人对债务人的管理范围及方式。

法律实务

管理人对债务人管理的范围及方式概括起来讲，主要包括以下内容：

（一）对债务人进行全面调查

管理人应当对债务人及其分支机构的营业状况，资产状况，债权债务情况，职工安置情况，出资人出资情况，是否存在《企业破产法》第三十一条、第三十二条、第三十三条规定的行为，董事、监事和高级管理人员是否存在利用职权获取非正常收入或者侵占债务人财产的行为，未履行完毕的合同，未审结诉讼、仲裁以及未执行完毕的案件情况等进行全面调查。

管理人对债务人相关人员的调查，应由两名以上工作人员进行，并制作调查笔录或工作记录，调查人员、调查相对人应当在笔录或记录上签字确认。调查相对人拒不签字的，应当详细记录并说明相关情况。管理人可以要求债务人的有关人员协助调查，债务人的有关人员怠于或者拒绝协助调查的，管理人应当及时向人民法院提出处理意见。管理人无法全面调查债务人状况时，应当向人民法院、债权人会议或者债权人委员会说明情况。

（二）对债务人职工的管理

1. 债务人继续营业的

债务人进入破产程序后需继续营业的，管理人可根据需要继续聘用原在职人

---

① 王欣新：《论新破产法中管理人制度的设置思路》，载《法学杂志》2004 年第 5 期。

员工作，劳动关系保持不变，工资及各项福利待遇无特殊情况也基本不作调整。

2. 债务人停业的

人民法院裁定受理债务人破产时已全面停业的，由管理人根据债务人的实际情况确定留守人员，并报请人民法院许可或同意，具体操作流程如下：

（1）确定留守人员

留守人员通常包括债务人的法定代表人、财务负责人、人力资源管理负责人、档案管理负责人、生产经营负责人等法定留守及其他与破产工作有关的人员。具体留守人数管理人应当根据债务人的现状、财物多寡、事务繁简等实际情况确定。

（2）报请人民法院审查同意

管理人在确定了留守人员后，应起草聘用留守人员的申请书，申请书应列明事实和理由，附留守人员的简介、身份信息、联系方式、工作职责、聘用工资及时间等具体内容，并提交人民法院，由人民法院审查后作出决定。

（3）与留守人员签订聘用合同

经人民法院审查同意后，管理人应与留守人员及时签订聘用合同，聘用合同应对双方的权利义务、劳动报酬标准等事项作出明确约定，留守人员的劳动报酬原则上不高于原标准，从破产费用中列支。另要根据不同工作岗位的实际情况，分别制定留守人员工作职责及留守制度。

3. 劳动关系的解除

（1）解除时间

关于劳动关系何时解除，实践中存在一定争议。根据2013年7月1日实施的《劳动合同法》第四十四条第（四）项，用人单位被依法宣告破产的，劳动合同终止的规定，劳动关系应自人民法院裁定宣告债务人破产时自动解除。

（2）生活费

关于生活费的支付问题，因各地情况不尽相同，规定也不统一，可按各地规定的标准执行，如《山东省企业工资支付规定》第三十一条规定："非因劳动者原因造成企业停工、停产、歇业，企业未与劳动者解除劳动合同，停工、停产、歇业在一个工资支付周期内的，企业应当视同劳动者提供正常劳动并支付该工资支付周期的工资；超过一个工资支付周期的，企业安排劳动者工作的，按照双方新约定的标准支付工资，但不得低于当地最低工资标准；企业没有安排劳动者工作，劳动者没有到其他单位工作的，应当按照不低于当地最低工资标准的70%支付劳动者基本生活费。国家和省另有规定的，依照其规定执行。”

（三）对债务人营业事务的管理

1. 管理债务人的内部事务及开支

管理人接管债务人后，负责债务人内部事务的管理及日常开支和其他必要开支的决定。债务人申请自行管理财产和营业事务且经人民法院批准的，管理人有权对其进行监督并要求债务人报告其内部事务管理及开支情况。管理人发现债务人不当管理其内部事务以及不当决定其开支的，有权予以制止和纠正。为了有效地规范债务人的内部事务管理及开支，管理人可以制订债务人内部事务管理及开支规定，并要求相关人员遵照执行。

2. 决定继续或者停止债务人的营业

管理人接管债务人后，第一次债权人会议召开之前，应当根据债务人的经营状态、财务情况、产品销路、利润空间以及财产安全、保值、增值等多方面因素进行综合考虑，并结合债务人在职职工人数及工作积极性等决定继续或者停止债务人的营业。管理人决定继续或者停止债务人的营业，应当将债务人营业的实际状况以及继续或者停止营业的决定及其理由，报请人民法院许可。通常情况下，如果债务人继续营业有利于提高债务人财产价值及债权人清偿比例的，管理人应当决定继续债务人的营业，反之则应决定停止债务人的营业。但是，如果因停止债务人的营业可能导致大量职工失业，产生巨额赔偿或引起上访等诸多不稳定因素，或者机器设备等因停运而锈蚀毁损，价值降低的，管理人应从保障职工利益和整体资产价值的角度出发，在不损害债权人利益的情况下，尽可能地继续债务人的营业。在第一次债权人会议召开之后，管理人对于债务人继续或者停止营业的事务可以提出建议，并将建议及其理由报告给债权人会议，由债权人会议或债权人委员会决定债务人继续或者停止营业事务。

3. 决定合同的解除或者继续履行

管理人接管债务人后，应当及时、全面梳理债务人与对方当事人在破产申请受理前成立且双方均未履行完毕的合同，从是否有利于债务人财产保值、增值以及维系客户资源、保持其营运价值等角度决定合同的解除或者继续履行。其中，对于有利于债务人财产保值、增值，或能维系优质客户增加处置亮点的，以及供水、供电、通信等维持债务人日常运转的基础服务合同应当继续履行；对于继续履行将损害债务人财产价值的，管理人应在综合考量利弊得失的情况下，本着利大于弊的原则慎重决定是否解除合同。

（四）对债务人财物的管理

1. 对债务人物的管理

管理人接管债务人后应使用必要的保险箱、文件柜、档案盒等保管工具，对债务人的印章、银行账户及介质、证照、账册、合同、诉讼资料等物品进行妥善保管，必要时可在重要物品存放处安装监控设备。制定借阅登记、审批、留存等保管制度，并配备必要的保管人员严格执行，确保实现保管物品的制度化。

2. 对债务人财产的管理

管理人应对债务人财产进行详细清查，并编制财产清单，以明确债务人财产范围、数量、权属状态、现状等内容，为后期的审计、评估及处理打下良好的基础。同时，管理人应做好债务人财产的安全保卫、保值、增值工作，依法维护债务人的财产权利，追收被其他人占有的财产。

（1）清查债务人财产

根据《企业破产法》第二十五条第（二）项的规定，管理人应当调查债务人的财产状况。管理人在接管债务人财产后，应对债务人出资人的出资情况、库存现金、银行存款、固定资产、债权、长期投资、无形资产及其他财产进行全面细致的清查、核实。在此过程中管理人认为有必要的，可以要求债务人的有关人员协助管理人进行调查，有关人员拒绝的，管理人可以请求人民法院强制有关人员协助调查。

（2）制作财产状况报告

根据《企业破产法》第二十五条第（二）项的规定，管理人应当根据债务人财产调查情况制作财产状况报告。债务人财产状况报告通常需要列明债务人各项财产的名称、数量、账面价值、坐落、权属状况及实际现状等基本情况。对于无法调查的债务人财产，管理人应当在报告中逐一列明，并说明相关原因。

（3）制定财产管理方案，并依方案进行管理

管理人应根据债务人财产的不同特点制定科学的财产管理方案，方案中应当明确债务人财产的管理维护、安全保障、限制措施解除、清收追回等内容。例如，管理人可以通过制定《债务人财产保管和使用办法》等相关管理制度，以明确责任、防范风险，为做好财产管理提供制度保证，必要时可以聘请安保人员加强安全保卫工作。针对被采取限制措施的债务人财产，应及时查清限制

措施作出的主体，并联系相关主体进行解除。凡属于债务人的财产，管理人都应采取包括诉讼在内的各种措施和方法予以追收，实现债务人财产价值最大化，以保护债权人的利益。

(4) 制定破产财产变价方案，并依方案进行变价

管理人应根据破产财产特点，遵循程序合法、价值最大化、效率与成本相结合等原则制定切实可行的破产财产变价方案。方案应当包括对外债权的处置，存货、固定资产、无形资产的处置，设定担保权特定财产的处置及变价预备措施等其他与变价有关的内容。《企业破产法》第一百一十二条规定："变价出售破产财产应当通过拍卖进行。但是，债权人会议另有决议的除外。破产企业可以全部或者部分变价出售。企业变价出售时，可以将其中的无形资产和其他财产单独变价出售。按照国家规定不能拍卖或者限制转让的财产，应当按照国家规定的方式处理。"因此，破产财产变价应当以拍卖（包括现场拍卖和网络拍卖）为主，其他方式为辅进行。实践中管理人可根据破产财产的物理属性、法律属性、变价难易程度等因素，综合确定各类财产采取集合、整体或独立的方式进行拍卖。对依法不得拍卖、不符合拍卖条件、不适宜通过拍卖处分、评估价值和预计拍卖收入将明显少于拍卖费用的财产，管理人可以采取公开变卖、协议转让、直接出售等方式进行变价。

相关依据

1. 《企业破产法》第二十五条、第三十一条、第三十二条、第三十三条、第六十一条、第一百一十二条
2. 《劳动合同法》第四十四条
3. 《山东省企业工资支付规定》第三十一条

三、管理的模式

理论背景

债务人进入破产程序之后的管理，《企业破产法》和相关司法解释规定了债务人自行管理和管理人进行管理的两种模式。

一般而言，破产申请受理后，管理人接管债务人财产，负责管理债务人财产和营业事务。但在重整过程中，考虑到债务人更熟悉其业务和财产状况，由债务人来管理财产和营业事务可以使重整成功的可能性更大。为了发挥债务人了解企业真实情况的优势，鼓励债务人通过法定程序尽早走出经营困境，我国《企业破产法》第七十三条规定按照意思自治的原则，经债务人申请，人民法院可以许可债务人自行管理财产和营业事务，由管理人和债权人等相关方实施监督。

管理人进行管理具有公平性的优点，但考虑到重整企业的业务专业性和财产复杂性，管理人往往不具备短时间内熟悉业务、摸清情况的能力。“债务人熟悉企业情况，其自行管理利于营业事务的开展，但难免会偏颇于债务人一方的利益，债权人更不免对其持怀疑态度，从而影响重整程序的进行，而且难保债务人不会滥用重整来拖延时间，逃避债务。”① 因此《企业破产法》第七十三条对债务人自行管理作出了一定的限制条件：一是须经人民法院批准，这里就赋予了人民法院一定的审查和自由裁量权，从而过滤掉一部分不适合自行管理的债务人；二是债务人要在管理人的监督下自行管理财产和营业事务，即此时管理人充当了监督人的角色。

为了进一步调动债务人在重整中自行管理、提高营运价值的积极性，同时避免损害债权人的利益，《九民会议纪要》也对重整期间债务人申请自行管理时应当符合的条件作了进一步明确规定。

法律实务

债务人管理的模式分为债务人自行管理和管理人管理两种模式：

（一）债务人自行管理

1. 适用条件

《九民会议纪要》第111条规定：“重整期间，债务人同时符合下列条件的，经申请，人民法院可以批准债务人在管理人的监督下自行管理财产和营业事务：（1）债务人的内部治理机制仍正常运转；（2）债务人自行管理有利于债务人继续经营；（3）债务人不存在隐匿、转移财产的行为；（4）债务人不存在

① 全国人大常委会法制工作委员会：《〈中华人民共和国企业破产法〉释义及实用指南》，中国民主法制出版社2006年版，第183页。

其他严重损害债权人利益的行为，……”济南中院《破产审判指引》第九十条还规定：“在重整期间，债务人符合下列条件的，经债务人申请人民法院批准，可以在管理人的监督下自行管理财产和营业事务：（1）未发现债务人有企业破产法第三十一条、第三十二条和第三十三条规定的行为；（2）债务人的内部治理结构完善；（3）债务人对重整的态度积极，且出资人支持债务人自行管理财产和营业事务。”

2. 债务人自行管理的申请

（1）申请主体

依据《企业破产法》第七十三条的规定，债务人是申请自行管理的主体。通常需要债务人企业的核心管理层均同意自行管理，这表明债务人在自行管理的意愿方面是高度一致的，同时也能够表明债务人的组织机构健全，具备自行管理的能力。

（2）申请时间

依据《企业破产法》第七十三条的规定，在重整期间，经债务人申请，人民法院可以批准债务人自行管理。《九民会议纪要》第111条规定，债务人提出重整申请时可以一并提出自行管理的申请。

3. 人民法院的许可

人民法院通过书面审查或召开听证会后决定是否许可债务人自行管理财产和营业事务。

4. 移交管理权

经人民法院批准由债务人自行管理财产和营业事务的，《企业破产法》规定的管理人职权中有关财产和营业事务管理的职权应当由债务人行使。

5. 管理人的监督权

根据《企业破产法》第七十三条的规定，管理人在债务人自行管理模式下享有监督权，此项权利为其法定职权。管理人监督权设置的主要目的在于应对债务人在自行管理过程中可能发生的道德与法律风险，管理人应当积极采取措施避免该风险的发生，充分保障企业破产重整程序的平稳进行。实践中，管理人可以通过专项调查、临时报告、阶段性报告、接受债权人投诉等方式对债务人的行为进行监督。管理人在行使监督职权时，如果发现债务人有严重损害债权人利益的行为，应及时申请人民法院作出终止债务人自行管理的决定。人民法院决定终止的，应当通知管理人接管债务人财产和营业事务。

（二）管理人管理

一般情况下由管理人对债务人财产和营业事务进行管理符合公平原则，有利于防范债务人的道德风险。与债务人自行管理相比，管理人对债务人进行管理有其自身特点。管理人处于中立地位，能够公正地维护债权人的权益，具有破产管理的法律知识和会计技能，但是也存在着不熟悉债务人营业情况、缺乏特定行业专门知识和管理经验等不足。具体到我国《企业破产法》，在重整期间，基于两种情形，管理人必须承担管理财产和营业事务的职责：一是债务人不向人民法院申请自行管理财产和营业事务；二是债务人申请了自行管理财产和营业事务，但人民法院不予准许。为了弥补管理人在管理债务人营业事务上的不足，《企业破产法》赋予管理人聘任债务人的经营管理人员负责营业事务的权利。

1. 管理人直接管理

管理人直接管理适用于债务人已经停业，或虽在营业但规模较小的情形。管理人应当全面接管债务人，并负责管理债务人一切与破产有关的事务。因债务人已经停止经营，或虽在营业但规模较小，所以管理人的核心工作是对债务人职工及资产和负债的接管与管理。

2. 管理人委托管理

管理人委托管理适用于债务人在营业且规模较大的情形，基于管理人通常不具备企业运营管理能力，此时委托管理成为管理人管理债务人可行之选。委托管理是指管理人将债务人整体或部分资产的经营权，以契约形式在一定条件和期限内，委托给其他法人或个人进行经营管理。目前委托管理在实践中被广泛应用，例如甘肃嘉峪关中核钛白公司破产重整案、浙江玻璃股份有限公司及其关联公司合并破产案等。管理人委托管理过程中需要注意以下事项：

（1）受托方义务的设置

托管方案和托管协议中应当对受托方的义务作出安排。如设立保证金制度，确保受托人能全面履行托管协议约定的义务，还可以约定托管期间债务人出现亏损由托管方承担等，以有效提高受托方的经营积极性。

（2）受托方权利的保障

管理人应当遵循充分授权和审慎监督的原则，依法保护受托方的权益。管理人是以企业委托的方式将债务人委托受托方进行管理，在加强监督的前提下，应当给予受托方充分的管理授权，保证其正常行使对被托管债务人的管理权利。托管方案和托管协议中应明确规定对受托方的奖励措施等权利内容，对于超标完成委托任务的及时进行奖励或就产生的利润部分进行分成，以激发其自主能动性。

（3）加强对受托方的监督

管理人可以通过相关措施，加强对受托方的监督。例如：①债务人印章由管理人严格管理，因生产经营需要对外签订的合同和发出的文件必须由管理人审查批准后方可用印并正式发出；②管理人聘请行业专家作为顾问，对受托方拟对外签订的供应和销售合同标的价格的合理性进行审查，严把采购和销售的价格关；③托管期间所有收支都必须通过管理人账户进行，管理人可与受托方各执一枚密钥，共同管控管理人账户；④其他能够对受托方进行制约的措施。

相关依据

1. 《企业破产法》第七十三条
2. 《九民会议纪要》第 111 条
3. 济南中院《破产审判指引》第九十条

第七章 债权人会议

第一节 债权人会议的组成与职权

一、债权人会议的组成

理论背景

债权人会议，“是在破产程序中，为便于全体债权人参加破产程序以实现破产程序参与权，维护全体债权人的共同利益而由全体登记在册的债权人组成的表达债权人意志和统一债权人行动的议事机构”①。债权人会议是由所有依法申报债权的债权人组成，债权人会议对组成人员的主体资格和权利义务等都有特定的要求。

破产法的基本原则之一便是债权人自治主义原则，这一原则在破产程序中最为显著的体现便是债权人会议。债权人会议是债权人的代表机关和表议机构，债权人会议的决议视为全体债权人的意思表示。②《企业破产法（试行）》对债权人会议规定得比较简单，仅有四个条文，《企业破产法》对此专门设立一章，并增加规定设立债权人委员会制度。

债权人会议的组成方面，原则上，破产程序中所有在法定期间内向管理人申报债权的人都是债权人会议的成员，主要是无担保债权人。此外，就特定财产享有担保物权的债权人和债权尚未完全确定的债权人也是组成人员，但是其表决权可能受到限制。值得注意的是，税款债权人和职工债权人也是债权人会

① 王欣新：《破产法》，中国人民大学出版社2002年版，第67页。
② 王东敏：《企业破产法解读》，载《人民司法》2006年第11期。

议的组成成员，前者一般是税务机关，后者一般是劳动或者社会保障部门的代表。

除此之外，债权人会议还有几类列席人员，包括管理人、职工和工会代表、经营管理人员、中介机构和出资人。其中，考虑到我国企业破产中侵害职工权益的行为一度比较多发，保护职工债权对于社会稳定至关重要，但因职工人数众多，因此立法中规定职工债权无须申报，并且对职工和工会代表参加债权人会议的方式也作了明确的规定。

法律实务

债权人会议是集中表达债权人意志的机构，也是破产程序中的一种制度，债权人通过会议形式参与破产程序，决定有关重大事项，形成的决议对所有债权人产生法律约束的效果。

（一）债权人会议出席人员

1. 会议成员

（1）成员的范围

《企业破产法》第五十九条第一款确定了债权人会议成员的范围，即“依法申报债权的债权人”。凡依法申报债权的债权人均为债权人会议的成员，原则上成为债权人会议成员的条件有两个：①对债务人享有债权；②必须依法向管理人申报了债权。

（2）成员表决权的种类

成为债权人会议的成员，才有可能具有表决权，这与《企业破产法》第五十六条“债权人未依照本法申报债权的，不得依照本法规定程序行使权利”规定的法律逻辑相一致。根据债权确定与否和债权性质的不同可以分为以下几种表决权：

①完整表决权

完整表决权是指根据《企业破产法》第六十一条的规定，在债权人会议中债权人享有对所有程序和实体事项进行表决的权利。债权人享有完整表决权需以债权确定为前提条件。

②部分表决权

部分表决权是指由于债权人所持有的债权性质之特殊性，致使债权人仅能对部分事项进行表决，与完整表决权的表决范围不同，但产生方式一致，债权人的债权数额确定。《企业破产法》第五十九条第三款规定：“对债务人的特定财产享有担保权的债权人，未放弃优先受偿权利的，对于本法第六十一条第一款第（七）项、第（十）项规定的事项不享有表决权。”该条明确了财产担保债权人对除通过和解协议、破产财产分配方案以外其他事项享有表决权。

③临时表决权

根据《企业破产法》第五十九条第三款的规定，临时表决权是人民法院为债权尚未确定的债权人临时确定债权额，债权人根据该临时债权额进行表决的权利。临时表决权的表决范围可能与完整表决权、部分表决权的任一类重合，主要区别在于表决权产生方式的不同。

有表决权的成员通过出席债权人会议并行使表决权，无表决权的成员可出席会议了解破产进程但不行使表决权。债权人会议成员可以委托代理人出席会议，但必须提交相关的授权委托书。特别需要指出的是，在第一次债权人会议前，即使管理人已对债权人申报的债权作出了不予确认的认定结论，债权人仍可列席会议并对管理人提交的债权核查表进行审核。

2. 职工和工会的代表

值得注意的是，债权人会议并非只有债权人出席会议。《企业破产法》第五十九条第五款规定“债权人会议应当有债务人的职工和工会的代表参加，对有关事项发表意见”，但由于职工债权处于优先受偿地位，利益有充分的保障，“对有关事项发表意见”显然不同于“行使表决权”。

3. 列席人员

依照《企业破产法》第二十三条第二款的规定，管理人应当列席会议，向债权人会议报告职务执行情况，如说明债务人财产调查、接管、保全措施解除、继续经营或停止营业、接受债权申报、债务催收、代表债务人参加诉讼等事项，并回答债权人询问。

管理人聘用的审计、评估等中介机构可以列席债权人会议，着重说明对破产企业的审计、评估范围、标准、方法、结果等有关情况，同时对债权人的询问作出合理解释。

依照《企业破产法》第十五条第一款第（三）项、第二款的规定，债务人的法定代表人以及经人民法院决定的财务负责人和其他经营管理人员应当参加债权人会议，并如实回答债权人的询问。拒绝出席的，人民法院可依据《企业破产法》第一百二十六条的规定，对其拘传并罚款。

必要时，可以通知债务人的出资人和政府相关部门派员列席债权人会议。

（二）债权人会议主席的设立

《企业破产法》第六十条第一款规定："债权人会议设主席一人，由人民法院从有表决权的债权人中指定。"至于是何种表决权法律上并无限制。债权人会议主席的职责一是召集债权人会议，二是主持债权人会议。

相关依据

《企业破产法》第十五条、第二十三条、第五十六条、第五十九条、第六十条、第六十一条、第一百二十六条

二、债权人会议的职权

理论背景

债权人会议的职权，是指债权人会议在破产程序中所享有的事项决定、程序控制和管理监督等权利。债权人会议职权是债权人自治主义原则的体现，选任、更换管理人，决定破产程序中的重大事项、参与确认债权和决定破产财产分配是各国破产法立法例中普遍赋予债权人会议的职权。①

在我国，债权人会议的职权集中规定在《企业破产法》第六十一条，与《企业破产法（试行）》相比，这一规定对债权人会议职权作了重要的修改和完善。具体而言，首先，赋予债权人会议申请人民法院更换管理人、审查管理人的费用和报酬等权利，管理人在破产程序中直接管理、处分债务人财产，对债权人利益有重大影响，债权人会议理应对管理人有监督乃至申请更换的权利。其次，赋予债权人会议对破产案件中重要事项更多的决定权，如决定继续或者停止债务人的营业、通过重整计划、通过和解协议、通过债务人财产的管理方案、通过破产财产的变价方案、通过破产财产的分配方案等职权。最后，取消了《企业破产法（试行）》关于债权人会议有权确认债权的规定。修改为

---

① 许德风：《破产法论·解释和比较功能的视角》，北京大学出版社2015年版，第89页。

债权人会议核查，由人民法院最终确定，贯彻了实体权利由人民法院最终裁判的司法原则。①

对于《企业破产法》第六十九条规定的处分重大财产行为的决定权，《企业破产法》仅规定应当报告债权人委员会，但是，“管理人对债务人重大财产的处分行为，会直接影响债权人的清偿利益，债权人作为破产程序中对债务人财产享有最终权利的主体，应当有权参与决定此类对其权益有重大影响的行为，这是确保债权人合法清偿利益不受损害的重要程序要求”②。由于立法语言的概括性，导致债权人会议和债权人委员会的职权在这一事项上存在模糊地带，《破产法司法解释三》第十五条对此予以了明确，规定管理人处分《企业破产法》第六十九条规定的债务人重大财产的，应当事先制作财产管理或者变价方案并提交债权人会议进行表决，债权人会议表决未通过的，管理人不得处分。

法律实务

《企业破产法》第六十一条规定了债权人会议享有的职权，其中包括推动破产程序顺利进行的程序性表决事项、破产程序中与债权人权益有关的重大表决事项，以及对管理人的监督制衡等。

（一）核查债权

《企业破产法》第六十一条第一款赋予了债权人会议核查债权的权利，但是在法律及司法解释中尚未对如何行使核查债权的职权作出具体的规定，致使在实务操作上没有统一的规则。实践中管理人需要在债权人会议上对涉及的债权作出相关说明，包括：

1. 编制核查债权的报告，说明申报、审查债权及调查职工债权的进展情况。

2. 公示已编制完成的债权表，说明编制的理论依据基础、债权档案编号规则等。债权表记载的债权具体分为三类：一是确认债权；二是暂缓确认债权；三是不予确认债权。

---

① 王欣新：《论新破产立法中债权人会议制度的设置思路》，载《法学家》2005年第2期。

② 乔文心：《推进破产审判制度机制建设，提升民商事审判工作质效——最高法民二庭负责人就两个优化营商环境司法解释回答记者提问》，载《人民法院报》2019年3月29日。

（二）申请人民法院更换管理人，审查管理人的费用和报酬

《企业破产法》第二十二条第二款规定“债权人会议认为管理人不能依法、公正执行职务或者有其他不能胜任职务情形的，可以申请人民法院予以更换。”债权人会议有申请更换的权利，但是否更换，最终裁量权在人民法院。

管理人的报酬属于破产费用，由人民法院确定，依据《管理人报酬规定》计算，由债务人财产随时支付。但对管理人报酬的计算标准和支付方式是否合理，债权人会议可以进行审查。

（三）监督管理人

管理人由人民法院指定，依法执行职务，向人民法院报告工作，并接受债权人会议和债权人委员会的监督。其监督方式一般是对管理人所做的阶段履职工作报告、提交的相关方案进行审议、询问。

（四）选任和更换债权人委员会成员

《企业破产法》第六十七条第一款规定：“债权人会议可以决定设立债权人委员会。债权人委员会由债权人会议选任的债权人代表和一名债务人的职工代表或者工会代表组成。债权人委员会成员不得超过九人。”债权人委员会作为债权人会议的常设代表机构，其设立由债权人会议决定，而不是由人民法院决定，也不是由管理人决定。

（五）决定继续或停止债务人的营业

在第一次债权人会议召开前，管理人根据接管财产所了解的客观情况向人民法院提请继续或者停止营业的报告，由人民法院许可；自第一次债权人会议召开之时起，由债权人会议讨论决定继续或者停止债务人经营。

（六）通过重整计划

重整计划草案不仅包含了对债权人权益的调整，如按照一定比例或原则清偿债权、延迟对债权的清偿，甚至对特定债权人不予清偿；还包括对债务人股东权益的调整、限制有财产担保债权人别除权的行使。重整计划草案对各方均有重大影响，要经过债权人会议表决通过。

（七）通过和解协议

和解协议是清偿债务的协议，一般是基于债权人作出适当让步，放弃部分债权。对债权人来说具有相当的风险，如和解失败，债权人的损失就会进一步

扩大。这种涉及全体债权人利益的处分，《企业破产法》规定必须由债权人会议决议通过。

（八）通过债务人财产的管理方案

债务人财产的管理是指管理人依照法定的职责和权限范围，在破产程序中所进行的接管、清理、收集、保管和维护债务人财产的一系列活动。管理方案内容一般包括制定相应的财产管理制度、清收对外债权工作方案、解除债务人财产保全措施、第一次债权人会议后解除或继续履行双方均未履行完毕的合同等方面，须由债权人会议或债权人委员会决议通过。

（九）通过破产财产的变价方案

债权分配需要将非货币类财产转化为货币，才便于分配给债权人。债务人财产的变价直接关系到债权人清偿比例的高低。管理人制定变价方案需要明确可变价处分资产的范围、变价原则，尽可能地对财产分类评估，根据评估价值和财产类别，权衡是整体拍卖或是分别变价出售。破产财产的变价方案须由债权人会议表决通过。

（十）通过破产财产的分配方案

破产财产的分配是指按照各债权人的应受偿顺序和应受偿比例将破产财产在债权人之间进行分配的程序。破产财产的分配是与债权人利益最为密切相关的事项，必须经过债权人会议审议、表决。债权人会议应当对破产分配方案中破产财产的范围、清偿顺位、分配方法、分配比例等进行审查，并讨论通过。

（十一）人民法院认为应当由债权人会议行使的其他职权

《企业破产法》第六十一条第（十一）项作为兜底条款，一些重要的难以决定的事项可以由人民法院赋予债权人会议决定权，进而体现债权人和债务人之间的意思自治。

相关依据

1. 《企业破产法》第二十二条、第六十一条、第六十七条、第六十九条
2. 《破产法司法解释三》第十五条

第二节　债权人会议的召开

一、现场会议

理论背景

会议作为一种议事活动是随着人类的发展逐渐产生的，具体表现为人们怀着各自相同或不同的目的，围绕一个共同的主题，进行信息交流或聚会、商讨的活动。会议通常情况下包括议论、决定、行动三个要素。因此，必须做到会而有议、议而有决、决而有行，否则就是闲谈或议论，不能成为会议。会议是一种普遍的社会现象，主要功能包括决策、控制、协调和教育等功能。受科技手段的限制，传统意义上的会议一般指的是现场会议，即两个或两个以上的人聚集在一起，面对面地就有关议题进行商讨、决策等。现场会议的特点有直观、解决问题比较快、有说服力等。我国 1986 年《企业破产法（试行）》及 2007 年《企业破产法》制定时的债权人会议，也通常指的是现场会议。

第一次债权人会议由人民法院召集，债权人、债务人及职工等利害关系人参与，管理人及审计、评估机构等列席，意在通报债务人破产的事实及案件审理情况，以便让债权人对债务人的破产有直观的印象，从而消除相关疑虑。同时，债权人可以对管理人的前期工作通过听取汇报和发表询问等方式进行有效监督，并核查自己和其他债权人的债权，对管理人报酬方案、债务人财产管理方案、破产财产变价方案、是否设立债权人委员会及委员会成员的选举等重大事项行使表决权，这对于破产程序的后续开展至关重要。因此，第一次债权人会议应当尽量采取现场召开的形式。如债权人人数众多，分布不集中或出现其他债权人不便于现场参加债权人会议的情形，管理人也可采取现场召开与网络表决、电话表决或视频召开与网络表决、电话表决等方法相结合的形式召开。

鉴于第一次债权人会议的重要性，多数国家的破产法对其召开时间作出了相关限制。例如，“日本破产法规定，法院应于破产宣告同时，确定第一次债权人会议日期。但其日期应在破产宣告日起一个月内。德国破产法规定，第一次债权人会议召开的日期自破产宣告之日起不应少于六个星期，但不得超过三个月”[①]。我国也对第一次债权人会议的召开时间进行了规定，即自债权申报期限届满之日起十五日内召开。破产案件通常利益关系错综复杂、程序周期漫长，一次债权人会议很难完全解决所有问题。因此，以后的债权人会议，在人民法院认为必要时，或者管理人、债权人委员会、占债权总额四分之一以上的债权人向债权人会议主席提议时召开。

我国近年来人民法院受理的包括破产在内的各种案件数量大幅上升，案件情况也越来越复杂，人民法院的工作量激增，由人民法院担负烦琐的通知开会任务并不现实。而债权人会议主席仅设置一人，也不具备通知债权人参会所需的必要条件。因此，《企业破产法》第六十三条规定，召开债权人会议由管理人负责通知。实践中，由于各种原因，并不是所有的债权人都愿意出席债权人会议，因而往往会产生某些债权人拒绝出席或者不能出席债权人会议的情况。因此，有的国家的破产法规定，如果出席会议的债权人不足一定人数，债权人会议则不应召开。

法律实务

（一）确定会议召开时间及地点

1. 会议时间

根据《企业破产法》第六十二条第一款规定：“第一次债权人会议由人民法院召集，自债权申报期限届满之日起十五日内召开。”据此，第一次债权人会议的召开时间受到了严格的限制，但此后的债权人会议召开时间在《企业破产法》中并未作出限制性规定，实践中一般由管理人根据破产工作推进情况向债权人会议主席提议召开。另外，关于会议具体时间的选择上，应当尽量避免节假日及前后较近的范围内，以免给债权人和其他参会人员带来不便。

2. 会议地点

债权人会议地点的选择必须慎重。第一，要确保会场的安全设施齐全，便于采取安保措施，避免发生安全事故和冲突事件。第二，会场位置要便于寻

---

① 全国人大常委会法制工作委员会：《中华人民共和国企业破产法释义》，法律出版社2016年版，第95页。

找、交通便利、有充足的车辆停放区域。最后，会场的大小要根据参会人数的多寡进行选择，通常会场的容纳人数要比参会人数略多，以备不时之需。实践中，债权人会议地点可以选择在人民法院、债务人厂区或具有接待能力的公共会议场所。

（二）通知参会人员

1. 第一次债权人会议

第一次债权人会议参会人员包括债权人、债务人及职工、人民法院、管理人、审计评估机构等。第一次债权人会议的时间、地点由人民法院确定，管理人作为通知的实际发出人一般无须单独通知，如果人民法院自行通知债权人的也会书面通知管理人，实践中多为管理人前往法院自行领取通知书。债权人、债务人、审计评估机构的通知方式如下：

（1）债权人

通常情况下人民法院会将第一次债权人会议的召开时间及地点连同债权申报等事项一并列入通知书和公告中，于受理债务人破产申请后二十五日内通知已知债权人，并予以公告。实践中，具体的通知和公告工作由管理人负责实施。通知方式一般为邮寄法院出具的破产受理裁定书、指定管理人决定书、包含债权申报和第一次债权人会议召开等内容的通知书、管理人制作的债权申报须知及相关附件等。会议公告一般由管理人通过人民法院报发布，也可以同时在全国企业破产重整案件信息网上发布。

（2）债务人及职工

人民法院在裁定受理债务人破产申请时，通常会同时或及时指定管理人，并将破产受理裁定书、指定管理人决定书送达债务人，管理人接受指定后全面接管债务人。实践中，通知债务人及职工参加第一次债权人会议的工作一般由管理人进行，方式包括现场送达、书面邮寄、电话通知等。

（3）审计、评估机构

管理人负责通知审计、评估机构参加第一次债权人会议，通知的方式可以是现场送达、书面邮寄、电话、短信、电子邮件等。管理人在通知审计、评估机构参加会议时，应当告知其准备好需要在债权人会议上报告的材料。

另外，按照《企业破产法》第六十三条的规定："召开债权人会议，管理人应当提前十五日通知已知的债权人。"第一次债权人会议的召开时间及地点通常涵盖在债权申报通知书中，《企业破产法》规定债权申报期限最短不得少于三十日，因此不会受上述十五日的影响，但是实践中也会存在人民法院单独通知第一次债权人会议时间及地点的情形，此时应当注意通知必须提前十五日进行。

2. 第一次以后的债权人会议

第一次以后的债权人会议，无论是人民法院决定召开，还是由管理人、债权人委员会、占债权总额四分之一以上的债权人向债权人会议主席提议时召开的，都应由管理人提前十五日通知会议参加人，通知方式与第一次债权人会议相同。

（三）会议筹备

1. 确定会议议程

债权人会议的议程管理人应征求人民法院意见，尤其是第一次债权人会议。实践中，第一次债权人会议的议程一般包含以下事项：（1）合议庭介绍案件审理情况；（2）管理人作《管理人执行职务阶段性工作报告》；（3）管理人作《关于债务人财产状况的报告》；（4）管理人作债务人继续或停止营业的情况说明；（5）管理人作《关于提请第一次债权人会议核查债权的报告》债权人会议进行核查；（6）合议庭宣读尚未确定的债权人名单及临时表决权数额；（7）管理人作《关于提请债权人会议审查管理人报酬方案的报告》；（8）审计、评估机构作《审计机构工作报告》《评估机构工作报告》；（9）管理人作《关于债务人财产管理方案的报告》；（10）管理人作《关于提请债权人会议审议破产财产变价方案的报告》；（11）管理人宣读《债权人委员会设立及议事规则的议案》《债权人委员会成员候选人推荐函》；（12）债权人表决《债务人财产管理方案》、《破产财产变价方案》、《债权人委员会设立及议事规则的议案》、选举债权人委员会成员；（13）提问环节；（14）主持人宣布投票、计票、表决结果；（15）人民法院指定债权人会议主席。第一次债权人会议的议程可以根据不同案件的实际情况进行调整，以后的债权人会议议程根据实际需要进行确定。

2. 准备会议资料

债权人会议议程确定后，管理人应及时根据议程涉及事项准备相关会议资料，需要审计、评估作书面报告的，由管理人通知审计、评估机构按要求准备。会议资料准备完成后，应提交人民法院进行审查并听取相关意见和建议，以完善相关内容，避免发生疏漏和错误。

3. 会场安保

为保障会场的安全，避免发生安全事件，需要充分做好会场的安保工作。实践中第一次债权人会议人民法院通常会安排司法警察负责会场的安保工作，在有必要的情况下可以通过有关部门协调当地公安机关予以协助，或者外聘安保人员进行辅助。此后的债权人会议如人民法院不参加，通常情况下由管理人自行外聘安保人员负责会场的安保工作，在必要时可以申请人民法院予以协助。

4. 会场摄像

实践中，借鉴庭审录像的形式，债权人会议一般也进行全程录音录像，录像人员可以由人民法院安排，也可以由管理人外聘专业的录影录像工作人员摄录存查。

5. 布置会场

管理人应当提前布置会场，人民法院给予必要的指导和帮助，确保安排妥当。会场布置需要注意以下事项：（1）务必确保会场的安全，会前排查一切安全隐患，制定切实可行的安保方案，配备充足的安保人员及设施；（2）根据参会人数确定签到处组数，并备好签到桌椅等物品；（3）在签到处布置安检设施，置备随身物品储物箱；（4）合理安排参会人员的就座区域及座次，并通过桌签或号码牌予以标识，便于参会人员对号入座；（5）调试会场灯光、音响、话筒、投影仪等设备，确保能够满足会议使用的要求；（6）通过条幅或电子屏幕显示债权人会议字样。

6. 会场分工

合理的分工是债权人会议顺利进行的重要保障，管理人在会前应当根据会议的需求做好分工，并明确会务人员的具体工作内容，有条件的可以进行会前排练，以确保不会出现差错。实践中，会务人员可以设一名负责人，其余人员分为安保组、签到组、引导组、计票组、摄像组、综合组等，各小组在负责人的指挥下协调工作，共同促成会议的有序进行。

（四）会议召开

1. 会议签到

会议签到的功能包括统计出席会议有表决权的人数及代表的无财产担保债权额，传统意义上的签到为在纸质版签到表上签字，随着科技的发展，目前越来越多的债权人会议开始采用电子签到，既方便又快捷。负责签到的工作人员对参会人员的身份及相关委托授权手续进行验证，告知会场座次，并发放参会人员证件及相关会议材料。

2. 会议主持

《企业破产法》第六十条规定：“债权人会议设主席一人，由人民法院从有表决权的债权人中指定。债权人会议主席主持债权人会议。”实践中，第一次债权人会议通常由人民法院全程主持，也有的会议开始时由人民法院主持，承办法官介绍案件审理情况并宣读受理破产裁定书、指定管理人决定书等相关法律文书后，接着指定债权人会议主席，接下来的会议由债权人会议主席继续主持。此后的债权人会议一般由债权人会议主席主持，但如果债权人会议涉及重整计划草案表决、破产财产分配方案表决等重大事项时，有的人民法院为保障会议顺利进行而选择主动主持会议或者接受债权人会议主席的委托主持会议。

3. 会议进行

债权人会议按照会议议程逐项进行，相关主体介绍案件审理情况或汇报工作进展。需要表决的事项，由管理人进行发票计票，现场公布到会人员的表决结果，但可能不是最后的表决结果，因部分债权人由于客观原因不能到会或者无法现场作出表决，实践中通常给予他们一定的宽限时间补充表决，最终表决结果将由人民法院或管理人通过合适的方式另行告知全体债权人。

4. 会议记录与录像

《企业破产法》第六十一条规定：“债权人会议应当对所议事项的决议作成会议记录。”实践中，第一次债权人会议的会议记录一般由人民法院负责，但也存在由管理人进行记录的情形。此后的债权人会议记录一般由管理人负责，但也存在例外的情形。另外，会议记录的方式还包括录影录像。

5. 会议结束

债权人会议在主持人的主持下，按照既定的会议议程完成所有会议事项后，由主持人宣布会议结束，提示参会人员将入场的参会证件等交回至管理人的工作人员，并有序前往安检处领取自己存放的物品。

相关依据

《企业破产法》第六十条、第六十一条、第六十二条、第六十三条

二、网络会议

理论背景

债权人会议的召开方式一般有现场召开和非现场召开两种形式，近年来会议方式最大的突破是通过互联网进行线上会议，相较于传统的现场会议，这一新兴的方式极大地降低了当事人的成本，提高了会议效率。

2015 年以来，新常态下“去杠杆”、清理“僵尸企业”等政策的推出，以及最高人民法院对重整程序这一帮助企业“起死回生”制度的不断推进与简化，许多长期亏损的上市公司及一些规模较大的非上市的困境企业，逐渐主动或被动地开始选择重整程序进行自我拯救。但是，由于这些公司资产庞大、利害关系人众多，重整程序也更为复杂，其中还涉及一个重要的问题就是如何切实保护中小股东权益。破产重整往往包含出资人也就是公司股东的权益调整，而公司股东特别是上市公司的股东往往分布极为分散、遍布全国，如何保障他们的知情权、表权决以维护其合法权益成为了亟须解决的问题。法院系统近年来不断推动司法公开和信息化建设，使非现场召开债权人会议成为可能。最高人民法院出台了《人民法院信息化建设五年发展规划（2016—2020)》《关于加快建设智慧法院的意见》等一系列指导性文件，引领信息化建设和智慧法院建设全面协调发展。在最高人民法院的推动下，包括全国企业破产重整案件信息网、中国裁判文书网、中国庭审公开网、中国执行信息公开网等平台逐步建立，而破产重整案件通过线上进行信息公告、会议召开、投票表决以及投资人招募等事项也可以依托全国企业破产重整案件信息网进行。这不仅节约了时间和经济成本，也对保护广大中小投资者的合法权益起到了积极作用。

随后，一系列司法文件发布，鼓励和规范通过网络方式召开债权人会议，这一会议方式的应用大大提高了会议效率、有效地降低了破产费用、确保了各类债权人平等参与破产程序的权利。

法律实务

（一）网络会议的规则

召开网络债权人会议的，管理人应制定会议规则，并将规则提前上传至全国企业破产重整案件信息网，以便债权人在表决前知悉规则的内容。

1. 参会方式

债权人会议以网络会议的形式召开，债权人可以通过 PC 端（电脑）、手机端两种网络模式参加会议。网络会议召开前，全国企业破产重整案件信息网平台将向依法申报债权的债权人发送用户名账号及密码。机构债权人的用户名账号一般为统一社会信用代码，自然人债权人的用户名账号一般为债权人的身份证号码，密码由系统随机生成。

2. 表决方式

登录网络会议的享有表决权的债权人在投票权限开放后即可进行投票表决，一般表决分为“同意”“反对”“弃权”三个选项，债权人需要在规定的时间内进行投票，以上三个选项选择其一，投票以后在系统中就无法再更改选项。

3. 其他事项

因债权人登记的有权参加本次会议的人员手机不畅通，无法接收用户名账号密码及参会通知，从而影响债权人参会及表决的，相应法律后果均由债权人自行承担。

（二）网络会议的筹备

1. 整理债权人信息

债权人信息表的信息收集、录入和校对工作是召开债权人网络会议的数据基础。债权人基本信息表按照自然人债权人和机构债权人进行分类，再使用身份证号码、统一社会信用代码等具体区分。除身份信息和通信方式外，还有债权金额、债权性质等与债权人表决权直接相关的信息，由管理人提前收集，并按照全国企业破产重整案件信息网平台提供的模板，统一归纳整理到债权人基本信息表与分组表决表中，由技术人员将表格录入网络平台系统。

2. 网络会议的通知

全国企业破产重整案件信息网平台依据管理人提供的债权人基本信息表与

分组表决表，通过手机短信的方式自动向有权参会的债权人发送会议时间、网站地址、参会说明、参会使用的账号密码等信息。实践中，除依照《企业破产法》规定统一发布召开债权人会议公告外，管理人还须对已知的债权人通过电话、短信、邮件等方式通知，提前告知债权人参加网络会议的说明及操作手册。

3. 网络会议的测试

为使债权人熟悉网络参会方式、会议流程，管理人可在会前1—3个工作日内建立债权人会议测试页面，由全国企业破产重整案件信息网通过短信通知债权人登录网站进行测试。管理人将表决事项、参会须知、会议议程等相关会议文件上传测试页面，供债权人查阅、熟悉会议内容。管理人实时统计网络测试上线人数，对未参加线上测试的债权人，可以电话或短信等方式通知其登录网站进行测试，并说明投票表决注意事项。

4. 其他准备工作

（1）设立分会场。债权人网络会议需要债权人登录指定的网站并在网络页面上操作投票表决等事项。部分债权人表示由于年龄、个人喜好等原因可能较少使用互联网，并不具备网络债权人会议所要求的操作能力。为保障该部分债权人参加会议的权利，可以设立分会场，配备充足的电脑设备，管理人可以现场辅助债权人参加会议并行使表决权，以充分维护债权人的合法权益。

（2）完善会场设施，保证会议顺利进行。配置和调试会场网络、用电等设施，保证会场网络稳定，直播传输设备安全运行，必要时可以配备自动发电设备，为会议提供硬件设施保障。

（3）制定安保预案，确保会场井然有序。有的破产案件可能涉及人数众多，具有一定的社会影响，因此会场需配备足够的安保人员及安检设施，保障会场安全。

（三）网络会议的召开

1. 会议流程

会议召开前一段时间，管理人可以再次以电话、短信的方式通知债权人参会。会议的议程、议题与现场会议相同。会议正式开始后，债权人在会议界面登录网络平台即视为自动签到，可观看会议直播并进行表决投票。全国企业破产重整案件信息网平台实时统计参会人数、表决情况。根据上线人数以及表决情况，管理人可以及时对未参加会议的债权人继续以电话、短信的方式敦促其尽快参加会议并行使表决权。

2. 会议结果的公示

全国企业破产重整案件信息网工作平台实时统计分组表决的数据，在人民法院、债权人等相关各方监督下，由管理人计算表决结果并通过全国企业破产重整案件信息网平台公示。网络债权人会议的会议录像、表决数据等是证明决议符合法律规定的重要资料，由全国企业破产重整案件信息网平台方提供，具有法定的权威性和公信力。

（四）网络会议的优势

网络会议与现场会议相比具有如下优势：

1. 能确保中小股东的合法权益。破产重整涉及出资人权益调整的，须设立出资人组对调整事项投票表决。上市公司中大多数中小股东所持股份较少且往往分布于全国各地，而出席现场会议需要耗费一定的人力物力，致使部分中小股东参加债权人会议的意愿不高。采用网络方式召开债权人会议，中小股东只需一台电脑或智能手机在网络环境下登录会议网址，足不出户即可参会，最大限度地覆盖了中小股东的参会范围，充分保障了中小股东的知情权和参与权。

2. 便于债权人参加会议。破产案件中债权人众多，特别是还有许多异地债权人，召开现场会议可能会影响债权人的会议出席率。网络债权人会议超越了地理位置和距离的局限，债权人可以凭事先分配的账号密码登录，下载会议文档，观看网络直播，异地债权人也无须赶赴现场，免去了舟车劳顿，节省了参会时间。

3. 有利于权利人行使表决权。投票表决关系到每位权利人的切身利益，网络会议中普通债权人、有财产担保债权人等权利人可以通过网络表决方式进行投票，统票计票工作由会议系统自动完成，合法有效。且网络会议会提前公示管理人拟定的重整计划草案等会议文件，债权人在会前阅读，有更多时间独立思考和决策，便于其充分行使表决权。

4. 降低会议组织成本。现场会议需要为会议场地租用、会议资料印刷、安保维稳防控、后勤组织保障支付价格不菲的费用，而采用网络会议则可有效的降低会议成本，节约破产费用。

相关依据

1.《关于企业破产案件信息公开的规定（试行）》第十一条
2.《破产会议纪要》第 47 条
3.《破产法司法解释三》第十一条

第三节 债权人会议表决方式与决议的通过

一、债权人会议表决方式

理论背景

债权人会议表决的方式是指在何种情况下以何种形式来有效地表达债权人的意志。债权人会议最传统的表决方式是现场表决，但是由于破产程序涉及利益群体多样、参与人员众多、地域分散等情况，如何克服空间距离和时间安排带来的不便，尽量使更多债权人的利益诉求得到表达，是立法者必须关切的问题。这一问题反映到表决方式的层面，便是如何高效地召开会议、组织债权人进行投票。

早期《企业破产法（试行）》规定了代理投票的方式，其第五十九条规定："债权人可以委托代理人出席债权人会议，行使表决权。代理人出席债权人会议，应当向人民法院或者债权人会议主席提交债权人的授权委托书。"另外，实务中还演化出电话投票、信函投票等多种行使表决权的方式。近期的趋势是，随着破产网络信息化建设的发展，实践中越来越多债权人会议采取线上表决的方式。

这一种投票方式也逐渐在制度层面上得到了认可，2016 年最高人民法院印发《关于企业破产案件信息公开的规定（试行）》，对网络会议的法律效力予以了制度认可。2018 年《破产会议纪要》强调："运用信息化手段提高破产案件处理的质量与效率。要适应信息化发展趋势，积极引导以网络拍卖方式处置破产财产，提升破产财产处置效益。鼓励和规范通过网络方式召开债权人会议，提高效率，降低破产费用，确保债权人等主体参与破产程序的权利。”《破产法司法解释三》从司法解释的高度明确肯定了通过网络表决、信函表决等非现场表决方式的效力。

法律实务

（一）现场表决

《企业破产法》未对债权人会议的表决方式作出明确的规定，实践中较常见的表决方式是债权人会议进行现场表决投票。

1. 现场投票

召开现场债权人会议的，管理人组织人员在债权人会议开会现场发放表决票给参会且有表决权的债权人，各债权人现场填写表决票并交回工作人员。

2. 网络投票

召开网络债权人会议的，网络投票也属于现场表决方式之一。《关于企业破产案件信息公开的规定（试行）》第十一条第一款规定：“人民法院、破产管理人可以在破产重整案件信息网召集债权人会议并表决有关事项。网上投票形成的表决结果与现场投票形成的表决结果具有同等法律效力。”该规定的出台，增加了网络投票这种表决形式，明确了网络投票的法律效力。

《破产案件信息公开规定》第十一条第二款规定：“债权人可以选择现场投票或者网上投票，但选择后不能再采用其他方式进行投票，采用其他方式进行投票的，此次投票无效。”

债权人可以选择网络投票也可以选择现场投票，但两种投票方式只能择其一，重复投票的将承担表决无效的法律后果。

关于网络投票特别需要指出的是，根据《上市公司重整纪要》第7条规定：“为最大限度地保护中小投资者的合法权益，上市公司或者管理人应当提供网络表决的方式，为出资人行使表决权提供便利。”上市公司破产重整案件中，须使用网络投票表决的方式。上市公司重整由于中小股东的人数众多且跨地域分布，要求股东必须参加现场会议进行表决导致参与表决人数显著下降，而开通网络表决机制之后受到中小股东的广泛欢迎，中小股东参与出资人组表决的积极性显著提高。

（二）非现场表决

《破产法司法解释三》第十一条规定："债权人会议的决议除现场表决外，可以由管理人事先将相关决议事项告知债权人，采取通信、网络投票等非现场方式进行表决。采取非现场方式进行表决的，管理人应当在债权人会议召开后的三日内，以信函、电子邮件、公告等方式将表决结果告知参与表决的债权人。"本条文再一次肯定了网络投票的法律效力，扩充了债权人可以非现场表决这种方式。非现场表决媒介有网络、邮件、传真、短信、邮寄纸质表决票等多种形式。管理人根据案件实际情况制定表决规则，并向全体债权人公示。对于距离债权人会议现场路途较远、不便出席现场会议的债权人或者不能熟练使用网络参加会议的债权人，可由管理人事先将相关决议事项告知表决权人，表决权人可以通过邮寄书面表决票，发送电子邮件、短信、传真等方式非现场表决。管理人通过与债权人的有效沟通，在会议召开前使其了解、知悉会议表决事项，有利于争取更多的同意票。此种表决方式，也为各类债权人履行内部审批、决策等程序预留了比较充裕的时间，使债权人可以充分地行使表决权。同时，也便于管理人事先了解表决情况，掌握表决进度，该方式在实践中多被采用。

相关依据

1. 《企业破产法》第六十四条
2. 《破产法司法解释三》第十一条
3. 《上市公司重整纪要》第7条
4. 《破产案件信息公开规定》第十一条

二、债权人会议决议的通过

理论背景

债权人会议决议是指债权人会议在职权范围内对相关事项进行讨论，由出席会议的有表决权的债权人通过投票表决所形成的对债务人、债权人有约束力的决定。债权人会议职权通过债权人会议决议的方式行使，不论是核查债权、监督和申请更换管理人，还是决定继续或者停止债务人的营业、通过重整计划草案、通过和解协议、通过债务人财产的管理方案、通过破产财产的变价和分配方案等，都是通过形成债权人会议决议来实现的。有关债权人会议决议的规定，包括通过决议的条件和效力，集中规定在《企业破产法》第六十四条。

债权人会议决议的通过条件，是指通过债权人会议决议需要满足何种条件决议才为有效。鉴于破产程序的特殊性，债权人会议决议方式的设置应当在债权人自治主义和提高决策效率之间寻求平衡。与《公司法》上对公司决议方式上相对尊重章程约定不同，《企业破产法》显然在决议通过上采取了完全的法定模式，并且设置了比《公司法》上一般决议更为严格的条件，还在决议无法作出时设置了法院裁定通过的机制。这是由于债权人会议不同于股东会，它是破产程序中暂时存在的议事机构，需要在短暂的时间内高效公正地履行职责，因此必须要有更为明确的议事规则作为保障。

根据《企业破产法》规定，债权人会议决议由出席会议的有表决权的债权人过半数通过，并且其所代表的债权额占无财产担保债权总额的二分之一以上。这样一种双重多数决的一般表决方式，体现了对于各债权人的一种概括性的平等保护。一些特殊的决议，由于债权人所承担的风险更大，还需要分组表决，如通过重整计划草案的决议，这是由于不同类别的表决组利益存在明显冲突，一起表决极其可能导致僵局或者对某一表决组特别不利。比如通过和解协议决议需要满足更高的表决权比例，这将有利于对小额债权人的保护。而在一些特殊的重大事项上，为了防止久拖不决，还设计了法院强制裁定通过的机制，包括重整计划、债务人财产的管理方案、破产财产的变价方案和破产财产的分配方案等。

法律实务

（一）普通决议的通过

《企业破产法》第六十四条第一款规定了债权人会议的普通决议方式，即“债权人会议的决议，由出席会议的有表决权的债权人过半数通过，并且其所代表的债权额占无财产担保债权总额的二分之一以上”。《企业破产法》确认债权人会议普通决议通过的标准，是采取达到出席债权人会议有表决权的债权人的多数同意和同意决议的债权人所代表的债权额在债权总额中占多数两种标准并行的模式。若单独采取人数过半标准，虽能保障多数债权人的利益却未必符合少数大额债权人的利益，而单独采取债权数额绝对标准又反过来可能损害多数小额债权人的利益。

（二）特殊决议的通过

债权人会议的特殊决议方式，即遵照《企业破产法》特别规定执行。《企业破产法》对两个事项的表决有特殊规定：

1. 通过和解协议

《企业破产法》第九十七条规定和解协议的表决“债权人会议通过和解协议的决议，由出席会议的有表决权的债权人过半数同意，并且其所代表的债权额占无财产担保债权总额的三分之二以上”。

2. 通过重整计划草案

《企业破产法》第八十四条第二款规定重整计划草案的表决“出席会议的同一表决组的债权人过半数同意重整计划草案，并且其所代表的债权额占该组债权总额的三分之二以上的，即为该组通过重整计划草案”。对于债权人参加表决重整计划草案的债权人会议，管理人按照法律规定通常划分为以下表决组：

（1）担保债权组，包括依据《企业破产法》第八十二条第一款第（一）项之规定，对债务人的特定财产享有担保权的债权人，以及享有建设工程价款优先受偿权的债权人和参照有财产担保债权处理的债权人等。

（2）职工债权组，债权人为职工，债务人欠付职工的工资和医疗、伤残补助、抚恤费用，所欠的应当划入职工个人账户的基本养老保险、基本医疗保险费用，以及法律、行政法规规定应当支付给职工的补偿金。

（3）税款债权组，债权人为税务机关，债务人欠付税款。

（4）普通债权组。

（5）出资人组，股权权益因重整计划草案受到影响或调整的设立该组。目前对于出资人组表决通过的认定有不同标准，有限责任公司与股份有限公司出资人组表决也存在差异。

相关依据

《企业破产法》第六十四条、第八十二条、第八十四条、第九十七条

第四节　债权人委员会

一、债权人委员会的设立及职权

理论背景

债权人会议可以决定设立债权人委员会，债权人委员会是债权人会议的常设机构。债权人委员会由债权人会议选任的债权人代表和一名债务人的职工代表或者工会代表组成，经人民法院书面决定认可，成员总数不得超过九人。

根据《企业破产法》第二十三条的规定，债权人会议有监督管理人履职的权利，但是，由于债权人会议并非常设机构，“无法对破产程序进行日常监督，尤其是在债权人会议闭会期间，仅仅由法院监督债务人或者破产管理人的活动，尚不足以保护债权人团体利益”①。因此，各国（地区）破产法普遍允许设立债权人会议之外的常设监督机构。例如德国破产法、美国破产法上的债权人委员会制度，我国台湾地区的监察人制度，日本破产法在2004年之前称之为“监察人”，2004年之后称之为“债权人委员会”。② 在我国《企业破产法（试行）》中，并未规定债权人委员会制度，之所以在《企业破产法》中增加设置债权人委员会，是为了实现对管理人的日常监督功能。当然，破产案件有繁简难易之分，对于债权债务关系简单、破产周期较短的破产案件，不需要单独设立债权人委员会。所以，是否有必要设立债权人委员会，由债权人会议决定。

债权人委员会可以在破产程序中降低全体债权人行使权利的成本，方便与管理人沟通与协商，完善在债权人会议间隔期间对管理人工作的日常监督。“但债权人委员会的职权是有限的，其行使职权不能妨碍债权人会议或者债权

---

① 全国人大常委会法制工作委员会：《〈中华人民共和国企业破产法〉释义及实用指南》，中国民主法制出版社2006年版，第169页。

② 许胜锋：《我国破产程序中债权人委员会制度的不足与完善》，载《中国政法大学学报》2018年第5期。

人继续参加破产程序，除非债权人会议特别授权，债权人委员会不能代替债权人会议行使权利。”① 依据我国《企业破产法》规定，债权人委员会的主要职权有：监督债务人财产的管理和处分、监督破产财产分配、提议召开债权人会议和债权人会议委托的其他职权。

法律实务

（一）债权人委员会成员具备的条件

债权人委员会由债权人会议选举产生，债权人委员会成员一般应具备的基本条件有：

1. 其债权已经确认，拥有表决权；

2. 其债权数额及性质具有一定的代表性，如金融类大额债权代表、非金融类大额债权代表、建设工程类债权代表、税款债权代表以及法律规定的必须有一名职工代表或者工会代表；

3. 有为全体债权人服务，保障全体债权人利益的意愿；

4. 有履行职务的能力和条件。

债权人委员会成员在人数上不得超过九人且为单数，《企业破产法》规定为单数是出于便于形成决议的目的。

（二）债权人委员会的职权

1. 监督债务人财产的管理和处分

在债权人会议表决通过破产财产变价方案后，由债权人委员会负责监督管理人对破产财产的处置工作，以保障实现破产财产价值的最大化，监督主要体现在审查管理人是否按照债务人财产管理方案进行管理、管理过程中有无违反法律规定的行为、有无失职造成财产损失的情形等。

2. 监督破产财产分配

债权人会议表决通过破产财产分配方案后，由债权人委员会监督管理人财产分配工作，确保分配过程及时、公平、公正。包括是否严格按照破产财产分配方案进行分配，有无违反的情况；附条件债权、诉讼或者仲裁未决的债权等特殊债权是否按照规定提存等。

---

① 王东敏：《企业破产法解读》，载《人民司法》2006 年第 11 期。

3. 提议召开债权人会议

《企业破产法》第六十二条第二款规定："以后的债权人会议，在人民法院认为必要时，或者管理人、债权人委员会、占债权总额四分之一以上的债权人向债权人会议主席提议时召开。"债权人委员会可以根据破产案件实际进展情况，享有必要时提议召开债权人会议的权利。

4. 债权人会议委托的其他职权

《破产法司法解释三》第十三条对"债权人会议委托的其他职权"作了进一步明确规定，既然是授权行为，债权人会议委托债权人委员会行使的职权总体上不应超过《企业破产法》第六十一条规定的债权人会议本身的职权范围，也不能进行概括性授权。某些关系债权人整体利益、《企业破产法》明确规定应该由债权人会议表决通过的事项以及其他专属于债权人会议的职权，不宜交由债权人委员会行使，如核查债权、表决重整计划草案、表决和解协议、表决债务人财产的管理方案、通过破产财产的变价方案、通过破产财产的分配方案等债权人会议的决议权。债权人会议可以委托债权人委员会行使的职权包括监督管理人、申请人民法院更换管理人、审查管理人的费用和报酬、决定继续或者停止债务人的营业等。

相关依据

1.《企业破产法》第二十三条、第六十一条、第六十二条、第六十七条、第六十八条

2.《破产法司法解释三》第十三条

二、债权人委员会的议事规则

理论背景

债权人委员会的议事规则是指债权人委员会进行表决和作出决定的程序和条件等规则。依据世界银行《关于有效破产与债权人/债务人制度的准则》C.7.2条规定："设立债权人委员会时，法律应当明确规定委员会的职责和功能，委员会的组成规则、法定人数、投票方式以及会议规则等。对个案中的非常规事项，

应当咨询委员会意见；对于程序中的决定性事项，债权人委员会应当有发言权。债权人委员会有权要求债务人提供必要的有关信息。委员会应成为债权人处理、传递信息的渠道，以及组织债权人进行重大决策的枢纽。在重整程序中，债权人应当有权参与破产代表人的选择。"[①] 然而，我国《企业破产法》虽然引入了债权人委员会制度，但就其具体议事和决定的规则和程序一直缺乏必要的指导。

《破产法司法解释三》第十四条对债权人委员会的议事规则作出了规定，债权人委员会行使职权的规范包括表决事项应获得全体成员过半数通过，作成议事记录等，以便有据可查。与债权人会议的议事规则设计类似，破产程序中的债权人委员会能否真正行使监督权，很大程度上取决于是否有可供依据的明晰议事规则，以便于提高组织决策的效率，从而更加有效地行使监督的权利。否则，便无法发挥债权人委员会相对于债权人会议的比较优势，甚至陷入僵局或者被束之高阁不再启用。《破产法司法解释三》解决了这一问题，通过"采取债权人人数为单一多数决标准，一方面提高了债权人委员会的议事效率，另一方面削弱了个别债权人在表决中的债权金额优势，避免个别债权人不当利用债权金额垄断表决结果的情形"[②]。

法律实务

《企业破产法》第六十七条对债权人委员会的组成要求和人数上限作出了规定，但对其如何行使职权没有明确规定，新出台的《破产法司法解释三》第十四条对此作出了补充，明确了债权人委员会重大事项的决策机制，确定了债权人委员会决议通过的表决制度。

（一）债权人委员会的召开方式

债权人委员会会议通常以现场召开为原则。实践中，在保障债权人委员会成员充分表达意见的前提下，经债权人委员会商议同意，也可以通过微信、视频、电话、传真或者电子邮件等方式召开，或者采取现场与其他方式相结合的方式召开。多样化的召开方式便于异地委员行使自己的权利。

---

① 深圳市中级人民法院课题组：《世界银行〈关于有效破产与债权人/债务人制度的准则〉》，载《中国应用法学》2019 年第 2 期。

② 池伟宏：《破产法司法解释（三）全面解读与分析（程序篇）——以债权人利益保护为视角丨破产池语》，2019 年 4 月 25 日。

（二）债权人委员会决议的通过

《破产法司法解释三》第十四条第一款规定："债权人委员会决定所议事项应获得全体成员过半数通过，并作成议事记录。债权人委员会成员对所议事项的决议有不同意见的，应当在记录中载明。"债权人委员会会议表决实行一人一票制，应当根据多数决规则作出决议，以全体债权人委员会成员过半数同意视为通过决议。债权人委员会成员表决时应明确表示同意或反对，并在会议记录中载明。会议采用现场和通信、网络、书面结合表决的，现场会议记录应载明通信、网络、书面的表决结果，并将相关记录或材料附后备查。每个债权人委员会成员均可以依法独立行使其监督权，但对重要事项则应由债权人委员会通过决议形式行使债权人委员会的职权，债权人委员会应严格按照《企业破产法》的规定和债权人会议的授权履行职责，超越职权形成的决议无效，其所作出的决议违背债权人会议决议或两者有冲突的，应以债权人会议决议为准。

债权人委员会成员应随时确保信息通畅，并做到上情下达，在对所议事项作出表决时，须充分征询债权人的意见，不得违背多数债权人的合法意愿。

相关依据

《破产法司法解释三》第十四条

第五节　金融债委会

一、金融债委会的运作机制

理论背景

近几年来，国内经济下行压力加大，企业负担较重，许多陷入危机的大型企业集团进行了债务重组和破产重整，非诉和解等方式也被相关债权人和债务人企业广泛使用，而在这些债务重组过程中，银行业等金融机构作为最主要的债权人，其组成的金融债委会作为一种自治性的协调机制应运而生。所谓金融债委会，是由企业金融债权规模较大的三家以上银行业金融机构发起成立的协商性、自律性以及临时性的组织，仅代表加入机构的金融债权人。

2016 年 7 月，银监会印发《关于做好银行业金融机构债权人委员会有关工作的通知》（银监办便函〔2016〕1196 号），要求做好行业金融机构债权人委员会的工作，依据该通知，金融债委会是一个咨询性、自律性和临时性的组织，由三家拥有大量债务的债权人银行金融机构发起。金融债委会按照“一企一策”的方针集体研究增贷、稳贷、减贷、重组等措施，有序开展债务重组、资产保全等相关工作，确保银行业金融机构形成合力。2017 年 5 月 10 日，银监会印发《关于进一步做好银行业金融机构债权人委员会有关工作的通知》（银监办便函〔2017〕802 号），对金融债委会的目的和运作规则进一步明确。

法律实务

（一）金融债委会的组成

金融债委会可以由债权银行业金融机构自行发起成立，设立的同时要明确主席单位和副主席单位。原则上由债权金额较大且有协调能力和意愿的一两家银行业金融机构担任金融债委会主席，副主席单位可以由代表债权金额较大的银行业金融机构和代表债权金额较小的银行业金融机构共同组成，其他债权金融机构应当按照要求出席相关会议。债务企业的所有债权银行业金融机构和银监会批准设立的其他金融机构原则上应当参加债委会；非银监会批准设立的金融机构债权人，也可以加入金融债委会。《市场主体退出改革方案》规定：“推动银行、证券、保险、信托等领域的金融债权人组建相对统一的金融债权人委员会。明确金融债权人委员会的法律地位、议事规则和程序，通过统一的金融债权人委员会加强与债务人的沟通协调，避免金融债务过度累积，防范恶意逃废债，有效监控债务风险，维护金融债权人合法权益。”实践中，若融资租赁类债权人、基金类债权人、债券类债权人也加入金融债委会，将大大提高债委会成员覆盖的债权类型和债权总额，有利于其职权的发挥。

（二）金融债委会的适用对象

金融债委会的适用对象，一般是金融债务规模较大、对区域性金融风险影响也较大的困难企业，及国家规定的钢铁、煤炭重点行业出现困难的大中型企业。实践中，规模较小的企业没有成立金融债委会的必要。

（三）金融债委会的操作流程

金融债委会可以由债权银行业金融机构自行发起成立，成立工作组，签署《债权人协议》。金融债委会明确主席单位和副主席单位后启动相关工作。

（四）金融债委会与债权人委员会的区别

债权人委员会是《企业破产法》规定的组织形式，仅仅存在于破产程序之中，行使法律规定和债权人会议授权的职责，监督管理人的工作，提高破产工作效率。而金融债委会是依据行业规定成立的临时组织，不仅存在于破产程序之中，更存在于广义的企业重组之中，目的是纾解企业的债务危机，保障金融债权人的权益，维护金融市场稳定。

相关依据

1.《关于做好银行业金融机构债权人委员会有关工作的通知》（银监办便函〔2016〕1196号）

2.《关于进一步做好银行业金融机构债权人委员会有关工作的通知》（银监办便函〔2017〕802号）

3.《加快完善市场主体退出制度改革方案》（发改财金〔2019〕1104号）

二、金融债委会的作用

理论背景

《关于做好银行业金融机构债权人委员会有关工作的通知》规定，金融债委会的职责是依法维护银行业金融机构的合法权益，推动债权银行业金融机构精准发力、分类施策，有效保护金融债权，支持实体经济发展。《关于进一步做好银行业金融机构债权人委员会有关工作的通知》在“加强金融债权管理，维护经济金融秩序，支持实体经济发展”的基础上，增加了“化解企业债务危机，防范金融风险”的目的，明确提出要利用债委会来化解企业债务危机，赋予了金融债委会在金融不良资产债务重组中更加重要的职责。

随着供给侧结构性改革的深入，在“僵尸企业”不断出清的同时，一些有一定发展潜力的大中型企业也面临着资金不足甚至断裂的风险，由此引发担保圈企业集中陷入财务危机，区域性、系统性金融风险加大。在这样的背景下，金融债委会作为困境企业主要金融债权人的联合维权组织，就有其存在的客观必要。金融债委会本质上是通过银行业债权人合作自治，帮助企业化解债务危机，从而保障金融机构自身债权利益，维持金融稳定的机构。企业存在资金困难，有的是长期产能落后严重亏损，甚至是“僵尸企业”，理应出清；但有的企业面临的仅是暂时性的现金流问题，如果困境企业的银行债权人为了自身利益各自为战、争相查封债务人的资产，将不利于债务人渡过债务危机，长远来看银行业自身债权也难以保全。由于银行业具有雄厚的资金实力，如果主要债权人代表的金融债委会适时予以资金支持或者参与主导债务重组，不仅可以帮助该企业渡过暂时危机，也有利于金融机构自身的根本利益和长远发展。

法律实务

作为金融业推动供给侧改革的创新机制，金融债委会为暂时困难的企业提供资金支持，防止银行盲目抽贷断贷，帮助企业纾困脱困，增强企业还债能力，为去产能赢得时间。金融债委会制度同时在保护金融债权安全，维护区域金融稳定方面也发挥了积极作用，成为区域经济发展和金融安全的“稳定器”。

（一）集体决议，一致行动，有利于金融秩序稳定和金融债权人的平等保护

《关于做好银行业金融机构债权人委员会有关工作的通知》第十三条明确指出，各债权银行业金融机构应当一致行动，“不得随意停贷、抽贷”，通过收回再贷，展期续贷等方式“最大限度地帮助企业实现解困”。实践中，企业面对的债权银行较多，少则几家多则几十家，各银行贷款情况不尽相同，不管是用途、期限、利率、额度、担保措施，或者是业务流程、权限审批、指标考核、贷款管理、风险控制、自身诉求等都不一样，会出现协调难、沟通难、占用期限长等情况。债委会各成员单位可以统一做到稳定预期、稳定信贷、稳定支持，一致行动形成合力，不抽贷、不压贷，妥善处理到期债务。这一方面有利于银企抱团取暖，保护银行债权；另一方面也有利于实现有序平稳的信贷退出，减少其对实体经济的冲击。

（二）有效沟通，建立互信，有利于及时化解矛盾

金融债委会可以建立畅通的银企、银管、银政沟通渠道，建立互信机制，解决信息不对称问题。债委会制度的推进不仅构建起债权人之间沟通协调平台机制，确保债权人“同进同出”，同时还为银行与管理人、地方政府之间提供了信息交流渠道，有效共享资源，协作推进企业债务风险的化解。

（三）摸清家底，综合评估，有利于金融债委会的科学决策

金融债委会的工作思路，首先是要摸清重点企业的情况，包括经营情况、资产负债情况及风险底数，采取项目化、清单式方式推进。其次是要按两个维度来排序，包括债务风险的严重程度和区域的重要性，综合评估企业风险，从而制定风险化解方案。特别要指出的是《关于进一步做好银行业金融机构债权人委员会有关工作的通知》增加了负面清单机制，在清单范围上，包括三类企业，即落后产能企业、不达标且整改无望企业、“僵尸企业”。其中，不达标至少含环保、能耗、质量、安全生产和技术五方面，“僵尸企业”具有已经停产半停产、连年亏损、资不抵债和失去清偿能力四个特征。在负面清单企业的处理方式上，金融机构实施“一压二退三出清”，即压缩贷款、退出相关贷款、实现市场出清。

（四）一企一策，整体授信，有利于制定增贷、稳贷、减贷、降息等综合方案

制定合理有效的风险化解方案的核心是通过债委会工作机制，识别和判断企业风险，形成“一企一策”的风险化解方案。运用整体授信管理策略，综合利用各种资源，降低企业融资成本，可以为企业正常生产经营创造良好的外部环境。

（五）提前介入，全程参与，有利于程序推进和监督

《关于进一步做好银行业金融机构债权人委员会有关工作的通知》规定，债委会对企业实施金融债务重组的企业应具备以下条件，包括“企业发展符合国家宏观经济政策、产业政策和金融支持政策；企业产品或服务市场，发展有前景，具有一定重组价值；企业和债权银行业金融机构有金融债务重组意愿”。金融债委会实施金融债务重组，可以采取协议重组和司法重组的方式。金融债委会提前介入破产重整，一致行动不对企业采取起诉、查封资产等措施，不影响实体企业正常生产经营，有利于企业资产价值的最大化。金融债委会全程参

与司法重组，深入了解各个环节，可以更全面地监督重整程序，维护自身权益。

（六）建言献策，深度参与，有利于重整计划草案或和解协议的表决通过和执行

金融债委会参与重整计划草案或和解协议的制定，可以充分论证分析方案的可行性，判断是否存在与行业、机构内部决策冲突等问题。且金融债委会所持有的债权数额在有财产担保债权、普通债权中均占较大比重，若债委会成员按照签署的《债权人协议》所规定的议事规则对方案进行表决并通过，那么按照一致行动原则，在债权人会议中金融债委会成员也会同意重整计划草案或和解协议，不仅可大大增加方案通过的可能性，也有利于后期的执行和落实。

相关依据

1. 《关于做好银行业金融机构债权人委员会有关工作的通知》（银监办便函〔2016〕1196 号）

2. 《关于进一步做好银行业金融机构债权人委员会有关工作的通知》（银监办便函〔2017〕802 号）

3. 《加快完善市场主体退出制度改革方案》（发改财金〔2019〕1104 号）

第八章　破产衍生诉讼

第一节　破产衍生诉讼类型

一、按受理前后分类

理论背景

广义上的破产衍生诉讼，是指与债务人破产相关的所有民事诉讼案件，“包括两类案件：第一类案件是破产申请受理前法院已经受理但在破产受理时尚未审结的有关债务人的民事诉讼；第二类案件是破产申请受理后当事人新提起的有关债务人的民事诉讼”①。狭义的破产衍生诉讼是指第二类诉讼。《企业破产法》第二十一条有关债务人的诉讼由受理破产申请的法院集中管辖的规定，以及《破产法司法解释二》第四十七条有关债务人衍生诉讼管辖的规定，均采取了狭义的破产衍生诉讼概念。从广义的角度看，以受理破产申请的时间为节点可以将破产衍生诉讼分为破产申请受理前的诉讼案件和破产申请受理后的诉讼案件，而且这里的诉讼案件还应当作更为广义的理解，包括诉讼审理、强制执行、实现担保物权、公示催告等所有民事诉讼程序。破产申请受理前后有关债务人的诉讼类型有着明显不同，原因之一就是破产的债务集中清理功能发挥了作用，所有债权人均可以直接通过申报债权来公平地行使权利，而不必再起诉债务人进行个别维权。

人民法院受理破产申请时，已经开始尚未审结的有关债务人的民事诉讼案

① 奚晓明：《最高人民法院关于企业破产法司法解释理解与适用——破产法解释（一）破产法解释（二）》，人民法院出版社2013年版，第503页。

件，一般涵盖了所有与债务人有关的诉讼，包括侵权之诉、给付之诉、确认之诉等。根据我国《企业破产法》第二十条的规定，人民法院裁定受理破产申请后，从人民法院指定管理人到管理人实际接管债务人财产之间，存在一个时间上的空隙。“一方面，从法律上来讲，这段期间管理债务人财产的责任已经转移到管理人身上；另一方面，在管理人实际接管之前，债务人的财产仍然被债务人原有的经营管理人员所控制。这就难以避免产生在这段时期内通过诉讼或者仲裁方式处分债务人财产的情况，从而损害债权人的合法权益。”[①] 因此，在破产申请受理以后，有必要对暂时停止对有关债务人的诉讼或者仲裁作出规定。同时，为了公平地清理债权债务，更好地保护债权人和债务人的合法权益，人民法院受理破产申请后，有关债务人财产的保全措施应当解除，执行程序应当中止。

法律实务

（一）人民法院受理破产申请前的诉讼案件

人民法院受理破产申请前的诉讼案件，依据案件审理的进度，可分为已受理尚未审结的、已审结尚未申请执行的、已审结并申请执行但未获清偿的、已审结并申请执行且部分获清偿的、已审结并申请执行且全部获清偿的五类。

1. 已受理尚未审结的案件

《企业破产法》第二十条规定：“人民法院受理破产申请后，已经开始而尚未终结的有关债务人的民事诉讼或者仲裁应当中止；在管理人接管债务人的财产后，该诉讼或者仲裁继续进行。”实践中，管理人应根据案件开庭的时间确定是否通知人民法院中止审理，如果时间紧迫管理人无法掌握案件情况，则应及时通知人民法院中止案件的审理，如果时间较为宽裕则无须通知人民法院中止审理，管理人以诉讼代表人的身份按时参加庭审即可。

2. 已审结尚未申请执行的案件

人民法院受理破产申请后，已审结尚未申请执行的案件，此时在法院内部系统中显示该案件处于审结状态，因未申请执行，故不存在执行中止的问题，

① 吴高盛：《〈中华人民共和国企业破产法〉条文释义与适用》，人民法院出版社2006年版，第43页。

此时管理人应依法通知债权人申报债权。如果债权人在债务人破产期间又向人民法院申请强制执行，且人民法院立案受理的，管理人应向人民法院发出中止执行措施的通知，并向债权人释明其权利应当通过破产程序来实现。

3. 已审结并申请执行但未获清偿的案件

人民法院受理破产申请后，已审结并申请执行但未获偿的案件，此时该案件已经进入执行程序，为防止执行法院在债务人破产期间再采取相关强制执行措施，管理人应及时向有关法院发出中止执行措施的通知，并向债权人释明其权利应当通过破产程序来实现。

4. 已审结并申请执行且部分获清偿的案件

人民法院受理破产申请时，已审结并申请执行且部分获偿的案件，管理人应及时通知执行法院中止执行措施。最高人民法院在对重庆市高级人民法院《关于破产申请受理前已经划扣到执行法院账户尚未支付给申请执行人的款项是否属于债务人财产及执行法院收到破产管理人中止执行告知函后应否中止执行问题的请示的答复》中指出："人民法院裁定受理破产申请时已经扣划到执行法院账户但尚未支付给申请执行人的款项属于债务人财产，执行法院收到破产管理人中止执行告知函后应中止执行。"因此，管理人应当核查法院受理破产申请时，是否存在已扣划尚未支付的款项，如有则应要求执行法院予以退还。需要注意的是依据《破产法司法解释二》第十五条的规定，若执行案件是因债权人与债务人恶意串通损害了其他债权人利益的，管理人应告知执行法院将已支付给申请执行人的款项退还。

5. 已审结并申请执行且全部获偿的案件

根据上文中最高人民法院对重庆高院的答复，及《执转破指导意见》第十七条的规定："执行法院收到受移送法院受理裁定时，已通过拍卖程序处置且成交裁定已送达买受人的拍卖财产，通过以物抵债偿还债务且抵债裁定已送达债权人的抵债财产，已完成转账、汇款、现金交付的执行款，因财产所有权已经发生变动，不属于被执行人的财产，不再移交。"已经交付给申请执行人的财产不再属于债务人财产。此时，管理人无须通知人民法院中止执行，但应核查是否存在《破产法司法解释二》第十五条规定的情形，如有管理人需请求执行法院退还。

（二）人民法院受理破产申请后的诉讼案件

人民法院受理破产申请后，实践中有关债务人的诉讼案件主要有以下几类：

1. 因债务人不当行为引起的诉讼案件

人民法院受理破产申请前，债务人有可能做出损害整体债权人利益的不当行为，管理人可依据《企业破产法》第三十二条、第三十三条、第三十四条的规定，向人民法院提起撤销之诉和确认债务人行为无效的诉讼。

2. 因债务人出资人、高管不当行为引起的诉讼案件

根据《企业破产法》第三十五条、第三十六条、第一百二十五条的规定，管理人在履职过程中发现债务人的出资人、董事、监事和高级管理人员存在上述规定的不当行为的可向人民法院提起诉讼。

3. 因债务人财产权属争议发生的纠纷

实践中债务人财产权属争议问题经常出现，管理人应依法进行处理，必要时可以通过诉讼程序进行确权。

4. 因债权确认发生的纠纷

实践中债权人、债务人对于管理人审查编制的债权表所记载的债权以及债权债务抵销等有异议的，异议人可以根据相关规定通过诉讼程序解决。

5. 因清收债务人对外债权发生的纠纷

债务人对外享有的债权或其他财产权利属于债务人财产的组成部分，管理人应当予以清理和追收，具体方式包括电话、书面、实地和诉讼等。

6. 其他情况

人民法院受理破产申请后，围绕着债务人会发生大量类型各异的诉讼案件，上文仅仅列举了实践中较为常见的几种。另外，破产程序中所涉及的刑事诉讼、行政诉讼是否也属于我国破产法理论框架下的衍生诉讼有待进一步探讨。

相关依据

1. 《企业破产法》第十七条、第二十条、第二十一条、第三十二条、第三十三条、第三十四条、第三十五条、第三十六条、第三十八条、第三十九条、第五十八条、第一百零九条、第一百二十五条

2. 《破产法司法解释二》第十五条、第四十二条、第四十七条

3. 《执转破指导意见》第十七条

二、按诉讼主体分类

理论背景

民事诉讼主体，通常指在民事诉讼中有权使诉讼程序发生、变更和消灭的组织或个人。包括在诉讼中行使审判职能的人民法院、为维护自身权益参加诉讼与诉讼结果存在直接利害关系的当事人、共同诉讼人和第三人。破产衍生诉讼中的主体一般会涉及债权人、债务人、管理人，还包括职工、投资人、出资人等相关利害关系人。不同主体依据法律规定或合同约定及相关事实，可提起不同的诉讼。由于《企业破产法》对破产衍生诉讼主体未作出明确的规定，导致理论与实务界对此产生诸多矛盾和冲突，司法机构和其他诉讼参与人在对这一问题作出判断或选择时，因没有统一的标准依据，有时无所适从。破产衍生诉讼主体的问题，归根结底是管理人法律地位不明确造成的，管理人在破产衍生诉讼中的主体地位在实践中争议较大，需有统一认识。因破产程序系围绕债务人展开，因此涉及债务人的诉讼最多。常见的诉讼一般为债权人提起的债权确认诉讼，债务人提起的清收诉讼，管理人提起的撤销权诉讼、确认无效行为诉讼、撤销个别清偿的诉讼以及第三人提起的诉讼等。

实践中一些地方法院对破产衍生诉讼的主体作出了规定，例如云南高院《破产审判指引》规定，在破产衍生诉讼中，债务人企业作为当事人的，当事人名称继续沿用。管理人的负责人依法取代债务人法定代表人作为“诉讼代表人”代表债务人参加诉讼。在破产衍生诉讼中，管理人作为当事人的案件，应直接列管理人为当事人，并注明其为某债务人管理人。诉讼利益归债务人所有的，应追加债务人作为第三人参与诉讼。

法律实务

人民法院受理破产申请后，涉及债务人的诉讼案件可依据提起诉讼主体的不同分为以下四类：

（一）债权人提起的诉讼

债权人提起的诉讼主要是债权确认之诉。例如债权人因管理人对其申报的债权不予确认、部分不予确认及债权性质、优先受偿权认定等方面存在异议，可依据《企业破产法》第五十八条之规定，向人民法院提起的诉讼。

（二）管理人提起的诉讼

管理人以自己名义提起的诉讼主要是依据《企业破产法》第三十一条至第三十三条提起的请求撤销个别清偿行为、破产撤销权之诉、确认债务人行为无效等诉讼。实践中，部分地方法院对管理人提起的诉讼作了进一步的明确，例如山东高院《破产审理指引》第四十九条、云南高院《破产审判指引》第一百六十条的规定。

（三）债务人作为当事人的相关诉讼

债务人经人民法院裁定进入破产程序后，其民事权利虽受到一定的限制，但依法仍具有诉讼主体资格。依据《企业破产法》第二十五条、《破产法司法解释二》第二十条、山东高院《破产审理指引》第四十八条、云南高院《破产审判指引》第一百五十九条等规定，清收类诉讼、侵权类诉讼、债权异议类诉讼等案件由债务人作为当事人，管理人代表债务人参加诉讼。

（四）第三人提起的诉讼

债务人进入破产程序时可能占有不属于自己的财产，根据《企业破产法》第三十八条的规定，该财产的权利人可以通过管理人取回。如因取回财产发生争议，该财产的权利人可依法向人民法院提起诉讼。债务人或管理人在执行职务过程中给第三人造成损失的，第三人也可以向人民法院提起诉讼，主张赔偿损失。

相关依据

1. 《企业破产法》第十六条、第二十条、第二十五条、第三十一条、第三十二条、第三十三条、第三十八条、第五十八条
2. 《破产法司法解释二》第二十条
3. 山东高院《破产审理指引》第四十八条、第四十九条
4. 云南高院《破产审判指引》第一百五十九条、第一百六十条

三、按法律关系分类

理论背景

在破产程序中，衍生诉讼的争议法律关系各不相同。根据最高人民法院《民事案件案由规定》第八部分“与公司、证券、保险、票据等有关的民事纠纷”第二十三条的规定，在二级案由“与破产有关的纠纷”项下，共包含十六项三级案由，除申请破产重整、申请破产和解、申请破产清算三个破产程序案由外，另外十三个案由均属于破产衍生诉讼案由。涵盖了破产程序中各类主体因不同法律关系提起的各种破产衍生诉讼。根据不同法律关系，破产衍生诉讼基本包含债权确认类、清收类、撤销类、抵销权类、别除权类等诉讼。

为保全债务人财产、维护债权人的整体利益提起的撤销类、清收类诉讼。包括请求人民法院撤销债务人的有关行为诉讼、对外追收债权诉讼、追收未缴出资诉讼、追收抽逃出资诉讼、追收非正常收入诉讼等。

债权确认诉讼。债权人对管理人记录的债权数额等存在争议，可通过债权确认诉讼予以确认。破产债权确认纠纷分为职工债权确认纠纷和一般债权确认纠纷。

抵销权、别除权诉讼。债权人在破产案件受理前对债务人负有债务的，无论其债权与所负债务种类是否相同，也不论该债权债务是否附有期限或者条件，均可以用该债权抵销其对债务人所负债务。在破产程序中，对于破产人的特定财产享有担保物权的权利人，可不依照破产程序而对该特定财产优先受偿。两项权利看似不符合破产法平等受偿的原则，但是实际上有利于破产程序推进的效率和财产整体价值的保全，因此在各国（地区）立法例中均有所体现。①

---

① 最高人民法院民事案件案由规定课题组：《最高人民法院民事案件案由规定理解与适用》，人民法院出版社2011年版，第410－411页。

法律实务

破产衍生诉讼按法律关系可以分为债权确认类、清收类、撤销类、抵销权类、别除权类等不同类型。

（一）债权确认类诉讼

实践中债务人职工及债权人可能会对管理人核查、确认的债权数额、性质等方面存在异议，而管理人不予调整，为保护债务人职工及债权人的合法权益不受损害，《企业破产法》第四十八条、第五十八条分别赋予了职工和其他债权人提起诉讼的权利。

1. 职工债权确认之诉

职工债权的范围是哪些，相关法律法规已有规定。但是债务人在记载职工相关债权时可能存在误差、遗漏，管理人根据债务人的记载情况制作的清单也可能会存在类似问题。在出现误差、遗漏时依据《企业破产法》第四十八条第二款的规定，职工对记载有异议的可以要求管理人予以更正，在管理人不予更正的情形下，职工可以向人民法院起诉确认。实践中债务人破产前已经辞职的职工债权争议，主要是由职工债权人向债务人单位劳动争议调解委员会申请调解，调解不成可以向劳动争议仲裁委员会申请仲裁，也可以直接向劳动争议仲裁委员会申请仲裁，对仲裁裁决不服的，可以向人民法院提出诉讼。

2. 一般债权确认之诉

依据《企业破产法》第四十四条的规定，债务人经人民法院裁定进入破产程序后，债权人应当在人民法院确定的债权申报期限内向管理人申报债权，管理人收到债权申报材料后，应当登记造册，对申报的债权进行形式审查及实质审查，并编制债权表。债权人、债务人对于管理人编制的债权表记载的债权有异议，可请求管理人予以更正，而管理人不予更正的，可向人民法院提起请求确认债权的民事诉讼。

（二）清收类诉讼

债务人的预付账款、应收账款、其他应收账款、对外投资、出资人尚未完全履行的出资以及损害赔偿款等均属于债务人的财产。根据《企业破产法》第十七条、第三十五条的规定，在债务人进入破产程序后，管理人经非诉讼方式催收无效后应当通过诉讼途径就债务人对外享有的债权等财产进行清收。

（三）撤销类诉讼

人民法院受理债务人破产申请前，债务人极可能做出损害债权人利益的不当行为，因此《企业破产法》第三十一条、第三十二条规定管理人有权申请人民法院撤销债务人的有关行为。并且管理人可以根据《企业破产法》第三十四条的规定追回因上述撤销行为涉及的债务人财产。实践中，管理人应当仔细核查债务人是否存在《企业破产法》第三十一条、第三十二条规定的有关行为。管理人聘请审计机构的，可以要求审计机构进行专项审查，以查清相关事实。

（四）抵销权类、别除权类诉讼

《企业破产法》第四十条赋予债权人在破产受理前对债务人负有债务的可通过管理人主张抵销的权利，但需要经管理人审查后确定是否同意抵销。当管理人对抵销主张有异议时，应当依据《破产法司法解释二》第四十二条的规定向人民法院提起抵销权诉讼。

《企业破产法》第一百零九条、第一百三十二条规定，债权人对破产企业特定财产享有担保权利的，对该特定财产享有优先受偿的权利。实践中别除权一般是通过管理人行使，在债权人行使别除权时往往会因受偿金额、担保物评估价值发生争议，而向受理法院提起别除权诉讼。

（五）其他类诉讼

实践中破产衍生诉讼类型繁多，除上述分类外还有债务人财产权属确认类诉讼等类型。另外，部分案件很可能会涉及多个不同的法律关系，因此，不宜仅仅依据某一法律关系对所涉及的衍生诉讼进行简单分类。

相关依据

1.《企业破产法》第十七条、第三十一条、第三十二条、第三十三条、第三十四条、第三十五条、第四十条、第四十四条、第四十八条、第五十八条、第一百零九条、第一百三十二条

2.《破产法司法解释二》第四十二条

第二节　债权人提起的诉讼

一、诉讼的管辖

理论背景

破产申请受理后新发生案件的集中管辖，一方面，有利于破产案件的专业化审理；另一方面，也有利于提高破产案件审理的效率。但是在实际操作中也引起不少争议，例如与海事、知识产权案件专属管辖以及简易案件级别管辖之间的冲突。为了明晰相关的争议，最高人民法院在《破产法司法解释三》中对破产衍生诉讼的管辖问题予以澄清。

首先，《企业破产法》关于管辖的规定，相对于《民事诉讼法》的管辖规定，属于特别法，在法律适用上应当优先适用。当事人不得以《民事诉讼法》的有关规定否定受理破产案件法院的管辖权。但是，《企业破产法》规定的集中管辖不能排除仲裁条款的效力，在约定仲裁条款有效的情况下，应由当事人依照相关规定通过仲裁方式解决纠纷。其次，一些案情比较复杂、影响较大或专业技术性较高的案件，法律特别规定由中级人民法院管辖。如证券市场因虚假陈述引发的民事赔偿案件和专利纠纷等案件。《民诉法解释》第二条规定，专利纠纷案件由最高人民法院确定的中级人民法院管辖。《民事诉讼法》第三十三条规定，因港口作业中发生纠纷提起的诉讼，由港口所在地人民法院管辖。对于此类衍生诉讼案件，受理破产申请的人民法院，可依据《民事诉讼法》第三十七条的规定，请求由上级人民法院指定管辖，将衍生诉讼案件交由其管辖审理。[①] 此外，破产程序中有关劳动争议案件是否需要经劳动仲裁前置程序，实践中也存有争议。《破产法司法解释二》第四十七条和山东、广东、江苏等高院的“破产审理指引”中都对此作出了详细、明确的规定。司法实践

① 最高人民法院民事审判第二庭：《最高人民法院关于企业破产法司法解释理解与适用：破产法解释（一）、破产法解释（二）》，人民法院出版社2013年版，第503－504页。

中一般按照案由归类，将衍生诉讼分为破产债权确认诉讼、撤销权诉讼、抵销权诉讼、别除权诉讼等十几种类型，实行集中管辖。

法律实务

《企业破产法》第二十一条是对关于破产申请受理后案件集中管辖的规定，由于破产申请一旦被受诉法院受理，那么所有围绕该破产企业的债权债务的民事诉讼皆应由该法院管辖，这样便于集中处理诉讼案件，提高司法效率，也有利于切实保障权利人的合法权益。有关破产程序中的集中管辖，实践中应重点关注以下几个问题：

（一）受理破产申请前的管辖法院

破产申请受理前已经按照《民事诉讼法》等相关法律规定向其他法院（仲裁庭）申请立案的，仍应当由原案件受理的法院（仲裁庭）进行审理，债权人可以依据原法院（仲裁庭）的审理结果向管理人申报债权，此时不适用《企业破产法》第二十一条关于集中管辖的规定。

（二）受理破产申请后的管辖法院

1. 其他法院已经立案的案件

实践中存在破产申请受理法院以外的法院并不知晓债务人已经破产的事实，而继续受理有关债务人诉讼的情况。此时管理人作为债务人的诉讼代表人，应当向原法院提起管辖权异议，说明债务人已经进入破产程序的事实，并请求将案件移送至受理债务人破产申请的法院审理。

2. 破产重整程序终结后的案件

《九民会议纪要》第113条第2款规定：“重整计划执行期间，因重整程序终止后新发生的事实或者事件引发的有关债务人的民事诉讼，不适用《企业破产法》第二十一条有关集中管辖的规定。除重整计划有明确约定外，上述纠纷引发的诉讼，不再由管理人代表债务人进行。”因此除非在重整计划中有约定，在法院裁定批准通过重整计划并终止重整程序后，关于债务人的民事诉讼将不再适用集中管辖的规定。

3. 职工债权人关于工伤认定的案件

债权人基于工伤认定等问题提起的行政诉讼，特别是部分法院会将债务人追加为第三人参加诉讼时，因职工债权人是基于工伤认定等问题提起的行政诉讼，债务人是依据《行政诉讼法》第二十九条规定参与到行政诉讼程序中，并不会因为债务人进入破产程序而适用集中管辖的规定。

（三）集中管辖的例外规定

1. 合同纠纷仲裁条款的规定

依据《企业破产法》第五十八条规定，债权人、债务人对债权表记载的内容有异议的，可以向受理破产申请的人民法院提起诉讼。但《破产法司法解释三》第八条第二款规定，当事人之间在破产申请受理前订立有仲裁条款或仲裁协议的，应当向选定的仲裁机构申请确认债权债务关系。因此在该种情况下，债务人应当依据与债权人签订的合同向仲裁机构申请确认债权债务。实践中仲裁条款多见于融资租赁合同、买卖合同等合同中，债权人在提起债权确认之诉时应当对合同条款关于管辖内容的约定予以注意。

2. 劳动争议仲裁条款的规定

劳动争议案件的管辖，在实践中存在较大分歧。《企业破产法》第四十八条第二款规定："职工对清单记载有异议的，可以要求管理人更正；管理人不予更正的，职工可以向人民法院提起诉讼。"《劳动法》第七十九条规定："劳动争议发生后，当事人可以向本单位劳动争议调解委员会申请调解；调解不成，当事人一方要求仲裁的，可以向劳动争议仲裁委员会申请仲裁。当事人一方也可以直接向劳动争议仲裁委员会申请仲裁。对仲裁裁决不服的，可以向人民法院提出诉讼。"山东高院《破产审理指引》第九十二条第二款规定："职工对清单记载有异议的，可以要求管理人更正；管理人不予更正的，职工可以向人民法院提起诉讼。但债务人破产前已经辞职的职工债权争议仍属于劳动争议范畴，需经过仲裁前置程序。"通过上述规定来看，劳动争议案件管辖的分歧点，在于破产程序中劳动争议是否必须先经过仲裁。该争议目前尚未形成统一结论，实践中职工债权人对管理人公示的职工债权清单有异议的，应根据实际情况进行处理。

相关依据

1. 《企业破产法》第二十一条、第四十八条、第五十八条

2. 《民事诉讼法》第二十一条、第三十三条、第三十七条、第三十八条

3. 《行政诉讼法》第二十九条
4. 《劳动法》第七十九条
5. 《破产法司法解释三》第八条、第四十七条
6. 《民诉法解释》第二条
7. 《九民会议纪要》第113条
8. 山东高院《破产审理指引》第九十二条

二、诉讼主体

理论背景

依据《民事诉讼法》第一百一十九条规定，起诉必须符合下列条件：原告是与本案有直接利害关系的公民、法人和其他组织；有明确的被告、具体的诉讼请求和事实、理由；属于人民法院受理民事诉讼的范围和受诉人民法院管辖。因此有明确的被告是起诉条件之一。在破产程序中，债权人以债务人为被告提起的诉讼，因进入破产程序后债务人仍具有诉讼主体资格，债务人的诉讼当事人的地位并未改变，但由于管理人在人民法院受理破产案件后已接管债务人，因此应由管理人代表债务人参加相关诉讼。

债权人因债权异议提起的债权确认纠纷中，《企业破产法》第五十八条虽然规定了债权人、债务人的异议权，但是具体如何行使诉讼权利并未规定，对于此类诉讼的当事人，《破产法司法解释三》第九条规定，债务人对债权表记载的债权有异议向人民法院提起诉讼的，应将被异议债权人列为被告。在管理人责任纠纷中，受害人要求管理人承担民事赔偿责任的，诉讼的主体除了债权人之外，还应有债务人和管理人。

法律实务

关于诉讼主体问题应当分两个不同的阶段分析，即债务人进入破产程序前提起的诉讼和债务人进入破产程序后提起的诉讼。

（一）债务人进入破产程序前提起的诉讼

债务人进入破产程序前债权人已经提起的诉讼，其将债务人作为被告符合

法律规定。但当债务人进入破产程序时尚未审结的案件继续审理时，管理人根据《企业破产法》第二十五条的规定，代表债务人参加诉讼、仲裁程序，在诉讼地位列明上，应当与债务人直接参与诉讼有所区分。

虽然《企业破产法》第二十五条规定了管理人代表债务人参加诉讼、仲裁程序，但并未对管理人的诉讼地位加以明确，实践中各地法院掌握的标准也不统一。有的法院认为应当将管理人直接列为被告；有的法院认为仍应当以债务人为被告，由管理人作为诉讼代表人参与诉讼活动；有的法院认为应当以债务人作为被告，同时列明其原法定代表人及职务，管理人作为其委托的诉讼代理人参与诉讼活动；有的法院认为仍应当将债务人列为被告，同时在债务人下面继续列管理人，而不标明是诉讼代表人或诉讼代理人。实践中，有关债务人的诉讼，仍以债务人作为诉讼主体，管理人作为诉讼代表人参与诉讼活动的做法被逐渐认同。

（二）债务人进入破产程序后提起的诉讼

1. 以债务人作为诉讼主体提起的诉讼

依据《破产法司法解释二》第二十七条的规定，在一般取回权纠纷中应当将债务人列为被告，由管理人以诉讼代表人的身份代表债务人参加诉讼。依据《破产法司法解释三》第九条的规定，若债权人对债权表记载的第三人债权持有异议的，应将被异议债权人列为被告。而债权人若是对债权表记载的本人债权有异议的，则应将债务人列为被告。

2. 以管理人作为诉讼主体提起的诉讼

《企业破产法》第一百三十条规定："管理人未依照本法规定勤勉尽责，忠实执行职务的，人民法院可以依法处以罚款；给债权人、债务人或者第三人造成损失的，依法承担赔偿责任。"如果管理人存在上述行为，债权人可以管理人为被告，要求管理人承担相应的赔偿责任，但不宜将管理人的执业机构作为被告。山东高院《破产审理指引》第四十九条明确了只有在请求撤销个别清偿行为之诉、破产撤销权之诉、确认债务人行为无效之诉三类诉讼中才能以管理人的名义作为诉讼主体，而在其他案由的诉讼中，则未规定需要以管理人的名义提起诉讼。广东高院《审理破产案件指引》第四十三条明确了只有在请求撤销个别清偿行为之诉中才能以管理人的名义作为诉讼主体，而在其他案由的诉讼中，则由债务人作为诉讼主体。

此外，江苏省、河北省、四川省、云南省等地方法院出台的相关破产审判指引或操作指引对管理人作为诉讼主体的情形进行了不同的规定。因此，是否应当将管理人列为诉讼主体，在实践中需要依据不同案件情况加以考量。

相关依据

1. 《企业破产法》第二十五条、第五十八条、第一百三十条
2. 《民事诉讼法》第一百一十九条
3. 《破产法司法解释二》第二十七条
4. 《破产法司法解释三》第八条、第九条
5. 山东高院《破产审理指引》第四十九条
6. 广东高院《审理破产案件指引》第四十三条
7. 江苏高院《破产审理指南》第九条

三、诉讼时效

理论背景

债权人向债务人主张权利的分为一般案件的诉讼时效和债权确认之诉的诉讼时效。一般案件的诉讼时效，根据《民法总则》及《诉讼时效若干的规定》的规定，债权人申请破产或者申报破产债权，与提起对债务人的诉讼具有同等诉讼时效中断的效力。行使抵销权也是主张权利的一种方式，所以债权人主张行使抵销权的，也具有中断诉讼时效的效力。此外，债权人向债务人的保证人追偿的诉讼时效，原则上不受破产程序的影响，但应当注意债务人在保证期间破产而债权人在此之后未向保证人主张权利的，应当在破产终结后六个月内向保证人主张权利。

实践中，引发较多争议的主要是因债权异议提起的债权确认之诉的诉讼时效问题。债权确认诉讼是在破产程序中，由法院对当事人争议的破产债权进行及时解决的诉讼程序。现行《企业破产法》对于异议人提起的债权确认诉讼的期限无明确的规定，比较法上，各国（地区）对于破产债权确认诉讼均明确规定了债权异议的提起期限。“我国台湾地区破产法规定，异议当事人应在第一次债权人会议结束前向法庭提出对破产债权是否存在和数额比例

多少的争议；……日本破产法规定对破产债权的审查决定有异议者，可在送达之日起1个月的不变期间内向法院提起异议诉讼。”[①]《破产法司法解释三》第八条明确规定了债权确认之诉的期限等问题。但是，对于该条中十五日的期限应该理解为诉讼时效还是除斥期间，理论界与实务界均存在不同的看法，尚无定论。另外，对于债权人向保证人提起的诉讼，理论界也有很多争议，实务操作中意见分歧也较大。

法律实务

（一）债权人向债务人提起的诉讼

债权人对债务人提起的诉讼，适用《民法总则》第一百八十八条及相关司法解释关于诉讼时效的规定。

1. 诉讼时效的中断

根据《最高人民法院关于审理民事案件适用诉讼时效制度若干问题的规定》第十三条的规定，债权人申请债务人破产或者向管理人申报破产债权，与提起对债务人的诉讼具有同等诉讼时效中断的效力。一般情况下，行使抵销权也是主张权利的一种方式，所以债权人主张行使抵销权的，同样具有中断诉讼时效的效力。

2. 债权确认之诉的诉讼时效

对于债权人提起破产债权确认之诉的诉讼时效问题，《破产法司法解释三》第八条规定，异议人应当在债权人会议核查结束后十五日内向人民法院提起债权确认的诉讼，但是实践中关于该十五日是否为诉讼时效存在较大争议，有观点认为此处的十五日为诉讼时效，但也有观点认为该十五日不是诉讼时效，超过该十五日仍然可以向人民法院提起债权确认之诉。鉴于实践中认知并不统一，为稳妥起见，建议异议人按照《破产法司法解释三》第八条的规定，在十五日内向人民法院提起诉讼。

（二）债权人向保证人提起的诉讼

《担保法解释》第四十四条规定：“保证期间，人民法院受理债务人破产案件的，债权人既可以向人民法院申报债权，也可以向保证人主张权利。债权人

---

① 张芳芳、林敏聪：《论我国破产债权确认诉讼制度》，载《政法学刊》2017年第6期。

申报债权后在破产程序中未受清偿的部分，保证人仍应当承担保证责任。债权人要求保证人承担保证责任的，应当在破产程序终结后六个月内提出。”依据该条规定，债权人向保证人主张权利的时间要求，应当从如下三个方面分析：

1. 破产程序终结前提起的诉讼

《担保法解释》第四十四条仅规定了债权人要求保证人承担保证责任的，应当在破产程序终结后六个月内提出，但是并未规定在破产程序终结前不能向保证人提起诉讼要求其承担保证责任。因此，在破产程序终结前，债权人同样有权向保证人主张权利，且依据《最高人民法院关于对云南省高级人民法院就如何适用〈关于适用《中华人民共和国担保法》若干问题的解释〉第四十四条请示的答复》的规定，如果债权人已经在保证期间内、债务人破产程序前要求保证人承担保证责任的，将不再适用《担保法解释》第四十四条第二款关于六个月的规定。

依据最高人民法院〔2002〕民二他字第32号答复，对于债权人申报了债权，同时又起诉保证人的保证纠纷案件，人民法院应当受理。在具体审理并认定保证人应承担保证责任的金额时，如需等待破产程序结束的，可依照《民事诉讼法》第一百三十六条第一款第（五）项的规定，裁定中止诉讼。人民法院如径行判决保证人承担保证责任，应当在判决中明确应扣除债权人在债务人破产程序中可以分得的部分。

2. 破产程序终结后提起的诉讼

依据前述《担保法解释》的规定，对保证人主张保证责任的时间要求是在破产程序终结后六个月内。但是《企业破产法》仅在破产清算程序中有破产终结的规定，而在破产重整、和解程序中，只有终止的规定，没有程序终结的规定。《九民会议纪要》第114条对此作了明确规定，重整计划执行完毕后或者基本执行完毕后，管理人应当申请终结重整程序，法院可以依据管理人的申请作出终结重整程序的裁定。但是该规定并未出现在法律层面，实践中，破产重整、和解很少有法院会出具终结破产程序的裁定，为避免不同法院对该条规定的不同掌握，债权人向保证人主张权利最稳妥的方式，是将人民法院裁定终止重整、和解程序的时间作为《担保法解释》第四十四条规定的向保证人主张权利的起算点。

《担保法解释》第四十四条关于保证责任的规定，仅适用于债务人在破产程序开始时保证期间尚未届满，而在破产终结前保证期间届满的情形。即在上述情况下，考虑到债权人在债务人破产期间不便对保证人行使权利，故允许债权人可以在债务人破产终结后六个月内要求保证人承担保证责任。当然，债权人主张权利并不局限于向人民法院提起诉讼，依据前述最高人民法院〔2002〕民二他字第32号答复，债权人主张权利的形式包括提起诉讼和送达清收债权通知书。

3.《担保法解释》第四十四条的适用例外

《担保法解释》第四十四条第二款规定的六个月期限并非没有限制，如果在申报债权之前保证期间已经届满，则保证人的保证责任应获得终局性免除，并不会因为债务人进入破产程序而恢复，只有在债务人进入破产程序时保证期间尚未届满，才会涉及保证人在破产程序中及破产程序结束后的六个月内承担保证责任的问题。因此，债权申报前保证期间已经届满的，则不再适用《担保法解释》第四十四条的规定。

相关依据

1.《民法总则》第一百八十八条
2.《民事诉讼法》第一百三十六条
3.《破产法司法解释三》第八条
4.《担保法解释》第四十四条
5.《最高人民法院关于审理民事案件适用诉讼时效制度若干问题的规定》第十三条
6.《九民会议纪要》第114条
7. 最高人民法院〔2003〕民二他字第49号答复
8. 最高人民法院〔2002〕民二他字第32号答复

四、诉讼请求的特别规定

理论背景

根据《尚未审结破产案件若干问题规定》第九条第二款的规定，破产申请受理前债权人向债务人提起的给付之诉应当变更为确认之诉，即请求法院确认其债权。该规定其实在司法实践中一直存有争议，争议的焦点就在于破产申请受理后，对于请求给付之诉是否可以继续审理并作出裁决的问题。第一种观点认为，不应再审理给付之诉，除非改为确认之诉或者为债务人利益追收财产，否则应当驳回债权人的诉讼请求。第二种观点认为，可以继续审理并作出支持给付请求的裁决，但权利人只能在破产程序中申报债权，除非法院裁定驳回破产申请或者终结破产程序。第三种观点认为，人民法院应当向原告释明，告知其可以撤回诉请并通过申报债权主张权利，若债权人坚持诉讼则人民法院应当继续审理并径行作出判决，但注意判项与《企业破产法》及其司法解释的规定相协调。[①]《九民会议纪要》第110条第3款对此给出了明确意见，基本采纳了前述第三种观点，某种程度上修正了上述规定。理由是人民法院没有必要向当事人释明让其改为确认之诉，一是因为根据给付之诉判决，管理人也能够确认债权数额，不是非得根据确认之诉判决才能确认。二是因为如果必须改为确认之诉，那么之前已经生效的给付之诉判决，管理人怎么能够确认债权数额。因此该种情况下，人民法院可以继续审理并径行判决，但须在判项中说明，权利人只能在破产程序中依法申报债权，不得据此获得个别清偿。[②] 同时，《九民会议纪要》第110条第3款还规定："人民法院受理破产申请后，债权人新提起的要求债务人清偿的民事诉讼，人民法院不予受理，同时告知债权人应当向管理人申报债权。债权人申报债权后对债权表记载有异议的，可以根据《企业破产法》第58条的规定提起债权确认之诉。"

综上，债权人对债务人提起的给付之诉，破产申请受理前的，法院继续审理，不必要求债权人变更为确认之诉，但需要在判项中特别说明；破产申请受理之后的，法院不予受理，债权人应当通过申报债权主张权利，对管理人编制的债权表记载内容有异议的，可提起确权之诉。对于其他如主张违约金、取回权的诉讼请求，应当按照相关规定确定。

---

① 最高人民法院民事审判第二庭：《〈全国法院民商事审判工作会议纪要〉理解与适用》，人民法院出版社2019年版，第558－559页。

② 最高人民法院民事审判第二庭：《〈全国法院民商事审判工作会议纪要〉理解与适用》，人民法院出版社2019年版，第559页。

法律实务

（一）破产受理前的诉讼请求

《尚未审结破产案件若干问题规定》第九条第二款规定："债权人就争议债权起诉债务人，要求其承担偿还责任的，人民法院应当告知该债权人变更其诉讼请求为确认债权。"据此，人民法院裁定受理债务人破产申请前债权人已经向人民法院提起诉讼的，原给付之诉应当变更为确认之诉。但《九民会议纪要》第110条对此进行了修正，并不要求原告必须变更诉讼请求，法院可以继续审理。实践中多数债权人对此并不清楚，不同法院掌握的标准也并不统一。管理人应当在诉讼程序中向审理法院阐明上述规定，由法院最终确定。

根据《企业破产法》第四十六条的规定，未到期的债权，在破产申请受理时视为到期，附利息的债权自破产申请受理时起停止计息。但该条并未涉及违约金是否应当停止计算的问题，目前实践中违约金的计算截止时间亦参照上述规定执行，且最高人民法院及地方人民法院有案例支持违约金应当自破产申请受理时停止计算，该种操作的主要目的在于及时确认债权人债权数额，推进破产程序进展。①

（二）破产受理后的诉讼请求

破产案件受理后债权人提起的诉讼，其诉讼请求应当依据不同案由进行区分。例如债权人对债权表记载的债权有异议，向受理破产申请的人民法院提起诉讼时，其诉讼请求应当为确认债权，包括确定债权性质、债权金额等。而在一般取回权案件中，特别是融资租赁类债权人主张取回权的，若是在债权申报时便已经申报了全部应付未付租金、留购价款、违约金等，则不能再简单地以取回融资租赁物作为诉讼请求。

《合同法》第二百四十八条规定："承租人应当按照约定支付租金。承租人经催告后在合理期限内仍不支付租金的，出租人可以要求支付全部租金，也可以解除合同，收回租赁物。"《融资租赁解释》第二十一条第一款规定："出租人既请求承租人支付合同约定的全部未付租金又请求解除融资租赁合同的，人

---

① 最高人民法院（2016）最高法民终231号《民事判决书》；杭州市中级人民法院（2015）浙杭商终字第319号《民事判决书》。

民法院应告知其依照合同法第二百四十八条的规定作出选择。”根据上述规定，融资租赁债权人已经申报全部债权后又向人民法院提起诉讼主张取回融资租赁物的，人民法院可能无法予以支持。因此，实践中融资租赁类债权人在申报债权时应综合考虑自身及破产案件的具体情况，选择申报全部债权还是主张取回租赁物。

相关依据

1.《企业破产法》第三十三条、第四十六条、第一百三十条
2.《合同法》第二百四十八条
3.《融资租赁解释》第二十一条
4.《尚未审结破产案件若干问题规定》第九条
5.《九民会议纪要》第110条

第三节 管理人、债务人提起的诉讼

一、管理人提起的诉讼

理论背景

《企业破产法》第二十五条第一款第（七）项规定，由管理人代表债务人参加诉讼、仲裁或者其他法律程序。但是何谓“代表参加”，理论与实务界均存在分歧。《企业破产法》对管理人的法律地位没有进行明确规定，目前中外学界对管理人的法律地位的学说主要有代理说、职务说、破产财团代表说、机关说、中性说等。每种学说都带有深刻的地域和社会背景的印迹，换言之，各学说都是为了满足特定国家或地区在特定时期和特定经济社会背景下，对破产程序价值目标的需要。而对管理人的产生、职责、权利、义务、法律责任等事项进行的设置，各学说均有一定的合理性，但又都有特定的局限性，均不具恒久普世适用的功能。为充分发挥《企业破产法》的功能与效应，保障破产衍生

诉讼案件审理的效率性、公平性，明确统一管理人在破产衍生诉讼案件中的诉讼主体地位是非常有必要的。

根据《企业破产法》的立法目的、原则和价值目标，以及对管理人职责、权利、义务、责任的规定，结合《公司法》和《民事诉讼法》中关于民事诉讼主体的相关规定，在破产程序中，衍生诉讼应以债务人为诉讼主体作为一般原则，而不应直接将管理人列为诉讼主体；在某些特殊诉讼中，基于破产程序概括偿债的功能，为避免债务人作为诉讼主体而产生的一系列问题，根据《企业破产法》及相关司法解释规定，由管理人作为诉讼主体。对于涉及债务人欺诈性资产转移行为和偏颇性清偿行为的诉讼，《企业破产法》及相关司法解释在遵守民事诉讼当事人一般规定的前提下，为保证程序和实体的公正性，避免逻辑矛盾，授权管理人作为当事人参加诉讼。但此时管理人诉讼当事人主体地位并非是基于自身享有的民事权利，而是基于法律规定赋予的职权。所以，此时管理人的当事人性质也不同于民事法律上的当事人，管理人并非为自身利益参加诉讼，而是为履行职责而参加诉讼，案件的审理结果与管理人没有直接利害关系，裁判结果也不由管理人承担，而由债务人承担。此类诉讼包括：请求撤销个别清偿行为纠纷、请求确认债务人行为无效纠纷和破产撤销权纠纷等。

法律实务

以管理人名义提起的诉讼主要包括破产撤销权诉讼、请求撤销个别清偿诉讼及确认债务人行为无效诉讼等。

（一）破产撤销权诉讼

《企业破产法》第三十一条规定了债务人在破产受理一年内发生的不当行为可予以撤销。在管理人提起的破产撤销权诉讼中，有以下两个方面的问题需要注意：

1. 破产撤销权的被告

关于破产撤销权的被告问题有两种观点：一种观点认为应当以债务人为被告，以受益人为第三人。这主要是因为《企业破产法》第三十一条规定的管理人撤销权性质与《合同法》第七十四条关于债的保全的规定相符合。而对于债的保全相关问题，依据《合同法司法解释一》第二十四条的规定，应当将债务人列为被告，将受益人列为第三人。另一种观点则认为应当以受益人为被告，以债务人为第三人。这主要是因为《企业破产法》第三十一条规定的行为虽然一定情况下是由债务人及受益人共同实施的，但因为债务人的管理人已经以原告的身份作为诉讼主体参与诉讼，因此不宜再将债务人直接作为被告，否则会出现原告及被告为同一诉讼代表人的问题，而将受益人列为被告则不会出现该种问题。在实务操作中建议结合具体案例，依据不同情况确定破产撤销权诉讼的被告。

2. 破产撤销权行使的法律后果

破产撤销权行使的法律后果主要表现在可撤销行为的效力、被处分财产的归属、相对人或受益人的地位等方面。第一是可撤销行为自始无效，这是一个基本原则，经诉讼确认撤销后，使得债务人或债务人与相对人的行为恢复到未发生的状态。如债务人放弃债权的行为被撤销，相对人应当继续履行债务。债务人放弃债权担保的行为被撤销，担保人仍应对债务人债权承担担保责任等。第二是可撤销行为中的财产返还，回归债务人财产。根据法律的规定，行为被撤销后，涉及财产的，该财产应予返还。撤销权诉讼具有形成之诉和给付之诉合并的属性，所以法院在撤销可撤销行为时，应同时裁判相对人或受益人返还财产，而不需管理人再提起返还之诉。第三是可撤销行为中的相对人或受益人原权利义务恢复，可撤销行为被撤销后，相对人或受益人除了承担返还义务外，与债务人的关系和财产状况也要恢复到以前的状态。如果相对人无偿取得财产，其在返还财产后，无其他请求权可言。但若其取得财产时是有偿的，则在履行完返还义务后，如不对其已支付的价值享有请求权，显然是不公平的。《破产法司法解释二》第十一条规定："人民法院根据管理人的请求撤销涉及债务人财产的以明显不合理价格进行交易的，买卖双方应当依法返还从对方获取的财产或者价款。因撤销该交易，对于债务人应返还受让人已支付价款所产生的债务，受让人请求作为共益债务清偿的，人民法院应予支持。"

（二）请求撤销个别清偿诉讼

《企业破产法》第三十二条规定了债务人个别清偿行为可予撤销的情形。实践中，管理人提起的请求撤销个别清偿诉讼需要关注以下三个方面的问题：

1. 个别清偿行为应否为主动清偿

有观点认为债权人自主划扣行为系依据与债务人签订的合同及相关法律规定、行业交易习惯等所进行的债权债务抵销，并非债务人的个别清偿行为。但《企业破产法》第三十二条并未将个别清偿行为区分为主动清偿和被动清偿，实践中通常认为只要存在清偿行为均可认定符合个别清偿的情况，债权人主动扣划银行存款造成债务人被动清偿情形的，同样应当属于个别清偿行为。

2. 第三人代为履行是否属于可撤销的情形

《企业破产法》第三十二条规定撤销个别清偿行为的根本目的在于保障全体债权人利益，使所有债权人公平受偿。若第三人无偿代为履行清偿义务使债务人财产受益，则不符合《企业破产法》第三十二条规定的可撤销情形。若第三人有偿代为履行，则应当分析具体情况，以代为履行是否损害其他债权人利益为判断标准，决定是否请求人民法院依法予以撤销。

3. 个别清偿的例外规定

债务人的清偿行为是否属于个别清偿行为需依据《破产法司法解释二》第十六条的规定及实际情况进行综合判定。

（三）确认债务人行为无效诉讼

《企业破产法》第三十三条规定了债务人的无效行为。在管理人提起的确认债务人行为无效诉讼中，主要有以下问题需要关注：

1. 行为自始无效

债务人为逃避债务而隐匿、转移财产及虚构债务或者承认不真实债务，存在主观恶意，且债务人实施上述行为必然会导致债务人财产的不当减少，而损害债权人的利益。另外，相对人与债务人恶意串通，不属于善意第三人。因此，债务人有《企业破产法》第三十三条规定的行为，依法应当认定其自始无效。

2. 无时间限制

上文所述的破产撤销权诉讼和请求撤销个别清偿诉讼，《企业破产法》规定了可撤销行为需发生在人民法院受理破产申请前一年和六个月的时间内，而对于债务人无效行为的认定，《企业破产法》并未作出时间上的限制。

管理人依法、及时提起破产撤销权诉讼、请求撤销个别清偿诉讼及确认债务人行为无效诉讼在破产程序中尤为重要，不仅有利于债务人财产的增加和债权清偿率的提高，有时可能会决定破产程序的成败。例如江苏宜兴如日中天贸易有限公司破产清算案就是“有效运用破产撤销权制度”的典型案例。该案中债务人主要财产为对拟上市公司的股权投资，于破产案件受理前被低价转让并用作个别债务清偿，针对该情况，法院引导管理人与股权受让方协商返还全部股份利益，通过行使破产撤销权追回个别清偿资金，并针对股票禁售期问题设计股票资产变现方案，有效提高了债权人的清偿率。

相关依据

1. 《企业破产法》第二十五条、第三十一条、第三十二条、第三十三条
2. 《合同法》第七十四条
3. 《破产法司法解释二》第十一条、第十六条
4. 《合同法司法解释一》第二十四条

二、债务人提起的诉讼

理论背景

破产程序的启动并不必然使债务人丧失法人资格。案件最终的结果可能是重整，也可能是和解，也可能因第三方为债务人提供担保而终结程序，这种情况下，债务人的主体资格得以存续；即使是清算程序，在法院宣告债务人破产、注销主体资格前，债务人的法人资格仍然存在，仍然具有民事权利能力和行为能力，只是受到了一定的限制。因此，尽管在破产程序中，债务人的代表机关和执行机关不再是原来的管理层，而由管理人担任，但债务人仍具有诉讼主体资格，能够以自己的名义参加相关诉讼。此外，《公司法司法解释二》第十条规定："公司依法清算结束并办理注销登记前，有关公司的民事诉讼，应当以公司的名义进行。公司成立清算组的，由清算组负责人代表公司参加诉讼；尚未成立清算组的，由原法定代表人代表公司参加诉讼。"据此，债务人应作为案件的当事人，而管理人则列为债务人的诉讼代表人，相关诉讼的法律后果归属债务人。

在人民法院受理破产申请之后，债务人仍可能提起以下诉讼：首先是破产债权确认纠纷。即债务人对于管理人编制的债权表记载的债权有异议，请求管理人予以更正，而管理人不更正的，向人民法院提起的请求确认债权的民事诉讼案件。"对于普通破产债权确认纠纷，应注意可以区分为两种类型，一是债务人起诉；二是债权人起诉。债务人起诉的，应将受到异议的债权人列为被告；……管理人代表债务人进行诉讼。对他人债权有异议的，被记载的债权人

可以作为第三人参加诉讼。”① 其次是财产清收类纠纷。即追回债务人财产或追收债务人的对外债权而产生的纠纷。最后就是管理人责任纠纷。依据《企业破产法》第一百三十条，破产程序中，管理人未依照本法规定勤勉尽责，忠实执行职务，给债权人、债务人或者第三人造成损失的，依法承担赔偿责任。这一类纠纷中管理人的民事赔偿责任符合侵权责任的构成，应当满足侵权责任的构成要件。② 此外，对于债权人或股东提出抵销请求的，如管理人经审查认为不符合抵销条件的，也应以债务人的名义提起诉讼。

法律实务

（一）清收类诉讼

1. 清收类诉讼的时效

《破产法司法解释二》第十九条规定：“债务人对外享有债权的诉讼时效，自人民法院受理破产申请之日起中断。债务人无正当理由未对其到期债权及时行使权利，导致其对外债权在破产申请受理前一年内超过诉讼时效期间的，人民法院受理破产申请之日起重新计算上述债权的诉讼时效期间。”该项规定系突破《民法总则》关于诉讼时效一般规定的特别规定，是对债务人财产的特殊保护。

2. 诉讼程序

《企业破产法》未明确规定债务人对外债权及其他财产的清收诉讼程序，实践中管理人通常参照《民事诉讼法》的有关规定，以债务人名义开展清收诉讼。管理人应当依据债务人应收债权的数量等制订催收计划及催收日程表，对清收工作的人员安排、时间计划等作出规划。催收方式可首先选择协商清收，对于拒不归还债务人财产的，管理人则可以采取诉讼催收的方式。

（二）债权异议类诉讼

根据《企业破产法》第五十八条的规定，债务人对债权表记载的债权有异议的，可以向受理破产申请的人民法院提起诉讼。实践中管理人对债务人提出

---

① 最高人民法院民事案件案由规定课题组：《最高人民法院民事案件案由规定理解与适用》，人民法院出版社2011年版，第413－414页。

② 最高人民法院民事案件案由规定课题组：《最高人民法院民事案件案由规定理解与适用》，人民法院出版社2011年版，第425－426页。

的债权异议认为应当通过诉讼解决的，可以债务人的名义提起诉讼，管理人仍可作为诉讼代表人，授权债务人的工作人员作为代理人参加诉讼。但如果管理人和债务人的意见出现分歧时，债务人如何提起诉讼成为一大难题，具体原因如下：

1. 债务人民事权利受限

债务人进入破产程序后其相关民事权利受到很大程度的限制，通常情况下债务人的印章由管理人进行保管，即便债务人自营，管理人也会对印章的使用进行审批或监督，此时债务人事实上无法完全按照自己的意志提起诉讼。

2. 无合适主体代表债务人提起诉讼

虽然《企业破产法》第二十五条规定管理人的职责包括代表债务人参加诉讼、仲裁或者其他法律程序，但在债务人提起的债权异议之诉中，因为债权表系由管理人所制作，管理人与债务人的意见又存在分歧，故管理人作为诉讼代表人参加诉讼不具有正当性。债务人原法定代表人是否可以自行或委托他人以债务人的名义提起诉讼存在争议，因为债务人进入破产程序后，管理人全面接管债务人，成为实际管理者，在该情形下债务人原法定代表人是否有权提起诉讼值得商榷。债务人的出资人或股东是否可以代表债务人提起诉讼也存在争议，因为根据《公司法》第一百五十一条的规定，只有当董事会、监事会怠于行使权力的时候，股东才能为了公司的利益以自己的名义直接向人民法院提起诉讼。在破产程序中，债务人的董事、监事及高级管理人员也缺乏提起债权异议之诉的法律依据。

（三）抵销类诉讼

债务人提起的抵销类诉讼主要有如下两种情形：

1. 不同意债权人抵销的诉讼

依据《企业破产法》第四十条规定，债权人在破产申请受理前对债务人负有债务的，可以向管理人主张抵销。《破产法司法解释二》第四十二条第二款规定，管理人对抵销主张有异议的，应当在约定的异议期限内或者自收到主张债务抵销的通知之日起三个月内向人民法院提起诉讼。无正当理由逾期提起的，人民法院不予支持。如果管理人对债权人提出的债权抵销主张存有异议，应当以债务人的名义及时提起诉讼，防止超过法定期间。

2. 债务人股东的抵销诉讼

《破产法司法解释二》第四十六条规定：“债务人的股东主张以下列债务与

债务人对其负有的债务抵销，债务人管理人提出异议的，人民法院应予支持：（一）债务人股东因欠缴债务人的出资或者抽逃出资对债务人所负的债务；（二）债务人股东滥用股东权利或者关联关系损害公司利益对债务人所负的债务。”如果债务人的股东申请债权债务抵销涉及上述规定中的债务，管理人应当以维护全体债权人的债权能得以公平受偿为出发点，代表债务人向人民法院提起诉讼，请求人民法院驳回债务人股东的抵销申请。

相关依据

1.《企业破产法》第二十五条、第四十条、第五十八条、第一百三十条
2.《公司法》第一百五十一条
3.《民事诉讼法》第一百一十九条
4.《破产法司法解释二》第十九条、第四十二条、第四十六条
5.《公司法司法解释二》第十条

第九章 破产重整

第一节 预重整和破产重整方式

一、预重整

理论背景

预重整制度是“债务人与债权人、投资人根据企业的营运价值分析重整成功的可行性，通过庭外积极地自行协商谈判形成庭外重组方案后，进入庭内重整程序并获得人民法院快速审查批准，被赋予法律执行力的一种程序设计，是现行破产重整制度改革与完善的选择路径”①。按照联合国《破产法立法指南》的界定，其是使受到影响的公司债权人在重整程序启动之前自愿重组谈判中谈判商定的计划发生效力而启动的程序。

预重整制度的本质是将重整程序中的部分核心步骤（即债权审核、资产审计评估、重整计划制订、表决和通过等）前移至重整申请之前、司法程序之外进行。其作为一种新型的危困企业拯救机制，其价值优势在于，“通过非司法程序与司法程序的结合、当事人意思自治与司法干预的结合，以较低的成本，较短的时间，实现债权人、债务企业、担保企业等各方价值利益的最大化，实现困境企业的自救，实现效率与公平的双重价值目标”②。

---

① 陈唤忠：《预重整制度的实践与思考》，载《人民司法》2019 年第 22 期。

② 潘光林、方飞潮、叶飞：《预重整制度的价值分析及温州实践》，载《法律适用·司法案例》2019 年第 12 期。

预重整制度最早源自美国破产实践。在我国经历了从实践到纸面、地方到中央的发展过程。2013 年浙江高院出台的《关于企业破产案件简易审若干问题的纪要》对企业破产案件预登记进行了明确规定，实际上已经开始尝试运用预重整制度。2018 年《破产会议纪要》要求探索推行庭外重组与庭内重整制度的衔接。这是对预重整实践探索成果的肯定，也为预重整制度的发展提供了法律上的依据和支持。《九民会议纪要》则进一步强调了庭外重组协议效力在重整程序中的延伸。

法律实务

《破产会议纪要》第 22 条规定："在企业进入重整程序之前，可以先由债权人与债务人、出资人等利害关系人通过庭外商业谈判，拟定重组方案。重整程序启动后，可以重组方案为依据拟定重整计划草案提交人民法院依法审查批准。"《九民会议纪要》第 115 条规定："继续完善庭外重组与庭内重整的衔接机制，降低制度性成本，提高破产制度效率。人民法院受理重整申请前，债务人和部分债权人已经达成的有关协议与重整程序中制作的重整计划草案内容一致的，有关债权人对该协议的同意视为对该重整计划草案表决的同意。但重整计划草案对协议内容进行了修改并对有关债权人有不利影响，或者与有关债权人重大利益相关的，受到影响的债权人有权按照企业破产法的规定对重整计划草案重新进行表决。"通过上述规定来看，预重整是指当事人在向法院提出破产重整申请之前，就重整事项进行谈判并达成重整方案，并将重整方案作为进入重整程序后制订重整计划草案依据的一种困境企业拯救机制。预重整结合了庭外重组和破产重整的优势，将庭外重组向后延伸至重整程序，同时也把重整程序中的重整计划制订和表决以及债务人信息披露、引进战略投资者等程序向前移动至重整程序之前，通过将庭外重组和破产重整衔接的方式，更能提高重整成功的可能性。

（一）预重整的条件

《企业破产法》对预重整及预重整的条件并未明确规定，最高人民法院仅在《破产会议纪要》第 22 条、《九民会议纪要》第 115 条中对完善庭外重组与庭内重整的衔接机制，降低制度性成本，提高破产制度效率进行了概括性表述。目前一些地区通过制订人民法院审判指引的方式对预重整的条件、期限、各方主体的权利和义务进行了明确规定，例如深圳中院通过出台《重整工作指引》的方式对预重整进行了规定，企业具备下列条件之一的可以进行预重整：

1. 债务人企业需要安置的职工超过五百人的；

2. 债务人企业涉及的债权人两百人以上的；

3. 债务人企业涉及超过一百家上下游产业链企业的；

4. 直接受理重整申请可能对债务人生产经营产生负面影响或者产生重大社会不稳定因素的。

（二）预重整的情形

预重整是介于传统重整和庭外重组之间的重整模式，实践中我国的预重整制度按照预重整的时间顺序可以分为以下三种情形：

1. 在破产申请受理前的法庭外预重整

此种情况，通常由债权人和债务人、股东等利害关系人自行谈判形成重整方案，之后再由债务人向法院提起破产重整申请，法院批准后按照此前形成的重整方案执行并终结。该类型比较有代表性的案例有四川德阳中国第二重型机械集团与二重集团（德阳）重型装备股份有限公司破产重整案、北京理工中兴科技股份有限公司破产重整案等。

2. 法院受理破产清算之后的预重整

该情形下，法院受理债务人破产申请后，在宣告债务人破产之前，债权人、债务人、股东等利害关系人在此阶段进行谈判并完成预重整方案，条件成熟时再提出重整申请，由清算程序转重整程序。北京能通科技股份有限公司破产重整案就是该种情形的典型案例。

3. 作为法庭内重整前置程序的预重整

该情形一般采取提前指定管理人的方式，法院收到重整申请后，先进行预立案，经听证作出初步判断，认为债务人有重整价值，有重整希望，投资人有足够重整意愿，则在受理重整申请前先行指定管理人，而不同时裁定受理重整。管理人在接受指定后发布债权申报公告，把程序内应进行的第一次债权人会议之前的工作全部提前到预重整阶段，由法院主导预重整程序，管理人负责具体事务。深圳福昌电子技术有限公司重整案就是该情形的成功案例。

相关依据

1. 《破产会议纪要》第22条
2. 《九民会议纪要》第115条
3. 深圳中院《重整工作指引》第三章

二、破产重整方式

理论背景

破产重整制度起源于美国。19世纪中叶，美国铁路业迅猛发展，但到19世纪70年代出现了大的经济萧条，铁路运输业务需求急剧下降，众多铁路运营公司处于破产边缘，而大多数铁路公司仅是暂时陷入困境，经济复苏后仍有较大的市场空间，如果按照破产清算程序对铁路运输公司的资产进行拆零变现将造成大量公共资源的浪费，基于此，法院主导的破产重整制度应运而生。破产重整能否成功，与重整方式的选择关系密切。我国《企业破产法》及相关司法解释对重整方式并无明确规定。从各国的立法与实务情况来看，破产重整有三种模式：第一种是传统的企业存续式重整；第二种是事业即营业让与式重整（又称出售式重整）；第三种是在部分国家与地区存在的清算式重整 。我国台湾地区学者对这三种类型的重整进行了界定，“其一是企业存续型，由债务人与债权人等协议减免或犹豫债务之额度或期限，以谋求企业之重建；其二是企业清算型，将债务人之财产个别变价，而以所得对价（清算价值）分配于诸债权人等；其三是营业让与型，将债务人营业之全部或主要部分让与他人，而以所得对价（继续企业价值）分配于诸债权人”。①

从《企业破产法》规定的重整章节来看，从程序启动到程序运行直至程序终结，整个重整程序的规范设计都立足于传统的存续型重整模式。《企业破产法》第八十一条规定了重整计划草案的内容，主要包括债务人的经营方案、债权分类、债权调整方案、债权受偿方案、重整计划的执行期限、重整计划执行

① 许士宦：《债务清理法之基本构造》，元照出版公司2009年版，第115页。

的监督期限。对核心资产或营业事务出售、债务人注销、债务人职工安置等问题并没有涉及；又如，第八十条规定的重整计划执行主体仅为债务人，没有考虑出售式重整程序相对于存续型重整程序的诸多差异，将管理人排除在重整计划执行主体之外。王欣新教授认为，清算式重整中的清算计划相当于破产清算程序中的破产财产变价与分配方案，当其为债权人会议表决通过后，在法律性质上又有些与和解协议类似，就我国的情况而言，单独将其作为一种重整的方式尚无必要。[①] 该观点在理论界也存有争议，有观点认为实务中清算式重整是具有适用价值的，其在法律性质上是重整程序，仍然适用重整的法律规定，产生重整的法律效力，仅仅是债权调整幅度较大，如债权人会议表决通过，可予以执行。[②] 存续式重整是最为传统的重整方式，实践中出售式重整和清算式重整也多被采用。但无论采用何种重整方式，其目的均是实现债务的集中清理、债权人得到公平保护以及企业获得重生。

法律实务

破产重整方式从各国立法与实践情况看有以下三种方式：

（一）存续式重整

企业存续式重整，是通过债务减免、延期清偿以及债转股等方式解决债务负担，并辅之以企业法人治理结构、经营管理的改善，注册资本的核减或增加，乃至营业的转变或资产的置换等措施，达到企业重建再生之目的。其标志性的特点是保持原企业的法人资格存续，在原企业的外壳之内进行重整，企业的股东可能发生变更。[③] 企业存续型重整是重整制度发挥其拯救功能的主要操作模式之一，也是理论与实务界大多数人理解的重整制度应有的基本模式。此种模式常见的操作方式是通过债务减免、延期清偿、债转股等方式解决债务人负担。虽然存续式重整是重整程序中的重要操作模式之一，但此种模式并非适用于所有类型的企业。存续式重整在面对严重资不抵债、股权价值太低、法人治理结构和经营管理混乱、隐性债务过多的困境企业时，往往显得无能为力。

---

① 王欣新：《重整制度理论与实务新论》，载《法律适用》2012 年第 11 期。

② 李冠颖：《“清算式”破产重整相关问题的思考与探索》，中国法院网。

③ 王欣新：《重整制度理论与实务新论》，载《法律适用》2012 年第 11 期。

例如，山东天信集团有限公司等十五家公司合并重整案采取了存续式重整的方式，在重整计划中规定债权人既可以选择留债也可以选择债转股的清偿方式获得清偿。

（二）清算式重整

清算式重整即以清偿债务为目的，在重整程序中制订对债务人财产优于破产清算时的变现、分配的清算计划，无害化调整债务，保留企业优质资源，保持原企业的法人资格存续，最大限度地减少债务人负担，最便捷地清偿债权人债权。简言之，就是参照破产清算程序得出普通债权清偿率，并以此为基础，引进战略投资人，免除超额部分，实现企业的断尾重生。重整成功与否取决于投资人的投资意愿和债权人接受程度，常见的重整模式需要重整投资人、债务人和债权人进行多次角力，多轮谈判，其过程较为费时，清算式重整集破产清算的效率价值以及重整程序的挽救功能的优势，重整计划制作更具有针对性，对债务人资产进行处置变现，以变价所得清偿债权人债权，同时以重整程序保留了债务人企业法人资格，使得投资人可以无负担地进行生产经营，达到破产企业“破茧重生”“脱胎换骨”的效果。

清算式重整模式一般适用于具备以下特征的破产企业：

1. 具备某种行业资质。获得该资质需要一定成本，如特许性，具有市场价值，且政策上不允许通过转让方式取得，如果简单进行破产清算可能造成资源浪费；

2. 企业房产、土地、设备等核心资产系为生产经营量身定制，转作他用价值不高；

3. 债权人对清算式重整模式认同程度较高，对破产清算和重整程序有正确认识，能够充分理解不同程序的作用，对债务人企业资产和债权清偿有较为客观的判断。

实践中清算式重整的模式也多被采用，例如杭州金桥玻璃有限公司破产重整案、旗牌王（中国）纺织服饰有限公司及其关联企业合并重整案就采取了清算式重整的方式。

（三）出售式重整

出售式重整主要是将债务人具有活力的营业事务的全部或主要部分出售让与他人，使其在新的企业中能够继续经营，而以转让所得对价及债务人未转让遗留财产的清算所得清偿债权人的重整模式，其核心在于主要营业事务的存续，而并非债务人主体的保留。结合《企业破产法》整个体系结构来看，在现行的法律框架下，出售式重整程序很难找到具体的可用规范，实务中适用出售式路径的重整案例主要居于“法无禁止即可为”的私法原则，由法院、管理人或是居于学理分析，或是居于政策维稳，职工安置，而适用出售式路径重整困境企业。[①] 出售式重整模式一方面能够有效地保护企业主营业务的存续，使重整企业的资产能够最大限度地发挥其应有价值；另一方面可以有效隔离债务人企业的或有债务，避免因或有债务而导致重整的失败。重整的实质作用是挽救债务人所经营的事业，而非形式主义地维持债务人企业本身的继续存续。明确了重整制度的实质，在重整中就可以选择出售式重整，将债务人企业的营业事业整体或部分转让，以出售的价款清偿债权人，保持企业实质上的存续，避免职工失业，避免对上下游企业造成不利影响等。对出售有效营运资产后的债务人企业则进行破产清算，予以注销。如山东亿能光学仪器股份有限公司破产重整案、山东淄博钜创纺织品有限公司重整案就采用了出售式重整的模式。

需要注意的是存续式重整、清算式重整、出售式重整虽然是特点迥异的三种重整模式，但是实践中对这三种模式的选择并非泾渭分明，一起重整案件中有可能只涉及一种重整模式也有可能涉及多种。例如山东菏泽洪业集团等 29 家企业合并重整案就综合了存续式重整和清算式重整两种模式。

相关依据

《企业破产法》第七十条、第八十条、第八十一条

① 赵玉忠、张德忠：《关于企业重整过程中几个问题的思考与应对——以淄博钜创纺织品有限公司重整案为视角》，载《山东审判》2015 年第 3 期。

第二节 破产重整程序的启动

一、直接申请

理论背景

破产重整程序是指当企业法人不能清偿到期债务时，“不对其财产立即进行清算，而是在法院主持下由债务人与债权人达成协议，制订重整计划，规定在一定期限内，债务人按一定方式全部或部分清偿债务，同时债务人可以依法继续经营其业务。[①]”经济学意义上的破产重整则指的是，“企业之所以会陷入破产的境地，就在于在企业这个平台上，各个生产要素的组合不被市场所认可。那么破产重整就是要把企业中旧的生产要素，再加上新投入的资本、技术、管理、土地、市场等新生产要素，根据市场化的要求重新组合起来”[②]。应该说，与债权人公平分配破产财产为目的、消灭企业主体资格的破产清算相比，破产重整更多地是为了挽救那些仅仅由于财务而非竞争因素陷入困境的企业。

比较法上，破产重整乃是较多立法例均采纳的制度，在我国则是制定《企业破产法》时新增加的制度，功能在于挽救尚有价值的企业。从《企业破产法》的章节设置上看，将重整置于清算之前的次序，能够看到立法者对此制度所寄予的厚望。但是，实际上《企业破产法》颁布后几年的实施情况并不佳，重整申请的提出也屈指可数。直到2015年后围绕《企业破产法》的实施制定了一系列司法解释、会议纪要和指导性意见，特别注重和强调重整制度在挽救危困企业、促进供给侧改革方面的作用，破产重整制度的面貌才得到很大改观。

重整程序的启动，既可以因为利害关系人直接在破产申请时提出，也可以在其他程序的破产申请受理后申请转换。《企业破产法》规定了债务人具有重

---

① 吴高盛：《〈企业破产法〉条文释义与适用》，人民法院出版社2006年版，第161页。

② 杜万华：《中国破产审判工作崛起及其配套制度与工作机制》（2019年12月20日在四川省法学会破产法学研究成立大会上的学术报告）。

整价值和债务人具有重整可行性的判断标准和方法。债务人具有重整价值是指债务人的继续经营价值大于清算价值。判断债务人是否具有重整价值，应综合考虑债务人的行业地位和行业前景、经营情况、资质价值、品牌价值、社会公共价值，以及能够体现债务人重整价值的其他情形。《破产会议纪要》第 14 条规定了法院对重整企业的识别审查。破产重整的对象应当是具有挽救价值和可能的困境企业，对于“僵尸企业”，应通过破产清算，果断实现市场出清。人民法院在审查重整申请时，根据债务人的资产状况、技术工艺、生产销售、行业前景等因素，能够认定债务人明显不具备重整价值以及拯救可能性的，应裁定不予受理。这就要求法官在审查时丰富审查方法，除对书面材料审查外，对债权债务关系复杂、债务规模较大，或者涉及上市公司重整的案件，还应组织申请人、被申请人听证。此外，还可以采取征询企业主管部门意见、听取行业专家意见等方式进行综合判断和衡量。[①]

法律实务

《企业破产法》第二条规定：“企业法人不能清偿到期债务，并且资产不足以清偿全部债务或者明显缺乏清偿能力的，依照本法规定清理债务。企业法人有前款规定情形，或者有明显丧失清偿能力可能的，可以依照本法规定进行重整。”第七条规定：“债务人有本法第二条规定的情形，可以向人民法院提出重整、和解或者破产清算申请。债务人不能清偿到期债务，债权人可以向人民法院提出对债务人进行重整或者破产清算的申请。企业法人已解散但未清算或者未清算完毕，资产不足以清偿债务的，依法负有清算责任的人应当向人民法院申请破产清算。”据此，当债务人具备《企业破产法》第二条规定的情形之一时，相关主体可以依法直接向人民法院申请债务人重整。依据申请主体不同，直接申请债务人重整可以分为以下三种类型：

（一）债务人提出重整申请

债务人具备《企业破产法》规定的破产原因时，可以自行向人民法院提出重整申请。债务人提出重整申请的，参照《公司法》第四十三条中关于公司合

---

① 贺小荣、王富博、杜军：《破产管理人与重整制度的探索与完善——〈会议纪要〉的理解与适用（上）》，载《人民司法（应用）》2018 年第 13 期。

并、分立、解散或者变更公司形式由股东会作出决议的规定，申请重整的重要性与上述规定事项的重要性相当，因此债务人申请重整，原则上应当经股东会作出决议。但若债务人公司章程中另有规定的，可以从其规定。

（二）债权人提出重整申请

债权人可以依法直接向人民法院申请债务人破产重整。申请时债权人的债权应当是具有金钱或者财产给付内容的合法、有效、未超过诉讼时效或申请执行期限的到期债权。企业破产语境下的债权人包括职工、税务机关、社保机构、自然人、企业法人和其他组织等，实践中对于普通债权人和担保债权人直接申请债务人重整并无争议，但对于税务部门、社保部门以及职工是否可以作为破产重整的申请主体，《企业破产法》中并未进行规定，一些地方法院通过审判指引的方式进行了明确，例如山东高院《破产审理指引》第十八条规定："债务人欠缴税款、社会保险费用的，税务部门、社保部门可以向人民法院申请债务人破产。"上海高院《破产审判工作指引》第二十四条规定："债务人拖欠职工工资等劳动债权的，职工可以向人民法院申请债务人破产。"

（三）国务院金融监督管理机构提出重整申请

由于商业银行、证券公司、保险公司等金融机构涉及面广、影响范围大，其破产不利于金融秩序的稳定，因此《企业破产法》第一百三十四条规定，明确国务院金融监督管理机构可以作为申请主体，对商业银行、证券公司、保险公司等金融机构申请重整。

相关依据

1. 《企业破产法》第二条、第七条、第一百三十四条
2. 《破产会议纪要》第14条
3. 山东高院《破产审理指引》第十八条
4. 上海高院《破产审判工作指引》第二章第二十四条

二、程序转换

理论背景

重整程序的启动，既可直接申请启动，也可在破产清算申请受理后，破产宣告之前，再申请转换为重整程序。人民法院经审查认为重整申请符合《企业破产法》规定的裁定债务人重整，并予以公告。但是，如果债务人已经被宣告破产，由于破产宣告的不可逆性，此时则由于程序限制，企业清算便不能再转化为重整程序了。《破产会议纪要》第24条亦明确了破产宣告的程序及转换限制，规定债务人被宣告破产后，不得再转入重整程序或和解程序。

对于程序转换的限制，《企业破产法》规定只有债权人申请对债务人进行破产清算的，才能申请转换为破产重整，并不包括因债务人的申请而进入破产程序，或者因依法负有清算责任的人的申请而进入破产程序的情形。这是由于债务人或者负有清算责任的人对企业的财务情况相当熟悉，既然申请了破产清算，便意味着其了解企业不再具有挽救的可行性，因此予以限制。债权人申请债务人进行破产清算，法院受理后、破产宣告前其他债权人是否有权申请债务人重整，《企业破产法》中并未明确规定。从《企业破产法》的立法精神看，破产的核心价值应重在拯救，实现企业重生，某一债权人申请债务人破产清算的，不能排除其他债权人申请债务人重整的权利，其他债权人如果认为债务人具有重整价值且符合重整条件的，在此情形下亦可申请债务人重整。此外，《企业破产法》对破产重整与破产和解的程序转换亦未明确规定，依其立法精神及“法无禁止即可为”的私法原则，两种程序之间应当也可以相互转换。

法律实务

程序转换有破产清算转换为破产重整和破产和解转换为破产重整两种情形：

（一）破产清算转换为破产重整

1. 清算转换为重整的条件

根据《企业破产法》第七十条规定：“债务人或者债权人可以依照本法规

定，直接向人民法院申请对债务人进行重整。债权人申请对债务人进行破产清算的，在人民法院受理破产申请后、宣告债务人破产前，债务人或者出资额占债务人注册资本十分之一以上的出资人，可以向人民法院申请重整。”破产清算程序转换为重整程序的条件原则上应当包括程序要件、实体要件、申请主体资格三方面内容。

（1）程序要件：①人民法院已经受理债权人提出的破产申请；②债务人、出资人必须在债权人申请对债务人进行破产清算的情况下，才可以提出重整申请；③债务人尚未被宣告破产。

（2）实体要件：在清算程序向重整程序转换中，无论是债务人申请还是出资人申请，实体上的适用条件都应当是债务人具有重整可行性，企业存在挽救的价值与可能。实践中，申请人应当考虑将债务人确有挽救希望作为实体要件，因为重整的目的是债权人通过放弃部分权利以换取更大的利益，债务人、出资人要证明债务人具有重整可能性，就必须将债务人具备重整可能性作为要件，用来说明债务人目前遇到的无法清偿到期债务的困境，不是债务人已丧失盈利能力，而是因为债务人遇到了暂时困难。因此，在受理重整申请时人民法院应当对债务人重整是否具有可行性进行严格审查，把好转换重整程序准入关。

（3）申请主体：①债务人申请。债务人在进入破产程序后可以提出重整申请。债务人不能清偿到期债务，债权人申请对债务人进行破产清算的，人民法院受理破产案件后，在宣告债务人破产以前，债务人为了避免破产倒闭，可以向人民法院申请进行重整。②出资人申请。出资人是最愿意挽救企业的主体，股东与公司的利益是基本一致的，企业的存亡与出资人的利益息息相关，因此完全有可能调动起出资人的积极性，出资人从企业拯救中可以得到比债务企业本身更大的利益，因而具有更强的拯救企业的动机。③其他债权人申请。虽然《企业破产法》第七十条对于破产清算申请受理后其他债权人是否具有申请重整资格并未进行明确规定，但是实践中，人民法院也应当允许债权人享有重整申请权。因为债权人直接申请重整与其在破产案件受理后、宣告债务人破产前申请重整，这两种申请情况下债务人企业应否进行重整的条件一般并没有发生实质性变化，部分债权人申请破产清算的事实也并未产生足以影响债务人进行重整的后果。所以，只要其他债权人的申请符合《企业破产法》第二条的实体规定以及第七条、第八条关于形式方面的要求，人民法院就应当依法予以受理。

实践中清算程序转换为重整程序的并不鲜见，如山东商河“金街一号”房地产项目清算转重整案、山东日照金天地集团有限公司等十五家企业清算转重整案、杭州富阳国丰纸业有限公司清算转重整案等。

（二）破产和解转换为破产重整

虽然《企业破产法》对于破产和解与破产重整程序的转换并未进行明确规定，且实践中破产和解程序转化为重整程序案件较为少见，但是和解程序转换为重整程序具有可操作性。在和解程序中，和解成立并生效后一般会连接企业整顿制度，整顿期内企业得以自我反省，厘清思路，重新改革，得以重生。和解程序一旦失败，根据《企业破产法》第九十九条、第一百零三条、第一百零四条规定，应当宣告债务人破产，在破产宣告前，如和解程序失败不是债务人行为直接导致且债务人仍具有挽救价值，那么此时给予债务人意思自治权利申请将破产和解程序转换为破产重整程序存在合理性，毕竟重整制度可采取一些和解制度所没有的措施，例如担保物权的暂停行使、重整投资人的深度参与等。

相关依据

1. 《企业破产法》第二条、第七条、第七十条、第七十九条、第九十九条、第一百零三条、第一百零四条
2. 《破产会议纪要》第 24 条
3. 《九民会议纪要》第 114 条

第三节 重整投资人的招募

一、招募原则

理论背景

投资人是破产程序中一个地位特殊的参与人，我国《企业破产法》虽然没

有专门针对新投资人作特别的规定，但从公司重整的实践来看，新投资人是破产企业得以成功重整的重要保障。[①] 一般而言，重整投资人是指在重整程序中，债务人无力自行摆脱经营及债务困境时，为债务人提供资金或者其他资源，帮助债务人清偿债务、恢复经营能力的自然人、法人或者其他组织。

招募投资人应该符合以下条件：一是能够满足重整公司彻底摆脱困境需要的特殊要求。破产重整的主要目的是挽救企业，而引入投资人便是希望借助投资人的资金和经验帮助企业渡过难关，所以择取投资人的主要标准是——是否有雄厚的资金、持续经营的能力、生产经营是否具备契合度等。二是符合法律法规规定的基本条件。对于资产重组特别是上市公司的资产重组，《中华人民共和国证券法》《上市公司重大资产重组管理办法》等法律法规作出了相应的规定，其中也对投资人及其注入的资产提出了各种要求，包括投资人不能有法律、行政法规规定以及证监会认定的不得收购上市公司的情形，应具有对上市公司进行战略投资的条件，具有收购上市公司的能力，拟注入资产符合国家产业政策和有关环境保护、市场监管等法律和行政法规的规定。[②] 三是应当符合当地政府发展地方产业和社会稳定的需要。当地政府可能期待投资人保证原注册地，或者继续发展符合产业发展规划的产业以及作好就业和职工安排等。[③]

法律实务

重整投资人是决定重整成功与否的关键因素，如果没有合适的重整投资人参与，即使债务人企业挽救价值再高，重整依然无法成功。因此，确定投资人是整个破产重整程序中的关键一环。有关投资人的招募问题，山东高院《破产审理指引》、深圳中院《重整工作指引》均有较为详细的规定，实务中可予以参考。概括地讲，投资人的招募应遵循以下基本原则：

（一）公开公平公正原则

破产重整案件参与主体众多，涉及利益关系复杂，管理人既要保护债权人利益，又要兼顾职工利益、债务人利益及社会利益。管理人在投资人招募过程

---

① 郭毅敏：《破产重整·困境上市公司复兴新视野》，人民法院出版社2010年版，第44页。

② 姜丽丽：《司法划转变更上市公司实际控制人的监管制度研究》，载《证券法苑》2017年第4期。

③ 郭毅敏：《破产重整·困境上市公司复兴新视野》，人民法院出版社2010年版，第46－47页。

中要本着公开、公平、公正原则，积极配合投资人的尽职调查及相关准入工作，妥善处理好各方面的利益冲突，对于重整过程中出现的新情况及时与投资人沟通，为成功招募投资人提供必要条件。

（二）投资与挽救并重原则

要充分发挥投资人在破产重整制度中的关键性作用，为尚有挽救希望的危困企业提供获得新生的投资机会，有利于债务人、债权人、出资人等各方主体实现互利共赢，有利于社会资源的有效利用。投资人在参与重整程序时要坚持挽救危困企业为第一要义的基本原则，坚持投资与挽救并重的经营理念，在为自身投资负责的基础上也要肩负起挽救危困企业的社会责任。

（三）维护全体债权人利益优先原则

债务人具备《企业破产法》第二条规定的情形既是破产重整原因，也是重整程序开始的必备条件。《企业破产法》第九十四条规定：“按照重整计划减免的债务，自重整计划执行完毕时起，债务人不再承担清偿责任。”因此，在重整程序中被减免的债权不可能得到足额清偿，部分债权人利益将会受到损失。因此在投资人招募过程中，债权人利益应为首要利益，管理人在投资人招募过程中要坚持维护全体债权人利益优先的原则。

（四）多方共同参与原则

在投资人招募过程中各相关主体如人民法院、政府、债权人、债务人、职工、原出资人等均可参与其中。在多方参与共同推动投资人招募的情况下，更有利于投资人合理分析债务人的重整价值，增强投资信心实现重整参与方的共赢或多赢，才能够实现重整的目标。投资人招募过程中的重大决策既要接受人民法院的监督与指导，又要充分听取各方的有效建议，为投资人的顺利进入奠定坚实的基础。

相关依据

1. 《企业破产法》第二条、第九十四条
2. 山东高院《破产审理指引》第一百三十七条、第一百三十八条
3. 深圳中院《重整工作指引》第七十一条、第七十二条

二、招募方式

理论背景

重整投资人的遴选方式与重整投资人竞争的公平保障问题息息相关。根据我国各地企业破产重整实践，重整程序中确定投资人的方式包括但不限于：一是债务人或出资人自行寻找重整投资人；二是由政府部门、债权人等主体推荐意向重整投资人；三是公开招募重整投资人。上述三种方式中，发布招募公告、公开遴选已逐渐成为诸多重整企业确定投资人的主要方式。

实际操作中，为了尽快获得融资、提高招募效率，大多案件都将上述方式相互结合，不拘一格招募投资人。招募程序一般分为三个阶段："一是，投资人与政府之间应签订投资意向书，由政府为其提供招商引资的政策保障。二是，投资人与管理人签订参与重整协议，由投资人根据管理人的要求承诺提供投资资金等重整条件。三是，重整计划通过、批准和执行。"①

在实务操作中应当注重以下几个方面：一方面，要探索如何建立一批能够挽救危困企业的企业，这离不开财政、税务等政府部门和金融机构的配合与协作。为了集中处理破产重整乃至其他程序中可能遇到的问题，特别是在重整投资人招募时，打消潜在投资人对地方投资环境的顾虑，有必要建立"府院沟通协调联动工作机制"。另一方面，应发挥破产管理人协会、行业协会在联系政府和社会各界的积极作用。"应当在政府和社会各界的支持下，大力促进能够挽救危困企业或组织的建立和完善，并在司法重整中依法公平公正地处理好他们与各方当事人的利益关系，按照法治化、专业化、市场化的要求，积极救治危困企业。"②

---

① 赵玉忠、毕青龙：《关于对"僵尸企业"处置中几个法律实务问题的思考》，载《山东法官培训学院学报（山东审判）》2016 年第 3 期。

② 杜万华：《提高破产审判质量和效率应当建立的几个重要工作机制、制度和措施》，在 2020 年 1 月 11 日广东省法学会破产法学研究会 2019 年年会上的演讲。

法律实务

根据山东高院《破产审理指引》和深圳中院《重整工作指引》，按照招募渠道的不同，招募投资人的方式可以分为以下三种：

（一）公开招募

投资人招募时采用公开方式招募能够在最大限度内选择拟投资对象，竞争性更强，择优率更高，同时也可以在较大程度上避免串通现象的发生，有利于管理人从广大意向投资者中选择合适的投资人并获得最佳的竞争效益。公开方式招募投资人体现了市场机制公开信息、规范程序、公平竞争、客观评价、公正选择以及优胜劣汰的本质要求。因此，采用公开方式招募投资人是管理人通常采用的招募方式。采用此种方式招募投资人，管理人一般通过全国企业破产重整案件信息网、债务人所处行业协会网站、报纸公告、多媒体等各种方式对投资人进行招募。

（二）定向招募

定向招募投资人是指管理人以投资邀请书的方式邀请特定的法人及其他组织作为债务人的投资人。实践中管理人采用定向招募投资人方式的，原则上应当向三个以上具备重整投资能力、资信良好的特定的法人或者其他组织发出投资邀请书，从而使得投资人招募过程维系在一定的竞争状态，防止单个意向投资人故意拉低投资金额的现象发生。定向招募投资人能够按照项目需求特点和市场供应状态，有针对性地从已知了解的潜在意向投资人中，选择具有与重整项目需求相匹配的资格能力、价值目标以及对项目重视程度均相近的投资人参与竞争，有利于各投资人之间均衡竞争，并通过科学的评标标准和方法实现招募需求；同时采用定向招募的方式，招募工作量和招募费用相对较低，既可以省去招募公告程序及时间，又可以获得较好的竞争效果。

（三）相关主体推荐

重整程序中涉及债务人、投资人、债权人甚至债务人住所地政府等多元主体，此时需要各利益相关方共同参与投资人的招募过程，才能够尽量满足各方的利益诉求，基于此，管理人可以采用相关主体推荐的方式招募投资人。采用此种方式招募投资人，尽量使受推荐的投资人形成多元化竞争状态，从而保证重整投资价格的公允性。

招募投资人是决定重整成功与否的关键一步，实践中，重整案件以最终实现招募目的为原则，往往不拘形式多种招募方式并举。

相关依据

1. 山东高院《破产审理指引》第一百三十八条、第一百三十九条、第一百四十条、第一百四十一条
2. 深圳中院《重整工作指引》第七十一条

三、招募流程

理论背景

为了促进重整程序的成功，同时保障各方的利益和公平，重整投资人的招募应当设置一定的流程。在破产重整案件中，大部分招募投资人的工作一般由管理人具体负责和执行。然而，关于重整投资人的招募应当按照何种流程进行，现行《企业破产法》并未明确规定，仅有部分省市人民法院及行业协会对招募的流程作出了相关规范，其中比较具体的，如山东高院《破产审理指引》和深圳中院《重整工作指引》。

目前破产案件包括破产重整案件，存在效率低、常年不结案，甚至破产重整失败的情况，除了外部因素和企业自身问题外，很大程度上是由于管理人缺乏科学明确的工作流程和规范指引。要解决这一问题，“就只有明确其工作职责和任务，规范工作程序，才能提高工作质量和效率。只有紧紧抓住管理人工作的实体任务和工作程序的规范化，才能真正解决工作无头绪，任务多年完不成的顽疾，改变人们对破产审判工作低效率、低质量的旧印象”①。因此，建立规范化的破产管理人的工作规程，其中就包含招募投资人的相关流程，是管理人队伍专业化建设中不可缺少的重要一环，也是提高破产重整效率和成功率的重要方面。

---

① 杜万华：《中国破产审判工作崛起及其配套制度与工作机制》（2019 年 12 月 20 日在四川省法学会破产法学研究成立大会上的学术报告）。

法律实务

招募投资人的环节是破产重整的核心和关键。下面将参照山东高院《破产审理指引》和深圳中院《重整工作指引》等地方法院发布的指引、规程类文件的部分规则，并结合实际情况，对招募投资人的基本流程做详细介绍。

（一）招募准备

1. 制作招募公告

招募公告应当披露的信息主要包括以下几个方面：（1）人民法院受理债务人破产重整案件的情况；（2）债务人情况简介，例如债务人的性质、住所、行业、经营范围等基本信息，债务人核心资产、重整价值等优势，债务人的对外负债情况；（3）对重整投资人的资格要求及参加招募的方式、期限等相关内容。

2. 发布招募公告

实践中，招募重整投资人公告的发布方式可以多元化，包括但不限于以下几种：（1）在全国企业破产重整案件信息网上发布公告；（2）在有影响的报纸或期刊上进行公告；（3）在产权交易、管理人及个人信息平台上发布公告；（4）对有意向的重整投资人、特定行业协会、商会等进行定向推介；（5）其他能够让社会公众知晓招募重整投资人公告的方式。

（二）初步审核

1. 资格审查

管理人通过审查意向投资人提交的资质、业绩、重整预案等招募公告中要求提供的资料，确定其是否符合重整投资人的条件。审查结束后，管理人应将审查结论及时通知意向投资人。

2. 协助尽调

意向投资人要求对债务人进行现场尽调的，应当向管理人缴纳尽调保证金。保证金缴纳后，管理人应及时安排尽调时间及协助调查人员，协助人员需要熟悉企业情况和案件情况，能够在现场为意向投资人作出充分的解答，但同时也要注意有关信息的披露程度。另外，意向投资人可以查阅有关债务人的财产调查报告、资产评估报告、偿债能力分析报告、审计报告以及债权表等相关资料。

3. 签订保密协议

意向投资人尽职调查过程中会接触到重整案件信息、重整企业商业秘密，甚至破产案件的审判细节等，因此，管理人应与意向投资人签署保密协议，明确意向投资人的保密义务及违反保密义务的法律责任。

4. 提交重整意向书并缴纳保证金

意向投资人在尽调结束后应及时提交重整意向书，内容应当包括：投资人基本情况，如股东和股权结构、公司治理结构、主要产品和服务、商誉信誉等；意向投资人的实力，如财务状况、现金流、重整资金来源、与重整行业关联性、产品研发能力、研发团队、知识产权等；参与重整的初步思路，如参与重整方式、资金投入安排、债务偿还设想、未来经营模式、盈利模式、员工方案、管理团队组成等。管理人经审查，意向投资人符合招募公告规定的资格条件且参选材料不违反法律规定的，应及时通知其签订保证金协议，并缴纳一定金额的重整投资保证金。

5. 反向尽调

管理人应对形式上符合招募公告的意向投资人，围绕着参与重整的相关问题对意向投资人进行反向尽调，如调查意向投资人的背景、资产、债务、商誉、信用、产业布局、管理能力等，为最终选定适当且稳妥的投资人打下坚实基础。

6. 初步筛选

管理人应在尽职调查的基础上对意向投资人"优中选优"，筛选最为合适的意向投资人。管理人对意向投资人进行筛选时，应当综合考察和评价意向投资人的诚信、品牌、资产、负债、事业方向、专业程度、经营团队，以及重整成功后对于项目的规划设想、运营思路、资源整合等因素。

（三）针对性谈判

谈判是招募重整投资人过程中的重要一环，关系到意向投资人能否成功参与重整。实践中谈判时应注意以下几点：

1. 谈判主体。鉴于谈判中一般会涉及清偿方案、产业政策、税收优惠等问题，比较复杂，谈判时管理人可以邀请政府部门代表、债权人代表等组成谈判小组，提高谈判效率，努力促成谈判。

2. 谈判内容。谈判往往围绕重整计划草案和投资协议的主要内容展开，谈判中意向投资人可能会提出诸多要求，包括但不限于政策扶持、税收优惠、压低价格、拖长重整资金支付节点、员工分流、债转股、银行转贷续贷等，甚至提出排他性的独家谈判等要求。对此，管理人应当保持理性的谈判心态，沉着应对，谨慎承诺。

3. 方案设计。实践中方案有多种多样，不同企业不同案件有不同方案，除了现成可供借鉴模式外，在有利于重整企业再生、有利于保护全体债权人利益，且不违反现行法律规定的情况下，管理人可以大胆创新、缜密设计。但是我国税收制度复杂、政策性强，在国家未出台专门针对破产企业的税收法律或政策之前，管理人确定重整方案的过程中，应当充分考虑税收风险，并对投资人予以必要的提示，防止发生纠纷。

（四）投资人选定

1. 确定投资人

投资人招募期间，仅有一家意向投资人提交参选材料且其符合投资人资格条件的，该意向投资人即为重整投资人。多家意向投资人符合投资人条件的，需要通过竞争的方式择优选定。实践中，选定投资人一般设立评审小组，评审小组可以由法院、管理人、债权人代表、政府相关管理部门代表、行业专家等共同组成，评审小组成员一般为奇数。评审小组对符合重整条件的意向投资人的综合实力及其提交的报价方案、债务偿还方案、资金筹集方案、生产经营方案、职工安置方案等进行综合评判，最终以评分或多数决的方式选出最佳的投资人，并可以同时选出备选投资人。

2. 签署重整投资协议

投资人选定后应及时与之签署相关重整投资协议，实践中以谁的名义与意向投资人签署重整投资协议存在不同做法，有的由管理人与意向投资人签署，有的由债务人与意向投资人签署，有的由管理人和债务人同时与意向投资人签署。

通过引进外部投资人注资的方式实现企业脱困重生是重整程序多数采用的方式，但实践中也有债务人原股东参与重整而取得良好效果的案例，如青岛造船厂有限公司、青岛扬帆船舶制造有限公司破产重整案，就是通过原股东注资和原股东之间股权让渡成功实现重整的。因此，只要有利于重整成功，各种投资、注资方式都应予以欢迎和尝试。

相关依据

1. 山东高院《破产审理指引》第一百三十八条、第一百三十九条、第一百四十条、第一百四十一条、第一百四十二条、第一百四十三条、第一百四十四条、第一百四十五条

2. 深圳中院《重整工作指引》第七十一条、第七十二条、第七十三条、第七十四条、第七十五条、第七十六条、第七十七条、第七十八条、第七十九条、第八十条、第八十一条

第四节 重整期间和重整程序的终止

一、重整期间债务人管理事宜

理论背景

重整期间可由管理人履行管理债务人财产和营业事务的职责，此时，管理人可以聘任债务人的经营管理人员负责营业事务；也可以经债务人申请，人民法院批准，债务人在管理人的监督下自行管理财产和营业事务，债务人自营的，已接管债务人财产和营业事务的管理人应当向债务人移交财产和营业事务。

在比较法上，也有许多国家规定了重整期间债务人自我管理的制度，如德国破产法。在破产重整中设置自我管理的制度，具有多方面的优势。一方面，债务人具有经营管理的专业知识和才能，对企业的业务更为熟悉。另一方面，企业陷入破产的境地，有时并非完全由于债务人过错，也可能因为外部因素导致。再者，破产重整的制度价值在于挽救危困企业，由债务人管理更能调动其积极性，改善债务人的经营状况，助力企业重整成功。[①]

---

① 吴高盛：《〈中华人民共和国企业破产法〉条文释义与适用》，人民法院出版社2006年版，第169页。

但是，考虑到债务人自行管理客观上存在道德风险，因此应当设置一定的准许条件和监督机制。《九民会议纪要》中规定了债务人自行管理的条件。债务人的内部治理机制仍正常运转、债务人自行管理有利于债务人继续经营、债务人不存在隐匿、转移财产的行为和债务人不存在其他严重损害债权人利益的行为。此外，还规定了管理人、债权人等利害关系人对债务人的监督权。

法律实务

《企业破产法》第七十二条规定："自人民法院裁定债务人重整之日起至重整程序终止，为重整期间。"据此，重整期间不包括重整计划得到批准后的执行期间。根据《企业破产法》第二十五条、第七十三条、第七十四条之规定，重整期间对于债务人的管理可以分为：债务人自行管理财产与营业事务和管理人负责管理财产与营业事务。

（一）债务人自行管理财产和营业事务

债务人自行管理财产和营业事务的，除需获得法院批准外，还要接受管理人的监督。《九民会议纪要》第111条以及深圳中院《重整工作指引》第五十六条至第六十七条对此作了详细规定。法院批准债务人自行管理财产和营业事务后，管理人需制订监督方案、监督制度，并向人民法院报告并获得许可，依据监督方案和监督制度依法对债务人的生产经营情况进行监督。如发现债务人有不符合自行管理的情形，应申请人民法院终止其自行管理，并及时接管债务人。

（二）管理人负责管理财产和营业事务

重整程序中，如果债务人不向法院申请自行管理财产和营业事务或者债务人虽然申请但人民法院不予批准的，管理人需要负责债务人财产和营业事务的管理。实践中，管理人可以采取直接管理或委托管理的方式实现对债务人的管理。

1. 管理人直接管理。具体包括管理人接管债务人的财产、印章、账簿、文书等资料，决定债务人内部管理事务，决定债务人的日常开支及相关营业事务。

2. 管理人委托管理。基于债务人所处的行业领域，管理人并非专家，在具体生产、经营过程中缺乏必要的经验。管理人可以聘请此行业领域内的专业人员或机构对债务人的财产和营业事务进行管理，管理人在此过程中需依法对托管方履行监督职责。

相关依据

1.《企业破产法》第二十五条、第七十二条、第七十三条、第七十四条

2.《九民会议纪要》第111条

3. 深圳中院《重整工作指引》第五十六条、第五十七条、第五十八条、第五十九条、第六十条、第六十一条、第六十二条、第六十三条、第六十四条、第六十五条、第六十六条、第六十七条

二、重整期间的权利限制

理论背景

在重整期间担保权行使、取回权的行使受到一定限制。重整期间担保权暂停行使的目的在于免除债务人企业继续营业时担心担保权人变现财产的后顾之忧，但是较为宽松的恢复行使条件又可能影响制度的功能。在美国破产法上，只有在管理人不能对担保物提供保护时，担保权人才能向法院申请恢复行使。[①] 一般情形取回权人可以在破产申请受理后取回债务人占有的财产，但是在重整期间，这一规则被排除了，而是仍然按照原有的约定取回。重整期间企业继续营业，占有的他人财产可能对继续营业有重要帮助，因此法律规定限制取回权的行使。

出资人收益分配和与高管股权转让的权利受到限制。重整期间之所以限制与调整出资人的权利和权益，是因为在债务人陷入财务危机而进行重整的情况下，"如果出资人不付出必要的代价而仅让债权人作出牺牲，债权人是难以充分地支持债务人进行重整的。……应当努力确保实现债务人重整成功的条件，让出资人和高管承担合理的义务，同时为其配合重整程序的进行提供便利的措施"[②]。

---

① 许德风：《破产法论·解释和比较功能的视角》，北京大学出版社2015年版，第340页。

② 李震东：《公司重整中债权人利益衡平制度研究》，中国政法大学出版社2015年版，第216－217页。

法律实务

《企业破产法》第七十五条、第七十六条、第七十七条对重整期间担保权的行使、重整期间的取回权、重整期间对出资人收益分配与董事、监事、高级管理人员持股转让的限制进行了明确规定。

（一）重整期间担保权的行使

《企业破产法》第七十五条规定："在重整期间，对债务人的特定财产享有的担保权暂停行使。但是，担保物有损坏或者价值明显减少的可能，足以危害担保权人权利的，担保权人可以向人民法院请求恢复行使担保权。"《九民会议纪要》第112条规定，重整程序中，要依法平衡保护担保物权人的合法权益和企业重整价值。重整申请受理后，管理人或者自行管理的债务人应当及时确定设定有担保物权的债务人财产是否为重整所必需。如果认为担保物不是重整所必需，管理人或者自行管理的债务人应当及时对担保物进行拍卖或者变卖，拍卖或者变卖担保物所得价款在支付拍卖、变卖费用后优先清偿担保物权人的债权。在担保物权暂停行使期间，担保物权人根据《企业破产法》第七十五条的规定向人民法院请求恢复行使担保物权的，人民法院应当自收到恢复行使担保物权申请之日起三十日内作出裁定。经审查，担保物权人的申请不符合第七十五条的规定，或者虽然符合该条规定但管理人或者自行管理的债务人有证据证明担保物是重整所必需，并且提供与减少价值相应担保或者补偿的，人民法院应当裁定不予批准恢复行使担保物权。

根据上述规定，重整期间担保物权人可对不是重整所必需的担保物行使担保物权。重整期间当担保物有损坏或者价值明显减少的可能，足以危害担保权人权利的，担保权人可以向人民法院申请恢复行使担保权。此时管理人或者自行管理的债务人如想阻止担保人行使担保权，需要提供证据证明担保物是重整所必需，并且提供与减少价值相应的担保或者补偿。

（二）重整期间的取回权限制

《企业破产法》第三十八条规定："人民法院受理破产申请后，债务人占有的不属于债务人的财产，该财产的权利人可以通过管理人取回。但是，本法另有规定的除外。"《企业破产法》第七十六条规定："债务人合法占有的他人财产，该财产的权利人在重整期间要求取回的，应当符合事先约定的条件。”重整期间债务人或管理人为继续营业，依法、依约占有他人财产继续使用是保证营业所必需，如果允许财产所有权人无限制地取回，势必影响债务人企业经营甚至中断经营，不利于重整程序的顺利推进。例如，重整程序前债务人通过租赁等合法方式占有他人的财产，若该财产权利人将其取回，可能导致债务人生产经营难以为继。再就是重整期间，债务人占有使用他人财产发生的费用一般列为共益债务，由债务人财产随时清偿，被占用财产的权利人并不会遭受损失。因此，《企业破产法》第七十六条规定，财产权利人在重整期间要求取回财产的必须符合事先约定的条件。

（三）出资人收益分配与董、监、高持股转让的限制

《企业破产法》第七十七条规定：“在重整期间，债务人的出资人不得请求投资收益分配。在重整期间，债务人的董事、监事、高级管理人员不得向第三人转让其持有的债务人的股权。但是，经人民法院同意的除外。”债务人只有符合《企业破产法》第二条规定的情形时才会进入破产重整程序，债务人企业处于资不抵债的亏损状态下，不产生任何利润，出资人进行收益分配没有事实基础。重整计划草案大多涉及出资人权益调整，如果允许董、监、高将其持有的债务人股份进行转让，不利于整个重整程序的顺利推进。

相关依据

1. 《企业破产法》第二条、第三十八条、第七十五条、第七十六条、第七十七条
2. 《九民会议纪要》第 112 条
3. 深圳中院《重整工作指引》第六十八条

三、重整程序的终止

理论背景

重整程序的终止可以分为正常终止和非正常终止，重整程序的非正常终止“又称重整程序的废止或撤销，是指法院根据重整人或利害关系人的申请或依

职权裁定废除已开始的重整程序”①。在重整期间管理人或者利害关系人可以申请人民法院裁定非正常终止重整程序的情形有四种。

债务人进入了破产重整程序，但在重整期间出现了法定事由，而由人民法院宣告债务人破产。这些法定事由除上述四种之外，还有：债务人或者管理人未能在法定期限内提出重整计划草案，人民法院应当裁定终止重整程序，并宣告债务人破产；重整计划未获通过，并且人民法院没有强制批准重整计划，或者已通过的重整计划未获得批准的，人民法院就应当裁定终止重整程序，宣告债务人破产；债务人不能执行或者不执行重整计划，人民法院经利害关系人申请，裁定终止重整计划的执行，并宣告债务人破产。

我国的破产法也是原则上采取破产申请主义，以破产职权主义为例外和补充，即在特殊情况下人民法院可以依职权宣告债务人破产。这样规定原因在于：第一，人民法院裁定受理破产申请便意味着企业本身已经存在破产原因，许可其重整是给予其一个复苏重生的机会。债务人最终仍然缺乏挽救的可能性，那么法院只能裁定终止重整程序，避免程序资源的浪费。第二，为防止重整程序被滥用，威吓利用重整程序逃避债务之人。②

法律实务

根据《企业破产法》的规定，重整程序终止的情形可分为四类：

（一）因重整计划草案未按期提交而终止

《企业破产法》第七十九条规定：“债务人或者管理人应当自人民法院裁定债务人重整之日起六个月内，同时向人民法院和债权人会议提交重整计划草案。前款规定的期限届满，经债务人或者管理人请求，有正当理由的，人民法院可以裁定延期三个月。债务人或者管理人未按期提出重整计划草案的，人民法院应当裁定终止重整程序，并宣告债务人破产。”根据上述规定，重整计划草案的提交期限自裁定受理日起最长为九个月，由于破产案件的复杂性，实践中不乏因在规定时间内不能提出重整计划草案而被终止重整程序的情况。

---

① 全国人大常委会法制工作委员会：《〈中华人民共和国企业破产法〉释义及实用指南》，中国民主法制出版社2006年版，第192－193页。

② 全国人大常委会法制工作委员会：《〈中华人民共和国企业破产法〉释义及实用指南》，中国民主法制出版社2006年版，第192－193页。

（二）因重整计划获得批准而终止

《企业破产法》第八十六条规定："各表决组均通过重整计划草案时，重整计划即为通过。自重整计划通过之日起十日内，债务人或者管理人应当向人民法院提出批准重整计划的申请。人民法院经审查认为符合本法规定的，应当自收到申请之日起三十日内裁定批准，终止重整程序，并予以公告。"在部分表决组未通过重整计划草案时，经过再次协商仍未通过的，人民法院可以行使强制批准权，在此情况下，《企业破产法》第八十七条第三款规定："人民法院经审查认为重整计划草案符合前款规定的，应当自收到申请之日起三十日内裁定批准，终止重整程序，并予以公告。"根据该规定，在重整计划草案经各表决组通过后，或部分虽未通过，但符合《企业破产法》关于强制批准的规定的，人民法院审查后批准重整计划的，重整程序终止。

（三）因重整计划未获批准而终止

《企业破产法》第八十八条规定："重整计划草案未获得通过且未依照本法第八十七条的规定获得批准，或者已通过的重整计划未获得批准的，人民法院应当裁定终止重整程序，并宣告债务人破产。"

人民法院对重整计划草案享有终局裁决的权利，因此如果人民法院认为重整计划草案不宜付诸实施，则应裁定终止重整程序，并宣告债务人破产。

（四）因管理人或者利害关系人请求而终止

《企业破产法》第七十八条规定："重整期间，有下列情形之一的，经管理人或者利害关系人请求，人民法院应当裁定终止重整程序，并宣告债务人破产：（一）债务人的经营状况和财产状况继续恶化，缺乏挽救的可能性；（二）债务人有欺诈、恶意减少债务人财产或者其他显著不利于债权人的行为；（三）由于债务人的行为致使管理人无法执行职务。"第九十三条第一款规定："债务人不能执行或者不执行重整计划的，人民法院经管理人或者利害关系人请求，应当裁定终止重整计划的执行，并宣告债务人破产。"重整的根本目的在于挽救那些能够"起死回生""诚而不幸"的债务人，如果债务人在重整期间出现上述规定的情形，将不利于债权人保护及破产程序的推进，这表明债务人已经不符合继续重整的条件或重整计划无法得到切实执行。此时经管理人或者利害关系人的申请，人民法院应当裁定终止重整程序，并宣告债务人破产。

相关依据

《企业破产法》第七十八条、第七十九条、第八十六条、第八十七条、第八十八条、第九十三条

第五节 重整计划草案的制订与表决

一、重整计划草案的制订主体与内容

理论背景

债务人自行管理财产和营业事务的，由债务人制作重整计划草案。管理人负责管理财产和营业事务的，由管理人制作重整计划草案。观察各国（地区）破产法立法例，发现关于重整计划的提出和制订主体立法的一般原则是：重整期间的营业机构是谁，就由谁来提出重整计划，① 我国《企业破产法》的规定符合这一原则。

山东高院《破产审理指引》第一百四十七条规定重整计划草案除应包括《企业破产法》第八十一条规定的内容外，在普通债权不能获得全额清偿的情况下，重整计划草案应当包含出资人权益调整的内容。出资人的权益调整在破产重整程序中普遍存在，为了保障出资人的合法权益且依据《企业破产法》行使其表决权，这样的规定是合理的，而要求全面披露普通债权清偿率等信息，也有利于保障债权人的利益。深圳中院《重整工作指引》第八十五条和第八十六条亦作出同样的规定。

《破产会议纪要》第16条还强调重整计划的制订及沟通协调。要求人民法院要加强与管理人或债务人的沟通，引导其分析债务人陷于困境的原因，有针对性地制订重整计划草案，促使企业重新获得盈利能力，提高重整成功率。人

① 张艳丽：《重整计划比较分析》，载《法学杂志》2009年第4期。

民法院要与政府建立沟通协调机制，帮助管理人或债务人解决重整计划草案制订中的困难和问题。

法律实务

（一）重整计划草案的制订主体

《企业破产法》第八十条规定："债务人自行管理财产和营业事务的，由债务人制作重整计划草案。管理人负责管理财产和营业事务的，由管理人制作重整计划草案。"据此，重整计划草案的制订主体为债务人和管理人。

1. 债务人制订重整计划草案

在债务人自行管理财产和营业事务的情况下，债务人更熟悉企业生产、经营、管理的情况，具有较强的重生意愿，通过重整程序总结了经营管理各方面的经验与教训，提出的重整计划草案更符合企业的实际情况、制订的重整措施更加具有针对性。但是，管理人在债务人制订重整计划草案的过程中，应引导债务人积极、理性、客观地制订重整计划草案，使重整计划草案具有可操作性。

2. 管理人制订重整计划草案

管理人依职权接收、管理债务人的财产和营业事务，决定债务人的生产经营事项，代表债务人对所有债权人进行分配、清偿。管理人制订重整计划草案更加客观，专业性更强，更有利于保护债权人、债务人、投资人、企业职工等各方主体的利益，管理人在重整计划草案制订过程中，应当充分发挥债务人及股东、职工、债权人、投资人等相关各方的积极性，听取其意见和建议，进而增加重整计划草案的可行性。

（二）重整计划草案的内容

《企业破产法》第八十一条规定："重整计划草案应当包括下列内容：（一）债务人的经营方案；（二）债权分类；（三）债权调整方案；（四）债权受偿方案；（五）重整计划的执行期限；（六）重整计划执行的监督期限；（七）有利于债务人重整的其他方案。"管理人或债务人制订重整计划草案应依据上述法律规定及债务人的实际情况，充分考虑债务人企业经营现状，结合重整程序中审计、评估机构出具的相关报告及债权确认情况，同时参照其他重整成功项目案例，将重整计划草案内容进行细分与充实，内容包括但不限于债务人基本情况、债务人资产情况、债务人负债情况、偿债能力分析、债权分类及调整方案、出资人权益调整方案、债权清偿方案、债务人经营方案、职工安置方案、重整计划草案的批准和生效、重整计划的执行和监督、其他事项说明等。

实践中，重整计划草案因案件情况不同，内容可能各有侧重，特点亮点有时也精彩纷呈。但无论重整计划草案如何制订，可执行性应该是重中之重，否则重整计划草案设计得再好，也只是空中楼阁。这就要求管理人制订重整计划草案时，在依法依规的前提下要实事求是、因企施策，使重整计划草案既可兼顾各方利益，又要能落地执行，以确保重整成功。山东菏泽洪业集团等二十九家企业合并重整案的重整计划草案就制订得比较实际：

（1）重整计划草案对债务人出资人权益进行调整，明确了债务人原股东将其持有的股权全部无偿让渡给重整投资人或其指定的第三方，重整投资人或其指定的第三方将持有债务人百分之百的股权。债务人原股东因出资瑕疵引发的所有法律责任仍由原股东承担，重整后的新股东及债务人不承担任何责任。出资人权益调整后，重整投资人不承担缴纳原股东认缴的出资额义务。各关联企业之间相互持股且尚未履行完全出资义务的，不再履行其出资义务。该重整计划草案明确重整投资人不因原股东的出资瑕疵义务承担相应责任，打消了重整投资人的顾虑，在一定程度上提高了重整投资人的投资信心，有效推动了该案的重整进程。

（2）该案在重整计划草案中原则性地规定了人民法院批准重整计划后需要继续营业的企业，法律主体保留，仍然存续，重整计划执行完毕后恢复独立法人资格。其他不再继续营业的“僵尸企业”在资产处置完毕后予以注销，被注销的“僵尸企业”对外应收账款、相应资质等有关权益由重整投资人或其指定的第三方主体承继，给予重整投资人更大的自主权和选择权，成功实现了重整与清算的有机结合，不但简化了企业注销程序，同时也避免了司法资源的浪费。

（3）该案的重整计划草案确定了民事惩罚性赔偿金、行政罚款、刑事罚金等惩罚性债权作为劣后债权清偿，维护了全体债权人的合法权益。

因该重整计划草案兼顾了各方利益，在各表决组顺利通过后菏泽中院予以裁定批准。在半年的重整计划执行期间内经各方共同努力，重整资金全部到位，符合清偿条件的债务已全部清偿，重整计划基本执行完毕。

相关依据

1. 《企业破产法》第八十条、第八十一条
2. 《破产会议纪要》第16条
3. 山东高院《破产审理指引》第一百四十七条
4. 深圳中院《重整工作指引》第八十五条、第八十六条

二、重整计划草案的提交与分组表决

理论背景

债务人或者管理人应当在《企业破产法》第七十九条规定的期限内向人民法院提交重整计划草案，未按期提出的，人民法院应当裁定终止重整程序，并宣告债务人破产。

重整程序中对重整计划草案采取债权人分组表决。之所以设置为分组表决，是因为各类别的债权人利益诉求差别较大，有的甚至存在矛盾冲突，一起表决可能会导致陷入僵局或者损害某一类债权人的利益。分组表决既可以更加全面地反映债权人的各种利益诉求，也有助于提高效率，降低集体决策的成本。在比较法上，各国（地区）的立法有两种模式：一是强制性分组，即在法律列举的分组之外法院和当事人均不能再设置新的其他组别，如我国台湾地区公司法；二是任意性分组，即在法律列举的分组之外法院和当事人可以再设置新的其他组别，[①] 如德国和美国等国的破产法，规定债权人在破产重整的分组只要满足具有“同类的经济利益”或者法律地位可以与其他债权人区分，即可分为一组。我国破产重整中常见的做法是按照债权类型和债权数额划分为不同的清偿比例，也具有分组的效果。[②]

表决的方式，分为现场表决、书面表决和网络表决等。值得注意的是，网络表决成为近年来上市公司破产重整表决的新趋势。在证券交易所不断完善的

① 王欣新：《破产法》，中国政法大学出版社2011年版，第269－270页。
② 许德凤：《破产法论·解释和比较功能的视角》，北京大学出版社2015年版，第493页。

网络投票平台和司法系统破产重整信息平台的基础上，在破产重整中网络投票这种表决方式在保障中小股东利益方面发挥了重要的作用。在＊ST创智重整一案中，第一次召开出资人组会议时，为中小股东提供网络投票表决的渠道，结果中小股东合力否决了重整草案，第二次表决重整计划草案时中小股东让渡股份减少3178万股后方才通过。①

法律实务

（一）重整计划草案的提交

《企业破产法》第七十九条第一款、第二款规定："债务人或者管理人应当自人民法院裁定债务人重整之日起六个月内，同时向人民法院和债权人会议提交重整计划草案。前款规定的期限届满，经债务人或者管理人请求，有正当理由的，人民法院可以裁定延期三个月。"据此，债务人或者管理人应当自人民法院裁定债务人重整之日起，最长九个月期限内，向人民法院提交重整计划草案。

对于债权债务关系简单，债务人财产较少，重整投资人能够及时确定的重整案件，一般能够在上述规定的期限内完成重整计划草案并提交人民法院和债权人会议。但实践中存在大量债权债务关系复杂、评估工作和行政审批耗时较长、重整融资难、谈判工作困难的重整案件，债务人或管理人申请延期三个月后仍然无法按时提交重整计划草案。在此种情况下，如果一律宣告债务人破产清算，显然不利于发挥重整制度的优势，造成优质资源的浪费。实践中，为避免重整期间内无法顺利提交重整计划草案，导致宣告债务人破产清算的局面发生，同时为保全债务人资产，防止债务人优质资产被执行殆尽，可以提前启动预重整或先申请债务人进入破产清算程序，进而为重整程序争取更长时间，保证重整的顺利完成。

（二）重整计划草案的分组表决

《企业破产法》第八十二条规定："下列各类债权的债权人参加讨论重整计划草案的债权人会议，依照下列债权分类，分组对重整计划草案进行表决：（一）对债务人的特定财产享有担保权的债权；（二）债务人所欠职工的工资

---

① 赵晓琳：《中小股东让渡减少3178万股》，载《上海证券报》2011年6月3日第F08版。

和医疗、伤残补助、抚恤费用，所欠的应当划入职工个人账户的基本养老保险、基本医疗保险费用，以及法律、行政法规规定应当支付给职工的补偿金；（三）债务人所欠税款；（四）普通债权。人民法院在必要时可以决定在普通债权组中设小额债权组对重整计划草案进行表决。”第八十四条规定：“人民法院应当自收到重整计划草案之日起三十日内召开债权人会议，对重整计划草案进行表决。”

根据上述规定，债权人会议召开时，各债权人应分组对重整计划草案进行表决。原则上债权组包括：担保债权组、职工债权组、税款债权组、普通债权组、出资人组，必要时人民法院可以在普通债权组中设立小额债权组对重整计划草案进行表决。

实践中，可以将对建设工程价款、船舶和航空器等享有法定优先受偿权的债权人，列入到对债务人特定财产享有担保权的债权表决组，也可以根据上述优先权的性质设置其他优先权表决组。特定财产的评估价值不足以清偿其担保的债权，且对该财产享有优先受偿权的债权人同意对超出评估值以外的债权按普通债权清偿的，可以将评估值作为该笔债权在担保债权组的表决额，剩余金额作为其在普通债权组的表决额。对于普通债权组，若重整计划草案规定小额债权人全额受偿时往往不单独设立小额债权组，而是在普通债权组中设立小额债权。

对于出资人组，《破产法司法解释三》第十一条规定：“对重整计划草案进行分组表决时，权益因重整计划草案受到调整或者影响的债权人或者股东，有权参加表决；权益未受到调整或者影响的债权人或者股东，参照企业破产法第八十三条的规定，不参加重整计划草案的表决。”据此，对于权益未受到调整或者影响的债权人或者股东，不参加重整计划草案的表决；对权益受到调整的或者影响的债权人或者股东，有权参加重整计划草案的表决。山东高院《破产审理指引》第一百五十条、第一百五十一条和深圳中院《重整工作指引》第九十三条、第九十四条均规定，债务人的股东会或者股东大会已对出资人权益调整作出决议的，可以不再另行召开出资人组会议进行表决。有限责任公司的出资人权益调整事项经股东所持表决权的三分之二以上同意，即为表决通过；股份有限公司的出资人权益调整事项经出席出资人组会议的股东所持表决权的三分之二以上同意，即为表决通过。

相关依据

1. 《企业破产法》第七十九条、第八十二条、第八十四条
2. 《破产法司法解释三》第十一条
3. 山东高院《破产审理指引》第一百五十条、第一百五十一条
4. 深圳中院《重整工作指引》第九十三条、第九十四条

三、重整计划草案的通过

理论背景

重整计划草案的分组表决采取会议多数决原则，各表决组均通过重整计划草案时，重整计划即为通过。我国《企业破产法》有些条文将程序性事项与第二次表决联系在一起。从再次表决的方式来看，实践中主要有以下几种做法：一是在表决结果接近（通过）时，经短暂协商即进行二次表决；二是暂时休会，确定复会时间，并于复会时再次表决；三是重新召开债权人大会，进行第二次表决。最后一种方式要依法完成通知等程序，成本较高。[①] 而重整计划草案的通过采用第三种做法。

《九民会议纪要》第115条规定了庭外重组协议效力在重整程序中的延伸。要求继续完善庭外重组与庭内重整的衔接机制，降低制度性成本，提高破产制度效率。人民法院受理重整申请前，债务人和部分债权人已经达成的有关协议与重整程序中制作的重整计划草案内容一致的，有关债权人对该协议的同意视为对该重整计划草案表决的同意。但重整计划草案对协议内容进行了修改并对有关债权人有不利影响，或者与有关债权人重大利益相关的，受到影响的债权人有权按照企业破产法的规定对重整计划草案重新进行表决。

---

① 郭毅敏主编：《破产重整：困境上市公司复兴新视野》，人民法院出版社2010年版，第295页。

法律实务

（一）重整计划草案的通过标准

根据《企业破产法》第八十四条、第八十六条之规定，重整计划草案表决通过应符合以下标准：

1. 各表决组均表决通过重整计划草案。根据《企业破产法》第八十六条第一款的规定："各表决组均通过重整计划草案时，重整计划即为通过。"换言之，有一个表决组未表决通过，重整计划草案便未表决通过。

2. 各表决组债权人过半数且代表的债权金额达到三分之二以上。根据《企业破产法》第八十四条第二款规定："出席会议的同一表决组的债权人过半数同意重整计划草案，并且其所代表的债权额占该组债权总额的三分之二以上的，即为该组通过重整计划草案。"（1）同一表决组的债权人过半数，是指出席会议的债权人数过半，而非整个债权组中的所有债权人的半数。同一表决组的债权总额是指该组所有债权人的债权总额，而非出席会议债权人的债权总额。（2）出资人组进行表决时，有限责任公司的出资人权益调整事项经股东所持表决权的三分之二以上同意，即为通过，不存在人数上的限制，其基数为全部出资人的出资总和；股份有限公司的出资人权益调整事项经出席出资人组会议的股东所持表决权的三分之二以上同意，即为通过，也不存在人数上的限制，但基数为出席会议股东的出资总和。

（二）重整计划草案未表决通过时的协商

《企业破产法》第八十七条规定："部分表决组未通过重整计划草案的，债务人或者管理人可以同未通过重整计划草案的表决组协商。该表决组可以在协商后再表决一次。双方协商的结果不得损害其他表决组的利益。"实践中，若第一次表决时部分表决组未通过重整计划草案，管理人可以同未表决通过的表决组进行协商，争取重整计划草案的表决通过，且《企业破产法》并未对协商的期间加以限制，客观上为协商留出了较为充裕的时间，充分利用这一时间，可以提高重整计划草案通过的可能性。山东济南昌润置业破产重整案就是利用这一期间，管理人与部分未表决通过的债权组经过反复协商后，最终各表决组均表决通过了重整计划草案。

（三）存在预重整方案情形下的重整计划草案的通过

预重整方案是指在预重整期间，债务人与有关利害关系人经自愿平等协商达成的有利于债务人重整内容的协议。在破产重整申请受理后，债务人或者管理人一般以预重整方案为依据拟订重整计划草案，向人民法院和债权人会议提交，预重整方案与重整程序中制作的重整计划草案内容一致的，有关出资人、债权人对预重整方案的同意视为对该重整计划草案表决同意。但是重整计划草案对预重整方案的内容进行了修改并对有关权利人有不利影响的，受到影响的权利人有权对重整计划草案重新表决。预重整方案表决前债务人隐瞒重要信息、披露虚假信息，或者预重整方案表决后出现重大变化，有可能影响权利人表决的，相应权利人有权对重整计划草案重新表决。

相关依据

1. 《企业破产法》第八十四条、第八十六条、第八十七条
2. 山东高院《破产审理指引》第一百五十一条
3. 《九民会议纪要》第115条

第六节 重整计划的批准、执行与监督

一、重整计划的批准

理论背景

重整计划的批准分为正常批准与强制批准两种情形。正常批准的前提是各表决组均已表决通过重整计划草案。对于重整计划草案通过后申请批准，法院如何行使审查和批准的权力，长期以来没有具体的规则，《破产会议纪要》第17条规定，要求重整不限于债务减免和财务调整，重整的重点是维持企业的营运价值。人民法院在审查重整计划时，除合法性审查外，还应审查其中的经营方案是否具有可行性。重整计划中关于企业重新获得盈利能力的经营方案具有

可行性、表决程序合法、内容不损害各表决组中反对者的清偿利益的，人民法院应当自收到申请之日起三十日内裁定批准重整计划。

强制批准的规则允许法院依计划提出者的申请，在重整计划草案没有得到全部投票组通过时强制批准计划，只要计划给予反对的担保债权组、职工债权组、税款债权组、普通债权组、出资人组符合条件的权益分配。“强裁规则的目的在于防止当事人滥用投票权，对合理的计划造成‘钳制’。该规则继受自《美国破产法典》第1129条，此条被认为是美国破产法的重要创新，但因为涉及对当事人意思自治的干涉，所以美国司法实践中强裁规则的适用一直是相当谨慎的。”[①] 德国和中国也接受了这一规则，德国倾向于谨慎使用，在中国则面临争议。

2015年发布的《最高人民法院关于当前商事审判工作中的若干具体问题》中，提出“要审慎使用《企业破产法》第八十七条第二款中的强制批准权……在利害关系人表决未通过时，为防范债权人利益受损，法院不宜行使强制批准权”[②]。

法律实务

重整计划的批准程序是人民法院行使司法审查权的过程。根据《企业破产法》第八十六条、第八十七条之规定，人民法院对重整计划的批准分为正常批准与强制批准。

（一）正常批准

正常批准是最常见的重整计划批准方式。正常批准是指各表决组均通过重整计划草案时，重整计划即为通过。重整计划通过后，债务人或者管理人应当在十日内，向人民法院提出批准重整计划的申请，申请法院依法对已通过的重整计划进行认可、批准。人民法院经审查认为符合《企业破产法》规定的，应当自收到申请之日起三十日内裁定批准，同时终止重整程序，并予以公告。人民法院审查重整计划时应坚持程序合法原则、内容合法原则、可行性原则和最大利益原则，从而保证重整计划的合法性与可行性。

---

① 高丝敏：《重整计划强裁规则的误读与重释》，载《中外法学》2018年第1期。

② 杨临萍：《最高人民法院关于当前商事审判工作中的若干具体问题》（2015年12月24日）。

（二）强制批准

实践中，往往将诸如企业破产倒闭所带来的失业增加、税收减少、社会不稳定、不利于国有资产保值增值、不利于产业结构调整等均视为影响社会利益的情形。这意味着任何表决组或任何债权人的利益都必须服从这些社会利益。如果有表决组或债权人不服从这些社会利益而拒绝表决或不通过表决，法院将从保障社会利益的角度出发，按照《企业破产法》的规定强制批准重整计划草案。重整的基石是意思自治，从根本上需要各利害关系人达成利益上的一致。强制批准重整计划是以社会利益为本位、保证重整的顺利推进为目标，只有在部分表决组不同意，而强制通过重整计划草案符合社会整体利益的情况下，强制批准重整计划才具备其正当性。当然，强制批准程序中人民法院的强制批准权存在保守使用和滥用的风险。法院如果保守使用强制批准权，则不利于重整的顺利推进，但如果滥用，可能会让不具备重整可能性的企业进入重整程序，如重整失败则要进入新一轮的清算程序，将严重损害债权人的利益。

《破产会议纪要》第 18 条对强制批准重整计划草案进行了明确规定："人民法院应当审慎适用企业破产法第八十七条第二款，不得滥用强制批准权。确需强制批准重整计划草案的，重整计划草案除应当符合企业破产法第八十七条第二款规定外，如债权人分多组的，还应当至少有一组已经通过重整计划草案，且各表决组中反对者能够获得的清偿利益不低于依照破产清算程序所能获得的利益。"

实践中，有管理人或债务人将权利未受损害的债权人单独设置成一个表决组，而该表决组毫无意外地表决通过管理人或债务人的重整计划草案。这样便形成了已有部分表决组投票通过重整计划草案，从而为适用《企业破产法》第八十七条创造了机会。实质上，赋予权利未受损害的债权人以表决权将导致该部分债权人滥用权利，对权利受到损害的债权人显然不公平。《破产法司法解释三》第十一条第二款规定："……权益因重整计划草案受到调整或者影响的债权人或者股东，有权参加表决；权益未受到调整或者影响的债权人或者股东，参照企业破产法第八十三条的规定，不参加重整计划草案的表决。"这就意味着权利未受损害或影响的债权人及股东不参加表决，体现了禁止权利滥用原则，也为防止滥用强制批准权奠定了制度基础。

强制批准重整计划的案件虽不多见，但在法院审慎选择适用后，同样会产生良好的社会效果，既保护了优质产业的存续，又保证了普通债权人尤其是普通老百姓的基本利益。如浙江温州庄吉集团有限公司等四家公司破产重整案、山东济南外海置业投资有限公司破产重整案、广东深圳中华自行车（集团）股份有限公司破产重整案。

相关依据

1.《企业破产法》第八十六条、第八十七条
2.《破产法司法解释三》第十一条
3.《破产会议纪要》第 17 条、第 18 条

二、重整计划的执行与监督

理论背景

依据《企业破产法》，重整计划由债务人负责执行。人民法院裁定批准重整计划后，已接管财产和营业事务的管理人应当向债务人移交财产和营业事务。

对于重整计划由谁来作为执行人，各国（地区）法律的规定不尽相同。有的国家规定债务人原则上为重整计划执行人，如德国破产法规定管理人的职责因为计划批准而终结；有的国家规定管理人原则上为执行人，例如，“日本公司更生法以重整人（管理人）担任重整计划执行人为原则，同时规定执行重整计划的权力可以在特殊情况下依法赋予董事；法国规定在法院任命了重整人的情况下，重整计划的执行人为重整人（管理人），在未任命的情况下，由债务人在执行监督人的帮助下执行重整计划”①。我国企业的重整计划由债务人负责执行。债务人更为熟悉企业财产状况，具备相关专业技能，也更容易在短时间内开展工作。

对于执行重整计划的监督人，一般由管理人负责。自重整计划裁定批准后，管理人的职责便从对破产程序的全面负责转变为对破产程序的优先监督。在比较法上，德国破产法亦规定管理人监督重整计划的执行。对于监督的职责

---

① 吴高盛主编：《〈中华人民共和国企业破产法〉条文释义与适用》，人民法院出版社 2006 年版，第 192 页。

内容和方式，主要是指债务人应当向管理人报告重整计划执行情况和债务人财务状况。比较法上，德国破产法规定监督职责为不当行为时的警告和制止，而不能直接干涉经营和管理事务。①

法律实务

（一）重整计划的执行

重整计划的执行是指债务人按照人民法院批准通过的重整计划进行的具体实施行为。《企业破产法》第八十九条规定："重整计划由债务人负责执行。人民法院裁定批准重整计划后，已接管财产和营业事务的管理人应当向债务人移交财产和营业事务。"

1. 重整计划执行的事项

重整计划的执行需要管理人、债务人、重整投资人、债权人甚至政府部门的积极、密切配合。重整计划执行过程中需要执行的事项包括但不限于以下内容：对债权进行清偿与分配，管理人、债务人、重整投资人对生产经营事务进行移交，债务人信用恢复，股权过户，解除债务人财产的限制措施等。

2. 重整计划执行时的注意内容

重整计划批准生效后，无论重整计划草案由债务人还是管理人制订，都由债务人负责执行。在重整计划执行过程中需要注意：

（1）重整计划的执行期间不属于重整期间，重整期间是指自人民法院裁定债务人重整之日起至人民法院裁定批准重整计划的期间；

（2）重整计划批准后，因债务人需要负责具体执行事宜，因此管理人对其接管的印章印鉴、财务资料、人事档案等其他与财产和营业事务相关的资料需及时进行交接，以便债务人及时推进重整计划的具体执行。

3. 重整计划执行过程中的协助执行

在重整计划执行过程中，可能存在债权人或有关职能部门不配合债务人资产的解押、解封，原股东不配合股权过户等情形。《企业破产法》及相关司法解释并未对重整计划执行时的法院协助执行进行明确规定。重整计划执行过程中的相关事项能否请求法院协助执行，取决于重整计划的法律性质是否具有执

① 许德风：《破产法论·解释和比较功能的视角》，北京大学出版社2015年版，第540页。

行效力。王欣新教授认为："重整程序中的重整计划具有合同的外观，如经各方当事人间的协商订立等，所以其具有合同的法律性质。但重整计划是破产法上的合同，即特别法上的合同，优先适用破产法而不是合同法的调整，所以，不能以合同法的一般规则评判重整计划。重整计划作为特殊性质的合同，具有利益冲突的团体性、非全自愿协商的约束性、法律性质多样的复合性以及经司法确认生效的强制性。"① 因重整计划具有司法确认的强制性，在重整计划执行过程中对于相关利害关系人拒不配合的情况，管理人或相关主体可以申请人民法院协助执行，以确保重整计划得到切实的执行。人民法院出具协助执行法律文书的依据即批准重整计划的裁定。实践中，因股权变更受阻致使重整计划难以执行的案例很多，基本上均采取了法院出具协助执行通知书的方式来保障重整计划的执行，如鞍山第一工程机械股份有限公司重整案、武汉华信高新技术股份有限公司重整案、中国长江航运集团南京油运股份有限公司重整案等。

（二）重整计划的监督

《企业破产法》第九十条规定："自人民法院裁定批准重整计划之日起，在重整计划规定的监督期内，由管理人监督重整计划的执行。在监督期内，债务人应当向管理人报告重整计划执行情况和债务人财务状况。"据此，重整计划获得人民法院批准后，债务人执行过程中，管理人需依法履行监督职责。

1. 重整计划的监督主体

根据《企业破产法》第九十条之规定，重整计划的监督主体是管理人。破产法这样规定的一个重要原因是管理人在整个重整程序推进过程中，对债务人的财产与经营状况较为熟知，作为监督主体与其在破产程序中的角色、作用相适应。实践中，一些重整案件债权债务关系复杂、职工人数较多、涉及多方利益主体博弈，在重整计划执行监督过程中如果仅仅依靠管理人的力量显然是不够的，此时就需要管理人、人民法院、当地政府、债权人等共同承担监督责任，做好重整计划执行的各项监督工作。

2. 监督的内容及方式

对重整计划监督的内容应当是债务人对法院裁定批准的重整计划的全面实施、执行情况。包括但不限于：监督投资人的重整资金进入情况、监督债务人企业的生产经营情况、监督债务人企业的职工安置情况、监督债权清偿情况、

---

① 王欣新：《谈重整计划执行中的协助执行》，载《人民法院报》2016 年第 7 期。

监督债务人企业的信用恢复情况等。管理人监督往往采用留守人员监督的方式进行，且监督期限届满后，管理人应当根据具体的监督事项、监督情况形成书面的监督报告并及时向人民法院提交。

相关依据

1. 《企业破产法》第八十九条、第九十条
2. 《九民会议纪要》第113条
3. 山东高院《破产审理指引》第一百五十九条

三、重整计划的变更与终结

理论背景

由于重整计划的执行往往周期较长，且其间各种影响重整计划执行的情形可能出现，例如政策调整、法律修订、经济环境变化等宏观因素和投资人情况变化等微观因素，这些均可能导致重整计划执行困难甚至难以执行。因此，法律应当对重整计划的变更程序作出明确的规定。

在比较法上，一些国家的法律有明确的关于重整计划变更的规定。美国破产法规定，重整计划满足一定条件下允许变更，其条件包括：原计划已实质性执行完毕；不需要债权人会议同意，但是需要法院确认和听证程序；存在客观的足够正当化变更行为的情势变化。[①] 在我国《企业破产法》中，对于重整计划的变更条件、程序等规则，曾长期空白。为防止随意变更导致重整程序不当拖延，损害利害关系人的合法权益，《破产会议纪要》对重整计划的变更作出了限制，规定了严格的变更程序。明确规定了重整计划变更的前提条件是原重整计划因客观原因无法执行。限定了重整计划变更的次数为一次，以防止久变不决，无限拖延。[②]

重整计划的终结是指，重整计划正常执行完毕后，人民法院根据管理人等

---

① 许德风：《破产法论·解释和比较功能的视角》，北京大学出版社2015年版，第501页。

② 贺小荣、王富博、杜军：《破产管理人与重整制度的探索与完善——〈会议纪要〉的理解与适用（上）》，载《人民司法（应用）》2018年第13期。

利害关系人申请，作出重整程序终结的裁定。重整计划终结后，管理人的职责就此终止，未申报债权的债权人可以按照重整计划中同类债权清偿条件行使权利。

法律实务

（一）重整计划的变更

《破产会议纪要》第19条规定："债务人应严格执行重整计划，但因出现国家政策调整、法律修改变化等特殊情况，导致原重整计划无法执行的，债务人或管理人可以申请变更重整计划一次。债权人会议决议同意变更重整计划的，应自决议通过之日起十日内提请人民法院批准。债权人会议决议不同意或者人民法院不批准变更申请的，人民法院经管理人或者利害关系人请求，应当裁定终止重整计划的执行，并宣告债务人破产。"本条对重整计划执行中的变更条件和程序进行了明确规定。人民法院裁定同意变更重整计划的，债务人或者管理人应当在六个月内提出新的重整计划。变更后的重整计划应提交给因重整计划变更而遭受不利影响的债权人组和出资人组进行表决。表决、申请人民法院批准以及人民法院裁定是否批准的程序与原重整计划相同。

（二）重整计划的终结

《企业破产法》及相关司法解释并未对重整计划执行完毕后的程序进行规定，但部分地区已通过人民法院审判指引的方式对重整计划执行完毕后的程序进行了明确。《九民会议纪要》第114条第3款规定："重整程序因人民法院裁定批准重整计划草案而终止的，重整案件可作结案处理。重整计划执行完毕后，人民法院可以根据管理人等利害关系人申请，作出重整程序终结的裁定。"山东高院《破产审理指引》第一百五十九条第一款规定："重整计划执行完毕或者基本执行完毕，管理人应当申请终结重整程序，并提交监督报告。"深圳中院《重整工作指引》第一百一十八条规定："重整计划执行完毕或者基本执行完毕，管理人应当申请终结重整程序，并提交监督报告。合议庭应当在收到申请之日起三日内作出裁定。"北京一中院《破产重整案件规范》第一百四十五条规定："重整计划执行完毕后，人民法院可以根据管理人、债务人的申请，作出重整程序终结的裁定。"据此管理人需要注意，要根据有关规定，在重整计划执行完毕或者基本执行完毕后，应当依据《企业破产法》第九十一条的规定向人民法院提交执行期间的监督报告，同时申请终结重整程序。

相关依据

1. 《企业破产法》第九十一条
2. 《破产会议纪要》第 19 条
3. 《九民会议纪要》第 114 条
4. 山东高院《破产审理指引》第一百五十九条
5. 北京一中院《破产重整案件规范》第一百四十五条
6. 深圳中院《重整工作指引》第一百一十八条

第十章　破产和解

第一节　破产和解程序的启动

一、申请主体和时间

理论背景

依据《企业破产法》第九十五条的规定，债务人可以直接向人民法院申请和解；也可以在人民法院受理破产申请后、宣告债务人破产前，向人民法院申请和解。债务人申请和解，应当提出和解协议草案。破产和解是指由债务人提出和解申请及和解协议草案，债权人会议讨论通过并经法院许可，解决债权人、债务人之间的债权债务问题的制度。因此，破产和解申请主体是债务人，条件只能在破产程序开始前或程序进行中，即宣告破产前提交和解协议草案。

1986 年的《企业破产法（试行）》[①] 确立破产和解制度后，破产和解在司法实践中并未达到其预想效果。2007 年实施的《企业破产法》对破产和解制度进行了较大改进，具体而言，包括“将非国有企业纳入调整范围，取消了原来按照所有制区别适用不同和解程序的二元立法模式，实现了破产和解立法一体化；将破产和解制度抽离出来独立成章，使破产和解与破产清算、破产重整形成三足鼎立格局，实现了破产和解地位独立化”[②]。

值得注意的是，在《九民会议纪要》中进一步提到注重发挥破产和解制度

① 该法目前已失效。

② 张钦昱：《破产和解之殇：兼论我国破产和解制度的完善》，载《华东政法大学学报》2014 年第 1 期。

简便快速清理债权债务关系的功能。债务人根据《企业破产法》的规定，直接提出和解申请或者在破产申请受理后宣告破产前申请和解的，人民法院应当依法受理并及时作出是否许可的裁定。

法律实务

（一）申请主体

和解申请只能由存在破产原因的债务人提出，其他利害关系人不能提出和解申请，人民法院也不能依职权启动和解程序。

债务人进入破产程序的条件是不能清偿到期债务，并且资产不足以清偿全部债务或者明显缺乏清偿能力。此时债权人较为关注的是如何最大限度地实现自己的债权，而不是主动提出宽延债务人履行期限、减免债务等。同时，只有债务人最清楚自身经营状况及复苏潜力，所以，和解程序的申请主体只能是存在破产原因的债务人。

破产和解程序是经债务人考虑、决定后向人民法院申请和解，在人民法院的适当干预下，由债权人通过债权人会议表决是否同意和解协议草案的破产程序。债务人向人民法院提出和解申请时，应当同时提出和解协议草案。

（二）申请时间

《企业破产法》第九十五条、山东高院《破产审理指引》第一百六十一条规定，债务人可以直接向人民法院提出和解申请，也可以在人民法院受理破产申请后，宣告债务人破产之前向人民法院申请破产和解。如果债务人已经被人民法院宣告破产，便不得再提出破产和解申请。

《企业破产法》第一百零五条规定："人民法院受理破产申请后，债务人与全体债权人就债权债务的处理自行达成协议的，可以请求人民法院裁定认可，并终结破产程序。"关于本条规定，其法律性质应为一般的民事和解，这种民事和解并不因破产程序的启动而被排除。

（三）破产清算、破产重整转为破产和解

1. 破产清算转为破产和解

《企业破产法》第九十五条规定："债务人可以依照本法规定，直接向人民法院申请和解；也可以在人民法院受理破产申请后、宣告债务人破产前，向人

民法院申请和解。”由此可见，《企业破产法》对于申请破产和解的时间有明确要求，但并没有明确禁止债务人进入破产清算程序后、宣告破产前再向人民法院申请破产和解。四川高院《审理破产案件解答》第四节第十一条的答复中指出：“相对于破产清算程序而言，重整及和解程序属破产拯救程序，清算程序与破产拯救程序之间可以转换，但需符合一定条件。”因此，破产清算转为和解程序符合《企业破产法》的规定，实践中也有很多成功案例，例如山东济南群康食品有限公司、济南群康实业有限公司合并破产和解案、江苏苏州恩杜罗生物技术（苏州工业园区）有限公司清算转和解案、福建厦门嘉利得置业有限公司清算转和解案。

2. 破产重整转换为破产和解

《企业破产法》对于破产重整与破产和解程序的转换并未进行明确规定，但若债务人先进入破产重整，在重整不能后申请转为破产和解，是破产程序转换形式的创新。破产法鼓励陷入流动性困境的企业先选择拯救程序，只有确实没有拯救的潜力或价值的企业才选择破产清算作为最后的选项。债务人重整失败后，在能够和债权人达成和解的情况下，如果切断了破产重整转和解的道路，强行进行破产清算，就违背了挽救企业的营运价值和最大化破产财产的立法目的，不利于保护债权人和债务人的合法权益。如人民法院经审查，企业债务人确有挽救价值和挽救希望，且具有履行能力的，在不违背法律原则性规定的前提下，可允许破产重整和破产和解之间相互转换，兼顾债权人和债务人的利益。虽然破产重整转为破产和解的情形较少，但实践中也有成功的案例，如浙江温州三联锻造有限公司重整转和解案、江西吉安市六合盛置业发展有限公司重整转和解案等。

相关依据

1. 《企业破产法》第九十五条、第一百零五条
2. 山东高院《破产审理指引》第一百六十一条
3. 四川高院《审理破产案件解答》第四节第十一条

二、审查与裁定

理论背景

人民法院对和解申请的审查，既包括实质性审查，又包括形式性审查。实质性审查的内容是债务人是否具有破产原因，即是否存在不能清偿到期债务，且资产不足以清偿全部债务或者明显缺乏清偿能力的事实，以及债务人是否适格、是否符合和解条件等问题。和解申请的形式要件，是指“和解申请得以成立的辅助要件，主要包括和解申请的书面形式、向受理破产案件的法院提出申请、提交和解协议草案等。和解申请的形式要件最为重要的部分为和解协议草案”①。此外，债务人申请和解时，法律要求提交的文件，应当一并提交。

人民法院是对破产和解申请进行审查和裁定的主体。人民法院经对债务人和解申请的实质性和形式性审查后，认为和解申请符合《企业破产法》规定的，应当裁定许可进行和解，予以公告，并召集债权人会议讨论和解协议草案。对债务人的特定财产享有担保权的权利人，自人民法院裁定和解之日起可以行使权利。

法律实务

（一）对破产和解申请的审查

人民法院对债务人和解申请的审查既包括实质性审查，也包括形式性审查。具体主要包括以下几个方面：

1. 申请人是债务人，债务人是企业法人；
2. 债务人具备和解启动的原因；
3. 申请的格式和内容符合法律的规定。

人民法院在对和解协议草案进行实质审查时，应当听取债务人、债权人、其他利害关系人对和解的意见。

---

① 全国人大常委会法制工作委员会：《〈企业破产法〉释义及实用指南》，中国民主法制出版社2006年版，第236页。

1. 形式性审查

（1）和解的清偿比例；

（2）主要债权人的和解意向；

（3）和解协议的执行期限和还款步骤；

（4）和解协议的执行保障；

（5）人民法院要求的其他内容。

2. 实质性审查

（1）同类债权人有无受到公平对待；

（2）债权人放弃权益是否基于自愿；

（3）和解协议的执行是否具有可行性；

（4）和解协议的内容有无违反法律、法规禁止性规定。

（二）裁定和解

人民法院经审查认为和解申请符合法律规定的，应当裁定和解，并予以公告。

人民法院应当自收到破产申请之日起十五日内裁定是否受理。有特殊情况需要延长的，经上一级人民法院批准，可以延长十五日。人民法院受理破产申请的，应当自裁定作出之日起五日内送达申请人，二十五日内通知已知债权人，并予以公告。

人民法院裁定债务人和解的，应当指定管理人。对债务人的特定财产享有担保权的权利人，可自人民法院裁定之日起通过管理人依法行使其权利。

人民法院裁定和解后，债务人的有关人员需按照《企业破产法》第十五条的规定履行义务。债务人对个别债权人的债务清偿无效。债务人的债务人或者债务人财产的持有人应当向管理人清偿债务或交付财产，使债务人受到损失的，不免除其清偿债务或交付财产的义务。

人民法院裁定和解后，应将已经开始尚未终结的民事诉讼或仲裁中止，待管理人接管债务人财产后继续进行。

江西高院《破产案件审理规程》第一百四十五条规定：“裁定和解后，人民法院应当在十五日内召集债权人会议讨论和解协议草案，但债权人的债权尚未经法院裁定确认的除外。”

（三）裁定不予受理

人民法院对债务人的和解申请经审查认为不符合《企业破产法》规定的，

如和解的条件不符合法律规定或者违反债权人的一般利益，法院不是裁定驳回债务人的和解申请，而是裁定不予受理债务人的和解申请。

河北高院《破产案件审理规程》第一百一十五条规定，如有下列情形之一的，人民法院应当裁定不予受理。

1. 申请人并非债务人；

2. 申请人不具备法人资格；

3. 申请人不具备破产原因；

4. 申请人未提交财产状况说明、财务会计报告、债权清册、债务清册及和解协议草案，且未在指定期限内补交的；

5. 不符合管辖规定。

根据《企业破产法》第十二条第一款的规定，债务人对不予受理裁定不服的，可以自裁定送达之日起十日内向上一级人民法院提起上诉。

相关依据

1. 《企业破产法》第二条、第十条、第十一条、第十二条、第十五条、第九十五条、第九十六条

2. 山东高院《破产审理指引》第一百六十四条

3. 江西高院《破产案件审理规程》第一百四十二条、第一百四十三条、第一百四十五条

4. 河北高院《破产案件审理规程》第一百一十三条、第一百一十五条

第二节　和解协议的讨论与表决

一、和解协议的讨论

理论背景

在破产和解程序中，债权人会议对和解协议的讨论是和解程序中的关键一

环。一方面，企业进入破产程序，说明出现了资不抵债等破产原因，意味着企业债权人的利益会受到不同程度的损害，在这样的情况下，只有债权人积极参与和解的讨论才能实现对自身权益的保护。另一方面，债权人自治的原则是现代破产法中最为重要的原则之一，债权人会议制度是我国《企业破产法》的一大进步，实际上在后续的司法解释和文件中债权人自治的原则一直得到贯彻。而债权人会议作为破产程序中最为重要的意思自治机关，在和解程序中也不例外，而债权人会议的职权集中规定在《企业破产法》第六十一条，其中就包括通过和解协议。

破产和解程序是重整、和解和清算三大程序中的一种，也适用于破产程序的一般规定，和解协议讨论的相关规则亦适用债权人会议的一般规则。根据《企业破产法》第六十二条规定，第一次债权人会议由人民法院召集，自债权申报期限届满之日起十五日内召开。以后的债权人会议，在人民法院认为必要时，或者管理人、债权人委员会、占债权总额四分之一以上的债权人向债权人会议主席提议时召开。因此，人民法院裁定和解后，第一次债权人会议由人民法院进行召集。实践中债权人会议的筹备工作由管理人组织实施，第一次债权人会议的筹备和组织工作，管理人应当协助人民法院进行。

法律实务

（一）召集债权人会议讨论和解协议草案

《企业破产法》第九十六条第一款规定：“人民法院经审查认为和解申请符合本法规定的，应当裁定和解，予以公告，并召集债权人会议讨论和解协议草案。”但召开会议的时间应当合理设置，因为法院裁定和解后到召开债权人会议的这段期间内，应该是债务人、管理人征集意见，修改和完善和解协议草案的时间，为了能使和解协议顺利通过表决，应当充分利用这段时间与各方进行协调。

云南高院《破产审判指引》第一百二十九条规定：“人民法院应在裁定和解之日起三十日内召开债权人会议，表决和解协议草案。”

（二）和解协议草案的准备

债务人在向人民法院提出和解申请时，应当提交和解协议草案，供债权人会议讨论审查，并表决是否通过。

山东高院《破产审理指引》第一百六十三条规定，和解协议草案一般包括下列内容：

1. 债务人财产状况；
2. 清偿债务的比例、期限及财产来源；
3. 破产费用、共益债务的种类、数额及支付期限。

此外，债务人可以在和解协议草案中为和解协议的执行设定担保。和解协议草案中可以规定监督条款，设置和解协议执行的监督人。

（三）债权人会议讨论和解协议草案

人民法院裁定启动和解程序后，应召集债权人会议讨论和解协议草案。

债权人会议收到和解协议草案后，应进行审查讨论，并可要求债务人作出说明解释。债权人会议认为和解条件应予补充修改时，可与债务人协商。债权人会议对债务人最终提供的和解协议草案应以表决的方式确定是否通过。

相关依据

1. 《企业破产法》第六十一条、第六十二条、第九十六条
2. 山东高院《破产审理指引》第一百六十三条
3. 云南高院《破产审判指引》第一百二十九条

二、和解协议的表决

理论背景

和解协议的表决，包括通过和解协议的条件和效力。债权人会议通过和解协议的条件，是指通过债权人会议需要满足何种条件通过的和解协议才为有效。通常，各国（地区）法律会在出席债权人会议的同意人数以及他们所代表的债权额方面作出一定的要求。比较法上，“多数国家规定和解协议草案应由出席债权人会议人数过半数同意并且其所代表的债权总额为半数或者三分之二以上的无财产担保的债权额，我国也遵循这一原则”①。

① 吴高盛主编：《〈中华人民共和国企业破产法〉条文释义与适用》，人民法院出版社2006年版，第206页。

《企业破产法》第六十四条规定，债权人会议决议由出席会议的有表决权的债权人过半数通过，并且其所代表的债权额占无财产担保债权总额的二分之一以上。但是，和解协议的通过作为《企业破产法》第六十一条规定的债权人会议职权之一，在表决通过的条件上设置了更为严格的标准。债权人会议是一种特殊的组织，任何组织必须考虑集体决策的成本，和解协议的通过作为其职权之一，应当在债权人自治主义和提高决策效率之间寻求平衡。债权人会议通过和解协议的决议时，出席会议的有表决权的债权人过半数同意，这与一般的债权人会议决议通过规则相同，但是在其所代表的债权额占无财产担保债权总额的比例上则更为严格，需三分之二以上，这种设置势必会影响效率，但是体现了对债权额较大的债权人的保护。

法律实务

（一）表决和解协议

对和解协议的表决实行双重表决制度，即要求出席会议有表决权的债权人过半数同意，且其所代表的债权额占无财产担保债权总额的三分之二以上。

《企业破产法》第五十九条、第一百条第二款规定，人民法院在受理破产申请时，对债务人享有无财产担保的债权人才可以作为出席会议有表决权的债权人。

有表决权的债权人过半数同意，不是单纯出席债权人会议的所有债权人过半数同意，因为有的债权人虽出席了债权人会议，但其实际上并没有表决权。或虽有表决权，但并未出席债权人会议，故不能计入表决权人的人数总数。

无财产担保的债权总额是指经债权人会议核查无异议且经过人民法院裁定确认的，或为其行使临时表决权临时确定的没有财产担保或法定优先受偿权的债权总额。

出席会议表决同意和解协议的债权人人数未能超过半数，或表决同意和解协议的债权人人数虽过半数，但其所代表的无财产担保债权额未达到法定数额，是否允许债权人会议进行二次表决，《企业破产法》未作明确规定。

（二）对和解协议的异议

《企业破产法》第六十四条第二款规定：“债权人认为债权人会议的决议违反法律规定，损害其利益的，可以自债权人会议作出决议之日起十五日内，请求人民法院裁定撤销该决议，责令债权人会议依法重新作出决议。”如债权人对通过和解协议的决议有异议，可以根据该规定行使权利。

（三）职工债权、税款等债权不属于和解债权

职工债权、企业所欠税款以及社会保险机构的债权，均不属于和解债权，所以不受和解协议约束。职工和国家税务机关也不参加表决和解协议的债权人会议。破产企业所欠职工债权如需予以延期偿还或减免，由双方依据有关的劳动法律、法规等另行协商解决。为顺利推进和解程序，债务人对所欠的税款可向税务机关提出予以减免或延期偿还的申请，由税务机关根据实际情况作出决定。这些债权在破产程序中处于优先受偿顺位，不能因债权人会议对和解协议的表决通过而影响其法定权利。

相关依据

1.《企业破产法》第五十九条、第六十一条、第六十四条、第九十七条、第一百条

2. 山东高院《破产审理指引》第一百六十六条

第三节　和解协议的裁定认可及法律效力

一、和解协议的裁定认可

理论背景

当债权人会议通过和解协议后，人民法院应当及时对债权人会议提交的和解协议进行审查，经审查后裁定认可的，终止和解程序，并予以公告。管理人应当向债务人移交财产和营业事务，并向人民法院提交执行职务的报告。

人民法院对债权人会议通过的和解协议需进行程序审查与实质审查。程序审查主要是看债权人会议的召集程序和表决程序是否合法，和解协议的通过是否符合法定的人数及所代表的债权数额的要求。实质审查包括“是否存在《合

同法》规定的无效、可撤销情形，和解协议内容是否真实可行，清偿计划是否存在明显无法履行的情况，和解协议中对债权人的清偿是否少于破产清算的，和解协议是否损害少数债权人或利害关系人的利益，和解协议是否存在损害其他利害关系人、集体利益、国家利益的现象，和解协议内容是否违反法律、行政法规强制性规定”①。

在破产清算程序中，债权人会议表决通过破产财产的分配方案事项时，经债权人会议二次表决仍未通过的，由人民法院裁定；在破产重整程序中，未通过重整计划草案的表决组拒绝再次表决或者再次表决仍未通过重整计划草案，但重整计划草案符合法定条件的，债务人或者管理人可以申请人民法院批准重整计划草案。然而，不同于上述两种程序，依据《企业破产法》第九十九条，和解协议草案经债权人会议表决未获得通过，或者已经债权人会议通过的和解协议未获得人民法院认可的，人民法院应当裁定终止和解程序，并宣告债务人破产。这是由于在和解协议中各方的让步一般比较大，即便举行再次表决，通过的概率也有限，同时和解协议是债权人和债务人之间达成的协议，更加注重当事人的意思自治，因此没有规定在债权人会议表决不通过时由法院强制批准通过的制度。比较法上，我国台湾地区破产法也这样规定，和解经债权人会议否决时，主席应立即宣告和解程序终结，并报告法院。

法律实务

经债权人会议表决通过的和解协议只能是依法成立，只有经过人民法院对表决通过的和解协议裁定认可，才能发生法律效力。

和解协议草案须经债权人双重表决通过并由人民法院裁定认可，这主要是考虑到各债权人在债权人会议上不太可能就和解协议草案完全达成一致意见。为了避免少数不同意的债权人与多数同意的债权人发生争执而影响到和解协议的顺利执行，必须由人民法院代表国家司法机关来对和解协议作出裁定认可，同时针对破产和解的具体进展继续全面控制破产程序的进行。人民法院对和解协议的裁定认可，是代表国家对当事人就其民事权利所作的处分进行的监督与

---

① 马晓瑞、邹吉东、张余、李美鸥编著：《破产案件审理指南》，人民法院出版社2018年版，第96页。

干预。

人民法院对债权人会议表决通过的和解协议进行审查的主要内容有:

1. 和解协议是否有违反法律法规，损害国家、社会或他人利益的内容，有无损害少数债权人利益、违反公平清偿原则的内容等;

2. 决议通过程序是否合法，表决票数及债权数额统计等有无差错，表决中有无欺诈或胁迫现象等;

3. 债务人有无和解诚意，如有无破产欺诈行为，和解之目的是否正当，和解协议是否有明显不能实现的情况等;

4. 和解协议的执行期限是否合理，执行保障是否到位等;

5. 人民法院认为应当审查的其他内容。

人民法院审查后认为债权人会议决议及和解协议符合法律规定的，应裁定认可和解协议。人民法院裁定认可和解协议的，终止和解程序，并予以公告。

若和解协议虽经债权人会议表决通过，但未获得人民法院认可，人民法院应当裁定终止和解程序，宣告债务人破产，并予以公告。

相关依据

1. 《企业破产法》第九十八条、第九十九条

2. 江西高院《破产案件审理规程》第一百四十六条、第一百四十七条

二、和解协议的法律效力

理论背景

和解协议的通过既具有程序性效力，也具有实体性效力。在程序上，和解协议通过并经过人民法院裁定认可的，和解程序终止，转入和解协议执行阶段。此时，管理人应当向债务人移交财产和营业事务，并向人民法院提交执行职务的报告，债务人重新获得自主经营活动的权利。

在实体权利上，人民法院裁定认可的和解协议，对债务人和全体和解债权人均有约束力。和解债权人是指人民法院受理破产申请时对债务人享有无财产担保债权的人，是和解协议生效前成立的享有债权的债权人，除有财产担保的

债权外，无论债权人是否申报债权，无论其是否参加债权人会议和进行表决，均受到和解协议的约束。从理论上讲，“债权人未申报债权仅丧失程序法上的权利，但其实体权利并不因此而消灭。因而没有依照本法规定申报的和解债权，在和解协议执行期间不得行使，在和解协议执行完毕后，可以按照和解协议规定的清偿条件行使权利”①。

债务人应当按照和解协议规定的条件清偿债务，对和解协议减免的债务则不再承担清偿责任。但是，和解债权人对债务人的保证人和其他连带债务人所享有的权利，不受和解协议的影响。保证和连带债务设立的本意便是保障债务人失去清偿能力时债务的偿还，如果和解协议的责任减免效力及于保证人和连带债务人，有违制度的设计本意，也不利于和解制度的实施。因此，债权人对债务人所作的债务减免或延期偿还的让步，效力不及于其保证人或连带债务人。

法律实务

和解协议在实体问题上的法律效力，主要表现为对债权人与债务人两个方面。

（一）对债权人的效力

在达成和解协议时存在的债权人有三种：和解债权人、破产别除权人、和解协议生效后新产生的债权人。

1. 已经人民法院裁定认可的和解协议对全体和解债权人有约束力，和解协议对和解债权人的效力，表现为限制其清偿权利的行使。无论其是否申报债权，是否参加债权人会议，是否表决同意和解，均只能按和解协议受偿，不得要求和解协议之外的单独利益，不得就其原债权提起个别民事执行程序。

2. 《企业破产法》第九十六条第二款规定：“对债务人的特定财产享有担保权的权利人，自人民法院裁定和解之日起可以行使权利。”

3. 关于在和解期间因债务人生产经营而新产生的债权，这些债权通常属于共益债权，从债务人的角度讲就是共益债务。此类债权不受和解协议约束，可要求单独受偿。

此外，对于未申报的和解债权人，根据《企业破产法》第一百条第三款的

---

① 吴高盛主编：《〈企业破产法〉条文释义与适用》，人民法院出版社2006年版，第213－214页。

规定，未申报的和解债权人在整个破产程序中都不得行使权利，只有在和解协议执行完毕以后，才可以要求债务人按照和解协议的约定对其进行清偿。

（二）对债务人的效力

和解协议生效后，债务人应当按照和解协议约定的债权清偿比例、清偿时间等对债权人进行清偿，和解协议进入执行阶段。

《企业破产法》第一百零一条规定："和解债权人对债务人的保证人和其他连带债务人所享有的权利，不受和解协议的影响。"也就是说，和解协议对债务人和全体和解债权人均有约束力，但不能扩大至债务人的保证人和其他连带债务人。

相关依据

1.《企业破产法》第九十六条、第九十八条、第一百条、第一百零一条、第一百零二条

2. 山东高院《破产审理指引》第一百七十条、第一百七十一条、第一百七十二条

第四节　破产和解的终止与终结

一、破产和解的终止

理论背景

破产和解的终止包括正常终止与非正常终止。非正常终止是指"在和解协议阶段或和解协议执行阶段，因法定事由而予以终止和解的行为。在不同阶段的不同情况下，终止有可能产生和解失败，进入破产清算程序的后果"①。导致

① 马晓瑞、邹吉东、张余、李美鸥编著：《破产案件审理指南》，人民法院出版社2018年版，第97－98页。

和解程序进入执行阶段的法定事由是指在和解协议阶段和解协议通过并经人民法院裁定认可，终止和解程序，进入执行和解协议的阶段。

导致和解程序终止后进入破产清算程序的法定事由有以下几类：一是和解协议草案经债权人会议表决未获得通过，或者已经债权人会议通过的和解协议未获得人民法院认可的，人民法院应当裁定终止和解程序，并宣告债务人破产。二是因债务人的欺诈或者其他违法行为而成立的和解协议，人民法院应当裁定无效，并宣告债务人破产。我国破产法也是原则上采取破产申请主义，以破产职权主义为例外和补充，即在特殊情况下人民法院可以依职权宣告债务人破产，上面的和解协议草案未获通过或者未获法院认可，以及和解协议无效的两种情形便是一例。三是债务人不能执行或者不执行和解协议的，人民法院经和解债权人请求，应当裁定终止和解协议的执行，并宣告债务人破产。进入执行阶段后，和解协议因为债务人无法执行的，和解程序便无法继续，此时为了保护债权人的利益，经其申请可以转入清算程序。

法律实务

（一）和解协议阶段的终止

和解协议阶段的终止包括债务人与债权人未能达成和解协议，或虽达成和解协议但未经过人民法院裁定认可，或者达成的和解协议由人民法院裁定认可的终止。

根据《企业破产法》第九十八条、第九十九条的规定，和解协议阶段终止的后果是，不能达成和解协议和达成和解协议未获得人民法院认可的，转入破产清算程序；达成和解协议且获得人民法院认可的，转入和解协议执行阶段。

（二）和解协议执行阶段的终止

《企业破产法》第一百零四条规定：“债务人不能执行或者不执行和解协议的，人民法院经和解债权人请求，应当裁定终止和解协议的执行，并宣告债务人破产。人民法院裁定终止和解协议执行的，和解债权人在和解协议中作出的债权调整的承诺失去效力。和解债权人因执行和解协议所受的清偿仍然有效，和解债权未受清偿的部分作为破产债权。前款规定的债权人，只有在其他债权人同自己所受的清偿达到同一比例时，才能继续接受分配。有本条第一款规定情形的，为和解协议的执行提供的担保继续有效。”

该条是指生效的和解协议开始执行后至执行完毕前，债务人不能执行或者不执行和解协议，经和解债权人申请而被裁定终止，从而进入破产清算程序。

（三）和解协议无效的终止

《企业破产法》第一百零三条第一款规定：“因债务人的欺诈或者其他违法行为而成立的和解协议，人民法院应当裁定无效，并宣告债务人破产。”

《合同法》第五十八条规定：“合同无效或者被撤销后，因该合同取得的财产，应当予以返还；不能返还或者没有必要返还的，应当折价补偿。有过错的一方应当赔偿对方因此所受到的损失，双方都有过错的，应当各自承担相应的责任。”根据该规定债权人应当返还因执行和解协议而取得的财产，但和解协议被认定为无效后，债务人将进入破产清算程序，为了避免出现分配、返还、再分配的情形，《企业破产法》第一百零三条第二款规定：“有前款规定情形的，和解债权人因执行和解协议所受的清偿，在其他债权人所受清偿同等比例的范围内，不予返还。”《企业破产法》相对于《合同法》而言属于特别法，应当优先适用。

相关依据

1.《企业破产法》第九十八条、第九十九条、第一百零三条、第一百零四条

2.《合同法》第五十八条

二、破产和解的终结

理论背景

破产和解程序的终结是指在和解协议阶段或者和解协议执行阶段因为出现法定原因而致使整个和解程序以及整个破产程序都完全结束的行为。

依据我国《企业破产法》的规定，在破产宣告之前，致使整个破产程序终结的法定事由共有以下几种类型：债务人财产不足以清偿破产费用；债务人与全体债权人自行达成协议；破产宣告前全部债务得到清偿或者获得足额担保。

在破产和解程序中，导致破产程序终结的法定事由除了上述几种以外，还包括因为和解协议执行完毕导致的破产程序终结。和解协议执行完毕是指和解协议的内容特别是有关债权人债权的内容，如债权的减免以及受偿的条件、方式、期限等事项全面实施、执行完毕，整个破产程序完成终结的行为。债务人对债权人的债权按照和解协议内容全面履行完毕的，债务人不再对和解协议中已经减免的债权承担清偿责任，即债务人对债权人的债权清偿责任得到免除。和解协议执行完毕，意味着终结、完成整个破产程序。人民法院应当裁定终结破产程序，并予以公告。①

法律实务

（一）财产不足以清偿破产费用的和解终结

《企业破产法》第四十三条规定，破产费用由破产财产随时清偿。如果债务人的财产不足以支付破产费用，债权人就不可能再从破产财产中得到任何分配。因此，破产程序继续进行无疑构成浪费，也没有实际意义。管理人在破产宣告前已经查明破产财产不足以清偿破产费用的，应当提请人民法院终结破产程序，破产程序随着人民法院的裁定而终结。

（二）债权已得到清偿或足额担保的终结

《企业破产法》第一百零八条规定："破产宣告前，有下列情形之一的，人民法院应当裁定终结破产程序，并予以公告：（一）第三人为债务人提供足额担保或者为债务人清偿全部到期债务的；（二）债务人已清偿全部到期债务的。"债权人得到全部清偿或者足额担保，破产程序就没有必要再进行下去，人民法院应当裁定终结破产程序，并予以公告。

（三）和解协议执行完毕的终结

《企业破产法》第一百零六条规定："按照和解协议减免的债务，自和解协议执行完毕时起，债务人不再承担清偿责任。"和解协议执行完毕，债务人对债权人的债权按照和解协议的内容全部履行完毕，也就意味着和解程序就此终结。

---

① 马晓瑞、邹吉东、张余、李美鸥编著：《破产案件审理指南》，人民法院出版社2018年版，第96页。

（四）自行和解的终结

《企业破产法》第一百零五条规定："人民法院受理破产申请后，债务人与全体债权人就债权债务的处理自行达成和解协议的，可以请求人民法院裁定认可，并终结破产程序。"破产本质上是对债务人与全体债权人的债权债务关系进行概括性处理，如果债务人与全体债权人达成了和解，则表明债权债务关系已经得以解决，此时破产程序便无继续的必要，可申请法院裁定终结破产程序。

相关依据

《企业破产法》第四十三条、第一百零五条、第一百零六条、第一百零八条

第十一章 破产清算

第一节 破产宣告

一、破产宣告程序

理论背景

破产宣告程序是指“人民法院对于具备破产原因的债务人的破产事实予以判定，并使债务人进入破产清算程序的一种司法裁定行为”①。对“破产宣告”一词的理解，一定程度上承载了破产法乃至整个破产制度在我国发展的历史。事实上，在《企业破产法》之前我国破产立法史，乃至在一些破产申请受理时尚不明确需进入何种程序的立法例中，“破产宣告”一词更多指涉的是破产程序的开始，即“破产受理”，而非进入了破产清算程序。如1906年的“奏准”《大清破产律》，其第一条规定：“商人因贸易亏折，或遇意外之事，不得已自愿破产者，应赴地方官及商会呈报，俟查明属实，然后将该商破产宣告于众。”② 破产宣告后方展开董事指定（即破产管理人指定）、财产清理、召开债主会议（即债权人会议）等事项；在台湾地区沿用至今的1935年《中华民国破产法》中，其破产宣告本质上亦等同于破产申请受理。③ 只有在我国《企业破产法》颁布之后，才正式确立了重整、和解、清算三大程序，“破产宣告”才成为“进入破产清算”程序的代名词。这样的“误解”，至今仍然存留于许

① 全国人大常委会法制工作委员会：《企业破产法释义》，法律出版社2016年版，第145－146页。
② 转引自王欣新：《破产法》（第三版），中国人民大学出版社2011年版，第286页。
③ 许德风：《破产法论·解释和比较功能的视角》，北京大学出版社2015年版，第464页。

多对破产法这一部门法不甚熟悉人士的惯性思维中。

因此，破产申请受理后，债务人企业可能进入直接清算程序而被直接宣告破产，具体程序法律尚未规定，理论上一般认为在第一次债权人会议召开期间，经确认无人提出重整或和解申请，或重整与和解并无可能，破产管理人认为符合破产宣告条件的，可以申请法院裁定宣告债务人破产。当然在某些时候，法院亦可依职权宣告债务人破产。① 另在重整与和解失败后，有关程序亦应转为清算程序，并进行破产宣告。破产宣告具有不可逆性，一旦债务人被宣告破产，不得再转入重整程序或和解程序。

法律实务

（一）破产宣告的条件

1. 法院直接受理债务人破产清算的

根据《破产会议纪要》第23条规定，破产宣告条件为：

（1）时间条件：人民法院已受理破产清算申请，且管理人已进行债权审核确认及必要的审计资产评估。

（2）主体条件：由管理人向人民法院提出宣告破产的申请。

（3）其他条件：第一次债权人会议期间无人提出重整或和解申请。

2. 法院直接受理破产重整后转为破产清算的

（1）重整转换为清算的破产宣告条件

根据《企业破产法》第七十八条、第七十九条、第八十七条、第八十八条和第九十三条的规定，破产重整程序转换为破产清算程序应符合下列情形之一：

①重整期间，债务人的经营状况和财产状况继续恶化，缺乏挽救的可能性，经管理人或者利害关系人申请，人民法院应当裁定终止重整程序，宣告债务人破产。

②重整期间，债务人有欺诈、恶意减少债务人财产或者其他显著不利于债权人的行为，经管理人或者利害关系人申请，人民法院应当裁定终止重整程序，宣告债务人破产。

---

① 王欣新：《破产法》（第三版），中国人民大学出版社2011年版，第285页。

③重整期间，由于债务人的行为致使管理人无法执行职务，经管理人或者利害关系人申请，人民法院应当裁定终止重整程序，宣告债务人破产。

④债务人不能执行或者不执行重整计划的，经管理人或者利害关系人请求，人民法院应当裁定终止重整计划的执行，并宣告债务人破产。

⑤重整期间，债务人或管理人未能在法定期限内向人民法院提交重整计划草案的，人民法院应当裁定终止重整程序，宣告债务人破产。

⑥各债权组未表决通过重整计划草案并且该重整计划草案未获得人民法院强制批准的，人民法院应当裁定终止重整程序，宣告债务人破产。

⑦各债权组已表决通过的重整计划未获得人民法院批准的，人民法院应当裁定终止重整程序，宣告债务人破产。

（2）重整转换为清算时的程序衔接

《九民会议纪要》规定了重整程序与破产清算程序的衔接。其第 114 条规定：“重整期间或者重整计划执行期间，债务人因法定事由被宣告破产的，人民法院不再另立新的案号，原重整程序的管理人原则上应当继续履行破产清算程序中的职责。原重整程序的管理人不能继续履行职责或者不适宜继续担任管理人的，人民法院应当依法重新指定管理人。重整程序转破产清算案件中的管理人报酬，应当综合管理人为重整工作和清算工作分别发挥的实际作用等因素合理确定。重整期间因法定事由转入破产清算程序的，应当按照破产清算案件确定管理人报酬。重整计划执行期间因法定事由转入破产清算程序的，后续破产清算阶段的管理人报酬应当根据管理人实际工作量予以确定，不能简单根据债务人最终清偿的财产价值总额计算。重整程序因人民法院裁定批准重整计划草案而终止的，重整案件可作结案处理。重整计划执行完毕后，人民法院可以根据管理人等利害关系人申请，作出重整程序终结的裁定。”

实践中，重整程序转换为破产清算程序的成功案例较多，例如北京利达海洋生物馆有限公司破产重整转清算案、山东淄博兰雁集团有限责任公司破产重整转清算案、山东庆云中澳控股集团有限公司及关联企业合并重整转清算案等。

3. 法院直接受理破产和解后转为破产清算的

《企业破产法》第九十九条规定：“和解协议草案经债权人会议表决未获得通过，或者已经债权人会议通过的和解协议未获得人民法院认可的，人民法院应当裁定终止和解程序，并宣告债务人破产。”第一百零三条规定：“因债务人的欺诈或者其他违法行为而成立的和解协议，人民法院应当裁定无效，并宣告债务人破产。”第一百零四条规定：“债务人不能执行或者不执行和解协议的，人民法院经和解债权人请求，应当裁定终止和解协议的执行，并宣告债务人破产。”据此，实践中破产和解程序转为破产清算，需符合下列情形之一：

（1）债务人提出的和解协议草案未获债权人会议表决通过的；

（2）经债权人会议表决通过的和解协议，未获得人民法院许可；

（3）债务人通过欺诈或者其他违法行为而成立的和解协议，人民法院应裁定终止破产和解程序，并依法宣告债务人破产；

（4）和解协议执行期间，债务人不执行或者不能执行和解协议的，经债权人申请，人民法院应终止和解程序并宣告债务人破产。

和解转清算的程序衔接与重整转清算并无差异，实务中可以相互参照。

（二）破产宣告的程序

相关主体向人民法院提出宣告破产申请的，人民法院应当自收到申请之日起七日内作出破产宣告裁定并进行公告，破产宣告的裁定不能上诉。债务人被宣告破产后，不得再转入重整或和解程序。

依据《企业破产法》第一百零七条的规定，人民法院应自裁定作出之日起五日内送达债务人和管理人，自裁定作出之日起十日内通知已知债权人，并予以公告。

人民法院应在公告里载明主文，在人民法院报予以公告并同时在全国企业破产重整案件信息网发布。依据《破产审理若干规定》第三十五条规定，公告内容应当包括债务人亏损情况，资产负债情况，破产宣告时间、理由及法律依据，对债务人财产、账册、文书、资料和印章的保护等内容。

《破产审理若干规定》第三十八条规定：“破产宣告后，债权人或债务人对破产宣告有异议的，可以在人民法院宣告企业破产之日起十日内，向上一级人民法院申诉。上一级人民法院应当组成合议庭进行审理，并在三十日内作出裁定。”但《企业破产法》及之后发布的司法文件均未给予债权人或债务人申诉权，目前均按照《企业破产法》的规定执行。

（三）破产宣告的法律效力

债务人被宣告破产后，所发生的法律效力如下：

1. 债务人被宣告破产后，债务人称为破产人。

2. 债务人自破产宣告之日起停止生产经营活动。《破产审理若干规定》第三十三条规定:“债务人自破产宣告之日起停止生产经营活动。为债权人利益确有必要继续生产经营的,需经人民法院许可。”

3. 债务人财产称为破产财产,依法变价后用于破产清偿。

4. 债权人因破产宣告转为破产债权人。破产宣告标志着破产程序进入实质的破产清算阶段,破产债权只能依照破产分配程序获得清偿,不得在分配程序之外行使权利。

相关依据

1.《企业破产法》第七十八条、第七十九条、第八十七条、第八十八条、第九十三条、第九十九条、第一百零七条

2.《破产会议纪要》第23条

3.《破产审理若干规定》第三十三条、第三十四条、第三十五条、第三十八条

4.《九民会议纪要》第114条

二、破产宣告前的破产程序终结

理论背景

破产程序终结是人民法院因具有法定终结事由而依法裁定破产程序结束的司法行为。具体而言,我国《企业破产法》所规定的致使破产程序终结的法定事由有以下几种:债务人财产不足以清偿破产费用;债务人与全体债权人自行达成协议;破产宣告前全部债务得到清偿;破产宣告后破产人无财产可供分配或分配完结。

其中,除却破产宣告后破产人无财产可供分配或分配完结两个法定事由之外,前三种法定事由均明确或者可能发生在破产宣告前。按照《企业破产法》的规定,法定的破产原因是“企业法人不能清偿到期债务,并且资产不足以清偿全部债务”或者“企业法人不能清偿到期债务,并且明显缺乏清偿能力”。如果第三人为债务人提供足额担保或者为债务人清偿全部到期债务,或者债务

人已清偿全部到期债务的，破产原因因此消失，破产程序的进行就丧失了前提，自然应当终结，这也是唯一完全由法院依职权做出终结破产程序裁定的情形。在债权人与债务人自行达成协议的情形下还需要请求法院裁定认可并终结，则意味着全体债权人向法院作出了放弃对债务人进行破产程序的意思表示。

对于破产宣告前的破产终结，应当认为“债务人的法人人格继续存在，并恢复了对财产和管理处分权，对其未清偿的债权承担继续清偿的责任”①。这在债权全部得到清偿或者债权人和债务人达成协议的情形下易于操作，但是，在债务人财产不足以支付破产费用时，即常见的“无产可破”时，实践中很难操作。

德国破产法对债务人财产不足之法律处置作了详细的规定，具有很强的可操作性。当破产程序因破产财产不足以支付破产费用而终结时，此时应按照相关规则妥善处置剩余未分配财产②。

法律实务

《企业破产法》第一百零八条规定了破产宣告前人民法院应当裁定终结破产程序并予以公告的几种情形：

（一）第三人为债务人提供足额担保

担保是为保障债权人债权的实现，依法以保证、抵押、质押、留置和定金的方式来保证债务的履行。第三人为债务人提供足额担保后，债权人债权的实现也就有了保障，这就意味着债务人破产的原因消失了。既然没有了破产原因，人民法院就失去了继续审理破产案件的理由，即人民法院应当裁定终结破产程序。

（二）第三人为债务人清偿全部到期债务

债权人、债务人以外的人，为债务人清偿了全部已到清偿期限的债务，人民法院就应当裁定终结破产程序。因为债务人的所有债务到期被清偿后，债务人破产的原因就不复存在了。

---

① 全国人大常委会法制工作委员会：《〈中华人民共和国企业破产法〉释义及实用指南》，中国民主法制出版社2006年版，第285页。

② 邓博文：《论破产财产不足的法律处置》，北京大学法硕士论文，2018年。

（三）债务人已清偿全部到期债务

在人民法院受理破产申请时，债务人不能清偿到期债务，但在受理破产申请以后至破产宣告以前，如果债务人已经对全部债务进行了清偿，债务人破产的原因消灭，人民法院应当裁定终结破产程序。

相关依据

《企业破产法》第一百零八条

第二节 变价与出售

一、破产财产变价方案

理论背景

由于我国《企业破产法》规定破产财产的分配以货币分配优先，因此在破产分配前，管理人须对非金钱状态的破产财产实施变价。破产变价的结果直接决定着可供分配的破产财产的多少，为了保护全体破产债权人的利益，应当制定适当的规则，保障变价能够实现破产财产价值的最大化，避免变价过程中破产财产不必要的贬损。我国《企业破产法》规定，破产宣告后管理人应及时拟定破产财产变价方案，并提交债权人会议讨论，变价方案经债权人会议表决通过或经人民法院裁定确认之后，管理人即应按照该方案适时变价出售财产。

变价方案是管理人变卖债务人财产的根本依据，需兼顾价值最大化和处置效率。因此，拟定科学、可行的变价方案对债权人尤为重要。由于破产财产变价常常受到市场变化的影响，提交债权人会议的破产变价方案一般应是原则性的方案，管理人对破产财产的处分应有一定的灵活处置权。变价方案中对管理人的灵活处置权限、变价财产的范围、变价方式均应作明确规定。因为变价方案需要经债权人会议表决通过，为减少债权人会议的召开次数，节约成本，提高效率，变价方案应当尽可能地全面、周到，设立债权人委员会的，变价方案中可以授权债权人委员会一定的决策权，对变价方案中的未尽事项需要债权人会议决议的，可以授权债权人委员会。变价方案与全体债权人的利益密切相关，“法院应对破产变价方案进行充分的监督。首先，应注意查明债务人资产出售时可能获得的最佳价格；其次，应了解有关资产评估意见并尽最大努力谋求债务人资产变价的最佳价格”①。

法律实务

（一）拟订破产财产变价方案前的准备工作

债务人财产除债务人所有的货币外，其他的债务人财产如实物、债权、股权、知识产权、用益物权等财产权益，包括已依法设定担保物权的特定财产，法院都应当认定为债务人财产。

在破产清算程序中，要将债务人的非货币财产转化为货币，用以分配给各位债权人。因此，管理人在全面接管债务人后，应当依法对债务人财产进行全面的清点、整理和登记，并聘请专业的审计机构、评估机构对债务人财产进行全面的审计评估，出具财产状况报告及财产评估报告，供各位债权人进行审阅。

拟订的破产财产变价方案应当根据市场情况，对破产财产进行市场行情及前景的分析，以实现破产财产价值最大化。充分了解政府的产业政策、市场情况，广泛听取债权人、债务人及管理人的意见；利用好政府招商引资平台，了解战略投资人的意向，鼓励更多的投资者参与竞拍；涉及税务、国土等部门事项的，应当提前对接，要将政策变化等因素考虑到变价方案中。

对破产财产变价出售时，要以评估机构出具的评估报告为基础。根据中评协〔2018〕35号《资产评估执业准则——资产评估报告》第十条的规定，原则上评估报告的法定有效期自评估基准日起算一年。房地产评估存在例外情形，依据《房地产抵押评估指导意见》第二十六条规定，房地产评估报告有效期自出具评估报告之日起算。管理人可以聘请评估机构对破产财产进行评估，从效率及减少资产处置费用角度考虑，也可以沿用执行案件中的财产评估

---

① David G. Epstein, Bankruptey, West Publishing Co. , 1993, p186. 转引自许德风：《破产法论·解释和比较功能的视角》，北京大学出版社2015年版，第468页。

报告。

聘请评估机构评估时通常依据法院出具受理破产申请裁定的日期为评估基准日，但由于债务人财产复杂性等原因，需要法院、管理人、债务人、评估机构相互协调沟通，这可能会导致评估报告的日期过于接近或已超出评估报告的有效期届满日，从而导致变价出售破产财产时，评估报告已超出其有效期。此时，应当根据具体情况判断评估报告超出有限期限后仍据此确定财产处置参考价是否合理。如果拟处置财产价值出现了较大波动或者评估报告超过有效期较长时间，一般宜重新委托评估。可参考《最高人民法院关于人民法院确定财产处置参考价若干问题的规定》第十九条第四款规定“人民法院未在评估结果有效期内发布一拍拍卖公告或直接进入变卖程序的，应当通知原评估机构在十五日内重新出具评估报告”。

沿用执行案件的财产评估报告也有例外规定，根据《深圳市中级人民法院关于执行移送破产案件管理人工作指引》第五十二条规定：“评估报告超过有效期，超过时间不足一年的，经法院同意后，管理人可要求原评估机构出具补充报告或作出说明。评估报告超过有效期限一年以上的，需重新申请评估。”

（二）破产财产的分别变价与整体变价

对于破产财产的变价方式，尤其是债务人已依法设定担保物权的破产财产，对其进行个别处置还是整体变价出售，应当结合破产财产的结构及市场情况等因素进行综合判断。

如果说抵押财产单独处置不会降低其他财产的价值，则可以单独对抵押财产进行出售；如果抵押物与其他破产财产的结构是紧密的，如土地使用权和地上构筑物、配套的机器设备及生产流水线的环节设备等，不宜单独出售或单独出售会影响其价值，并损害其他破产财产价值的，则应当进行整体变价出售。

（三）破产财产变价方案的内容

破产财产变价方案一般包括以下内容：（1）破产财产的基本情况。具体包括变价方案所涉财产范围、数量、现状、购入时间及现有价值等。（2）评估情况。包括财产的账面价值、评估净值等，如存在部分财产不能评估或不需要评估的，应当对具体情况及原因加以说明。（3）破产财产变价时间、方式及理由。应说明管理人启动破产财产变价工作的具体时间、拟整体变价或分别变价、采用拍卖、协议转让或变卖等具体方式。实践中，对于容易变质、销路较窄、产品价值低及难以形成竞争的财产，一般不采用拍卖的方式。除上述内容外还应当对变价预备措施等有关破产财产变价的重要事项作出规定和必要说明。

（四）破产财产变价方案的讨论与通过

破产财产变价方案涉及全体债权人利益，应提请债权人会议讨论并表决，依据《企业破产法》第六十四条规定公布表决结果，经债权人会议表决通过的，管理人依据方案具体内容开展财产变价工作。经债权人会议表决未通过的，有两种处理方式：一是由人民法院裁定，人民法院可以在债权人会议上宣布或者另行通知债权人。二是破产财产变价方案有不足之处，经过修改后可重新提请债权人会议讨论、表决。

相关依据

1. 《企业破产法》第六十四条、第六十五条、第一百一十一条

2. 《最高人民法院关于人民法院确定财产处置参考价若干问题的规定》第十九条

3. 《深圳市中级人民法院关于执行移送破产案件管理人工作指引》第五十二条

4. 中评协〔2018〕35号《资产评估执业准则——资产评估报告》第十条

5. 《房地产抵押评估指导意见》第二十六条

二、出售破产财产

理论背景

出售破产财产是对破产财产进行变价的过程。破产财产的变价原则上应当通过拍卖的方式进行。但是，破产财产的变价与全体债权人的利益有直接的关系，在变价方式上也应尊重债权人的意愿，因此债权人会议另有决议的除外。

在比较法上，德国破产法在破产财产的变价方面给予管理人较大的自由裁量权，没有要求变价方式，仅仅要求管理人以遵循诚信原则，勤勉、忠实地为

破产债权人的最大利益行事。[①] 破产财产变价中追求价值最大化和相对紧迫的变价时间无疑存在着矛盾。美国破产法也有类似的规定，规定在处分正常经营范围的财产时，破产受托人（即破产管理人）可自行为之，而在处分非正常经营范围的财产时，这需要通知和听证程序。[②]

我国《企业破产法》规定债务人的财产可以全部或者部分变价出售。破产财产中的成套设备，一般应当整体出售，也可以将破产企业的整体或者部分作为一个独立的财产进行变卖。目的在于“可以维持破产企业的整体经营或者某一可以独立经营的营业项目的部分经营，减少因破产企业解体对整个社会交易秩序的破坏，在一定程度上还可以保证就业”[③]。

《破产会议纪要》对破产财产的处置作出了进一步的规定，要求破产财产处置应当以价值最大化为原则，兼顾处置效率。采用拍卖方式进行处置的，拍卖所得预计不足以支付评估拍卖费用或者拍卖不成的，经债权人会议决议，可以采取作价变卖或实物分配方式。变卖或实物分配的方案经债权人会议两次表决仍未通过的，由人民法院裁定处理。

法律实务

（一）破产财产变价出售的原则

1. 拍卖优先原则

除国家规定不能拍卖或者限制转让的财产以及债权人会议另有决议的除外，变价出售破产财产应当通过拍卖进行。

拍卖分传统拍卖和网络司法拍卖。传统拍卖中拍卖人的选定应在法院的监督下，由管理人在拍卖机构名册中采用抽签或洽谈的方式确定，具体可参照《最高人民法院关于人民法院民事执行中拍卖、变卖财产的规定》。网络司法拍卖除执行用的司法网拍账号外又开设了破产专用账号，可以为管理人设置子账号，对破产财产进行拍卖。债权人会议另有决议的，可按决议的方式进行变价出售。

---

① 许德风：《破产法论·解释和比较功能的视角》，北京大学出版社2015年版，第468页。

② 胡冰等：《美国破产清算托管人职责制度及其启示》，载《法学》2010年第7期。

③ 全国人大常委会法制工作委员会：《〈企业破产法〉释义及实用指南》，中国民主法制出版社2006年版，第267-268页。

2. 价值最大化原则

破产企业可以全部或者部分变价出售。企业变价出售时，可以将其中的无形资产和其他财产单独变价出售，破产财产处置应当以价值最大化为原则，兼顾效率。根据具体情况，如成套设备、生产流水线宜整体出售的，应当整体出售；对可以分开出售，且分开出售有利于提高变现价值的，则宜单独出售，如知识产权、车辆等。

对国家规定限制转让的财产，应当按照国家规定的方式处理。例如，对某些特定化学品、矿产品，只能交国家指定的单位收购。

3. 及时变卖原则

在破产清算和破产和解程序中，对债务人特定财产享有担保的债权人可以随时向管理人主张就该特定财产变价处置行使优先受偿权，管理人应及时变价处置，不得以须经债权人会议决议为由拒绝。但因单独处置担保财产会降低其他破产财产的价值而应整体处置的除外。

4. 公开处置原则

破产财产的变价应当公开进行，公开的内容包括变价财产的范围、数量、处置的时间、地点及方式等，不仅向债权人、债务人公开，还应当包括第三人，通过公告等方式，确保变价的公平性及财产处置的透明性。

（二）出售破产财产的前期准备工作

变价出售破产财产前，需要拟订切实合理的破产财产变价方案，对于单独或整体变价出售破产企业财产、参与竞拍者条件的设置、寻找合适的战略投资者等问题需要法院的充分指导和监督。要与拍卖机构详细制作拍卖资料，全面考虑竞拍人条件的设置，既要体现开放性，让更多的竞拍人参与，又要排除不符合竞拍条件的竞拍人。

管理人不仅要及时委托拍卖公司依法拍卖或将相关材料上传到网拍平台，还要动用一切资源寻找合适的投资者，最大限度地寻求投资者参与到竞拍程序中来。

（三）出售破产财产的方式要灵活

实践中，虽然拍卖方式有助于保证公平，但有时不一定能够使破产财产以最高价格售出，而且成本较高，时间较长，所以债权人会议作出相应决议，可以采取除拍卖方式以外的其他变价出售方式，包括变卖或协议转让等。

采用何种方式能最大限度提升破产财产变现价值，没有确定的模式，更多在于经验判断。因此，法院可以指导管理人提出更多的选择建议，但最终的决定权在债权人会议。

（四）出售破产财产的后期工作

在买受人成交后，管理人需要确保拍卖款项按照规定的时间到位。在买受人付清款项后，及时提交法院作出裁定，并协助办理相关手续，及时将相关破产财产移交给买受人。

相关依据

1.《企业破产法》第一百一十二条
2.《破产会议纪要》第25条、第26条

第三节 破产分配方案

一、确定破产财产的清偿顺序

理论背景

破产财产的清偿顺序是破产分配方案中的重要内容。《企业破产法》第一百一十三条是关于破产财产清偿顺序的规定。进入破产清算程序，则意味着债权人往往不可能实现完全清偿，因此破产财产的清偿顺序对于债权人的利益影响重大。各国（地区）出于不同的目的或者基于某项社会公共政策的考虑，对债权清偿顺序的规定各不相同。

依据我国《企业破产法》，破产费用和共益债务在破产程序中随时清偿，对于还未清偿的部分，在破产财产中先行扣除。其他无财产担保的债权，按照职工债权、欠缴的非划入个人账户的社会保险和税款债权、普通债权的顺序清偿。破产企业的董事、监事和高级管理人员的工资按照该企业职工平均工资计算的部分属于职工债权。普通债权包括无财产担保的债权，放弃优先受偿权的债权和行使优先权后未能完全受偿的债权。

《破产会议纪要》中的相关规则对清偿顺序作出了较大的改进。首先，进一步加强了职工权益的保护，规定将欠缴住房公积金作为职工工资性质清偿；第三方垫付的职工债权，原则上按照垫付的职工债权性质进行清偿，由欠薪保障基金垫付的，按照税款债权的顺序清偿。其次，《破产会议纪要》还明确了一系列债权的清偿原则，如人身损害赔偿债权优先于财产性债权、私法债权优先于公法债权、补偿性债权优先于惩罚性债权的原则，以及侵权行为造成的人身损害赔偿的顺位。而其规定的惩罚性债权的清偿顺位，事实上引入了“劣后债权”的概念，这一概念的落地因无明确的法律规定进行规范，实操过程中值得进一步研究和关注。

法律实务

根据《企业破产法》及《破产会议纪要》第27条、第28条的规定，在优先清偿有财产担保的债权、建设工程优先权、船舶优先权等享有法定优先权的债权后，剩余破产财产按如下顺序清偿：

（一）破产费用及共益债务

依据《企业破产法》第四十三条第一款规定，破产费用和共益债务由债务人财产随时清偿。破产费用及共益债务确定范围如下：

1. 破产费用

依据《企业破产法》第四十一条规定，破产费用包括破产案件的诉讼费用，管理、变价和分配债务人财产的费用，以及管理人执行职务的费用、报酬及聘用工作人员的费用等。依据《企业破产法》及相关司法解释等规定，管理人经人民法院许可，可以聘用审计、评估等相关专业人员及企业留守工作人员等必要辅助人员，聘用工作人员的费用经人民法院批准可列入破产费用。

2. 共益债务

《企业破产法》第四十二条明确规定共益债务的范围，债务人财产不足以清偿破产费用及共益债务时，优先清偿破产费用，不足以清偿破产费用或共益债务的，按照比例清偿。

（二）职工债权

1. 职工债权

职工债权形成于破产申请裁定受理前，破产受理后而产生的劳动债权为共益债务，以破产财产随时清偿。职工债权具体包括以下几类：

（1）职工工资

职工包括正式、非正式职工、短期及临时用工。劳动报酬是指债务人应以货币形式支付给职工的报酬，包括工资、奖金、津贴等。债务人董事、监事及高管的工资按照职工平均工资计算。

（2）职工的医疗、伤残补助、抚恤费用

《工伤保险条例》第三十条至第三十四条明确规定因工伤需支付的各项费用及相关标准，破产程序中具体清偿金额参考《工伤保险条例》进行认定。

（3）欠付的基本养老及医疗保险费用

《社会保险法》第十条至第十二条、第二十三条明确规定职工及非全日制从业人员基本养老及医疗保险费用的支付方法及比例等，管理人缴纳基本养老保险费用可参考上述法律规定。

（4）应当支付给职工的补偿金

参照《劳动合同法》第二十八条及相关规定确认补偿金数额。

（三）欠缴的其他社会保险费用和税款

1. 欠缴的其他社会保险费用

破产人欠缴的除前款规定以外的社会保险费用又称统筹社保债权，具体包括以下几类：（1）基本养老保险费用。按照本人缴费工资百分之十一的数额为职工建立基本养老保险个人账户，个人缴费全部记入个人账户，其余部分从企业缴费中划入。随个人缴费比例提高，企业划入部分逐步降至百分之三。（2）基本医疗保险费用由用人单位和职工双方共同承担，基本医疗保险基金试行社会统筹和个人账户相结合。（3）工伤保险费用参考《工伤保险条例》的规定缴纳。（4）失业保险费用参考《失业保险条例》的规定缴纳。（5）生育保险费用参考《生育保险试行办法》的规定缴纳。

2. 税款债权

破产人所欠税款又称税款债权，由税务机关申报相关债权，参加清算程序。税款债权包括本金、滞纳金及罚款，实践中，仅税款债权的本金部分属于优先债权，滞纳金属于普通债权，罚款属于劣后债权。

（四）普通债权

破产财产不足以清偿同一顺序债权的，按照比例分配。

（五）劣后债权

此类债权包括民事惩罚性赔偿金、行政罚款、刑事罚金及关联企业成员间利用不当关联关系形成的关联债权等。依照《破产会议纪要》第28条的规定，在按照《企业破产法》规定的顺序清偿后仍有剩余的，可依次用于清偿破产受理前产生的民事惩罚性赔偿金行政罚款、刑事罚金等劣后债权。

相关依据

1. 《企业破产法》第二十八条、第四十一条、第四十二条、第四十三条、第一百一十三条
2. 《社会保险法》第十条、第十一条、第十二条、第二十三条
3. 《劳动合同法》第二十八条
4. 《工伤保险条例》第三十条、第三十一条、第三十二条、第三十三条、第三十四条
5. 《破产会议纪要》第27条、第28条
6. 上海高院《破产审判工作指引》第九章第一条

二、破产财产的分配方案

理论背景

破产财产的分配方案是指“如何将破产财产用于对破产债权进行清偿的说明性文件，它是管理人分配破产财产时的基础和依据。破产财产分配方案关系到债权人的债权能否以及在多大程度上得以实现”①。破产分配方案需要经过拟定、通过和确认三个程序方可付诸实施，具体而言由管理人拟定，债权人会议通过，人民法院裁定认可后，由管理人负责执行。

管理人负责接管、管理和变价破产企业的财产，因此应由其拟定破产财产的分配方案。分配方案直接关系到债权人的利益，所以分配方案需要债权人会

① 吴高盛主编：《〈中华人民共和国企业破产法〉条文释义与适用》，人民法院出版社2006年版，第240－242页。

议决议通过，假如债权人会议二次表决仍未通过，则由人民法院裁定。分配方案通过后，需要人民法院裁定确认，以保障其公正性。事实上，这样的流程也为比较法上的立法例所采纳，例如，德国破产法也规定了破产分配方案由管理人拟定，经破产债权人委员会（若设立）表决通过，同时需要法院的裁定确认。①

破产财产分配方式在我国现行的司法实践中，主要有货币分配、实物分配和债权分配三种。即将破产财产分别以货币、实物或者债权的形式分配给债权人。其中，以货币分配为主，因为这种方式最容易在债权人之间达到公平。后两种方式主要是在破产财产不容易变价或者不能变价转化为货币，或者是根据债权人的决定，不将破产财产中的实物或者债权变价，而是按照破产财产分配方案的规定直接将其分配给债权人。以实物和债权的形式进行破产财产分配，均存在着一定的弊端。特别是债权分配，由于债权的实现存在着不确定性，会对债权人的利益产生损害。有的时候，即使债权是确定可以实现的，要得以实现，也需要付出一定的成本，也会减少债权人所受清偿，并会给债权人带来不必要的麻烦。同时，在实践中也存在着部分债权人或者破产人利用实物分配和债权分配的弊端，将没有实际价值的实物和债权分配给外地债权人或者小债权人，损害其利益的情况。因此，对于破产财产的分配方式，必须要进行一定的规制，以保护全体债权人的利益。破产财产分配必须以货币分配为主。这属于原则性规定，如果债权人会议有特别规定，也可以采取规定的方式进行分配。例如对于破产财产中债权较多，债权关系复杂，管理人收回债权的难度较大，又难以通过竞价交易实现债权的情况，债权人中有愿意接受债权分配的，并且债权人会议特别规定可以将某一债权直接分配给债权人的，采用债权分配方式也是完全可以的。②

法律实务

（一）破产财产分配原则

破产财产分配方案的拟定应当按照如下原则进行：

---

① 许德风：《破产法论·解释和比较功能的视角》，北京大学出版社2015年版，第470页。

② 全国人大常委会法制工作委员会：《〈中华人民共和国企业破产法〉释义及实用指南》，中国民主法制出版社2006年版，第274－275页。

1. 顺位法定原则。即各类债权的受偿顺序应当根据法律规定确定，管理人、债权人、债务人不得自行约定。

2. 平等清偿原则。即同一顺位的债权得到的清偿比例应当相同。该原则体现了全体债权人的债权平等。

3. 货币分配优先原则。《企业破产法》第一百一十四条规定，破产财产的分配应当以货币分配方式进行。但是，债权人会议另有决议的除外。

4. 一次分配原则。在进行破产财产分配时应当以一次分配为原则，多次分配为例外。

（二）拟订破产财产分配方案

拟订破产财产分配方案是管理人工作的核心，在拟订财产分配方案之前需做好基础工作。如对破产人的财产逐项核对，准确核算可供分配的财产并确定数额，估算未申报债权金额及预留后期各类费用等。

破产财产分配方案具体包括以下内容：

1. 参与破产财产分配的债权人名称或姓名、住所

参与破产财产分配的债权人应当依法向管理人申报债权，由管理人逐笔进行审核并提交债权人会议核查，最后报人民法院裁定确认。未申报债权的债权人，可以在破产财产最后分配前补充申报，因审查、确认补充申报债权而发生的费用，由补充申报人承担。

2. 参加破产财产分配的债权额

管理人审核确定债权人申报的债权数额，报人民法院裁定，依据人民法院裁定确认的债权表，逐笔对债权的本金、利息数额说明。对于诉讼及仲裁未决、附条件债权而条件未成就的债权予以说明。必要时需列明破产费用及共益债务的清偿情况，包括已发生的费用及未发生但需预留的费用，例如档案管理费、企业注销所需费用等。

3. 可供分配的破产财产数额

分别列明货币财产金额及非货币财产的变价额，且将破产财产的现状、范围、评估价值等进行说明，直接分配非货币财产的，需列明非货币财产的评估价值，保证分配的公平性及公开性。

4. 破产债权的清偿顺位、比例及金额

管理人应当说明每个顺位的债权人可获清偿的具体金额及比例。具体包括优先受偿的债权情况、特定财产的变价总额及清偿方案、职工债权、社保及税

款债权、普通债权等情况。

5. 破产财产分配方法

破产财产分配以货币分配为原则，以债权人会议另有决议为例外。以一次分配为原则，以多次分配为例外。管理人实施最后分配的，应当在公告中示明。存在提存情况的，应列明提存的具体情况及提存分配额的处置方案。

（三）破产财产分配方式

破产财产的分配方式主要为三种：

1. 货币分配方式。货币分配是基本分配方式，管理人应当尽量以该种方式进行分配，以减轻债权人变价负担，保护债权人合法权益，体现公平公正原则。

2. 实物分配方式。实物分配方式多指无法变现或变现将产生重大损失等情况，这种分配方式的基础是物品可分配。采用实物分配方式时应当对物品进行评估，该方式有利于保证破产财产价值，实现价值最大化。

3. 权利分配方式。当破产人的破产财产主要是应收账款等对外债权且难以回收时，管理人可采用此种方式。该种方式的优点在于节约清算费用的支出，提高效率，推进破产清算程序。除此之外，还包括有价值的商标等知识产权、股权等权利，也可通过权利分配的方式实现。

（四）破产财产分配方案的通过及执行

依据《企业破产法》第六十四条规定，破产财产分配方案由出席会议有表决权的债权人过半数通过，并且所代表的债权额占无财产担保债权总额的二分之一以上。债权人认为债权人会议决议违反法律规定，损害其权益的，可以自债权人会议作出决议之日起 15 日内请求人民法院裁定撤销该决议，责令债权人会议依法重新作出决议。破产财产分配方案，经债权人会议二次表决仍未通过的，由人民法院裁定。

破产财产分配方案经债权人会议表决通过，但未获得人民法院裁定认可前，不发生法律效力。管理人只能依据经人民法院裁定认可的破产财产分配方案进行破产财产分配。

破产财产分配方案由管理人负责执行且进行公告，公告的内容包括本次分配的财产额及债权额，分配的时间、地点及方式，管理人联系方式等内容。

相关依据

1.《企业破产法》第六十四条、第一百一十四条、第一百一十五条、第一百一十七条

2.《破产审理若干规定》第九十三条

三、特殊债权的分配

理论背景

特殊债权的分配主要是指在破产财产分配时债权存在争议或者债权数额尚未确定债权的处理方式，主要包括附条件的债权的分配、未受领债权的分配和诉讼或仲裁未决债权的分配。

附条件的债权是破产债权中的特殊破产债权，其在破产财产分配时法律效力待定的，如果未来所附生效条件成就或者解除条件未成就的，此类债权经管理人审查确认后纳入破产财产的分配当中；如果所附生效条件不成就或者解除条件成就的，该债权则不应该参与分配。

未受领债权是指债权人不能或者不能及时参与破产程序活动特别是破产财产分配活动，如债权人下落不明，导致相关债权在破产分配期限届满尚未受领的情形。尽管债权人不能参与破产财产分配活动领取属于自己的破产财产分配份额，法律也应当对其合法的权益予以保护。但是，由于破产程序的终极目的是尽快解决破产企业的债权债务关系，以使社会、经济恢复有效运行。① 基于上述考虑，债权人未受领的破产财产分配额，管理人应当提存。

未决债权是指债权债务关系在分配时可能正处于被裁决当中，其债权的法律地位是不确定的，债权的法律效力待定，破产债权效力必须等待人民法院或者仲裁机构的最终裁决才能明确。管理人分配破产财产时应当将诉讼仲裁未决的债权与已经确认的其他破产债权平等对待。

---

① 吴高盛主编：《〈中华人民共和国企业破产法〉条文释义与适用》，人民法院出版社2006年版，第248页。

法律实务

（一）附条件债权的分配

附条件债权包括附生效条件和解除条件的债权。附条件的债权也可以进行债权申报，并作为债权参加破产财产的分配。但由于附条件债权不同于一般的破产债权，具有不确定性，将随着条件的成就或者不成就而使债权的存在与否发生变化，因此，管理人应当将其分配额进行提存。

依据《企业破产法》第一百一十七条第一款的规定，在最后分配公告日，生效条件未成就或者解除条件成就的，应当分配给其他债权人；在最后分配公告日，生效条件成就或者解除条件未成就的，应当交付给债权人。实践中较为典型的情况为房地产企业破产案件中的按揭贷款保证金债权。

（二）未受领债权的分配

依据《企业破产法》第一百一十八条的规定，对未领取应受领的破产分配额债权人，以最后分配方案公告之日起计算除斥期间。债权人自最后分配方案公告之日起满两个月仍未领取的，视为放弃受领分配的权利，管理人或法院应当将提存的分配额分配给其他债权人。提存可以以货币形式、实物形式进行，也可以以权利分配的方式进行。

（三）诉讼或仲裁未决债权的分配

依据《企业破产法》第一百一十九条的规定，对于涉讼或者仲裁的法律效力未决的债权的清偿应当注意两点：

1. 涉及诉讼或者仲裁的债权的法律效力虽然待定，但对该债权应视为破产债权，应当与其他破产财产平等对待，即依法将其分配额进行提存。如果将来债权得以确立即涉讼或者仲裁的债权经人民法院或者仲裁机构确认，债权人有权就其债权要求破产企业予以清偿，管理人也应当将提存的分配额交付给该债权人。如果将来涉讼或者仲裁的债权经由人民法院或者仲裁机构裁决不成立，真正的债权人就有权要求对提存的分配额进行再分配，管理人也应当对提存的分配额在债权人间进行再分配。

2. 涉讼或者仲裁的债权经由有关部门或者机构确认后，债权人应当及时受领其分配额。债权人必须自破产程序终结之日起两年内受领其分配额，如果自破产程序终结之日起两年内债权人不受领其分配额的，审理该破产案件的人民法院应将提存的分配额分配给其他债权人。

（四）提存

破产财产的提存包括三种情况：附条件债权人分配额的提存、未受领分配债权人分配额的提存及未决债权人分配额的提存。

管理人通过提存可以将破产人的财产予以分配。提存机关通常为公证机关。依据《提存公证规则》第十八条第一款规定："提存人应当将提存的事实及时通知提存受领人。"提存人即管理人通知困难的，公证处应当7日内书面通知受领人，通知内容应当包括领取提存物的时间、期限、地点及方法等内容。因提存受领人不清或下落不明等原因导致无法通知的，公证处应自提存之日起60日内及时公告。

提存后，视为已经向附条件债权的债权人履行了清偿义务，债务消灭，债权人不能再向债务人主张权利，提存标的物的灭失、毁损风险也转移给债权人。

相关依据

1. 《企业破产法》第一百一十七条、第一百一十八条、第一百一十九条
2. 《提存公证规则》第十八条

第四节 破产清算程序终结

一、破产清算程序终结的法定程序

理论背景

依据我国《企业破产法》规定，可能致使破产程序终结的法定事由有五种，可能发生在不同程序之中。其中，破产宣告后的程序终结包括破产人无财产可供分配或分配完结两种情形。破产宣告后清算程序的终结一般应由破产管理人向人民法院提出破产程序终结的申请。

破产程序的终结是“关系破产案件当事人利益的重要破产程序，为了充分保护当事人利益，同时严格规范人民法院对破产案件的审理”①，因此法律对破产终结的程序问题作了规定。除法院依职权作出终结裁定外，破产清算程序终结的法定程序还包括管理人提交申请、法院在收到请求之日起十五日内作出裁定并予以公告，属于分配完结情形的，管理人还应当及时向人民法院提交破产财产分配报告。这是由于，在破产宣告后，“破产程序因债务人无财产可供分配或者破产财产分配完毕而终结的，债务人的法人人格归于消灭，债权人未得到清偿的债权不再清偿，债权人不能于破产程序终结后向债务人另行主张权利”，因此，人民法院应以公告的形式告知债权人。

为了保障债权人利益，防止债务人逃废债务，《破产会议纪要》第30条规定：“人民法院终结破产清算程序应当以查明债务人财产状况、明确债务人财产的分配方案、确保破产债权获得依法清偿为基础。”另针对破产财产不足以清偿破产费用的情形，该条还规定：“经管理人调查，债务人财产不足以清偿破产费用且无人代为清偿或垫付的，人民法院应当依管理人申请宣告破产并裁定终结破产清算程序。”

法律实务

（一）破产清算程序终结的原因

破产清算程序终结的原因具体包括两种：

1. 因破产财产分配完毕终结，
2. 因无可供分配财产而终结。

（二）破产清算程序终结程序

依据《破产会议纪要》第30条的规定，管理人在申请终结破产清算程序前应查明财产状况，明确财产分配方案的执行情况，确保已出现破产清算程序终结的情形。向人民法院申请终结破产清算程序应递交书面申请，以《最高人民法院关于印发〈管理人破产程序工作文书样式（试行）〉的通知》为依据，应分情况提交如下材料：

---

① 吴高盛主编：《〈中华人民共和国企业破产法〉条文释义与适用》，人民法院出版社2006年版，第252页。

1. 最后分配完结的。管理人在最后分配完结后应当及时向人民法院提交《提请人民法院裁定终结破产清算程序的报告》《破产财产分配执行情况的报告》等汇报材料，书面提请人民法院裁定终结破产程序。

2. 无可供分配财产的。向人民法院提交《提请人民法院裁定终结破产清算程序的报告》《破产费用和共益债务清偿报告》《破产人财产状况报告》等材料。

依据《企业破产法》第一百二十条第三款的规定："人民法院应当自收到管理人终结破产程序请求之日起十五日内作出是否终结破产程序的裁定。裁定终结的，应当予以公告。"

（三）破产终结的法律效力

1. 对破产人的效力。破产程序终结后，企业的主体资格经注销登记而消灭。

2. 对破产债权人的效力。企业主体在资格消灭后剩余债务免除，债权人未得到分配的债权，可追偿保证人。如果破产人为合伙企业，合伙企业中承担无限连带责任的合伙人仍应对未清偿部分承担清偿责任。

3. 对破产保证人和其他连带债务人的效力。依据《企业破产法》第一百二十四条的规定，保证人及其他连带责任人依法继续承担清偿责任。

4. 对管理人的效力。管理人停止执行职务，但如有关于破产财产的未完结诉讼、债权确认诉讼或者对债权分配表等异议之诉等遗留事务时，仍需负责对破产财产的提存额进行管理和分配等工作。

5. 开始起算未决债权提存分配额的存续期间。依据《企业破产法》第一百一十九条的规定："自程序终结之日起满二年不能受领分配的，人民法院应当将提存的分配额分配给其他债权人。"

6. 相关人员任职资格限制开始计算。依据《企业破产法》第一百二十五条的规定："企业董事、监事或高级管理人员违反忠实义务、勤勉义务，导致企业破产的，依法承担民事责任。有前款规定情形的人员，自破产程序终结之日起三年内不得担任任何企业的董事、监事、高级管理人员。"

相关依据

1. 《企业破产法》第四十三条、第一百零四条、第一百一十九条、第一百二十条、第一百二十一条、第一百二十五条

2.《破产会议纪要》第30条

3.《最高人民法院关于印发〈管理人破产程序工作文书样式（试行）〉的通知》

二、管理人执行职务的终止

理论背景

破产程序终结裁定的作出意味着破产程序走向完结。随着破产程序的终结，管理人在办理完毕有关债务人企业注销登记的工作后将终止执行职务。

但是，存在诉讼或者仲裁未决情况时，管理人应当继续履行职务，不得终止执行职务。这是由于，在破产宣告后破产人无财产可供分配或分配完结，法院裁定终结破产程序的情形下，破产终结的法律后果之一是债务人的法人人格消灭，其不再具有独立的民事主体资格，不能作出应诉等民事法律行为、承担民事法律责任，因此需要管理人办理企业注销登记。但是，如果存在诉讼或者仲裁未决情况的，管理人办理注销登记之后，还应当继续履行职务。也就是说，“管理人不但应当代表已经被注销的破产人参加诉讼或者仲裁活动，而且如果在诉讼或者仲裁活动完成后存在破产财产的分配事宜，管理人应当继续履行分配破产财产的职责”①。

另依据最高人民法院《指定管理人规定》第二十九条第二款规定，管理人根据《企业破产法》第一百二十二条规定终止执行职务后，应当将管理人印章交公安机关销毁，并将销毁的证明送交人民法院。

法律实务

（一）管理人于办理注销登记完毕的次日起终止执行职务

根据《企业破产法》第一百二十一条的规定：“管理人应当自破产终结之日起10日内，持人民法院终结破产程序的裁定，向破产人原登记机关办理注

① 吴高盛主编：《〈中华人民共和国企业破产法〉条文释义与适用》，人民法院出版社2006年版，第254页。

销登记。”

管理人应当自破产程序终结之日起10日内，持相关资料向工商登记机关申请办理注销工商登记，从法律上消灭破产人的法人身份。如果从法律上彻底消灭了破产人作为企业的法人人格后，债务人作为民事主体的地位不再存在，债务人的民事主体地位不存在也就不可能发生债务人的内外事务，管理人也就不需要也不可能代表债务人行使权利、承担义务或者参加民事活动。管理人的职务行为至此就应当终止。因此，管理人于办理注销登记完毕的次日起终止执行职务。

（二）例外情形

《企业破产法》第一百二十二条规定：“管理人于办理注销登记完毕的次日终止执行职务。但是，存在诉讼或者仲裁未决情况的除外。”广东高院《审理破产案件指引》第一百一十八条、济南中院《破产审判指引》第一百五十八条对此规定，存在诉讼或仲裁未决的情况下，管理人自诉讼或仲裁程序所涉事项全部办理完毕之次日终止执行职务。

相关依据

1. 《企业破产法》第一百二十二条
2. 《指定管理人规定》第二十九条
3. 广东高院《审理破产案件指引》第一百一十八条
4. 济南中院《破产审判指引》第一百五十八条

第五节 管理人的后续事务

一、破产人的注销程序

理论背景

注销登记是企业法人消亡的法定程序，是终止企业法人的权利能力和行为能力的法律形式，即取消企业法人民事主体的资格。管理人应当自破产程序终结之日起十日内，持人民法院裁定文书向破产人的原登记机关办理注销登记。

《民法总则》第七十三条规定，法人被宣告破产的，依法进行破产清算并完成法人注销登记时，法人终止。破产企业的注销登记，是将企业法人最终消灭的事实，需要提交有关企业登记主管部门进行法律上的确认。《企业法人登记管理条例》第二十条规定，企业法人歇业、被撤销、宣告破产或者因其他原因终止营业，应当向登记主管机关办理注销登记。《公司登记管理条例》第四十三条规定，公司申请注销登记，应当提交的文件。国有独资公司申请注销登记，还应当提交国有资产监督管理机构的决定，其中，国务院确定的重要的国有独资公司，还应当提交本级人民政府的批准文件。有分公司的公司申请注销登记，还应当提交分公司的注销登记证明。

比较法上还要求“与破产程序开始有关的登记事项应予涂销（如在德国法上，破产程序的开始应及时通知不动产登记机关，并在登记簿上注明债务人破产的事项）”①。

破产人的注销登记是人民法院作出破产程序终结裁定以后，管理人的一项法定工作，也是法定义务，只有这项工作完成，管理人的工作才宣告结束。从供给侧结构性改革和“僵尸企业”处置的角度，破产人注销登记完毕，该企业才从形式上彻底退出市场，从而实现无效、低效“僵尸企业”出清的目的。

法律实务

破产程序终结后，管理人持人民法院终结破产程序的裁定，向破产人的原登记机关办理注销登记。

（一）申请注销登记的机关及时间规定

1. 向原公司登记机关申请公司注销登记

依据《公司登记管理条例》第二十六条规定，依法宣告破产程序终结后三十日内，向原公司登记机关办理公司注销登记，注销公司营业执照。通过后由登记机关出具《准予注销登记通知书》。

2. 向原税务登记机关申请办理税务注销

《税务登记管理办法》第二十六条第一款规定，纳税人发生解散、破产、

① 许德风：《破产法论·解释和比较功能的视角》，北京大学出版社2015年版，第471页。

撤销以及其他情形，依法终止纳税义务的，应当在向工商行政管理机关或者其他机关办理注销登记前，持有关证件和资料向原税务登记机关申报办理注销税务登记；按规定不需要在工商行政管理机关或者其他机关办理注册登记的，应当自有关机关批准或者宣告终止之日起15日内，持有关证件和资料向原税务登记机关申报办理注销税务登记。因此，管理人需在破产程序终结之日起15日内向原税务登记机关申请办理债务人税务注销。

《企业破产法》第一百二十一条规定，管理人办理注销登记的履职期限为“自破产程序终结之日起十日内”，与上述规定不一致，就管理人履职而言，应当按照《企业破产法》的规定，尽早办理注销登记手续。

3. 向原社会保险登记机构申请注销社会保险登记

《社会保险登记管理暂行办法》第十三条第一款规定：“缴费单位应当自工商行政管理机关办理注销登记之日起三十日内，向原社会保险登记机构申请办理注销社会保险登记。”因此，管理人应当依据相关规定，在企业注销登记之日起或有关机关批准或宣布终止之日起30日内，向原社会保险登记机关申请注销登记。

4. 向原海关登记机关申请海关注销登记

登录“中国国际贸易”单一窗口（http：//www. singlewindow. cn）或者“互联网＋海关”（http：//online. customs. gov. cn）录入申请注销信息，将进出口货物收发货人注销书面申请提交所在地海关审核。

（二）办理有关注销登记需准备的具体资料

市场监管总局、人力资源社会保障部、商务部、海关总署、税务总局联合发布国市监注〔2019〕30号《关于推进企业注销便利化工作的通知》，办理注销登记应提交如下文件：

1. 办理企业登记注销材料清单

（1）《公司注销登记申请书》；

（2）依照《公司法》作出解散的决议或者决定，人民法院的破产裁定、解散裁判文书，行政机关责令关闭或者公司被撤销的文件；

（3）税务部门出具的企业清税文书；

（4）股东会、股东大会、一人有限责任公司的股东、外商投资的公司董事会或者人民法院、公司批准机关备案或确认的清算报告。

对于申请简易注销登记的企业，需要提交《简易注销全体投资人承诺书》

(强制清算终结的企业提交人民法院终结强制清算程序的裁定，破产程序终结的企业提交人民法院终结破产程序的裁定)。

国有独资公司申请注销登记，还应当提交国有资产监督管理机构的决定。其中，国务院确定的重要的国有独资公司，还应当提交本级人民政府的批准文件复印件。

企业领取了纸质版营业执照的，缴回营业执照正本、副本。

仅通过报纸发布债权人公告的，企业需要提交依法刊登公告的报纸样张。

市场监管部门和税务部门已共享企业清税信息的，企业无须提交纸质清税证明文书。

2. 办理税务登记注销材料清单

(1)《清税申报表》或《注销税务登记申请审批表》;

(2) 经办人身份证件;

(3) 法律、行政法规规定的应当提交的其他文件。

未启用统一社会信用代码的纳税人提供税务登记证件和其他税务证件；被市场监督管理机关吊销营业执照的纳税人，提供市场监督管理机关发出的吊销工商营业执照决定复印件；单位纳税人提供上级主管部门批复文件或董事会决议复印件；非居民企业在中国境内承包建筑、安装、装配、勘探工程和提供劳务项目完工证明、验收证明等相关文件复印件；持有增值税防伪税控设备及其他应收缴的设备的，提供其持有的增值税防伪税控设备和其他应收缴的设备。

(三) 办理社保登记注销材料清单

1.《社会保险登记证》原件 (2016 年 10 月 1 日后新办企业无须提供);

2. 根据单位的不同情况，还需分别携带下列材料：①登记证照注销或吊销、迁往外省市的文书复印件；②有关部门批准解散、撤销、终止的文书复印件；③破产单位需携带人民法院正式宣告破产终结的文书复印件。

(四) 办理海关注销材料清单

注销申请书 (含注销原因并加盖单位公章)。

除上述文件规定注销流程外，还应准备如下注销及公告工作：

1. 前往各银行账户开户行注销公司开户许可证和银行账户等;

2. 前往质监局注销公司的许可证，例如生产许可证;

3. 前往印章备案的公安机关注销公司印鉴;

4. 企业注销应自清算组成立之日起60日内自行前往企业所在地市级报社，刊登公司注销公告。

为便于管理人依法、高效地办理债务人注销登记，部分省份针对本省实际情况对完善注销登记制度发布相关规定，例如2019年11月，山东省发布的《山东省市场主体退出制度改革方案》中对注销登记制度规定："推行'一网'服务，依托山东政务服务网，开设注销服务专区，实行线上'一次申请'同步办理营业执照、税务、商务、社保、医保、海关注销及银行预约销户业务，提高企业注销便利度。"

相关依据

1. 《企业破产法》第一百二十一条
2. 《民法总则》第七十三条
3. 《关于推进企业注销便利化工作的通知》
4. 《公司登记管理条例》第二十六条、第四十三条
5. 《企业法人登记管理条例》第二十条
6. 《税务登记管理办法》第二十六条
7. 《社会保险登记管理暂行办法》第十三条

二、破产程序终结后的追加分配

理论背景

追加分配是在破产程序终结以后，对于新发现的属于破产人的可用于破产分配的财产，由人民法院按照破产分配方案对尚未获得完全清偿的债权人所进行的补充分配。在某些情况下，破产人可供分配的财产在破产程序终结后才被发现，同时，在之前的破产财产分配中也有部分债权人并未获得完全清偿。这时，就应当采取补救措施，将追回的可供分配的破产财产进行再分配，以保护这部分债权人的利益。

《企业破产法》规定了追加分配。可供追加分配的财产，包括在人民法院受理破产案件前及破产期间内，破产人隐匿、私分或者无偿转让的财产，非正

常压价出售的财产，对原来没有财产担保的债务提供财产担保而移转的财产，对未到期的债务提前清偿而交付的财产以及放弃自己的债权所让渡的财产等。

《企业破产法（试行）》对可供追加分配的财产规定方面，适用范围过于狭窄。《企业破产法》扩大了追加分配的范围，对追加分配财产的范围进一步类型化，且设置了兜底条款以最大限度保障债权人利益。另外，由于隐匿财产、偏颇清偿等行为越发隐蔽化，在破产程序期间短时间内通常难以发现并完成破产财产的追收工作，《企业破产法》“将追加分配程序所适用的除斥期间，由1年更改为2年，更契合破产实践，有利于遏制上述违法行为，最大限度保障债权人合法权益”。[①]

法律实务

（一）追加分配原则

在破产财产最后分配结束后又出现可供分配财产时进行的补充分配，一般指在破产程序终结之日起2年内，有法律规定的情形的，人民法院应当恢复管理人的工作，追加依法应追加的财产，制定补充分配方案并负责分配。

（二）追加分配的具体条件

1. 有可供分配的财产，

2. 在法定期间内追回财产。

可追加分配的债务人财产，必须在程序终结后2年内发现并实施追回法律措施的财产。

（三）可用于追加分配的财产类型

法定期间内追回或取得的以下财产可以用于追加分配：

1. 人民法院受理破产案件前1年内，债务人的无效财产处理行为涉及的财产或资产。包括债务人无偿转让的财产、债务人以明显不合理的价格交易的财产、债务人对没有财产担保的债务提供财产担保的担保财产、债务人对未到期的债务提前清偿的清偿额以及债务人放弃的债权。

2. 人民法院受理破产案件前6个月内，债务人处于破产状态时用于个别清

① 崔明亮：《论破产追加分配》，载《法治研究》2018年第6期。

偿的财产。但个别清偿行为如果使债务人财产受益，不损害其他债权人利益，该清偿行为有效。

3. 债务人藏匿的财产或者虚构的债务。包括债务人为逃避债务而隐匿的财产、转移的财产和虚构的债务或者承认不真实的债务。

4. 债务人的有关人员利用职权从企业获取的非正常的收入和侵占的企业财产。包括破产企业的董事、监事和高级管理人员利用职权从企业获取的非正常收入和侵占的企业财产。

5. 应当供分配的其他财产。即除上述四种财产外，其他属于破产人的财产，如破产程序中纠正错误支出而被收回的钱款、因破产人的债权被确认后应当享有的债权、破产财产分配完毕后因合同的履行而获得的收益等。

（四）追加分配的执行

法院实施追加分配应当遵循如下两原则：一是要在优先支付破产费用和共益债务之后，按照破产财产分配方案规定的比例在债权人之间分配；二是可供追加分配的财产数量不足以支付分配费用的，不再进行追加分配，由人民法院将其上交国库。

相关依据

1.《企业破产法》第三十一条、第三十二条、第三十三条、第三十六条、第一百一十八条、第一百一十九条、第一百二十三条

2.《破产审理若干规定》第九十八条

第十二章 合并破产

第一节 合并破产的类型

一、协调审理

理论背景

关联企业合并破产可以分为协调审理及实质合并，其中协调审理又称为程序合并，按照美国破产制度下的概念，是指当两个以上的债务人提起不同的破产申请时，法院把它们作为一个案件进行审理的程序。协调审理和实质合并均为处理关联企业破产的原则，但是法律效果上却有极大的区别。

关联企业破产已经成为当前破产审判实践中亟待解决的一大难题。企业集团的出现是为了提高资金利用效率，降低企业经营成本，一定程度上顺应了经济发展的需求，但是在经营过程中，也出现了利用关联关系进行利益输送及损害债权人利益的行为。在公司法上有刺破法人面纱等规则，一旦这些企业进入破产程序，如何公平保障受损债权人的利益，已成为实务界和理论界共同面对的重要课题。

协调审理在重整、和解和清算程序中均可适用，但在《破产会议纪要》中，最高人民法院仍然对此保持相对谨慎的态度，区分了实质合并与协调审理的适用区别。“企业之间的关联关系日益呈现出复杂性和多样性，针对不符合实质合并规则适用条件的关联企业破产案件，从促进企业集团整体债务危机的解决、提升资产整体处置效益等目标考虑，在保持法人人格独立性的基础上，可以积极探索对关联企业破产案件集中审理或协调审理的方式，以促进破产程序公平高效进行。”①

法律实务

（一）协调审理的特点

破产案件协调审理是建立在各关联企业法人人格独立的基础上的，对关联企业成员通过各自独立的破产程序进行处理，各成员之间债权债务不消灭、财产不合并。根据破产程序的不同，各成员分别制订重整计划草案、分配方案、和解协议等，相应的债权调整和清偿方案也是由各成员分别确定。《破产会议纪要》第38条、山东高院《破产审理指引》第二百零三条、江西高院《破产审理指引》第一百八十四条对协调审理作了相应规定。

（二）协调审理的优势

关联企业破产案件协调审理与个案单独审理相比，实践中更具有优势：

1. 协调审理有利于提高破产案件审理效率

关联企业之间一般存在股权的控股和参股的情况，控制权交叉，经营活动中存在业务上的交叉，财务方面存在相互担保、互负债务的情形，人事人员亦可能存在一定交叉，但尚未达到实质合并破产的条件及程度。在推进破产程序中所涉的资产负债调整、业务调整、人员调整等方面，协调审理能够有效地发挥一致性调整的作用。

2. 协调审理有利于债务人整体价值最大化

关联企业成员往往是为某一产业链条上的特定业务而存在的，虽然各自为独立的法人企业，但在经营业务上一般是形成产业链条而具有共同目的的上下游企业。无论是进行清算还是重整，单独拆分部分产业进行处置，其企业价值可能会大大缩水，协调审理在资产处置过程中将关联企业资产作为一个整体去考量，有利于价值最大化。

天津渤海钢铁集团破产重整案、云南昆明云南煤化工集团有限公司等五家公司破产重整案、福建安溪铁观音集团股份有限公司及其关联企业破产重整案等均采用了协调审理的方式，取得了良好的社会效果和经济效果。

---

① 贺小荣、葛洪涛、郁琳：《破产清算、关联企业破产以及执行与破产衔接的规范与完善》，载《人民司法（应用）》2018年第16期。

相关依据

1. 《破产会议纪要》第 38 条
2. 山东高院《破产审理指引》第二百零三条
3. 江西高院《破产审理指引》第一百八十四条

二、实质合并

理论背景

实质合并是指将多个（两个及两个以上）关联企业视为一个单一企业，合并资产与负债，在统一财产分配与债务清偿的基础上进行破产程序，包括实质的合并重整、和解或清算，各企业的法人人格在破产程序中不再独立。《联合国贸易法委员会破产法立法指南》第二百二十四条指出，实质合并是将企业集团两个或两个以上成员的资产和负债作为单一破产财产的组成部分对待。实质性合并应当具备下列效力：一是被合并集团成员的资产和负债作为单一破产财产的组成部分处理；二是消灭列入合并的集团成员间债权和债务；三是对列入合并的集团成员的债权如同对单一的破产财产的债权处理。①

目前，实践中企业集团关联交易和人格混同的现象多发，破产审理中也常常出现，但是由于我国《企业破产法》等法律及相关司法解释并未明确实质合并规则，理论界和实务界对实质合并态度不一。有的观点较为谨慎，认为实质合并规则应当谨慎适用，只有独立破产无法进行或者显失公平时才予以适用，②有的甚至存在完全反对实质合并的观点。当然，也有学者对实质合并破产持相对开放的态度，建议赋予法院在此问题上足够的自由裁量权，使其能够灵活处理司法实践中遇到的各类案件。实质合并的真正目的在于针对性地解决关联企业破产带来的种种难题，从而保障债权债务的公平清理，保护债权人的合法权

---

① UNCITRAL, Legislative Guide on Insolvency Law, Part three: Treatment of Enterprise Groups in Insolvency, United Nations, New York, 2012, pp72 - 73. 转引自徐阳光：《论关联企业实质合并破产》，载《中外法学》2017 年第 3 期。

② 王欣新、周薇：《关联企业的合并破产重整启动研究》，载《政法论坛》2011 年第 6 期。

益，提高司法效率与经济效率。[①]

在《破产会议纪要》中，最高人民法院采取了较为审慎的态度，对适用实质合并规则的标准作出了界定。对于不当利用关联关系损害债权人利益的行为，优先利用现有的法律制度供给解决，包括破产法上的撤销权制度、无效行为制度以及公司法上的法人人格否认制度等。

法律实务

实质合并破产规则全面否定关联企业法人人格，兼之破产程序的终局性、不可逆性，对其适用应采取审慎的态度。最高人民法院也注意到了该问题，明确提出要审慎运用实质合并破产规则，以单独破产为原则，实质合并破产为例外。关于实质合并破产的标准，《破产会议纪要》第32条规定："当关联企业成员之间存在法人人格高度混同、区分各关联企业成员财产的成本过高、严重损害债权人公平清偿利益时，可例外适用关联企业实质合并破产方式进行审理。"根据该条规定的精神，各地也制定了相应的规范，如山东高院《破产审理指引》、广东高院《审理破产案件指引》、河北高院《破产案件审理规程》、云南高院《破产审判指引》、深圳中院《重整工作指引》均涉及了关联企业实质合并破产的问题，内容上基本援引了该条规定，没有更为细致的标准。实践中，涉及关联公司破产的案件大都采取了实质合并的方式，如江苏南京江苏省纺织工业（集团）进出口有限公司等六家公司破产重整案、辽宁大连东北特钢重整案、山东日照晨曦集团及关联公司合并重整案等。

（一）实质合并的法律要件

1. 前提要件

启动实质合并破产的前提要件是关联企业具备破产原因。《企业破产法》规定的受理破产案件的前提是"资不抵债"。如果关联企业均已具备破产原因，则毫无争议满足适用合并破产规则的前提条件。如果关联企业中仅有部分成员具备破产原因，未具备破产原因的关联企业成员虽然形式上不存在"资不抵债"的情形，并且企业亦可以维持经营，但如果各关联方之间存在不合理的利益输送、不正当交易等情况，尤其是控制公司利用控制权已极大地影响成员企

① 王静、蒋伟：《实质合并破产制度适用实证研究》，载《法律适用·司法案例》2019年第12期。

业的经营，从保护全体债权人利益的角度出发，将未具备破产原因的关联方纳入到合并破产程序中有利于实现实质公平的价值追求。关联企业整体符合“资不抵债”的标准就可进行实质合并破产，而并非要求实质合并的各关联企业均需单独具备破产原因。

2. 决定性要件

（1）法人人格高度混同

在破产程序中运用实质合并破产规则的决定性要件之一是关联企业人格高度混同。2012 年 10 月，最高人民法院民二庭召开会议讨论《关于适用实体合并规则审理关联企业破产清算案件的若干规定（征求意见稿）》，该文件中规定：“关联企业不当利用企业控股股东、实际控制人、董事、监事、高级管理人员及其直接或者间接控制的企业之间的关系，以及可能导致企业利益转移的其他关系，造成关联企业成员之间法人人格高度混同，损害债权人利益的，人民法院可以适用关联企业实体合并破产规则审理案件。”虽然上述文件至今未能审议通过，但仍可以看出最高司法机关对实质合并破产的认知倾向。

《最高人民法院〈关于实质合并破产的司法解释〉（草稿第五稿）》中，将关联企业法人人格的高度混同分为严重丧失法人财产独立性和丧失法人意志独立性两个方面。《九民会议纪要》对公司人格否认单独作为一部分进行论证说明，从人格混同、过度支配与控制、资本显著不足三个角度来否认公司独立法人人格，任一角度成立均可达到否认公司人格的标准。其中，第 10 条重点介绍了法人人格高度混同的认定标准，细化了关于认定公司人格与股东人格是否存在混同的判断标准，即最根本的判断标准是公司是否具有独立意思和独立财产，最主要的表现是公司的财产与股东的财产是否混同且无法区分。对于关联公司之间横向否认法人独立人格，最高人民法院发布的指导案例 15 号——徐工集团工程机械股份有限公司诉成都川交工贸有限责任公司等买卖合同纠纷案给出了法律依据，其裁判要旨为，关联公司的人员、业务、财务等方面交叉或混同，导致各自财产无法区分，丧失独立人格的，构成人格混同。该指导案例在关联企业实质合并破产中具有重要的参考意义，可以作为直接依据之一。

（2）出于欺诈目的而设立关联企业

欺诈是另一项适用实质合并破产的决定性要件。联合国《破产企业集团对待办法》中指出：“如果法院确信企业集团成员从事欺诈图谋或毫无正当商业目的的活动，则必须进行实质性合并。”《最高人民法院〈关于适用实体合并规则审理关联企业破产清算案件的若干规定〉（征求意见稿）》中就规定可以将出于欺诈目的而设立的关联企业直接进行实质合并破产清算。

3. 辅助性要件

除上文提到的决定性要件以外，判断关联企业是否符合实质合并破产，还有四点辅助性要件加以参考：

（1）债权债务、资产难以区分，且区分成本过高。关联企业间的债权债务、资产等高度混同，无法区分或者区分所需的时间和费用等成本过高，会严重影响关联企业资产的价值，损害债权人利益。

（2）关联企业整体处置，有利于提高债权人的清偿率。关联企业之间往往存在上下游产业链的资源配置，整体处置可以有效放大资产价值。

（3）在重整程序中，实质合并是为更好地引进投资者或制订重整计划。关联企业整体重整后，能够整合所有资源，有利于吸引投资人，制作切实可行的重整计划草案，重整计划执行也将更有保障，从而提高重整的成功率。

（4）债权人对关联体产生合理信赖。债权人的信赖仅是一种主观状态，其事实基础更多是围绕关联企业是否具有人格混同的外观，合同相对方确定无疑地认为自己是在与整个关联企业体进行交易，而且认为其交易的保障是整个关联企业的全部资产。

4. 结果要件

对关联企业破产适用实质合并规则，应当具备关联企业成员之间法人人格高度混同的行为要件以及严重损害债权人利益这一结果要件，法人人格混同与严重损害债权人利益之间存在直接因果关系。一般表现为关联企业的行为造成控制公司和成员公司财产的不当增加或不当减少，以致各成员公司间债权人的受偿比例严重失衡，各企业债权人的合法权益不能得到平等保护等。

（二）关联企业的范围界定

在进行实质合并破产前，首先要解决的问题是如何确定合并破产关联企业的范围。《税收征收管理法实施细则》第五十一条、《企业所得税法实施条例》第一百零九条规定了关联企业的认定范围：一是在资金、经营、购销等方面，存在直接或者间接的拥有或者控制关系；二是直接或者间接地同为第三者所拥有或者控制；三是在利益上具有相关联的其他关系。

对关联企业是包括实际控制企业在内所有存在法人人格高度混同的企业，还是仅限于已经进入破产程序以及发生符合《企业破产法》第二条情形的关联企业，最根本的还是要从法人人格的混同程度来判断。原则上可以包括集团企业中所有存在法人人格高度混同的企业，即使个别企业本身不存在破产原因，但合并的关联企业整体上应符合《企业破产法》第二条的规定。

（三）适用原则

目前，实质合并破产规则在我国实践中虽然被广泛应用，但有关实体制度、程序设计和监督制度尚不完善。实质合并破产规则虽然有助于公平保护关联企业债权人的利益，有利于防范破产欺诈行为，提升破产效率并降低案件处理成本，但其毕竟属于对企业法人独立人格的极端否定，并可能使部分关联企业债权人的清偿比例因合并破产而出现降低的后果，故《破产会议纪要》第32条要求审慎适用这一规则。为规范实质合并破产规则的适用，《破产会议纪要》中明确了实质合并破产适用原则及标准，即采用审慎原则和综合标准。

1. 在合并破产主体范围上，实质合并破产规则的适用应遵循审慎原则。即尊重企业法人人格的独立性，以对关联企业成员的破产原因进行单独判断并适用单个破产程序为基本原则，实质合并破产适用仅为例外。在关联企业法人人格高度混同的前提下，关联企业成员还应当分别或在整体上达到破产界限，具备破产原因。对于整体上达不到破产界限的，即便出于维护关联企业整体营运价值需要，将部分不具备破产原因的关联企业成员合并纳入破产程序，也应在尊重不具备破产原因企业及其债权人意思自治的基础上，通过一定的程序如举行听证等，方可适用实质合并破产规则。

2. 在救济手段选择顺序上，实质合并破产规则的适用应采用综合标准。对于不当利用关联关系损害债权人利益的行为规制，依照对相关主体权益影响程度，破产撤销权、无效行为、公司人格否定及实质合并破产构成了由弱到强的递进救济制度体系。法律救济手段的选择适用应遵循比例原则，与其目的达成、法律后果、成本收益相匹配。对于个别关联交易或不当关联关系能够通过破产撤销权、无效行为和公司人格否定制度予以纠正的，应当优先适用。实质合并破产应是穷尽其他救济手段后的最后选择。

实践中，协调审理与实质合并并非绝对的独立，有的案件中可能运用协调审理的机制进行实质合并的审理，如广西睡宝公司、金狮城公司等二十三家关联企业合并重整案中，在广西高院的协调、指导下，柳州中院依法受理了睡宝公司等十四家关联企业重整案件，防城港中院依法受理了金狮城公司等九家关联企业重整案件，因上述二十三家公司在资产、经营、人事、财务等方面存在高度混同，柳州中院和防城港中院经依法听证后，裁定对上述二十三家关联企业进行合并重整。该案是全国首例两家中级法院以合并重整方式联合进行审理的破产案件。

相关依据

1.《破产会议纪要》第32条
2.《九民会议纪要》第10条
3.《税收征收管理法实施细则》第五十一条
4.《企业所得税法实施条例》第一百零九条

第二节　合并破产的程序规则

一、启动方式

理论背景

根据企业关联程度以及案件进展方式的不同，关联企业协调审理和实质合并程序的启动模式也有所区别。协调审理和实质合并程序的启动模式归纳如下：

第一，协调审理主要采取集中管辖的方式，即经由相关利害关系人申请，确立由共同的上级法院确定一家法院集中管辖或进行程序协调。实质合并启动则根据不同情况适用不同的启动方式。

第二，对于实质合并程序，由于实质合并意味着各关联企业成员的资产负债被统一核算、债权债务关系被合并，因此必须全部纳入到破产程序中去。根据各关联企业成员进入破产程序的早晚和同步性予以划分，或先进入后合并，或先合并后进入，或部分破产后其余由法院依职权裁定进入破产程序。对于先合并后进入的模式，是指法院在受理案件之前，先对关联企业是否符合实质合并的条件进行审查，若符合合并条件，则由法院裁定将所有关联企业实质合并破产。“该模式的优势在于可以和行政清理、预重整等制度相结合，通过对关联企业困境提前介入，及时发现和评估是否符合实质合并破产的标准，并提出相应申请。如闽发证券实质合并破产清算案。……但对于前期申请的准备要求较高。”① 虽然“启动模式各有利弊，因案制宜，不宜一概而论，但其共同点在于，实质合并破产更需要法院注重发挥司法能动性，积极协调和引导当事人在厘清企业状况基础上，最终裁定是否进入实质合并程序”②。

法律实务

（一）启动方式的选择

1. 协调审理的启动方式

《破产会议纪要》第38条规定：“多个关联企业成员均存在破产原因但不符合实质合并条件的，人民法院可根据相关主体的申请对多个破产程序进行协调审理，并可根据程序协调的需要，综合考虑破产案件审理的效率、破产申请的先后顺序、成员负债规模大小、核心控制企业住所地等因素，由共同的上级法院确定一家法院集中管辖。”根据该条规定，协调审理的启动至少包含以下条件：

（1）适格的启动主体。《企业破产法》虽然对破产程序的启动采取“申请主义”，但协调审理的重点在程序的协调，既可以由相关主体申请启动，也可以由人民法院依职权启动。依据相关主体申请启动的，申请主体一般包括债权人、债务人、管理人、清算义务人以及利害关系人。例如天津渤海钢铁等四十八家企业重整案，就是由债权人申请的协调审理。实践中，一些影响较大、案情复杂的关联企业破产案件，为提高审判效率、节约司法资源、最大限度地保护债权人利益以及便于化解社会矛盾，人民法院根据实际情况也会依职权启动协调审理。例如云南煤化工集团有限公司等五家公司破产重整案中，则是由云南高院主动介入，启动协调审理，各关联企业的破产案件统一由昆明中院管辖。

（2）各关联企业均已进入破产程序。与实质合并破产不同，协调审理需要

① 徐阳光：《论关联企业实质合并破产》，载《中外法学》2017年第3期，第818页；王静、蒋伟：《实质合并破产制度适用实证研究》，载《法律适用·司法案例》2019年第12期。

② 王静、蒋伟：《实质合并破产制度适用实证研究》，载《法律适用·司法案例》2019年第12期。

每个关联企业均存在破产原因、均进入破产程序，否则就不存在协调审理的问题。

（3）各关联企业需不符合实质合并的条件。各关联企业不存在法人人格高度混同的情形，“此时不得以程序便利为由适用实质合并规则进行审理，但可以通过程序协调的方式进行处理”①。因此，协调审理须以各关联企业法人人格独立为前提。

2. 实质合并破产的启动方式

关于实质合并破产程序的启动，实践中主要有三种模式：一是分别破产、再行合并；二是部分破产、再行合并；三是先行合并、一并破产。

（1）分别破产、再行合并

该种模式是指各关联企业同时或先后进入破产程序，后经管理人、债权人、债务人等主体的申请，人民法院裁定将进入破产程序的关联企业进行实质合并破产。这是实质合并破产实践中最常见也是较为稳妥的模式。该模式下，关联企业成员均具备破产原因，分别进入破产程序后，管理人在清产核资的基础上，能够较为清晰地把握关联企业内外部情况，有利于判断是否适用实质合并破产规则，而且也能够遵循审慎原则，避免武断地将不具备破产原因的成员企业纳入破产程序。如山东邹平齐星集团等二十七家公司合并重整案，浙江绍兴纵横集团合并重整案等均采取了该种模式。

（2）部分破产、再行合并

该种模式是指核心控制企业或部分关联企业先进入破产程序，经管理人等相关主体申请后，人民法院依职权裁定将符合实质合并的其他关联企业纳入破产程序。如山东大海集团有限公司等五十七家公司合并重整案、辽宁沈阳辉山乳业集团等一百零八家企业重整案、黑龙江伊春西林钢铁等四十家公司合并重整案均采取了该种模式。有观点认为：“这种方式可能将从外观上看尚未出现破产原因的关联企业纳入破产程序，在法律依据与程序正当性上不无疑问。”②虽然该种模式在理论上存有争议，但因其具有便捷、高效、节省司法资源等优势，实践中逐渐被广泛采用。

---

① 贺小荣、葛洪涛、郁琳：《破产清算、关联企业破产以及执行与破产衔接的规范与完善》，载《人民司法（应用）》2018 年第 16 期。

② 李永军、李大何：《重整程序开始的条件及司法审查——对合并重整的质疑》，载《北京航空航天大学学报（社会科学版）》2013 年第 6 期。

（3）先行合并、一并破产

这种模式是指“法院在破产案件受理前，先裁定将所有关联企业合并为一个单一企业，再裁定受理企业的实质合并破产或重整申请”[①]。该模式对法院的初步审查要求较高，在实践中较为少见。在破产程序外进行关联企业的实质合并，要遵循公司法的规则，而且法院直接裁判公司组织形式的合并是否有法律依据，对实体权利及程序权利如何保护等，理论和实践中均存有争议，还有待进一步研究。

（二）申请主体

1. 申请主体的范围

申请主体是指有权申请人民法院适用合并破产规则的权利人。《破产会议纪要》中对合并破产的申请主体未予明确，亦未区分协调审理和实质合并。参考《企业破产法》对破产重整、和解以及清算申请主体的有关规定，申请主体一般为债权人、债务人、清算义务人、管理人、出资人等。

（1）债权人。合并审理的主要目的就是保障外部债权人的利益。债权人申请合并破产，不需要其作为所有关联企业的债权人，只需要是某一个关联企业的债权人即可。

（2）债务人。债务人对自身经营业务最为熟悉，且与自身利益休戚相关，应当赋予债务人申请适用合并破产的权利。

（3）清算义务人。《企业破产法》规定，清算义务人享有破产清算的申请权。

（4）管理人。《企业破产法》及相关司法解释并未明确规定管理人具有对关联企业合并破产的申请权利，从而经常出现实践中由管理人申请而债权人提出异议的情形。为解决这一问题，一些地方法院通过制定审判指引的方式赋予了管理人申请合并破产的权利，如山东高院《破产审理指引》第十九条、深圳中院《重整工作指引》第四十五条均明确规定管理人可以作为关联企业实质合并破产的申请主体。

（5）出资人。根据《企业破产法》第七十条的规定，出资人可以作为重整程序的申请主体。

---

① 王欣新：《破产法前沿问题思辨（下册）》，法律出版社2017年版，第363页。

2. 举证责任

合并破产的申请人应该承担相应的举证责任。在协调审理程序中，主要考虑的是程序的协同、高效、减少破产费用，此时申请人的举证责任相对小，主要是共同上级人民法院对程序的判断。

而在实质合并破产程序中，由于不同申请人对于企业法人人格混同情况了解的程度不同，故对于举证责任的要求也不同。管理人及债务人申请实质合并破产，应当对关联企业的法人人格混同、损害债权人公平受偿利益等情况承担举证责任。实践中，管理人需要对法人人格高度混同展开论证，一般从关联企业受同一实际控制人过度控制、重大事项决策、人事任命、经营管理、财务、办公地点等方面调查，根据调查情况并结合法律规定及司法实践出具关联企业法人人格混同的法律论证意见。实践中，管理人通常聘用审计机构对关联企业进行财务混同审计，从资金统一调拨、资金任意往来、互相担保、债权债务随意划转、重大资产混用等多方面开展调查取证，证明关联企业财务高度混同，丧失法人财产独立性。

相关依据

1. 《企业破产法》第七十条
2. 《破产会议纪要》第38条
3. 山东高院《破产审理指引》第十九条
4. 深圳中院《重整工作指引》第四十五条

二、管辖

理论背景

我国《企业破产法》对破产案件的管辖具有明确规定。但在关联企业破产案件中，通常涉及多家企业，且这些企业未必都在同一辖区设立主要办事机构或注册成立，由此引发了实质合并破产中的司法管辖权问题。

关联企业破产案件的审理应当根据关联关系的不同程度和模式，区别适用实质合并规则或协调审理的原则。协调审理主要适用于具备破产原因的多个关联企业之间，不存在法人人格高度混同等情形时，根据《破产会议纪要》，法院可根据相关主体的申请或依职权对多个破产程序进行协调审理，在管辖规则上，由共同的上级法院确定一家法院集中管辖或进行程序协调。

对于适用实质合并规则审理的，《破产会议纪要》规定，由关联企业中的核心控制企业住所地法院管辖，从而有利于确保案件的审理效率、减少不必要的费用支出。如果无法识别或确认核心控制企业，基于上述管辖原则，《破产会议纪要》规定由企业主要财产所在地法院管辖。由于关联企业关系复杂，如果多个法院之间对管辖权产生争议，在协商不成的情况下，应当报请共同的上级法院指定管辖。此外，地域协调便利、维稳需要等也是法院确定管辖的考量因素。①

法律实务

（一）协调审理的管辖

协调审理是多个破产案件程序上的协调，每个破产案件首先应符合破产案件的一般管辖规定，然后由共同的上级法院进行协调或指定一家法院集中管辖。

1. 地域管辖

企业破产案件由债务人住所地人民法院管辖。债务人住所地指债务人的主要办事机构所在地。债务人主要办事机构所在地难以确定的，由债务人注册登记地人民法院管辖。

2. 级别管辖

基层人民法院一般管辖县、县级市或者区的市场主体登记注册部门核准登记企业的破产案件；中级人民法院一般管辖设区的市级（含本级）以上的市场主体登记注册部门核准登记企业的破产案件。

纳入国家计划调整的企业、金融机构、上市公司破产案件，由中级人民法院管辖。

（二）实质合并的管辖

实质合并破产的管辖在地域管辖和级别管辖除适用破产案件的一般管辖原则外，还应当注意以下问题：

---

① 王静、蒋伟：《实质合并破产制度适用实证研究》，载《法律适用·司法案例》2019 年第 12 期。

1. 控制企业所在地

根据《破产会议纪要》第35条规定，采用实质合并方式审理关联企业破产案件的，应在控制企业所在地审理为原则，以便利法院审理为补充。控制企业掌握各关联企业经营与管理的控制权，往往还集中了集团的主要资产和负债，是集团的控制中心和利益中心。控制企业一般的表现形式有核心人员如财务、人事等人员的办公场所所在地、资金调拨使用地。在判断何为关联企业的控制企业时，应遵循实质重于形式的原则。如控制企业的注册地与实际所在地不一致的，应以实际所在地作为控制企业所在地。

2. 主要财产所在地

核心控制企业不明确的，由关联企业主要财产所在地人民法院管辖。

鉴于实质合并破产的复杂性、重要性，实践中也有个别高级人民法院直接受理的案例，如广西柳州正菱集团等五十三家关联公司合并重整案，就是由广西高院直接受理的，也是全国首例由高级人民法院直接受理的合并重整案件。

（三）管辖权争议的解决

无论是协调审理还是实质合并破产，当不同人民法院之间发生管辖权争议时，应依照我国《民事诉讼法》第三十七条第二款的规定解决，即由争议双方协商解决，无法通过协商解决的，应报请共同的上级人民法院指定管辖。

相关依据

1. 《企业破产法》第三条
2. 《民事诉讼法》第三十七条
3. 《破产会议纪要》第35条、第38条

三、受理

理论背景

对于企业合并破产中法院的审查和受理程序，主要分为协调审理的审查受理和实质合并的审查受理。

对于关联企业破产案件协调审理，主要规定在《破产会议纪要》中。对于

多个关联企业成员均存在破产原因但不符合实质合并条件的，不认定为同一主体而进行合并处理资产和负债，依相关主体的申请或法院依职权由共同的上级法院确定一家法院集中管辖，或进行程序协调。但是对具体的审查标准和程序，没有明确的规定和细则。

对于关联企业破产案件实质合并的审理原则，曾经在实践中出现适用标准不统一等问题。《破产会议纪要》最终明确了关联企业破产案件的审理规则、审查内容和救济程序。由于对关联企业破产进行实质合并审理属于破产程序中的重要事项，因此，《破产会议纪要》要求法院无论是否进行实质合并审理，均应当以裁定的方式作出。就审查内容而言，法院可以综合考虑关联企业之间资产的混同程度及其持续时间、各企业之间的利益关系、债权人整体清偿利益、增加企业重整的可能性等因素。对于法院裁定不受理实质合并破产的，申请人可以提起上诉；对于法院裁定受理实质合并破产的，赋予相关主体向上一级法院申请复议的权利，最大限度地兼顾当事人权利保护、程序效率、上一级法院监督三者的平衡。①

法律实务

对于协调审理的受理，《破产会议纪要》及各地方人民法院发布的审判指引中均无详细的规定，基本上采取了概括规定的方式，主要由共同的上级人民法院决定。以下主要介绍实质合并破产在实践中的运用。

（一）审查方式

对关联企业是否进行实质合并破产，应当由人民法院裁定确定。关于实质合并破产申请的审查方式，在《破产会议纪要》出台前，实践中并不统一，主要有两种方式：一是采取债权人会议或债权人委员会表决等方式作为人民法院裁定合并的前提。如在浙江绍兴纵横集团实质合并破产重整案中，管理人通过调查发现各关联公司人格高度混同，向人民法院提出实质合并破产重整申请，人民法院经债权人会议表决后，裁定合并重整。二是采取公开听证的方式进行审查。对于关联企业之间是否构成人格混同的认定并非债权人自我权利的处分

---

① 贺小荣、葛洪涛、郁琳：《破产清算、关联企业破产以及执行与破产衔接的规范与完善》，载《人民司法（应用）》2018 年第 16 期。

行为，应属司法裁判的范畴。人民法院作出实质合并破产的裁定前，应当以通知、听证等方式保证关联企业、债权人等利害关系人的知情权，听取其意见，但是否进行关联企业实质合并破产的决定权在法院，而不是债权人或债权人会议。

如果要求所有关联企业的债权人都同意实质合并破产，程序也往往难以顺利推进。《破产会议纪要》出台后，实质合并破产的审查方式统一为上述第二种模式，即由人民法院审查确定的方式。审查过程中由债权人参与听证并赋予其异议权，保障债权人的程序权利。另外，人民法院作出实质合并破产的裁定前，应就合并前后各企业清偿率与整体债权清偿率作出合理估算，包括区分关联企业成员财产所需时间和费用成本的预估及对清偿率的影响，必要时应聘请专业的中介机构出具专项报告，保证债权人等利害关系人在掌握充分信息的前提下作出符合其自身利益的判断。

（二）审查程序

1. 听证

根据《破产会议纪要》第33条的规定，人民法院收到申请人对关联企业实质合并破产的申请后，应当及时通知相关利害关系人并组织听证。人民法院发出听证公告，书面通知债务人及关联企业、债权人代表、债务人及关联企业职工代表、债务人及关联企业的股东等利害关系人召开听证会的时间、地点，并给予一定的异议期限。听证会由人民法院主持召开，各方对于自己的主张进行阐述并举证质证，合议庭对合并破产的相关情况进行调查。在实践中，有的听证会只允许有异议的利害关系人参加，不允许无异议的利害关系人参与听证。

2. 裁定

对于实质合并破产裁定的作出程序，实践中做法不一，有的法院规定需要庭长审批，如深圳中院《重整工作指引》第五十二条第一款的规定：“本院决定实质合并重整的，应当及时作出合并重整裁定，并报庭长审批。”有的法院虽不作规定，但实践中合议庭一般会提交审判委员会讨论决定。关联企业实质合并破产对债权人利益影响重大，为了防止权力滥用，在人民法院依职权作出实质合并破产裁定时，异议债权人的利益应当受到保护。人民法院在实质合并破产裁定中，应就债权人的异议予以回应，阐述司法裁量的法律依据和具体理由。异议债权人如对裁定不服，可以根据《破产会议纪要》的规定向上一级人民法院申请复议。

3. 复议

虽然《破产会议纪要》第34条规定了对于不服实质合并破产裁定的异议债权人可以在裁定送达之日起十五日内申请复议，但在实践中，并没有相关法律程序的衔接和进一步的立法规定。复议程序如何审理，是否必须开庭、审理期限多长，复议是否可以停止实质合并程序的进行，如果不停止实质合并程序，一旦上级人民法院裁定撤销合并破产裁定，如何恢复原程序等问题，都需要进一步作出明确规定。否则，该复议权在司法实务中难以操作。

相关依据

1. 《破产会议纪要》第33条、第34条
2. 深圳中院《重整工作指引》第五十二条

第三节　合并破产的法律效果

一、协调审理的法律效力

理论背景

协调审理并不影响债权人和其他利害关系人的实体权利。与实质合并不同，协调审理案件中，每个债务人的财产是区分开来的，并且不同债务人之间的债务并不消灭，协调审理案件的各债权人只能从各自的债务人财产中获得清偿。有关实体问题的处理以及重整后主体资格的保留等方面的法律效果也有不同。[①]

协调审理追求效率和公平的价值目标。由于破产案件协调审理实质上最为显著的效果往往是由某一法院进行审理，相较于原本由多个法院负责企业集团成员案件，这将大大降低各法院之间沟通、协调的信息成本，避免执行、保全

① 郁琳：《关联企业破产整体重整的规制》，载《人民司法（应用）》2016年第28期。

等程序上的冲突，提高资产债务清理排查的效率。在实体上，对于关联企业之间的债权债务关系，虽然不是通过合并的方式进行处理，但是通过刺破法人面纱、衡平居次等原则的运用，追究相关责任人的责任，对于不当利用关联关系形成的债权，予以劣后顺位清偿，能够进一步保障债权人的合法权益，遏制关联关系不当交易行为的发生。

协调审理虽然不改变法人的独立主体资格，但是为了保障债权人的利益，在对关联企业成员之间的债权债务关系的法律处理、破产案件的管辖方面与一般的企业破产案件有所不同。

法律实务

（一）协调审理的程序性效果

破产案件协调审理实质上是多个破产案件在破产程序意义上的合并，即将关联企业破产案件集中由某一法院进行审理，或不同受理法院之间建立起有效的沟通机制。“具体的协调方式包括但不限于各受理法院和管理人之间建立有效的沟通和信息披露机制，协调债权申报和债权人会议召开的时间、财产处置及案件审理进程等程序事项，从而提升破产案件的处理效率，减少破产费用，增加重整成功概率。”① 协调审理制度能起到提高破产效率、节约司法资源、降低破产费用以及避免不同法院出现司法冲突等作用。

（二）协调审理的实体性效果

通过协调审理方式处理关联企业破产案件的，由于并未改变各关联企业成员法人人格的独立性，故其各自的债权债务关系、破产财产、债权人受偿比例等实体方面均应单独处理。一是关联企业资产的界定、负债的计算和清偿等问题。由于不能否认各关联企业的独立法人人格，则需要尊重各成员企业的财产独立性，将资产、负债进行分别计算。在确定资产权属的基础上，结合不同成员企业角色定位及其资产的特性，制定不同的处置方案，充分发挥资产的整体效用，实现资产价值最大化。二是将关联企业债权进行分别申报和统计，依据《破产会议纪要》第 39 条的衡平居次原则，对于关联企业之间不当利用关联关

① 贺小荣、葛洪涛、郁琳：《破产清算、关联企业破产以及执行与破产衔接的规范与完善》，载《人民司法（应用）》2018 年第 16 期。

系形成的债权，尤其是对子公司有不当行为的母公司的债权，应当劣后于其他普通债权顺序清偿，且该劣后债权人不得就其他关联企业成员提供的特定财产优先受偿。山东高院《破产审理指引》第二百零四条、江西高院《破产审理指引》第一百八十五条基本援引了《破产会议纪要》的上述规定。

（三）协调审理对债务人主体的影响

因协调审理并未改变各关联企业成员法人人格的独立性，各关联企业在协调审理程序中在主体资格上依然保持独立，只是将各关联企业破产工作统一推进。在统一破产清算的情况下，各成员主体将全部注销。在统筹制订重整计划或和解协议时将面临两个选择：如重整或和解成功，则各成员继续存续；如不能成功而转入破产清算程序，则将全部注销。如各成员采取不同的破产方式，应根据各自程序决定主体的去留。

相关依据

1. 《破产会议纪要》第 39 条
2. 山东高院《破产审理指引》第二百零四条
3. 江西高院《破产审理指引》第一百八十五条

二、实质合并的法律效力

理论背景

实质合并（Substantive Consolidation）是“美国破产法官根据其衡平权限创造的一种用于关联企业（企业集团）破产情形的公平救济措施（原则），其核心要义在于否定各关联企业公司的独立人格，消灭所有关联企业间的求偿要求，各成员的财产合并为一个整体以供全部关联企业的债权人公平清偿……实质合并规则打破了有限责任的教义，直接否认了关联企业的独立人格，是一种整体性的挑战”。①

实质合并规则下，关联企业集团面临主体、财产、债权债务关系上统一的

① 徐阳光：《论关联企业实质合并破产》，载《中外法学》2017 年第 3 期。

法律效果。在主体资格上，关联企业集团的成员应当将其作为一个整体来处理，从而实现整体上的公平和程序上的效率。法人的财产依附于法人人格，因此，各关联企业成员的财产应当合并，各成员之间的债权债务由于主体合并而归于消灭，各成员的债权人以合并后资产按照法定顺序公平受偿。

就法律后果而言，“适用实质合并规则进行破产清算的，由于破产清算的后果是企业债务人主体消灭，故破产清算程序终结后各关联企业成员均应予以注销；适用实质合并规则进行重整或和解的，基于关联企业经济上的整体性，原则上应当合并为一个企业；如果确有需要保持个别企业独立的，独立企业在实质和程序上应当符合法人人格独立的要求”①。

法律实务

（一）裁定受理后的法律效果

1. 对债权债务的影响

人民法院裁定各关联企业进行实质合并破产后，便产生相应的法律效力。各关联企业成员合并为一个企业，各成员财产作为合并后统一的破产财产，各成员间债权债务因权利义务主体合并而归于消灭，各成员对同一债权提供的担保合并为一笔债权计算，各关联企业的债权人在同一程序中按照法定程序公平受偿。

2. 对破产程序的影响

人民法院裁定受理实质合并破产后，涉及各关联企业合并前破产程序的衔接问题。实质合并前各关联企业已经完成的债权申报、债权审核、审计评估等工作可以延续到实质合并破产程序中。合并前发生的破产费用和共益债务，从合并后的债务人财产中清偿。进行实质合并重整程序的，合并后的各关联企业因重整主体发生重大变更，重整计划草案提交的期限重新计算。深圳中院《破产重整指引》第五十四条对此作了明确规定。

3. 对出资人表决的影响

实质合并破产后关联企业被拟制为一家企业，其内部股权结构也受到影

---

① 贺小荣、葛洪涛、郁琳：《破产清算、关联企业破产以及执行与破产衔接的规范与完善》，载《人民司法（应用）》2018 年第 16 期。

响。进入合并重整程序的，根据《企业破产法》第八十五条的规定，表决重整计划草案涉及出资人权益调整的必须设立出资人组。实质合并后关联企业内部持股的成员将不能作为出资人进行表决，需追溯至外部股东进行表决。如股东中存在股权代持的，也需进行股权穿透，由实际股东进行表决，以保障出资人的权益。

4. 对管理人的影响

人民法院裁定受理关联企业实质合并破产申请后，应当依法指定管理人或者对原指定的管理人进行必要的调整。法院在受理破产申请的同时裁定实质合并破产的，应当在裁定受理破产申请时指定实质合并破产的管理人。法院在受理实质合并破产申请前已经受理部分或全部关联企业破产申请并指定管理人的，可以指定其中一家企业的管理人为实质合并破产的管理人，也可以由多个破产程序的管理人共同担任管理人，或重新指定管理人。“原破产程序转为实质合并破产程序后，未得到继续指定的原管理人应终止执行职务，向实质合并破产程序的管理人移交已接管的财产、印章、账簿、文书等资料及相关工作。”①

（二）程序终结后的法律效果

实质合并破产程序终结后，既产生一般破产程序终结后的法律效果，又产生特殊的法律效果。

1. 一般法律效果。实质合并破产程序终结后，根据《企业破产法》的规定，按照重整计划或和解协议减免的债务，债务人不再清偿。破产程序内未受清偿的部分，债权人可以要求保证人或其他连带债务人继续承担清偿责任。

2. 特殊法律效果。《破产会议纪要》第37条规定了实质合并破产程序终结后的特殊法律效果，即企业成员存续问题。根据该条规定，实质合并破产清算的，程序终结后各关联企业成员均应予以注销。实质合并重整或和解的，各关联企业原则上应合并为一个主体，确有需要保持个别主体独立的，应当依照企业分立的有关规则单独处理。实践中，对于实质合并破产清算后的成员存续问题并无争议，但对于实质合并重整或和解尤其是重整后的企业成员存续问题存在较大争议。

（三）实质合并重整中的若干疑难问题

实质合并重整因涉及利益群体众多，法律关系复杂，无论在理论上还是实

① 王欣新：《关联企业的实质合并破产程序》，载《人民司法（应用）》2016年第28期。

践中都存在着许多疑难问题，需要深入探索和研究，下面仅就几个现实中经常遇到的问题作简要讨论。

1. 是否出具重整程序终结裁定问题

《企业破产法》及相关司法解释未对重整程序终结后法院是否出具裁定作出明确规定，虽然《九民会议纪要》第114条，明确了重整程序因人民法院裁定批准重整计划草案而终止的，重整案件可作结案处理。重整计划执行完毕后，人民法院可以根据管理人等利害关系人申请，作出重整程序终结的裁定。但实务中具体如何操作尚不明晰，有待于人民法院对相关流程作出具体规定。

2. 法人独立人格的恢复问题

实质合并重整程序被人民法院裁定终结后，面临的一个问题是各关联企业原独立而又在重整程序中经实质合并的成员，其法人资格的恢复应如何处理。按照《破产会议纪要》第37条的规定，实质合并重整的，程序终结后各关联企业原则上应当合并为一个企业。这一规定在理论和实践上都有值得商榷之处。在实质合并重整程序终结后，各成员法人人格应当自然恢复，已经成为实践中的统一做法，且具有正当性。

（1）对“合并”的正确理解。破产法语境下的“合并”是模拟合并，具有司法强制性，解决的是因人格混同、权利滥用的法律责任问题。而公司法语境下的“合并”是组织合并，是公司的自主行为，解决的是公司组织形式及实际的经营管理问题。因此，不能将破产法语境下的实质“合并”作公司法上的理解。

（2）法律上的正当性。实质合并破产是一种司法程序，而司法的能动性应有边界，强制关联企业成员合并或分立无法律依据。法人人格否认解决的是法律责任问题而非组织调整问题，责任承担后不当行为得以纠正，各成员的独立法人人格理应自然恢复。

（3）现实需要的必然性。将企业强制合并或分立将对企业集团的正常运营造成严重困难，可能使企业成员的部分市场优势丧失，甚至无法继续经营，进而导致重整失败，影响破产重整的拯救功能，偏离实际。

（4）符合公司人格否认的“个案认定”原则。《九民会议纪要》关于公司人格否认部分提出了“个案认定”原则，即“公司人格否认不是全面、彻底、永久地否定公司的法人资格，而只是在具体案件中依据特定的法律事实、法律关系，突破股东对公司债务不承担责任的一般规则，例外地判令其承担连带责任。个案中判决并不当然适用于涉及该公司的其他诉讼，不影响公司独立法人资格的存续。如果其他债权人提起公司人格否认诉讼，已生效判决认定事实可作为证据使用”。因此，公司人格否认仅适用于个案，而非改变公司组织形式的根本、永久否认。

3. 企业信用修复问题

实质合并重整程序终结后，继续存续的成员企业如重获新生，信用修复尤为重要。企业信用修复的范围，涉及银行、工商、税务、社保、法院等方面。破产重整企业可通过执行重整计划清偿债务，达到相关部门信用记录的修复要求。另在建筑、医药、卫生等特殊行业，还涉及监管部门如市场监管、环保部门的处罚、惩戒记录等。

在资产解封和债务人作为被执行人信息删除方面，尽管《企业破产法》第十九条规定，企业进入破产程序后，对债务人的保全措施应当解除，但实践中有的法院对该条款的执行力度不够，往往在重整计划执行完毕后仍未办理债务人资产的解封手续，且在中国执行信息公开网中仍显示债务人作为被执行人的案件信息，导致重整后的企业融资受阻。针对该种情形，进入破产程序后管理人应立即向相关人民法院提出解封请求，不必等到程序终止后再申请，避免被动。另外，应在重整计划草案中作出明确规定，以债权人解除对债务人的失信等相关限制措施作为债权受偿的前置条件，以督促债权人及时配合关联企业成员恢复信用。

4. 实质合并重整中“僵尸企业”的处置问题

对纳入实质合并重整范围内的多个关联企业，并不要求全部达到选择同一性质的结果，即全部企业都实现重生、可继续经营，尤其在实质合并重整程序中，纳入程序的企业成员在程序终结后并不必然地全部选择存续。对于优质、高效、有价值的企业成员，可以选择存续，实现新旧动能转换，获得重生；对于无效、低效的“僵尸企业”，完全可以直接予以注销，退出市场。因为实质合并重整中的债权申报、审核的程序与破产清算完全相同，且资产变现的价值和债权人利益的保护更优于破产清算，在实质合并重整程序终结后，债权统一得到清偿，未获清偿的部分债务人不再清偿，与破产清算并无差别。因此，实质合并重整已经兼具了破产清算的法律效果，对于不必存续的“僵尸企业”无须再行破产清算或者转换为破产清算，可以根据投资人或债务人的需要直接进行注销。山东菏泽洪业集团等二十九家企业合并重整案、黑龙江伊春西林钢铁等四十家企业合并重整案，就直接在重整草案中规定对多家“僵尸企业”不再保留法人主体资格，直接予以注销，大大提高了实质合并重整的整体效果和重整效率。

5. 府院联动机制问题

在破产程序特别是重整程序中，政府的参与往往对重整成功与否起着决定性的作用，建立和强化人民法院与政府的联动机制，是重整程序顺利推进的重要保障。人民法院应积极与政府及其相关职能部门协调，通过召开破产企业资产处置会、职工协调会、债权人协调会等方式，妥善解决企业破产过程中出现的资产兼并重组、职工安置、社保费用缴纳、环境保护、税费减免、土地性质变更等问题，及时解决企业破产案件审理过程中遇到的矛盾和困难，以提升破产案件的审理进度和质量。在实质合并重整程序中，会涉及土地、房产、环保、税务、社保、职工、企业帮扶、社会稳定等一系列衍生问题，这些问题如果仅仅依靠企业和管理人的力量可能难以解决。如果政府的协调统筹能力和资源配置能力与法院的司法职能相结合，就可以依法、高效地处置重整中出现的经济和社会问题，充分运用市场化、法治化手段促进债务人成功重整，起死回生。

相关依据

1. 《企业破产法》第十九条、第八十五条
2. 《破产会议纪要》第 37 条
3. 《九民会议纪要》第 114 条

第十三章 破产档案管理

第一节 破产档案管理概述

一、破产档案管理的范围

狭义的破产档案指破产企业全部生产、经营、科研、管理等活动中形成的各类具有保存价值，应当归档保存的文字、图表、声像等各种形式的历史记录。是企业资产清理、登记、评估、审计等工作的重要依据。广义的破产档案还包括破产申请人向人民法院提交的破产申请书等申请材料；人民法院在破产案件审理过程中作出的裁定书、决定书、通知书、公告等法律文书；管理人在执行职务过程中自行或委托审计、评估等机构出具的相关文书、报告及说明等材料；债权人提交的债权申报等材料；债权人会议及债权人委员会会议材料；其他利害关系人制作或提供的与破产案件相关的材料等。

破产档案管理是对破产案件所涉档案实体和档案信息，进行管理并提供利用服务的各项业务工作的总称。破产案件审理周期较长、涉及范围广泛，破产档案数量庞大、种类复杂，且破产流程具有连贯性和紧密性，档案材料不完整可能会影响到破产程序的推进。破产档案管理是规范案件流程、提升工作效率、提高办案质量的关键一环。因此，从破产程序开始至终结的整个过程，所有的涉案材料都应当纳入破产档案管理的范围。在实务操作过程中，管理人应当加强对破产档案管理的重视程度，将档案规范化管理理念贯彻到案件办理的全部过程之中。

二、破产档案管理的特点

（一）具有综合性

破产案件不是单一情形的个案，而是包含各种法律关系和生产经营、财产管理及处置等系统性工作的综合性案件。往往涉及的人员和部门众多，社会关注度高，破产参与人之间的利益诉求不同，各类矛盾交织，办理过程漫长。而破产档案管理工作贯穿整个破产程序全过程，时间跨度涵盖管理人的整个工作周期，工作形态十分复杂。

（二）具有专业性

破产档案管理不仅是对档案进行全过程的信息收集，更是对档案所载知识资源的一种集成管理。档案管理人员应当对档案材料进行信息收集，并对档案材料所载的价值信息、知识资源、业务层次等进行整理和分类，使破产专业知识和档案管理工作相互融合，做到档案管理为破产业务服务。因此，这项工作不仅需要专业的档案管理知识，还需要较高的法律专业水平。

（三）具有社会性

破产档案是见证破产企业发展兴衰的重要载体，其中蕴含着丰富的信息，是破产企业留给社会的历史印记，具有较高的社会价值。因此，破产档案管理对服务社会经济发展和推进社会实践活动进步有着特殊作用。

三、破产档案管理的规范化路径

（一）建立整体工作思维，把握档案管理细节

破产案件的复杂性决定了管理人在进行破产档案管理时必须具备整体性思维，在宏观把握破产程序的基础上将每一项档案管理工作全面细化。按照《企业破产法》及相关司法解释的规定，管理人的工作包括接管企业、委托审计与评估、开展财产状况调查、接收并审查债权、召开债权人会议、进行诉讼及催收等。在此框架下，要对破产档案管理工作的每一节点作出具体的工作流程与管理要求，明确管理的方式及标准，并完善各类预案，从而使破产档案管理工作具有条理性与逻辑性。

（二）对档案进行数字化管理

为降低时间成本，提高工作效率，在档案管理过程中应将纸质档案进行数字化管理。对各类档案通过扫描、摄像等方式进行留存，同步设置电子检索功能。在破产程序终结后，管理人要对档案进行全面梳理，在原电子档案基础上，对于未进行电子化处理的纸质档案进行二次入库，实现全部档案的数字化。档案数字化将传统的档案对象转化为数字档案信息，极大地减少了档案原件的使用频率，使档案原件得到了更大程度的保护，同时使查询利用档案变得方便快捷，可有效提高管理人的工作效率。

（三）配备档案管理人员

对于体量较小、办案耗时较短的案件，可以由管理人工作人员兼任档案管理人员。对于体量较大、办理时间较长的案件，需单独配备档案管理人员，并提供相应场所，对档案进行专门管理，协同管理人开展各项工作。这不仅有利于档案的安全存放，也便于管理人和利害关系人及有关部门的查阅与使用。

（四）建立收发文登记制度

实践中，管理人在与政府、法院、债权人、债务人、投资人等主体的沟通过程中，将产生大量文书类资料，为便于管理和使用，管理人需建立收发文登记制度，将相互往来的文书进行登记、归集和归档保存。建立收发文登记制度，可以形成一种规范、严谨、可核查的信息交流模式，有利于保存交流资料，还原有关工作过程。

（五）预留保管费用

全国律协《破产管理人指引》第五十九条规定："如果管理人接管的债务人或者破产人的账簿、文书等档案资料，在管理人终止执行职务后无法移交而仍需要保管的，管理人可以预留相应的破产费用，以支付债务人或者破产人的账簿、文书等档案资料的保管费用。"参照该规定，管理人可以根据实际情况就破产程序终结后档案的保管预留一定的费用，费用金额可以参考档案托管机构的报价确定，也可以据实合理测算。

四、破产档案管理的意义

（一）是破产案件工作成果的集中体现

管理人通过对破产档案的规范化管理，使数量庞大、种类复杂的破产档案系统化、条理化，有效保持破产档案的完整性。程序终结后形成的完整破产档案，是管理人办案成果的集中体现，也是管理人勤勉尽责、忠实执行职务的物质载体，更是管理人交给各利害关系人和社会的最具证明力和说服力的工作答卷。

（二）是进行风险防范的重要支撑

管理人在对破产档案进行集中归纳后，可有效提升办案能力与风险防控能力，通过档案材料可回顾复盘案件，充分研究与分析办案过程中出现的问题，查找问题的源头及解决方法。同时，破产档案的完整留存可以为管理人防范未知风险提供证据支撑，有利于管理人在破产案件终结后面临不可控的诉讼、非诉风险时充分保障自身权益。

（三）是破产企业历史沿革的客观记录

破产档案有效留存了企业成立、发展、变迁及破产过程中的历史信息，无论是破产重整、和解还是清算，破产企业的发展历史都是一种客观存在，且具有现实意义。如企业破产重整成功后，档案资料可为重生企业提供历史依据，也可有效防范潜在的法律风险。在破产清算案件中，破产档案不仅是被市场出清企业的历史遗存，也是回顾企业历史印记和吸取工作教训的社会教材，对经济社会发展具有一定的借鉴和警示意义。

第二节　破产档案接收及建档归档

一、破产档案接收

破产档案包括债务人破产时既有的材料，也包括人民法院、管理人、审计机构、评估机构、债权人、债务人、投资人等破产参与人在破产程序中新产生的材料。破产档案大部分来源于管理人对破产参与人提供资料的接收，其中债务人材料占比较大。

（一）接收债务人档案

管理人接受人民法院指定后要依法全面接管债务人的财产凭证、财务账簿、法律文书等相关档案资料，这是破产程序顺利进行的前提，同时对于保护债权人的利益具有重要作用。依据《企业破产法》第十五条和第一百二十七条的规定，债务人的有关人员需承担妥善保管其占有和管理的财产、印章和账簿、文书等资料的义务。《企业破产法》第二十五条规定了管理人应当履行的职责，其第一款即规定了管理人接管债务人的财产、印章和账簿、文书等资料的职责。在人民法院指定管理人后，债务人应当将财产、印章和账簿、文书等档案资料移交给管理人。债务人在档案移交前应当将借出的档案全部收回，管理人应当对全部档案、档案目录、登记簿进行清点，做到账物相符，并编制档案移交清单。同时编制企业历史沿革、档案卷宗介绍，并由专人负责档案材料的保管工作。

（二）接收其他档案

除债务人档案外，管理人执行职务过程中还会接收大量各类工作档案，主要有破产申请材料、法院文书、债权申报材料、审计报告、评估报告等破产参与人制作或提供的材料，形式包括但不限于纸质文件、录音录像、图片照片以及网络电子凭据等。

二、破产档案分类

关于破产档案如何分类管理，《企业破产法（试行）》颁布实施后，辽宁省曾制定了《破产企业档案管理规定》，对国有企业破产档案管理问题作了相应的规定。现行《企业破产法》的适用范围已由《企业破产法（试行）》的全民所有制企业扩大至全部企业法人，但对破产档案管理及分类仍未作出规定。随着破产业务的发展，为满足破产档案管理的需要，部分省市已经出台相关规范性文件，如杭州市富阳区人民法院制定的《杭州市富阳区人民法院破产案件实务操作指引》，其中对破产档案的分类进行了一定程度的划分。参照上述规定并结合破产工作实际，以人民法院受理债务人破产申请为时间节点，可对破产档案进行以下分类。

（一）破产申请受理前的档案

破产申请受理前，债务人在生产、经营、管理等活动中形成的既有档案，主要包括以下类型：

1. 财产类档案

（1）土地使用权证、房产证等权属资料，在建工程主管部门批准的文件等；

（2）动产、货币资金、有价证券、对外投资、债权等涉及的档案；

（3）企业名牌产品、获奖产品、专有技术产品及知识产权档案；

（4）属企业产权的科研、基础、设备档案；

（5）其他财产类档案。

2. 会计类档案

（1）财务报告；

（2）会计账簿、凭证、报表；

（3）税务资料；

（4）审计检查资料；

（5）评估资料；

（6）验资资料；

（7）其他会计资料。

3. 其他档案

（1）企业党群工作、行政管理、生产技术管理、经营管理类档案；

（2）企业基本资料，包括工商资料、营业执照、企业章程等；

（3）会议资料，包括会议记录、公司决议、公司发文等；

（4）人事资料，包括职工名单，拖欠职工工资及社会保险金额明细表，企业职工档案中在职及离、退休人员档案，死亡职工档案中劳动模范、有突出贡献的人员档案等；

（5）印章，包括公章、财务专用章、合同专用章、职能部门章、法定代表人名章、各分支机构章、电子印章等；

（6）有保管价值的其他档案。

（二）破产申请受理时的档案

按照《企业破产法》的相关规定，申请债务人破产需要向人民法院提交申请书及相关证据材料，这些档案材料主要包括：

1. 破产申请材料

（1）破产申请书；

（2）申请人及被申请人主体资格材料；

（3）证明债务人具备破产原因的证据材料；

（4）职工情况及安置方案；

（5）债务人、债权人等相关主体提出异议的材料；

（6）其他申请材料。

2. 人民法院立案审查材料

（1）立案审查的相关手续、庭审笔录；

（2）受理债务人破产的裁定书、公告；

（3）指定管理人的决定书；

（4）其他需要人民法院在破产立案时出具的材料。

（三）破产申请受理后的档案

人民法院受理破产申请后，管理人等破产参与人将相继进入各自角色，共同推进破产程序的开展，在此过程中会形成大量破产档案材料。根据材料制作或提供主体的不同可划分如下档案材料：

1. 政府文档。包括各类政府机关的文件及相关政府职能部门的行政许可、处罚决定书等。

2. 法院文档。主要是指法院制作的各类裁定书、决定书、通知书、复函、公告等，如债权申报和第一次债权人会议通知书及公告、指定债权人会议主席通知书、无异议债权裁定书、许可和解协议裁定书、批准重整计划裁定书、终结破产程序裁定书等。

3. 司法文档。主要是指公安机关、人民检察院等国家机关出具的有关协助执行等材料。

4. 管理人文档。主要是指管理人制作的各类文件，包括债务人财产状况报告、债权核查报告等各类工作报告，管理人报酬方案、债务人财产管理方案、破产财产变价方案、破产财产分配方案、重整计划草案、和解协议草案等方案，以及管理人对外催收、办理资产解押解封等执行职务过程中形成的其他相关材料、票据等。

5. 审计、评估文档。主要是指审计机构、评估机构对债务人的财务、资产，经审计、评估所出具的专业报告、说明等材料。

6. 债权人文档。主要是指债权人制作提供的相关文件，包括债权申报材料、债权审查回复意见，债权人（委员会）会议到会通知、现场签到、会议记录、表决资料等会议材料。

7. 债务人文档。债务人进入破产程序后如继续在营或涉及诉讼仲裁等情况时，将继续产生新的企业经营管理、诉讼仲裁等相关资料。

8. 投资人文档。投资人是破产重整成功不可或缺的因素，在投资人招募、遴选、谈判等过程中将形成大量的资料。

9. 托管文档。实践中债务人的管理包括托管的方式，在托管过程中会产生相关的资料。

10. 其他破产参与人制作或提供的应当保存的资料。

三、档案存储

（一）纸质档案的保存

实践中，管理人应对纸质文档进行集中整理，并制作封面、统一编号，整理完毕后，要对档案进行装订，存放于专门的档案柜并置于档案室或其他合适的保管场所。同时，将整理、装订好的档案统一扫描，刻录光盘或 U 盘备份，由档案管理人员管理储存场所或装置。建立规范的档案存入、借出制度，并将借阅登记表纳入破产档案，以确保档案的借阅、归还等行为有迹可循，从而清晰掌握档案去向及保管情况。

（二）电子档案的存储

电子形式的档案文件，其虽具有流通便捷的优势，但也有信息安全方面的弊端，电子档案存储方式直接关系着档案的安全，需要一套专业的存储方式保证电子档案的真实性、完整性、安全性和可用性。不同阶段电子档案存储的技术要求有所不同，具体而言，在电子文件在线收集、电子档案管理和提供利用时需使用在线存储，在电子档案长期保存、电子档案备份时需使用离线存储。

电子档案存储时，应在不改变原文件的情况下自动批量转换成 PDF、MP3、MP4 等长期保存格式，无法转换的则应以 TIFF 或 JPEG 文件格式将纸质文件扫描后归档。

四、建档归档管理

（一）建档要保证档案质量

档案封面应做到工整清晰，封面文字应能准确反映出卷内文件材料的内容。卷内文件需完好、清晰，破损的文件要进行裱糊修复。案卷卷首为《卷内目录》，卷内文件没有提名的，由档案管理人员根据内容拟定标题。案卷卷末为《备考表》应写明立卷人、审核人、立卷时间。档案管理人员将归档文件分类别按照归档要求编制归档文件目录，与归档文件一同交至档案储存场所。

（二）归档要及时、完整

归档是管理人的日常工作之一，需要团队成员共同持续、规范操作方能完成。管理人应将日常工作中制作的、收到的文件及时分门别类地放入各类档案中，做好标识，保持完整并进行电子扫描备份。通常情况下，破产程序复杂且持续时间长，有的可达数年，管理人工作人员可能发生变动，因此及时、完整归档留存，对于管理人的档案管理工作十分重要。

（三）破产档案保管期限

档案保管期限一般分为永久保存和定期保存两种形式，但我国《企业破产法》及相关司法解释并未对破产档案的保管期限作出规定，实践中的做法也不统一，需在立法层面予以明确。

第三节　档案查阅

一、利害关系人查阅

根据《企业破产法》及相关司法解释的规定，破产案件利害关系人有权查阅破产档案，但对利害关系人查阅破产档案的范围、要求及流程等没有明确规定，现将实践中的一些做法整理如下：

（一）可查阅的档案

利害关系人原则上可以查阅与自己有关的全部档案资料，具体包括但不限于以下内容：

1. 管理人接收债权申报材料后，应当根据申报人提交的债权申报材料登记造册。债权申报材料由管理人保存，供利害关系人查阅。

2. 管理人根据债权申报和债权审查的结果，编制债权表。管理人编制的债权表、补充债权表和调整债权表，由管理人保存，利害关系人可以查阅。

3. 破产法律文书、管理人制作的工作报告及相关文件、债务人财产状况及管理变价方案、破产财产分配方案、重整计划、和解协议、有关债务人的审计、评估报告等可供利害关系人查阅。

4. 利害关系人可以查阅的其他档案。

（二）查阅要求

1. 程序要求。利害关系人查阅档案，需提供申请书（委托他人查阅的还需提供授权委托手续）及相关身份证明。

2. 保密要求。涉及个人隐私、商业秘密等内容的需签署保密协议，注明查阅事由和用途。

3. 使用要求。查档人必须爱护档案，要保证档案的安全和完整，对档案不得有涂改、勾画、剪贴、抽取、拆散等行为。

4. 归还要求。查档人归还档案时，档案管理人员应当仔细检查，如发现缺失或损坏，应及时追查责任人。

（三）查阅流程

1. 查档人提交查阅申请手续。包括身份证明以及授权委托书、查档申请表等，保密级档案文件必须经管理人负责人或破产受理法院批准后方可查阅。

2. 档案管理工作人员审核申请手续材料。

3. 符合规定的查档申请人，在《档案查阅登记表》上登记。

4. 工作人员将档案交查档人在指定的工作场所查阅，未经允许查档人不得将档案带出工作场所。

5. 查档人查阅完毕后，由档案管理人员核对无误后入库保存。

二、管理人查阅

（一）设立档案查阅登记制度

管理人自行查阅破产档案也需建立查阅登记制度，制作专门的登记簿，由档案管理人员负责登记所有查阅情况，以确保档案文件的借阅、归还等行为有迹可查，清晰掌握档案去向及保管情况。

（二）规范查阅流程

管理人内部自行查阅的方式分为两种，包括纸质档案的查阅以及电子档案的阅览，任一方式都必须经有关负责人审批同意且由申请查阅人填写《档案查阅审批表》后方可以查阅。对于纸质档案，查阅人必须妥善保管档案资料，确保档案材料完整无损，并在规定时间内归还，任何部门和个人都不得将档案私自留存。为了规范查阅电子形式的档案文件，可采取电子文件加密、统一文件存储空间、设置文件查阅及下载权限等方式，从技术上降低电子档案文件泄露的可能性。

三、司法协助查阅

协助执行公务是管理人的职责与义务。人民法院、人民检察院、公安机关等有关国家机关在执行公务过程中需要查阅有关档案资料的，管理人应予以积极配合，并根据协助执行的法律文书送达的先后顺序，做好登记工作。

（一）配合有权机关查阅破产档案材料

有关国家机关工作人员向管理人提交协助执行文书，管理人在核实其身份信息、做好登记后按规定提供协助。如遇特殊情况需外借档案的，按照档案外借制度办理相关手续。

（二）登记、留存协助执行文书

管理人应当对有关国家机关工作人员提供的协助执行文书进行登记造册，有关法律文书一并存入相关破产档案中。对同一事项存在多条协助执行信息的，按照相关协助执行文书送达时间的先后顺序做好登记。

（三）提供其他案件信息

根据有关国家机关的要求披露与破产案件及破产参与人有关的信息，例如破产案件审理进程、债权人可获得的债权清偿数额及领款账户情况，并可根据需要配合有关国家机关制作访谈笔录等。

第四节　破产档案移交

破产档案移交会出现在破产程序的多个阶段，例如人民法院裁定受理破产申请、批准重整计划或认可和解协议后的档案移交等。本节所探讨的档案移交，主要是指在破产程序终结后，管理人对相关破产档案材料的移交工作。由于破产重整、和解、清算程序终结后的法律效果有所不同，且各债务人的具体情况也不一样，因此破产档案移交应视不同破产程序及债务人的具体情况而定。

一、移交范围

本章所述的破产档案原则上都属于移交的范围，包括债务人破产时移交给管理人的档案，也包括人民法院以及管理人、债权人、债务人、出资人、投资人、审计机构、评估机构、托管方等破产参与人在破产程序中制作或提供的档案资料。

二、接收主体

破产程序终结后，管理人应当根据破产程序是重整、和解还是清算的不同，将破产档案移交给相应接收主体。

1. 移交给重整方。以重整程序结案的，管理人应当自重整计划执行完毕之日起将相关档案材料移交给重整方。

2. 移交给债务人。以和解程序结案的，管理人应当自和解协议执行完毕之日起将相关档案材料退还给债务人。

3. 移交给主管机关、开办人、股东或档案管理机构。以破产清算结案的，债务人民事主体资格消灭，管理人可根据《破产审理若干规定》第九十九条的规定，将破产档案移交破产企业上级主管机关保存；无上级主管机关的，由破产企业的开办人或者股东保存。如果上述主体都不存在，或虽存在但拒绝或不能接收的，管理人可将破产档案移交给档案管理机构进行保管，并按规定从预留的破产费用中支付档案保管费用。

三、移交方式

《企业破产法》及相关司法解释对于破产档案的移交方式并未作出限制性的规定，根据破产工作的实际情况，管理人在破产程序终结后向相关主体移交破产档案时可以通过纸质和电子的方式进行移交。但无论通过何种方式进行移交，必须办理书面的交接手续。

1. 纸质移交

对于债务人的财务账册、财产权利凭证、业务合同、诉讼仲裁文书、人事档案、审计报告、评估报告、营业执照等重要档案资料，必须进行纸质移交，有原件的应当移交原件。

2. 电子移交

对于无须使用原件或本身就没有原件的档案资料，可以通过电子的方式进行移交，但在移交的过程中应当注意电子档案的安全，避免发生泄漏或误传等情况，实践中一般采取离线存取的方式进行移交，例如通过刻录光盘或拷贝U盘等。

第十四章　个人破产

第一节　立法现状

一、个人破产制度概述

（一）个人破产制度提出的背景

公民个人从事经济活动日益频繁，商人已成为不可或缺的市场主体。但随之而来的是个人债务危机、信用危机、企业破产引发的群体性事件频发，如集体讨债、黑恶势力参与讨债，甚至发生限制债务人人身自由的事件，债务人因巨大精神压力而被迫自杀的事件也时有发生，自然人债务人的生存危机日益凸显。上述问题的出现，迫切需要构建个人破产法律制度去解决。近年来，随着我国个人征信制度、个人财产登记制度、社会保障制度的建立，以及限制“老赖”高消费和失信人员“黑名单”相关规定的出台等一系列配套制度的构建，推进了我国个人破产制度的立法进程。

（二）个人破产制度的概念

个人破产制度，是指当自然人债务人的全部资产无法清偿到期债务时，由法院依法宣告其破产，清算和分配债务人财产或免除其债务的法律制度，同时确定当事人在破产过程中和破产后的权利与义务。与专注于保护债权人利益的企业破产制度不同，个人破产制度明显倾向于保护债务人的权益，在平衡债权人和债务人利益的同时，旨在将“诚实而不幸”的债务人从无休止的债务清偿深渊中解救出来，以期让债务人可以重新创造新的社会财富。

当自然人债务人出现不能清偿债务原因，且债务违约时间在一定时间以上并已进入执行程序，或经法院实施强制执行措施后，财产不足或无财产清偿全部债务的，可适用个人破产制度。但如果自然人债务人存在因赌博、挥霍消费等不良负债以及欺诈等规避执行等不诚信行为的，将不能适用个人破产制度。

二、政策支持

（一）个人信用制度的逐步建立

长期以来，个人破产制度的构建一直为学术界和实务界所倡导，但是囿于种种现实原因，早年并未真正提上立法进程。

全国人大在《企业破产法》草案的审议说明中提到："早期关于个人破产制度的争议，实施个人破产制度的前提是，国家具有比较完备的个人财产登记制度和良好的社会信用环境，目前我国这方面的制度还不完善，将上述个人破产纳入本法调整的时机尚不成熟。"① 《企业破产法》实施后的一段时期内，个人破产立法只是停留在讨论阶段，实践中并没有尝试。学术界从未停止对个人破产立法进程的讨论，但一直持谨慎态度，如有的学者认为："鉴于我国尚无完备的个人信用制度，个人破产制度不宜操之过急。"②

然而，时移世易，一方面，公共机构建立的信用制度不断完善，1997 年，人民银行开始筹建银行信贷登记咨询系统（企业征信系统的前身）。自 2004 年至 2006 年，人民银行组织金融机构建成全国集中统一的企业和个人征信系统。今天的征信系统，已经建设成为世界上规模最大、收录人数最多、收集信息全面、覆盖范围广泛的信用信息基础数据库，基本上为国内每一个有信用活动的企业和个人建立了信用档案。截至 2015 年 4 月底，征信系统收录自然人 8.6 亿多。征信系统全面收集企业和个人的信息。其中，以银行信贷信息为核心，还包括社保、公积金、环保、欠税、民事裁决与执行等公共信息。③ 另一方面，企业机构在日常经营中积累了大量的用户信用信息，特别是一些提供借贷、金融、支付服务的企业，有的商家已经开始尝试将消费和信贷行为进行评分，从

---

① 贾志杰：《关于〈中华人民共和国企业破产法（草案）〉的说明（2004 年 6 月 21 日在第十届全国人民代表大会常务委员会第十次会议上）》，载《全国人民代表大会常务委员会公报》2006 年第 7 期。

② 许德风：《论个人破产免责制度》，载《中外法学》2011 年第 4 期。

③ 资料来源：中国人民银行征信中心，http：//www.pbccrc.org.cn/zxzx/zxgk/gywm.shtml，网站最后访问时间 2019 年 10 月 20 日。

而获得用户使用该产品时的消费和信用记录，较典型的例如支付宝的信用评分体系，鉴于支付宝等产品已经涵盖人们日常生活的方方面面，他们所汇总的信用记录的参考价值更不容小觑。总之，个人征信系统的不断完善、《征信业管理条例》的施行、社会保障体系的逐步健全，客观上为建立个人破产制度提供了技术条件。

（二）防止个人破产制度被滥用的体制机制基本成熟

如何避免个人破产制度被滥用，也就是说如何确保对剩余债务的免除是建立在债务人真实的财产和收入水平之上，这是建立个人破产制度时必须解决的问题。事实上，我国在解决执行难问题的实践中，已经形成的三大制度机制成果，为建立个人破产制度奠定了较为坚实的工作基础。具体而言：成果之一，是通过推进联合惩戒体系建设，极大地推动我国诚信体系的建设。此项措施自实施以来，中央发文、政府行动、各方关注、社会参与，让失信被执行人“一处失信、处处受限”。成果之二，是通过推进网络查控系统建设，基本实现了对被执行人主要财产形式的“一网打尽”，一定程度上堵住了债务人恶意逃废债务的可能性。成果之三，是通过建立并规范适用终结本次执行程序，破解了无财产可供执行案件管理上的难题。

（三）司法实践的尝试已经逐步展开

在具体的操作制度上，涉及如何与现有制度进行衔接的问题。目前，已经有浙江温州、台州两地的中级人民法院发布相关的试行意见，开始试点。温州中院发布的试行意见特别强调了如何与现有执行制度特别是执行和解等制度进行衔接，定位为个人破产真正落地之前的过渡手段。2019 年 10 月 9 日，全国首例具备个人破产实质功能和相关程序的个人债务集中清理案件在温州平阳法院顺利办结。这意味着个人破产制度已经逐步走进现实。

三、立法进程

（一）个人破产立法已经纳入我国法治建设进程之中

2018 年 10 月 24 日，最高人民法院院长周强在全国人大常委会所作的《关于人民法院解决“执行难”工作情况的报告》中提出：“推动个人破产制度，完善现行破产法，畅通‘执行不能’案件依法退出路径。”2019 年 2 月，最高人民法院再次提出要推动建立个人破产制度及相关配套机制，着力解决将针对个人的执行不能案件列入最高人民法院“五五改革纲要”之中。

2019 年 6 月 22 日，国家发展改革委、最高人民法院、工业和信息化部等十三部门联合下发《市场主体退出改革方案》。其中专门强调分步推进建立自然人破产制度。具体要求为：研究建立个人破产制度，重点解决企业破产产生的自然人连带责任担保债务问题。明确自然人因担保等原因而承担与生产经营活动相关的负债可依法合理免责。逐步推进建立自然人符合条件的消费负债可依法合理免责制度，最终建立全面的个人破产制度。

2019 年 4 月 24 日，最高人民法院印发的《关于贯彻实施〈关于深化人民法院司法体制综合配套改革的意见——人民法院第五个五年改革纲要（2019—2023)〉的分工方案》（法〔2019〕99 号）通知中，就个人破产制度问题作出了具体安排。该意见要求研究推动建立个人破产制度及相关配套机制，着力解决针对个人的执行不能案件，牵头部门是民二庭、执行局，参加部门为研究室、司改办、法研所。该意见还列出了工作成果的时间表，要求 2019 年开展调研，2020 年提出建立个人破产制度的意见，2021 年推动个人破产制度立法。

（二）各地方积极推行个人债务清理的尝试

除了中央层面，各地方也积极展开试点。浙江台州中院 2019 年推出了《执行程序转个人债务清理程序审理规程（暂行）》，温州中院随后推出《个人债务清理意见》，对符合条件的 19 件案件启动清理程序。2019 年 10 月 9 日，温州中院联合平阳法院召开新闻通报会，对平阳法院办结的全国首例个人债务集中清理案件进行了介绍。贯彻个人破产制度的实质与内核的个人债务清理制度呼之欲出。2019 年 11 月 28 日，山东省发布的《山东省市场主体退出制度改革方案》提出积极争取在我省济南、淄博等市法院试点个人破产制度，探索推进个人债务清理程序，重点解决企业破产产生的自然人连带责任担保债务问题。2019 年 12 月 7 日，济南市发布的《“僵尸企业”处置意见》也提出支持法院争取个人破产试点。

第二节 立法意义

一、普遍意义

（一）对社会的意义

改变固有文化，树立破产免责理念。欠债还钱一直是我国债务清偿的基本理念，这种理念不仅体现在各代律法中，更是与传统文化血脉相融，逐渐形成与债务清偿理念相关的道德风俗、意识形态和价值观等债务文化。建立个人破产制度可以帮助社会树立破产免责理念，重新理顺社会日常债务关系，构筑新的“债务观”，促进社会债务清偿文化的更新和重建。

（二）对债权人的意义

建立信用标尺，保护债权人利益。个人信用体系是社会信用系统的重要组成部分，其重要性日益凸显。一套完备的个人信用体系是个人破产制度实施的重要基础，个人信用体系就像是个人破产制度的标尺，可以事先帮助债权人判断债务人是否可信，事后帮助债权人保护合法利益。创建个人破产制度的意义不仅体现在事后债务处理上，更体现在事前债务关系引导上，引导债权人更加客观、审慎地对待债务关系，而个人征信系统就是国家和市场提供给债权人的抓手，是帮助他们科学决策的工具。

（三）对债务人的意义

明确“诚实”价值，提供低成本救济。创建个人破产制度可以帮助诚实债务人获得成本更低的救济，他们不需要因被列入“老赖”而生活不便，更不需要无止境地面对债权人的追偿，只需要符合个人破产制度的规定，就可以获得破产制度的救济，永远摆脱司法机关和债权人的追债。①

---

① 刘冰：《论我国个人破产制度的构建》，载《中国法学（文摘）》2019年第4期。

二、特殊意义——企业家拯救

企业家是市场经济的发动机，最大限度地释放企业家的活力是增强经济内生动力的重要一环。约瑟夫·熊彼特指明企业家“创造性破坏”活动带来的创新行为是商业周期和经济发展的根本原因。当前，我国普遍存在以个人财产担保企业债务的情形，大量企业家背负企业连带清偿责任。数千万个体工商户、合伙企业等非法人组织也面临无限责任的偿付风险，由此衍生的偿债问题日趋严重，建立个人破产制度势在必行。

济南市《“僵尸企业”处置意见》中强调：“要探索个人债务清理机制，落实企业家保护政策。支持法院争取个人破产试点，借鉴外地司法实践经验，探索个人债务清理机制，重点解决因企业破产产生的企业家个人连带责任担保债务问题，明确企业家及相关自然人因担保等原因而承担的与生产经营活动相关的负债，可依法合理免责。按照挽救企业与挽救企业家并重、保护企业价值与保护个人价值并行的理念，切实保障企业家合法权益，落实企业家保护政策，提升‘僵尸企业’处置工作的社会价值。”个人破产制度的设立对企业家的拯救具有以下意义：

（一）激励企业家精神，维护社会秩序稳定

企业家在市场经济的舞台中扮演着重要角色，为我国经济增长贡献了重要力量。建立个人破产制度是对企业家不慎作出错误投资或战略决策失误造成损失进行补救的措施，为其提供基本生存空间，在性质上兼具社会保障功能，可以鼓励企业家重新开始，整合现有社会资源，去创造新的社会财富。从这一点上讲，个人破产制度有利于激发企业家的创新创业精神。此外，由于我国个人破产领域缺乏法律法规，当个人资产无法抵偿债务且缺乏还款能力时，常出现债权人想尽办法追索债务，债务人惊慌失措四处逃债的局面。甚至有的债权人不惜以非法手段追索债务，有的债务人为偿还债务铤而走险，走上了犯罪道路。此类社会现象激化了社会矛盾，对社会秩序和谐稳定产生了负面影响。

（二）维护私法公正，彰显债权平等

在我国现行《企业破产法》中，自然人不能作为被破产的主体。社会主义

市场经济中，拥有较多私人财产的企业家积极参与市场竞争，活跃于市场经济的各个领域，与企业法人同为市场竞争主体。当两者面临投资失败的境况时，企业法人可以依托破产法中的制度从繁重的债务负担中脱身，获得机会再次投资创造新的价值。而同为市场竞争主体的企业家，却常常在债权人追讨下走上了漫长的还债之路。

市场经济在本质上属于私法经济，公平合理对待各类市场主体是其内在要求，而个人破产制度的缺失实质上未对作为市场竞争主体的自然人一视同仁，甚至带有一定的歧视性，有违私法的公平正义。此外，在自然人不能清偿到期债务时，掌握债务人财产信息的债权人可以通过申请强制执行的方式获得全部或大部分清偿，而对于那些缺乏信息资源的债权人极可能无法获得清偿，这违背了《企业破产法》关于债权平等保护的要求。

（三）有利于破解“执行难”问题

2018 年 10 月 24 日第十三届全国人民代表大会常务委员会第六次会议上，周强院长所作的《最高人民法院关于人民法院解决“执行难”工作情况的报告》中指出，在全国各级法院受理的执行案件中，无财产可供执行的案件约占执行案件总数的百分之四十三。妥善解决“执行不能”案件任重道远。法院经常会陷入“终结本次执行—申请恢复执行—再次终结本次执行—再次申请恢复执行”的恶性循环。如果建立健全个人破产制度，就可以在审判阶段化解“执行不能”案件，从而减少执行数量、消化执行积案、减轻执行压力，为从根本上破解“执行难”问题提供了可能。

第三节　司法实践

一、个人债务清理

在浙江等地开展的个人债务清理工作，实质上是贯彻了个人破产制度的原则与内含。通过分析试点意见的文本，可以窥见未来司法实践中的路径和方法。

一是在个人破产立法前的空档期，在现有法律框架内，依法开展个人债务集中清理试点工作，可以通过机制建设，探索如何完善与个人破产制度相关的个人财产报告和财产调查审计制度等反“逃废债”措施、基于破产原理下的个人债务集中清理、附条件的债务免除和信用修复等信用体系建设，以及更合理的商业银行债务催收和减免制度，为推动我国建立个人破产制度提供了更多的实践经验。二是探索建立个人债务集中清理机制，发挥政府和法院的指导作用，加强对“逃废债”行为的甄别与防范，运用和解等一致行动，探索完善“执行不能”案件有效退出机制，实质性化解金融债务“担保链”问题，为有创业创新能力的企业家解困松绑，为“诚信而不幸”的债务人获得重生创造机会。三是探索建立个人债务集中清理机制，有其重大的政策宣示意义和法律指引功能，同时推动破产文化更加深入人心。通过机制建设，向社会宣传一种诚信精神，只要自始至终做诚实的经营者，失败后有制度安排保障其有重生的机会和可能。同时，通过法律适用指引当事人践行合规的诚信行为，“譬如主动履行债务、按时如实申报财产、严格执行限消规定、配合法院执行等”。①

二、个人债务清理的启动

（一）启动条件

温州中院《个人债务清理意见》在程序启动上采取申请主义，同时赋予申请人较高的披露义务。如其在第六条规定了启动执行程序转个人债务集中清理程序的前提条件是“被执行人不能履行生效法律文书确定的金钱给付义务，并且资产不足以清偿全部债务或者明显缺乏清偿能力”，同时还需要符合下列条件之一：（一）企业法人已进入破产程序或者已经破产，为对该企业法人负保证责任的自然人；（二）因公司法人人格被否认而承担清偿责任的自然人；（三）对非法人组织的债务负清偿责任的自然人经营者；（四）因生活困难无力偿还债务的自然人；（五）其他自愿提出还款安排并征得全部申请执行人同意的自然人。第七条还规定了申请人需满足的系列前置条件，包括：（一）在温州市辖区外没有其他作为被执行人、被告或者被申请人的应负或者可能应负金线给付义务的在执、在诉、仲裁、公证债权案件，但温州市辖区外案件的债权人自愿参与个人债务清理程序的除外；（二）债务清理申请人及其配偶均已

① 温州市中级人民法院：《关于个人债务集中清理试点工作的情况介绍》，2019 年 9 月 12 日。

经进行了全面如实的财产申报；（三）债务清理申请人配偶同意接受人民法院对其财产情况的调查，包括视情对其一定年限的银行流水进行调查；债务清理申请人的成年直系亲属或者其他家庭成员在必要时可同意配合财产调查；（四）书面承诺不进行《最高人民法院关于限制被执行人高消费及有关消费的若干规定》第三条禁止的高消费及非生活和工作必需的消费行为。在以上基础之上，债务清理申请人方可向户籍所在地基层人民法院书面提出个人债务集中清理申请。当事人申请后，根据《个人债务清理意见》第十四条规定人民法院实行移送案件预审制度，成立个人债务集中清理预审小组，经预审符合受理条件的，执行实施部门将相关材料移送立案庭，立案庭经审核认为移送材料完备的，由立案庭立“执清”案号，并及时将案件移送个人债务集中清理的受理部门。

（二）启动的申请

申请人需要提交申请书及相关附件，申请书应当附有申请人在温州市辖区所有未了结债务的案件情况、详细的个人债务人财产状况报告和配偶财产状况报告、个人债务集中清理方案以及无不诚信行为的承诺书。债务人财产状况报告包括但不限于财产名称、财产种类、财产数量、存放地点、是否设有抵押等权利负担、是否为夫妻或者与他人共有财产等内容；财产种类包括但不限于存款、动产、不动产、保险、股权、债权、知识产权、预期可支配收入以及其他财产权。个人债务集中清理方案以一次性清理为主要形式，包括但不限于以下内容：（一）依法应当由债务清理申请人抚养、扶养、赡养的人以及维持其不高于本地最低工资标准所对应的生活水平而必需的费用；（二）清偿率，可以针对不同情形的债权设定不同清偿率，但相同情形债权原则上适用相同清偿率；（三）清偿方法；（四）信用恢复要求，但不得违反本意见第三十四条规定；（五）因客观原因暂时无法处置的财产的处置方案。一次性清理方案无法形成的，可以提交分期还款计划，但分期还款计划的履行期最长不得超过三年。无不诚信行为的承诺书应承诺没有未申报的重大财产，不存在欺诈、恶意减少责任财产或者其他“逃废债”行为。承诺书作为履行清理方案当然的附属条件。

由此可见，启动个人债务清理程序并不容易，如果没有专业的律师或者财务人员帮助，当事人要完成上述申请工作十分困难，因此温州中院《个人债务清理意见》在第十七条明确规定个人债务集中清理需要指定或者延续适用执行程序中的管理人。不过，设置如此高的门槛客观上也有助于筛选掉意图利用该项制度逃废债务的群体。

三、个人债务清理的程序

关于个人债务清理的程序构建，目前实务界和学术界尚无定论。温州中院《个人债务清理意见》对此进行了有益的探索。

（一）个人债务清理是强制执行的特别程序

温州中院《个人债务清理意见》第一条开宗明义，将个人债务集中清理定义为执行中的特别程序，即在现有法律框架内，按照执行和解及参与分配等执行制度和理论，参照个人破产的原则和精神，在进一步进行财产调查和清算的基础上，通过附条件的执行和解或与金融机构一致行动，形成个人债务清偿方案，以达到执行程序有效退出与债务人信用修复的目的。因此，在现有法律框架内，个人债务集中清理在程序上应当定位为执行的特别程序，而非审理或者破产程序。

（二）个人债务清理制度贯彻适用了破产法的基本原则和程序

债务清理管理人制度、公告制度、确认债权、债权人会议和表决机制等，均借鉴了《企业破产法》中的一般程序和机制，把破产制度与强制制度结合起来，将破产法有关规定合理运用于个人债务集中清理程序之中，这既是制度创新，也是实践创举。个人债务清理制度已经具有个人破产法的雏形。

（三）个人债务清理制度中需要防范恶意逃废债务

温州中院《个人债务清理意见》中引入了债务人权利让渡和义务扩张制度来防范逃废债行为。根据第二十五条的规定，不仅债务人在执行程序中负有容忍执行的义务，而且其配偶及成年直系亲属在清理程序中也负有容忍债权人及人民法院质询和询问并如实陈述的义务。其第七条规定，债务人的配偶应当同意接受人民法院对其财产情况的调查；必要时人民法院可要求债务人成年直系亲属同意配合财产调查。通过债务人义务的扩张和权利的让渡使人民法院能够对其个人及家庭财产状况进行全面调查，最大限度地防范逃废债行为。以失权与复权、公示与监督促进社会公平和诚信体系建设，温州中院《个人债务清理意见》第三十四条至第三十七条的规定，就失权与复权、公示与监督问题进行了阐明。在被执行人履行完毕个人债务集中清理方案后一定期限内，对其进行一定范围的行为限制和资格限制，是对债务免除的一种对价，也是对被执行人的一种惩戒。

四、个人破产立法的困境与建议

无论是企业破产还是个人破产，凡经过破产宣告，在满足法定情形的前提下，剩余债务可以自然免除。当然，时下假破产、真逃债的情形并不少见。个人破产中，若免责制度被滥用，有可能诱发恶意“逃废债”和道德风险，损害破产程序的公平受偿。针对上述问题应从以下几个方面进行解决：

（一）加强对欺诈性破产的惩罚力度

个人破产制度的立法目的，是将“诚实但不幸”的债务人从债务的泥淖中解救出来。而通过个人破产制度进行“逃废债”，恰恰是对个人破产制度的滥用，也是对债权人利益的最大侵犯。纵容债务人滥用个人破产制度，实施欺诈性破产，其对社会的伤害或许比没有该制度还大。因此，为了防止债务人在债务清理期间逃避债务清理，应对债务人下列行为加大民事制裁和刑事责任追究力度：

1. 擅离住所地、不配合债务清理的，予以训诫、罚款、拘留；

2. 不提供相关财产资料、伪造债权债务材料或作虚假陈述的，予以罚款、拘留，构成犯罪的依法追究刑事责任；

3. 转移、隐匿财产，逃避执行和债务清理，构成拒不执行判决、裁定罪的，依法移送公安机关处理；同时，法院终结对债务人的债务清理程序，并对其恢复强制执行措施，防止债务人借债务清理程序逃废债务。

（二）建立对债务人的监督体系

各个国家和地区的个人破产制度，在特定期限内，将债务人置于监督之下，是个人破产制度的另一大共性。也就是说，自然人债务人的债务并不因为宣告破产而直接豁免，只有在满足法定条件的前提下，经过三年至五年的监督期，债务人才获得完全豁免，进而恢复完全的民事权利能力和民事行为能力。而在监督期内，不仅其民事权利能力、民事行为能力受限，其政治权利能力也可能受到限制。《加快市场主体退出改革方案》中，提到了明确政府部门破产行政管理职能，与此对应的是，在债务人的约束体系中，不仅要有对欺诈性破产的刑事惩罚体系，也需要有对监督期内违反法定规则的责任体系。

（三）建立免责例外和不可豁免的债务体系

要防止对个人破产制度的滥用，必须要在个人破产法律制度中，明确列举不可豁免的债务体系。比如，在美国个人破产制度中，即有第五百二十三条规定的“免责例外”，家庭抚养义务所衍生债务、教育贷款、恶意透支信用卡后申请个人破产的欺诈性债务等，均属于免责例外的范畴。

（四）构建失权和复权相结合的制度

在防止滥用个人破产制度方面，建立权利丧失制度发挥着重要作用。在破产程序完成后，失权制度的适用会导致破产人丧失某些民事权利及专业资格。从世界范围内的司法实践来看，相对于当然形式主义失权，裁判形式主义失权更有利于保护破产人的权利，并能起到良好的社会惩戒效果。复权制度与失权制度密切相关，即在权利丧失的基础上恢复自然人的某些权利和专业资格的制度。同样，复权制度的行使也需要司法权介入，加大对破产人复权资格的审查和监督，防止破产人利用复权制度恶意逃债现象的发生。

第十五章　供给侧结构性改革与破产法

第一节　供给侧结构性改革要义

一、供给侧结构性改革的提出

供给侧结构性改革是在国际分工格局重构，我国需求侧改革成效有限，重要产业产能严重过剩，在经济新常态和结构性矛盾凸显的背景下，党中央提出的我国经济发展新思路和重要工作着力点，是实现我国经济从高速度增长阶段向高质量发展阶段转变的必然选择。

2015 年 11 月 10 日，习近平总书记在中央财经领导小组会议上指出：“在适度扩大总需求的同时，着力加强供给侧结构性改革，着力提高供给体系质量和效率。”[①] 2015 年 11 月 18 日，习近平总书记在亚太经合组织（APEC）工商领导人峰会发表演讲时再次表达了供给侧结构性改革的观点：“要解决世界经济深层次问题，单纯靠货币刺激政策是不够的，必须下决心在推进经济结构性改革方面做更大努力，使供给体系更适应需求结构的变化。”[②] 习近平总书记在党的十九大上再次指出了国家在经济方面需要坚持的方针，即应坚持质量第一、效率优先，以供给侧结构性改革作为主线，进而推动经济从量的层面向质的高度变革，以及促进效率和动力方面的变革，最终以提高全要素生产率为目标。

---

① 张政、刘军涛：《中共中央关于制定国民经济和社会发展第十三个五年规划的建议》，载《人民日报》2015 年 11 月 4 日第 4 版。

② 常雪梅、秦华：《习近平：发挥亚太引领作用 应对世界经济挑战——在亚太经合组织工商领导人峰会上的主旨演讲》，载《人民日报》2015 年 11 月 19 日第 2 版。

（一）供给侧结构性改革提出的背景

1. 国际背景

从国际背景来看，2008 年以后全球经济低迷，在全球经济一体化的影响下，低迷的经济形势，对于我国经济的发展产生了深刻的影响。全球经济低迷的主要原因，一方面在于结构性改革的滞后发展。2008 年国际金融危机爆发后，西方各国和其他经济主体开始采取宽松的经济政策，但是经济形势依旧不见好转，可见在当前的金融危机影响下，要想走出经济低迷的困境，以往行之有效的政策已经很难见效，必须要采取新的改革方式，寻找新的改革重点，即从结构性改革入手，将注意力集中在供给侧改革上。另一方面是国际分工调整提出了更高的要求。在以往的经济发展中，发达国家是消费市场，发展中国家和欠发达国家是生产国，但是随着国际经济形势的演变，全球分工开始加快，各大经济体都加速了对经济的转型调整。而在以往的国际分工中，我国也在生产中占据着主要份额，但是在当前的国际形势中，依靠人力资源优势继续坚持生产出口，我国已经不再占有优势，这就要求我国必须要加强高端产品的制造，从以往的注重生产品质，过渡到注重品牌建设、形象建设，因此，供给侧改革也就显得尤为重要。

2. 国内背景

1949 年新中国成立至改革开放前，我国长期处于贫穷落后、供给不足的状态，我国经济领域最主要的矛盾是供给严重不足，人民群众最基本的物质文化需要受到抑制。

改革开放后，为了快速实现经济体制的转变，我国对于需求管理高度重视，通过一系列政策引导，例如“三来一补”等，增加并扩大海外需求。同时，在基础设施建设和人力资源、土地利用方面，政府给予了极大的政策优惠，因此，吸引了西方国家的资本和相关技术的进入，实现了我国经济转型，迅速推动了我国的经济发展。可以说，我国经济之所以能够飞速发展，与政府重视需求侧改革是分不开的。但是，在取得成绩的同时，需求侧管理已经不能适应当前的经济发展形势，尤其是 2008 年以来，随着国际金融危机的爆发，我国的经济也受到了极大影响，经济增速开始变缓，经济发展开始正式进入新常态。所谓经济发展的“新常态”，主要是指我国经济发展的条件和环境等因素发生了许多更大的变化，三十多年来我国经济以两位数的速度高速增长。而随着新的形势变化，我国的经济增速放缓，同时，面临的挑战日益增加，这就要求我国在新的经济发展形势下，要从国内供给侧调动经济发展动力，促进经济进一步发展。

随着2015年经济进入新常态，政府也积极采取了一系列的措施，例如降准降息等，但是从经济的发展来看，这些措施对于经济下行虽然有着显著的遏制作用，但是对于进一步促进经济高速发展，却收效甚微。同时，我国经济进入了“三阶段叠加”状态，即经济增长速度的转移、结构调整的痛苦和刺激政策的消化期。“从三叠加的原因分析，我国经济之所以产生如此的变化，主要源于我国的供给端以中低端产能为主，而当前民众的需求，却已经发生了变化，开始从中低端向高端发展，这种变化和现实的不足，最终导致了供需的不平衡，使得经济发展受阻。”①

在此背景下，在2015年11月10日召开的中央财经工作小组第十一次会议上，习近平总书记不失时机地提出要着力加强供给侧结构性改革。自从2015年提出至今，党中央一直将推进供给侧结构性改革作为经济工作的主线，在历次经济工作会议中将其作为核心议题。事实证明，进入经济新常态后，我国经济面临的主要问题不是“V”形反弹，而是会经历一个“L”形增长阶段。优化经济结构、转换增长动力、提高发展质量不可能一蹴而就，而是一个循序渐进、不断优化的长期过程，因而供给侧结构性改革也必然是一项长期的改革事业。

（二）供给侧结构性改革的概念

对于供给侧结构性改革的概念，人民日报在《七问供给侧结构性改革》一文中引用权威人士的观点对此作了科学的定义。依据此文，可以将供给侧结构性改革解剖为三个要素，即“供给侧”“结构性”以及“改革”。② 首先，“改革”是供给侧结构性改革的中心词。供给侧结构性改革并非一个全新的理论，而是全面深化改革的重要举措，改革的对象就是不合理的体制、机制。其次，“结构性”是供给侧结构性改革的关键，而供给侧结构性改革作为我国经济体制改革的重要内容，其改革对象是我国的供给结构，改革的侧重点是经济领域和社会领域的结构性矛盾。最后，“供给侧”是供给侧结构性改革的着眼点。

---

① 丁茂战：《中国经济进入新的发展阶段》，载《经济参考报》2017年10月9日第8期。

② 《七问供给侧结构性改革——权威人士谈当前经济怎么看怎么办》，载《人民日报》2016年1月1日第2版。

"供给侧"一方面指生产要素的投入，如劳动力、资本、土地等，另一方面指全要素生产率的提高，如制度变革、科技创新等。经济领域存在诸多复杂的矛盾关系，但归根结底可以总结为供需矛盾，新的需求可以催生新的供给，新的供给可以创造新的需求。供给侧改革和需求侧管理是经济健康运行的两大基石。需求侧管理注重短期调控，供给侧改革注重激发经济增长的内生动力。在改革开放之初，我国经济一直处于总量供需矛盾之中，物资较短缺，无法满足人民的生活需求。因此，这一时期我国经济改革的重心长期置于总需求管理，借助增加投资、消费、出口等方式和人口红利刺激生产，从而取得了三十年的高速增长。2008 年国际金融危机之后，我国出台了"四万亿"投资计划刺激经济，虽然短暂维持了经济的高速增长，但也导致了如今的产能严重过剩，从而引发了另一次大规模供需矛盾，即结构性供需矛盾。结构性供需矛盾集中体现为无效供给和低端供给过剩，无效供给主要指在工业生产领域由于供需错位导致大量的产能过剩和资源浪费，低质量供给则主要指在生活消费领域由于产品质量和性能不佳导致国民消费需求不足，生活质量难以得到进一步提升。因此，供给侧的一系列弊病是我国当前经济矛盾的主要方面，也必然成为我国经济体制改革的切入口。

综上所述，依据"供给侧 + 结构性 + 改革"这一公式，我们可以将供给侧结构性改革的概念理解为用改革的办法推进结构调整，从而全面优化产业结构，转换发展动能，减少无效和低端供给，扩大有效和中高端供给，矫正资源扭曲配置，增强供给结构对需求变化的适应性和灵活性，提高全要素生产率，全方位提升供给质量，使供给体系更好地适应需求结构变化，更好地满足人民群众的美好生活需要，实现我国经济的高水平供需均衡。

（三）供给侧结构性改革的实质和核心

1. 供给侧结构性改革的实质

针对我国经济发展的具体情况进行供给侧结构性改革，其实质就是要形成新主体，培育新动力，发展新产业。

形成新主体，即政府可以充分利用市场的"无形之手"来优化资源、资本、产品等要素的配置和利用，从而使企业能够有效地利用市场"无形之手"。企业、企业家和创业者能够真正成为经济活动的主体，激发他们的投资创造热情，打造持久的发展活力和社会的新生态。

培育新动力，就是通过改变过去以投资和经验为主的经济增长模式，提高全要素生产率，建立新的经济增长引擎。“要注重技术进步和创新，改善管理和制度因素，提高可持续发展能力和企业整体竞争力。”①

发展新产业，就是指深化市场经济体制改革，加快淘汰落后产能和“僵尸企业”，缓解产能过剩矛盾，推动资源的更优化配置和更高效利用，实现市场干净；同时，要适应信息革命的新浪潮，积极发展新技术和新产业，创造新的供给，释放新的需求，培育新的经济动力，促进经济结构转型和升级，开创新的经济发展循环。

2. 供给侧结构性改革的核心

“大力实施创新驱动发展战略，把发展着力点更多放在创新上，发挥创新激励经济增长的乘数效应，破除体制机制障碍。”② 创新是引领经济发展的关键，供给侧结构性改革就是要贯彻落实习近平总书记全面深化改革思想，全面深化改革离不开创新。供给侧结构性改革主要是在于“结构性”的改革，靠增加量的供给刺激经济增长已经不适应经济发展的需要。目前，要使供给适应需求的发展变化，就是要优化产业结构，将无效的供给淘汰掉，生产出可以满足需要的产品。对于结构性问题的深化，要引入创新机制，对于可以继续生产的企业来说，可以兼并重组，依靠优秀企业新的增长机制带动企业转型，淘汰落后产能；对于严重阻碍经济发展的企业，坚决予以关闭，可以进行破产清算；大力引进创新机制，培育创新能力，将优质的、高质量的资源引进来，在全社会形成创新机制，向高端产业学习先进技术，培养创新人才。新常态下，习近平总书记作出供给侧结构性改革战略部署，就是要将供给端的不合理机制剔除，使供给适应需求的发展变化，引入创新机制，优化产业结构，促进经济平稳发展和提高人民生活水平。

二、供给侧结构性改革的意义

（一）供给侧结构性改革的理论意义

供给侧结构性改革蕴含着新的发展理念和以人民为中心的发展思想，符合

① 王先庆、文丹枫：《供给侧结构性改革：新常态下中国经济转型与变革》，中国经济出版社 2016 年版，第 81 页。

② 习近平：《发挥亚太引领作用应对世界经济挑战》，载《人民日报》2015 年 11 月 19 日第 2 版。

国家经济发展实际，既与马克思主义政治经济学一脉相承，又丰富和发展了中国特色社会主义政治经济学。系统研究和阐释供给侧结构性改革，对有效解决我国经济新常态下显现的问题和社会主要矛盾有着重要的理论意义。

1. 丰富和发展了中国特色社会主义政治经济学

2015 年 12 月中央经济工作会议首次提出："要坚持中国特色社会主义政治经济学的重大原则。"① 中国特色社会主义政治经济学，是改革开放 40 年来中国经济发展的实践总结和理论结晶，是当代中国的马克思主义政治经济学，是马克思主义政治经济学中国化的创新成果。随着我国经济发展进入新常态，针对经济运行中出现的供需错位和结构性失衡问题，以习近平同志为核心的党中央结合我国实际情况提出了供给侧结构性改革的战略，以提高社会生产力水平，落实好以人民为中心的发展思想为根本目的，不断转变发展方式、优化经济结构、转换增长动力，重点发展实体经济，提高供给体系质量，完善政府与市场关系，建立现代化的市场经济体系。供给侧结构性改革是中国特色社会主义政治经济学理论体系的有机组成部分和有效补充。

2. 体现了以人民为中心的发展思想

党的十八届五中全会首次提出"以人民为中心"的发展思想，党的十九大报告进一步强调，"必须坚持人民主体地位，坚持立党为公、执政为民，践行全心全意为人民服务的根本宗旨，把党的群众路线贯彻到治国理政全部活动之中，把人民对美好生活的向往作为奋斗目标，依靠人民创造历史伟业"。② 供给侧结构性改革的根本目的是实现发展为了人民，发展成果由人民共享。习近平总书记指出，"供给侧结构性改革的根本目的是提高社会生产力水平，落实好以人民为中心的发展思想"。③ 以人民为中心的发展思想，不是一个抽象的概念，而是要体现在经济社会发展的各个环节当中。供给侧结构性改革的过程是实现人民切身利益的过程，也是人民共享改革成果的过程，即以人民日益增长的美好生活需要为指引，解决经济发展过程中不平衡不充分的问题，提高产品和服务的供给质量，更好地满足人民群众的需求。这种需求只能通过有效供

---

① 中央经济工作会议在北京举行，载《人民日报》2015 年 12 月 22 日第 1 版。

② 习近平：《决胜全面建成小康社会夺取新时代中国特色社会主义伟大胜利》，载《人民日报》2017 年 10 月 28 日第 1 版。

③ 《习近平主持召开中央财经领导小组第十二次会议研究供给侧结构性改革方案、长江经济带发展规划、森林生态安全工作》，载《人民日报》2016 年 1 月 27 日第 1 版。

给、高效供给来实现，过剩、落后的产能，无效供给或者错配、低配供给只能造成资源的浪费，不合理的供给结构不仅无法满足人民高水平的生活需求，甚至会降低人民的幸福感。

（二）供给侧结构性改革的现实意义

供给侧结构性改革旨在解决在错综复杂的国内外经济形势下我国经济发展中出现的问题，从这个层面来看，供给侧结构性改革可视为一项具有时间特征的阶段性改革，对我国经济当前及长远的稳定发展具有重要意义。

1. 供给侧结构性改革对稳定我国当前经济形势的意义

当前，我国供给侧结构性改革的主要任务是“三去一降一补”，即去产能、去库存、去杠杆、降成本、补短板，这五大任务的实施有助于防范经济风险、促进经济协调平衡发展、推动改革进一步深入。

（1）防风险。杠杆率作为衡量一个经济体债务水平的主要指标之一，通常用负债总额与该国 GDP 的比值表示。近几年来，我国杠杆率水平特别是非金融企业杠杆率水平快速上升。高杠杆率的出现源于某一部门债务增加的速度高于 GDP 增速，从会计学基本恒等式“资产 = 负债 + 所有者权益”来看，债务规模的增加会带来资产的相应变化。当债务用于生产性投资且资产能够被有效利用时，扩大债务规模并不会给经济带来负面影响，而当债务增加导致社会的非生产性资产增加时，此时债务规模的持续攀升会出现经济泡沫化，并可能引起流动性资金短缺和银行系统的流动性危机。

当前，资产价格泡沫成为我国经济平稳运行的潜在风险，特别是房地产、股市等非生产性领域的高杠杆率已经成为经济风险的焦点。通过供给侧结构性改革，着力降低社会整体和部分领域的高杠杆率，引导社会资金“脱虚向实”，流向生产性领域，降低经济发展中的风险隐患。

（2）促平衡。经济平稳发展的一个重要条件是供求平衡，而我国当前供给和需求不平衡的问题日益突出。一方面产能过剩问题较为严峻，产能过剩降低了资源的配置效率，过剩行业企业的破产将导致银行体系不良资产水平上升，进而影响经济的稳定性。另一方面供给能力应对需求变化的适应能力不够，成为制约供求平衡的一个“短板”。随着居民可支配收入水平不断提高，居民对高质量商品和定制式服务的需求不断提高，而国内供给能力滞后于需求结构的提升，居民选择从境外采购所需商品，致使国内消费外流。

通过供给侧结构性改革减少部分行业的过剩产能以及部分产品的过高库

存，扭转产能过剩失衡状态，减少无效低端产品供给，扩大有效中高端产品供给，增强经济的平衡性，为我国经济的长远稳定发展打下坚实基础。

2. 供给侧结构性改革对我国经济长远发展的意义

我国实施供给侧结构性改革既着眼当前，也有长远指向。当前，通过“三去一降一补”使我国经济的产业结构、供需结构回归合理状态。未来，通过更加全面的供给侧结构性改革优化提升我国的经济结构，特别是提高经济的全要素生产率水平。此外，探索减少政府干预，促进实现市场对资源配置的决定性作用也是供给侧结构性改革不可忽视的一个方面。

（1）提升以全要素生产率为核心的经济发展效率，增强经济发展后劲。供给侧结构性改革的政策措施，甚至供给侧结构性改革本身具有阶段性，供给侧结构性改革所要达到的目标及其影响深远。供给侧结构性改革不仅是我国实现新中国成立100年战略目标的必要部署，而且也是在更长时期范围内使我国经济具有较强竞争力的不可或缺的举措。实现我国经济发展的长期目标，重在转变经济发展方式，提高经济运行效率，核心在于提升全要素生产率。研究显示，经济发展程度与全要素生产率在拉动经济增长中的作用呈正向变动关系，即经济发展程度越高，经济增长越依赖全要素生产率水平的提高。近一段时期以来，我国全要素生产率出现持续下降趋势。在传统粗放型增长方式难以为继的情况下，迫切需要通过提高全要素生产率来拉动我国经济增长。通过供给侧结构性改革，破除经济市场化发展的体制机制障碍，形成经济集约型发展的制度环境，加快生产要素在各部门间的流动，提高产出效率，从而实现全要素生产率的持续提升。

（2）增强市场配置资源的决定性作用。基于我国经济进入“新常态”和党的十八届三中全会提出的让市场在资源配置中起决定性作用的大背景下，我国适时地提出供给侧结构性改革。“市场在资源配置中起决定性作用”是贯穿我国经济市场化改革和运行全过程的核心指导思想之一。当前，创新、协调、绿色、开放、共享作为我国经济发展的五大核心理念，与供给侧结构性改革的目标具有内在一致性。通过供给侧结构性改革实现五大发展理念，关键是科学界定经济发展中政府职能与市场职能的范围，具体而言，在供给侧结构性改革中，应使企业成为创新中心，更好地满足市场需求；政府的作用则在于创造良好的政策和法制环境，对经济进行间接调控，逐步从各种直接干预中退出，交由市场决定各类资源配置。

习近平总书记指出，“推进供给侧结构性改革，是适应和引领经济发展新常态的重大创新，是适应国际金融危机发生后综合国力竞争新形势的主动选择，是适应我国经济发展新常态的必然要求”。[①] 我国的供给侧结构性改革坚持从我国经济进入新常态、社会主要矛盾发生新变化的国情和现实出发，坚持新发展理念，逐步深化各个领域的供给侧结构性改革，以期使我国社会生产力跃升到更高层次、更高水平，而这也恰恰充分践行了以人民为中心的发展思想。

三、供给侧结构性改革与破产制度的结合

供给侧结构性改革是党中央应对我国经济新常态的重要战略选择和部署，供给侧改革的重要任务是“三去一降一补”，积极推动化解过剩产能和处置“僵尸企业”，化解企业债务风险，促进资源的合理配置。破产制度的目的是破解产能过剩风险、化解债务风险难题，是实现资源配置的工具，契合供给侧结构性改革的市场化和法治化目标。

破产制度具有依法促进市场主体再生或有序退出，优化社会资源配置，完善优胜劣汰机制的独特功能，是保障供给侧结构性改革、推动化解过剩产能的重要途径。破产制度实际上解决的是社会经济问题，具体来说，破产重整制度和破产和解制度更有利于化解债务危机，提升产业层次，破产清算制度更有利于优化资源配置、化解过剩、落后产能。

（一）释放生产要素、化解过剩产能是破产制度与供给侧结构性改革的共同目标

破产制度与供给侧结构性改革都是要解决经济社会资源僵化的问题，即通过解决产能过剩、库存积压、企业僵尸化等问题，实现社会资源的再分配，促进生产要素的有效流动。破产制度中的破产清算是打破企业形态，全面释放各类生产要素进行重新分配，使企业过剩产能和落后产能全部出清；破产重整与破产和解是优化资源配置的最佳选择，通过“腾笼换鸟”等形式完成“凤凰涅槃”，实现社会资源的有效利用，产能得以升级，达到供给侧结构性改革的最终目标。

---

① 中央经济工作会议在北京举行，《人民日报》2016 年 12 月 17 日第 1 版。

（二）维护我国经济社会稳定、提升国际竞争力是对破产制度与供给侧结构性改革的共同要求

破产制度与债权确认、债务清偿、税收清缴、职工安置、政府扶持、企业重组、注销解散等问题息息相关，在一定程度上讲，与经济社会关系最为密切，与供给侧结构性改革中去产能、去库存、去杠杆等几项重点任务具有内在实质性联系。通过出清过剩产能，淘汰劣质企业，为更为优质的企业提供空间，有益于提升我国整体竞争力，达到供给侧结构性改革的最终要求。

（三）运用破产法律制度处置“僵尸企业”是供给侧结构性改革的必由之路

“僵尸企业”以其“僵”而不“死”的状态严重阻碍着供给侧结构性改革的进程，给我国经济发展带来了严重的危害。党的十八届五中全会强调：“要更加注重运用市场机制、经济手段、法治办法化解产能过剩，加大政策引导力度，完善企业退出机制。”①近两年来的中央经济工作会议多次强调推进供给侧结构性改革，积极稳妥化解过剩产能，依法处置“僵尸企业”。2017 年的政府工作报告中，对于“僵尸企业”处置的要求是：灵活运用多种债务处理方式，稳妥实施兼并重组或破产清算。“供给侧结构性改革的重心在于提供市场化的制度供给，这些市场化制度中，破产制度最为重要，是治愈当前经济中产能过剩顽疾的一剂治本良药。”② 破产法律制度提供了企业退出的法治化手段，既可以通过破产清算程序使“僵尸企业”由“僵”转“死”，从而退出市场、释放产能，又可以通过破产重整程序和破产和解程序使“僵尸企业”由“僵”转“活”，从而破除旧形态，以新面貌释放生产活力。可见，破产制度以其制度的独特性和优越性使“僵尸企业”能够快速有效退出市场、释放产能，成为深化供给侧结构性改革中处置“僵尸企业”的必由之路。

---

① 中国共产党第十八届五中全会通过的《中共中央关于制定国民经济和社会发展第十三个五年规划的建议》。

② 李曙光：《清理“僵尸企业”：〈失灵的破产法要灵起来〉》，载《经济参考报》2016 年 3 月 22 日第 5 版。

第二节 新旧动能转换

一、新旧动能转换的含义及政策要点

（一）新旧动能转换的时代背景

1. 国际经济驶入供需再均衡的新常态，世界经济体系面临结构性重塑

从国际层面看，长期以来，欧美发达国家低储蓄、高消费的经济结构成为拉动全球经济增长的动力源，并通过将中低端产业转移至欠发达国家，形成其在国际产业体系中的主导地位，使得包括中国在内的广大发展中国家以“世界加工厂”的产业位阶，通过低资源、低劳动、低环境、低税负的成本要素结构，以附加值较低的资源类、粗加工类、半成品类产品参与全球价值链分配。但2007年美国的“次贷危机”，通过迅猛引爆全球的加速度，成为继20世纪30年代“大萧条”以来最为严重的国际金融危机，并对国际经济体产生深度冲击，迫使欧美发达经济体不得不调整产业策略，诱发以美国为首的发达经济体的“制造业回流”态势。同时，我国经济成本要素红利的日趋式微，引致发达经济体将其部分产业向制造成本优势凸显的东南亚国家转移。由此使得我国经济发展在产业供给侧，遭遇“高端制造业回流”与“低端制造业转移”的国际双向分流，在需求侧则遭遇国际有效需求锐减与刚性经济成本陡升的对向挤压。新旧动能转换是突破资源环境约束、解决“两端挤压”不利局面、实现从比较优势向竞争优势转变的必要条件。

2. 国内经济供需不匹配的结构性矛盾凸显，经济下行压力加大

从国内看，改革开放以来，我国摒弃了以阶级斗争为纲的发展模式，确立了以经济建设为中心的发展路径，而为破除短缺经济瓶颈，实际上采取的是重总量刺激、轻结构优化的发展策略，并在实践中使得“GDP及财政收入崇拜”成为区域竞争的指挥棒。由此也使得在宏观政策管理上，我国重视需求侧政策调控，而弱化供给侧质量优化，投资、出口、消费“三驾马车”成为总量政策刺激的重心所在。在开放型经济导向下，借助低成本的“世界加工厂”的产业链配置，外贸出口成为刺激经济增长的重要拉力。在拉动内需导向下，房产、

汽车、文化、体育等行业成为消费政策刺激的重点。但过度强调总量而弱化结构、重速度而轻效益的发展模式，导致我国供求结构的严重失衡。长期“大投大放”的粗放型投资导致我国产业结构总体偏重，行业精细化分工不足，部分行业产能过剩严重，产品质量偏于中低端，难以满足人民群众日益丰富多元、高质量的消费需求，并倒逼部分购买力通过国际市场外溢。长期“大进大出”的外贸格局导致经济的高外向度，而国际金融危机诱致的国际需求萎靡，导致外需大幅收缩，并加剧部分行业产能过剩。由此使得，我国的经济管理模式由过度注重总量刺激向着优化经济结构转向，由过度依赖需求管理范式向着注重供给管理范式转向，在适度扩大总需求的同时，着力提升供给体系的质量与效率，并使得经济增长速度由高速通道转向中高速通道成为理性抉择，新旧动能转换是我国由外延式粗放型增长走向内涵式集约型发展的必然之路。

（二）新旧动能转换的含义

经济增长和发展的动能就是动力的源泉，可以是需求侧的消费、投资、进出口，也可以是供给侧的土地、资源、资本、劳动力和技术。新旧动能转换，简单地说，就是培育新动能、改造旧动能。

新动能是和旧动能相对而言的，所谓新动能，是指新一轮科技革命和产业变革中形成的经济社会发展新动力，新技术、新产业、新业态、新模式这“四新”经济都属于新动能。黄少安教授把新动能概括为：“改革开放和体制创新、技术创新、产业的结构转换和产业升级。”①

新动能既可以“无中生有”，也可以“有中出新”。一般来说，要培育和壮大新动能，核心是创新，既有技术创新，也有商业模式创新、管理创新和制度创新，不断衍生出新的产业形态或模式，并促进产业间的融合渗透，成为推动经济发展的新动力。

所谓旧动能，是指传统动能，它不仅涉及高耗能、高污染的制造业，还更宽泛地覆盖利用传统经营模式经营的第一、第二、第三产业。我们几十年以来的经济增长主要是靠大量人力资源和其他自然资源投入、大量投资、大量中低端产品出口、大量投资房地产和改革拉动的动能，这就是我们的旧动能。即原来的主要是靠土地、自然资源、资本、劳动力等要素投入来拉动的资源消耗型、劳动密集型、粗放式大量投资型、中低端出口型、房地产拉动型的动能，

---

① 黄少安：《新旧动能转换与山东经济发展》，载《山东社会科学》2017 年第 9 期。

都属于旧动能。当然，新旧动能是相对的、动态发展的，随着技术进步和经济发展，原来的新动能也会变成旧动能。

新旧动能转换是“新动能”对“旧动能”替代的过程，主要包含微观、中观和宏观三个层次的含义。第一，微观视角下，新旧动能转换应该是要素组合方式、要素利用效率、生产技术水平的组合所创造的增长方式的综合改变，从一种较低的平衡增长路径跃升至较高的平衡增长路径的动态过程；第二，中观视角下，新旧动能转换是地区、城乡、产业从非均衡增长向均衡增长转变的动态过程；第三，宏观视角下，新旧动能转换是整个社会由高速度增长向高质量发展转变的动态过程。

基于对新旧动能转换内涵的分析，可以发现新旧动能转换具备三个特性。第一，新旧动能转换是质变的过程。新旧动能转换并不是技术、生产方式量变，而是社会整体生产技术的更新迭代、生产理念的重塑过程，是量变到质变的过程。第二，新旧动能转换属于非平衡增长的过程。新旧动能转换包含三个阶段，转换前、转换中和转换后，其中转换前和转换后都会再次走上平衡增长的路径，但是在转换的过程中，属于非平衡的变革过程。第三，从发展的角度看，新旧动能转换是高水平的平衡增长路径对低水平的平衡增长路径的替代。新旧动能转换之后，社会的生产力水平得到大幅提升，生产理念也实现飞跃，带来更高水平的生产能力。

（三）新旧动能转换的相关政策

2015 年 10 月，习近平总书记谈论中国经济发展现状时指出中国经济发展进入新常态，正经历新旧动能转化的阵痛。李克强总理在政府会议中对当时我国经济进行了初步判断：“我国经济正处在新旧动能转换的艰难进程中”，“新旧动能”开始正式出现在国家领导人讲话中。

2015 年 12 月，国家行政学院决策咨询部从新旧动能转换必要性、新动能的主要来源和培育新动能的主要路径等方面对“新旧动能”进行了系统阐述。《十三个五年规划纲要》提出要拓展发展动力新空间，增强发展新动能。2016 年政府工作报告有三处提及“新旧动能”，强调做好“十三五”时期经济社会发展工作，要加快新旧发展动能接续转换，指出经济发展过程必然伴随着“新旧动能迭代更替”的过程，并对国内经济形势进行了初步判断，长期积累的矛盾和风险进一步显现，经济增速换挡、结构调整阵痛、新旧动能转换相互交织，经济下行压力加大。2017 年 1 月，国务院办公厅印发的《关于创新管理优化服务培育壮大经济发展新动能加快新旧动能接续转换的意见》是我国培育新动能、加速新旧动能接续转换的第一份文件。2017 年 3 月 6 日“两会期间”，李克强总理参加山东代表团审议时指出，山东发展得益于动能转换，希望山东在国家发展中继续挑大梁，在新旧动能转换中继续打头阵。2017 年政府工作报告有两处“新旧动能转换”，一是做好 2017 年政府工作要依靠“创新推动新旧动能转换和结构优化升级”，二是“双创”是推动新旧动能转换和经济结构升级的重要力量。2017 年 4 月 18 日，李克强总理在贯彻新发展理念培育发展新动能座谈会上强调，实现经济结构转型升级，须加快新旧动能转换。这种转换既来自“无中生有”的新技术、新业态、新模式，也来自“有中出新”的传统产业改造升级，两者相辅相成、有机统一。李克强总理考察山东烟台、济南之行中，再次提出山东要“加快推动新旧动能转换”的要求后，整个齐鲁大地掀起“新旧动能转换”工程建设的高潮。

2018 年 1 月 3 日，国务院批复《山东新旧动能转换综合试验区建设总体方案》，标志着山东新旧动能转换综合试验区建设正式成为国家战略，山东将在全国新旧动能转换中先行先试、提供示范。2018 年 2 月 27 日，山东省属企业新旧动能转换重大工程建设誓师大会在济南召开，吹响了全省新旧动能转换工作新征程的号角。2019 年 2 月 11 日，在山东省“担当作为、狠抓落实”工作动员大会上，刘家义书记在讲话中将新旧动能转换列为山东省“八大战略布局”之首。

二、破产保护功能与新旧动能转换

（一）新旧动能转换与破产保护的内在关联性

新旧动能转换中的“转换”二字，从字面来理解是“转化”和“更换”的意思，这种转换不是割裂的、孤立的，而是联通的、连续的，是充满智慧的起承转合。新动能的产生和发展离不开旧动能发展过程中积累的经验乃至失败教训。旧动能“被转换”为新动能注定不会是一蹴而就的，必须付出执着的探索和艰辛的努力。进而言之，就新旧动能转换的内在要求而言，“转化”对应的就是“凤凰涅槃”，是一种“进化”式的转换，是在不完全否定旧动能的基础上完成的质变和迭代。“更换”对应的则是“腾笼换鸟”，是一种相比而言更为激进的转换，是在淘汰旧动能的基础上完成的筛选和扬弃。

破产保护与传统意义上的破产并非一个概念。传统意义上的破产，指的是破产清算，即债务人出现破产原因时，债权人为获得公平清偿通过一定法律程序对债务人的全部财产进行清算、评估、处理、分配。而破产保护的另一功能即破产重整与破产和解，却是旨在挽救即将破产的债务人，帮助其恢复生产经营能力，使其重新具备债务偿还能力，摆脱经济困境。破产清算起到的是“更换”的作用，就是要“腾笼换鸟”，即在市场的指引下，通过司法途径淘汰旧动能，引入新动能，引导市场资源进行优化配置。而破产重整和破产和解起到的则是“转化”的作用，就是要“凤凰涅槃”，即通过债权人和债务人达成谅解，引入新的经营策略、新的技术方案乃至新的投资主体，最终创造“浴火重生”的崭新局面。

新旧动能转换与破产保护具有内在关联性：一方面破产保护密切响应新旧动能转换的内在要求，有助于新旧动能转换顺利进行；另一方面破产制度本身也是新旧动能转换的突破口，是新旧动能转换的重要抓手。通过对相关权利义务的调整甚至对债务人营业的重组，在对债务进行概括清理的同时，维持企业的营运价值。作为破产保护程序顺利实施的结果，企业财产将继续得到有效运用，利害关系人则可获得超过清算价值的运营溢价，职工的工作岗位得以保留，供应商与债务人之间的交往关系能够予以维持，甚至债务人所在的地区也会因此受益。

（二）新旧动能转换背景下破产保护功能的意义

新旧动能转换要求培育新动能、实现旧动能向新动能接续转换，与之相伴的是风险和挑战。因产能过剩而濒临破产倒闭的企业大量出现，会冲击我国经济的平稳有序发展和社会的和谐稳定。风险是新旧动能转换过程中的必然现象，提前预防和后续补救是化解风险的方法。破产保护制度是对可能或已经发生破产原因的企业，在法院主持下，通过各方利害关系人的参与，并借助法律强制性地调整其利益关系，进行企业营业重组、债务清理、利益公平分配的法律制度。因此，破产保护制度在新旧动能转换中有着重要的意义。

1. 最大限度保护债权人的根本利益

破产清算只能对企业的有形资产进行拍卖或者折价拍卖予以偿还债权人，企业发展中所形成的无形资产，在破产清算中并不能获得实在的价值，在此情况下仅靠有形资产的变现恐怕无法偿还所有债权人的债务，导致部分债权人利益受损，相对于破产和解而言，可能在清偿协议的协商过程中需要债权人让渡一部分利益，以便于保障债权人的最低利益，但是通过破产重整，企业可以保障已有的无形资产价值，继续生产经营，从而可以有效提高债权清偿率，使债权人的利益最大化。

2. 加速落后产能的淘汰

相关数据显示，“2015 年山东省管企业 2/3 的利润被‘僵尸企业’吃掉了”，[①] 这充分说明淘汰落后产能在新旧动能转换中的必要性和重要性。“僵尸企业”往往处于产业中低端，新旧动能转换需要削“低”拉“高”，以匹配消费市场的转型升级。此外，“僵尸企业”大都集中在产能过剩行业，新旧动能转换又需要对过剩产能、去库存，因此，依法处置“僵尸企业”已成为执行新旧动能转换战略的必然选择。破产制度可以促进产能转化，淘汰落后产能，切实减少无效供给、化解过剩产能、释放生产要素、降低企业杠杆率，确保市场资源流向新的先进产能。

3. 科学优化要素配置

“僵尸企业”占用大量劳动力、土地、资本等重要资源却不产生或很少产生实际效益，降低甚至抑制了资源的配置和使用效率，造成市场失灵。同时还会对代表生产力和新动能发展方向的新型企业产生“劣币驱逐良币”效应，严重阻碍社会经济发展[②]。新旧动能转换要求提高资源利用效率，优化市场要素配置。破产保护制度能够积极响应新旧动能转换的上述要求，发挥完善优胜劣汰的竞争机制，调整经济产业结构，优化社会资源配置使用等作用。例如，“僵尸企业”进入破产重整程序后，新资本必然会选择果断淘汰落后产能，集中注入最为先进、最具活力的生产项目，以最优化地激活和发挥各种生产要素的积极作用，尽快产生经济效益，恢复盈利能力，确保重整计划得到顺利实施，最终实现企业的涅槃重生。进而言之，“僵尸企业”重整所具有的上述积极作用，还会向其上下游产业蔓延扩散，有利于更大范围内的资源优化配置和生产要素效能发挥，产生积极正面的“蝴蝶效应”，保障和促进市场经济持续健康发展。

---

① 尹明波：《山东新旧动能转换不仅仅是“僵尸企业”出清和“混改”——经济学家常修泽的“新旧动能转换”经济学思考》，载《中国经济导报》2017 年 7 月 1 日。

② 同上。

4. 有效释放矛盾风险

新旧动能转换在淘汰旧动能、培育新动能的同时，也不可避免地影响到经济社会的方方面面，可能引发各类矛盾风险。这些风险如果得不到妥善预防和处理，可能会对经济社会的发展产生一定的乃至重大的冲击，因此必须加以审慎处理。“僵尸企业”已成为金融风险高地，大部分“僵尸企业”除资不抵债外，往往还涉及众多银行呆账坏账，形成银行不良贷款等潜在风险。此外，“僵尸企业”涉及职工就业、产业上下游企业以及关联企业等，如果得不到妥善处理，不仅会继续挤占其他企业的资源和机会，破坏市场公平竞争和自由选择机制，还可能引发诸如信访、区域经济衰退乃至崩盘等社会稳定问题。《最高人民法院关于进一步加强金融审判工作的若干意见》指出，通过破产审判可以依法审慎处理可能引发的金融风险、影响社会稳定的破产案件，特别是涉及相互、连环担保以及民间融资、非法集资的企业破产案件，避免引发区域性风险和群体性事件。此外，在重整程序中，可以通过政府与法院的联动，及时处置企业资产，妥善安排企业职工，清偿职工和债权人债权，提振区域经济形势，有效缓解社会矛盾和化解经济风险。

三、企业拯救与破产重整

（一）破产重整的特征

1. 申请主体上的多元化。对于开启重整程序，不仅债务人可以提出，债权人、债务人的出资人等利害关系人都可以提出。

2. 重整程序优先性。当重整与和解、清算程序发生并存的时候，应优先选择重整程序，并且随着该程序的启动，其他程序就相应停止。

3. 重整措施多样化。可以综合运用出售式重整、清算式重整、存续式重整等多种方式实现企业重生，化解债务危机。

（二）破产重整是拯救危机企业的有效方式

在经济持续发展中，我国经济长期高速增长所积累的风险逐渐暴露出来，使得通胀压力、需求不旺、外部环境恶化以及产能过剩等问题并发，很多企业面临着各种经营风险，形成需要国家或是社会扶持的危机企业。在党的十九大会议上，再次重申了危机企业处理问题，表明“重组救活为主、破产退出为辅”的处置思路，而破产重整正是拯救危机企业的有效方式。

破产重整目的在于避免企业的破产清算，并实现比清算状态下更高的债权清偿率。作为拯救危机企业的债务清偿制度，具有公平清偿债务、积极拯救危机企业和维护社会整体利益三重制度目标。重整的首要任务是对陷入经济困境的企业，进行从产权、资本结构到内部管理、经营战略等多方面的调整和变更，直接目的在于使债务人恢复偿债能力，获得重新开始的机会，避免因债务人破产而导致的诸如企业解体、资源浪费、有形和无形资产流失、人员失业、投资者投资损失、地区经济衰退等消极影响，同时也使债权人获得比债务人破产清算时更高的债权清偿，更好地维护与债务人兴衰密切相关的社会利益。

（三）认定危机企业是否符合破产重整的条件

对于国家和政府来说，清理处置危机企业虽然具有现实的紧迫性，但是最为稳妥的办法则是重整危机企业，然而并不是所有的危机企业都具有可重整性，对于“无药可救”的企业，破产清算显然是最直截了当的方法。具体来说可以从以下几个方面认定：（1）如果企业资金链断裂、流动性吃紧，但企业生产的产品适销对路、市场前景广阔，破产重整无疑是最为有效可行的途径。（2）如果企业因技术水平不高导致产品销路不畅，或者因管理不善导致企业经营困难，但通过技术升级换代、改善经营管理能够让企业重返市场，可以通过破产重整，帮助企业推进技术创新。（3）如果企业经营困难重重，已丧失市场空间，但存量资产具有盘活价值的，可以采取破产重整的方式压缩和合并过剩产能、保留有效产能，引导增量，最大限度地有效利用资源。（4）对于那些技术水平低、发展前景差、环境资源消耗大，不宜再保留的低效、无效产能企业，要及时进行破产清算，使企业和产能依法有序退出市场。

第三节 “僵尸企业”处置

一、“僵尸企业”处置路径

（一）处置“僵尸企业”的基本原则

1. 坚持市场引导和政府推动相结合

处置“僵尸企业”要发挥市场配置资源的决定性作用，以企业为主体，以市场为导向，充分尊重企业意愿，激发调动企业积极性，切实保障企业自主决策的权利，自主选择退出途径和方式。同时要坚持政府推动，加强产业政策引导，健全引导处置“僵尸企业”的机制，做好职工安置，确保社会稳定。规范政府行为，取消政府对市场的不当干预和各种形式的保护。进一步健全公平开放透明的市场规则，充分发挥环保、能耗、安全、质量等社会性规制手段的作用，强化市场倒逼机制。

2. 坚持统筹部署与精准施策相结合

加强系统谋划和总体设计，统筹部署企业转型和行业升级、去能减产和规模扩张之间的关系，做到情况要摸清、目的要明确、任务要具体、责任要落实，设计工具箱并精准施策。坚持“一企一策”，杜绝“一刀切”，针对不同的“僵尸企业”进行分类处置，以精准识别引导精准施策，提高政策措施的针对性和有效性。对于长期亏损、扭亏无望、确实要退出市场的企业要坚决一律退出，对于扭亏有望的要尽力拯救。

3. 坚持重点和全面相结合

将产能严重过剩行业的“僵尸企业”的退出作为重点，集中力量、实现突破，同时健全企业市场化退出的政策体系，构建优胜劣汰的长效机制，促进各行业、各领域“僵尸企业”市场出清。

4. 坚持当前和长远相结合

正确认识当前的“退”和长远的“进”，只有“退”才能够“进”。既要立足于当前加快“僵尸企业”退出，化解产能过剩矛盾，又要着眼于长远促进产业转型升级，向中高端迈进。

5. 坚持培育发展新动能与改造提升旧动能相结合

坚持优化存量、引导增量、主动减量紧密结合，通过创新驱动，充分发挥传统产业优势，同时积极培育新的经济增长点，探索经济发展新动能，加快发展新产业、新业态、新技术、新产品、新模式。利用处置“僵尸企业”的契机，通过技术改造等手段激活存量资产，加快淘汰落后产能和化解过剩产能，有序推进产业转移和国际产能的合作，加快新旧动能转换。不仅实现优势产业的结构优化和升级，而且推动战略性新兴产业的发展。

6. 坚持保护各方合理权益

处理好企业职工、各类债权人、股东以及其他利益相关方之间的权利义务关系，确保各方依法公平合理分担处置成本，保障“僵尸企业”处置稳妥有序、风险可控。同时着眼全局和长期利益，提高处置效率，防止因利益纠葛久拖不决造成不良影响。

（二）处置“僵尸企业”的路径

自党的十八大以来，中央经济工作会议、国务院常务会议、深化国企改革和发展座谈会等都不断强调要推进供给侧结构性改革、加速新旧动能转换、化解过剩产能。长期以来，“僵尸企业”依赖银行续贷和政府补贴等得以生存，吞噬了大量的社会资源，严重影响经济稳定健康发展，成为经济体制改革的关注点。通过何种途径使其成功有效地退出市场，也成为当前各地政府经济结构调整工作的重中之重，实践中各地对此进行了大量探索。

1. 兼并重组

兼并重组是在企业竞争中，部分企业因为某些原因无法继续正常运行，考虑到员工等各方面利益，按照一定程序进行企业兼并和股权转让，从而实现企业转型，达到企业重组的目的。兼并重组这种更加市场化的方式多运用于相对较好的企业，对有品牌、有市场，但无规模、负担过重的企业，实施资产债务重组，通过增资减债、同类同质企业兼并重组、引入社会资本实行产权多元化改革等手段推进企业重新发展。从债务处置角度看，兼并重组使债权债务关系由原企业转移到了新的兼并主体，债务并未消失，而是由新主体承担。在当前去产能过程中，兼并重组能够有效激活和利用存量资源，可以降低就业压力、减少社会损失，还可以加速生产要素向新增产业转移，对于供给结构升级是效率颇高的模式，属于政策大力鼓励的处置方式。

2. 债务重组

债务重组是债权人按照其与债务人达成的协议或法院的裁决同意债务人修改债务条件的事项，即债务重组时确定的债务偿还条件与原协议不同。债务重组通常是在债务人面临重大财务危机、陷入生存困难、不能清偿到期债务或者明显缺乏清偿能力等情况下适用，但具体程序并无法律规定，是各相关方自行谈判的结果。具体债务重组方式包括：以低于债务账面价值的现金清偿债务；以资产清偿方式进行的重组；以债权转股权方式的重组；以修改债务条件方式进行的重组。此外，从债权人角度看，债务重组本质上就是要盘活不良资产，自身也可以采取批量转让不良资产，减免核销等多种手段，对应到债务人来说就是一种债务重组。债务重组本质上是债权人及相关方主动承担一部分责任最大限度地减少可能遭到的损失。债务重组体现为双方当事人之间的谈判与协议的过程，法律干预程度较低，与破产程序的“法定准则”及“司法主导”两大特征形成鲜明对比。

3. 破产重整

破产重整是《企业破产法》规定的一项企业重生制度，主要针对可能或已经具备破产条件但又有维持价值和再生希望的企业。具体处置方式包括延期还债、债务削减、向特定对象定向发行新股或公司债券、转让资产、债权转为股权等。

破产重整制度作为公司破产制度的重要组成部分，已为多数市场经济国家采用，对于弥补破产和解、破产清算制度的不足，防范大规模企业破产带来的社会问题，具有不可替代的作用。在当前去杠杆去产能过程中，对于那些工艺性技术较为先进、市场前景较好，但目前资不抵债的困难企业，可通过依法破产重整，全面清理企业资产、债务、人员，积极引入战略投资者，合理调整股权结构，以期摆脱财务困境，重获经营能力。

4. 破产和解

破产和解是《企业破产法》规定的另外一种企业重生法律制度，也是债务处置的一种常见方式。依照和解程序，通过当事人协商，达成关于债务延缓、债务削减以及其他清偿方式的妥协，可能使债务人免于破产倒闭的结局。采用这种处置方式不仅有利于化解矛盾、维护社会和谐稳定，而且可以缩短处置周期、加快投资资金的回收进度。和解的基本目标是预防破产（避免破产宣告或破产清偿），克服破产制度无法免除的缺陷，将清偿债务与债权妥协相结合，将保护债权人与维持债务人资产利益相结合，实现债权利益的最大化。作为温和的偿债方式，和解制度提供了一种通过债权妥协的程序机制，给债务人创造了复苏的机会和条件，有可能运用债务人的有限财产最大限度地清偿债务，减少社会资源的损失与浪费。

5. 破产清算

破产清算是在企业法人不能清偿到期债务，并且资产不足以清偿全部债务或者明显缺乏清偿能力，依照《企业破产法》实施债务清理，由法院主导将其全部财产按照偿还顺序公平清偿全体债权人的法定程序。破产清算是市场机制优胜劣汰的正常反应，主要适用于非持续经营或没有市场、缺乏竞争力、抵御风险能力差、长期亏损的企业。

6. 债转股

债转股，顾名思义是将债权转化为股权，使得企业的债务减少，注册资本增加，原债权人不再对企业享有债权，而是成为企业的股东，原来的还本付息就转变为按股分红，并且通过行使股东权利，介入企业经营管理活动。这种处置显然是对原有债权债务关系的终结，转为股东关系。债转股的实际适用范围是那些发展前景好、产业方向好、信用状况好，只是出现暂时困难的企业。重点鼓励对象包括因行业周期性波动导致困难但仍有望逆转的企业；因高负债而财务负担过重的成长型企业，特别是战略性新兴产业领域的成长型企业；高负债居于产能过剩行业前列的关键性企业以及关系国家安全的战略性企业。而已失去生存发展前景，扭亏无望的“僵尸企业”、有恶意逃废债行为的企业、债权债务关系复杂且不明晰的企业、有可能助长过剩产能扩张和增加库存的企业将严禁实施债转股。因而，原则上讲，“僵尸企业”的债务处置基本无法采用债转股方式。不过考虑到不少“僵尸企业”背后都有母集团公司，也就可以从母集团公司角度对该“僵尸企业”采取债转股方式对债务进行处置。具体操作依然要按照市场化、法治化原则进行。通过债转股能够有效降低银行不良贷款率，同时帮助企业去杠杆，减轻经营压力。

除上述处置方式外，还可以根据企业实际情况，采取托管经营、扶持发展、技术升级等多种形式并举的方式，依法、高效、务实地处置“僵尸企业”。

二、破产处置的瓶颈与难点

中央提出，“僵尸企业”多兼并重组、少破产清算。破产重整和破产和解是推动企业债务重组的主要途径，破产清算则往往是处置无营业价值、无清偿能力企业的唯一手段。因此，要高度重视和充分利用破产手段处置“僵尸企业”。但在司法实践中，破产处置却遭遇诸多困难。

（一）破产程序启动难

1. 认识偏差。政府、企业和债务人对破产认识存在偏差，往往认为破产必然会导致破产清算和企业倒闭注销，债权债务关系解除，职工大量下岗失业，税收大量损失，对破产重整、和解对债务保全和企业重生的积极作用认识不足，因而往往对破产采取抵制态度。

2. 压力过大。在政府方面，破产往往会造成银行债权损失显性化，相关债务需要减免，对债权人银行就意味着大量坏账，以及相关贷款担保企业可能引发的担保债务链风险，在银行对地方政府施加压力的情况下，政府会顾虑进入破产后是否会引发系统性风险，企业原承担的“三供一业”在破产后往往需要移交地方政府，给地方政府造成一定压力。例如，有些中央企业希望在地方的子公司破产，但地方政府出于社会稳定的考虑却不同意。

3. 动力不足。“僵尸企业”走入破产程序后，不管是破产重整、和解或清算，银行债权损失会显性化，由于银行贷款减免核销政策有待完善，对责任人的尽职免责落实不到位，会触发银行对发放贷款责任人的追责程序。同时，银行参与处置“僵尸企业”债务时往往导致贷款损失，对银行资本产生较大压力，相关交易也会产生增值税、所得税等税收，因而银行参与“僵尸企业”处置的内在动力也不足。

4. 机制僵化。在涉及企业债务纠纷的案件中，“执行难”是困扰法院执行工作的一个重要问题。许多案件由于当事人无产可执，导致执行陷入僵局，既不利于债权人合法权益的实现，也严重阻碍了司法进程。如何畅通“执转破”的路径，打破程序启动及转换的障碍，是目前亟须解决的问题。

（二）破产程序协调难

企业破产涉及股东、债权人、企业职工、投资者等多方面利益主体，涉及利益再分配和调整的关系十分复杂，相关政策存在进一步完善的空间，一定程度上不利于市场主体通过自主平等协商完成破产重整。由于“僵尸企业”往往是国有企业，股东原持有股权价值贬值甚至消失会触发国有资产流失的责任追究，国有企业管理人员往往对破产重整持消极应付态度，不愿配合破产管理人和债权人开展相关工作。破产重整还涉及资产盘活和处置，以更大可能偿还中小债务人的债务，但国有企业资产处置的障碍往往较多，重要资产处于抵质押状态很难变现，国有资产处置变现程序烦琐，如企业原有划拨土地资产无法按照市场价值处置、剩余矿产资源处置也仍旧存在较多不确定性，往往导致无法实现资产按照市场价值变现。职工债务的刚性清偿也存在困难，表现在虽然政府对职工安置有专项奖补资金，但奖补资金适用范围不够明确，同时奖补资金在实际操作中存在冒领、挪用等违规行为。

（三）破产案件办理难

由于我国企业破产案件总体数量较少，案件数量与地域经济发展水平相关，导致各地区法院审理企业破产案件的能力差别较大，不均衡现象突出，既有深圳中院这种在全国破产审判处于领先地位的法院，其案源充足、审判经验丰富，亦有多年来没有受理过破产案件，缺乏破产案件审理经验的一大批法院。此外，还有部分法院设置了破产审判庭专门审理破产案件，专业化程度较高，而大部分法院将破产案件放在民商事审判部门进行审理，规范化程度也不够。上述诸多情况，产生了破产审判队伍水平不均衡的现象。破产程序具有理论性、综合性、社会性、实践性紧密结合的特点，对审理企业破产案件的法官来说具有较一般民商事法官更强专业性和综合素质的要求。

（四）破产进程推动难

一方面，破产管理人专业素质普遍无法与破产案件相匹配。“破产管理是一项涉及法律关系众多、利害关系复杂交错，并附随着大量社会矛盾的庞大而复杂的工程，属于高度专业化、职业化的行业，要求破产管理人不仅熟悉法律知识，还要具有资本市场、企业经营管理等方面的知识和丰富经验。”① 但破产法律制度实施时间较短，现有的管理人队伍尚未实现真正的专业化、职业化。有的中介机构没有单独担任管理人的经验，业务能力水平不足，无法按照《企业破产法》及相关法律的规定，把握、处理好破产中各个环节的法律问题，对一些政策的领会亦不到位，主要表现在如何做好破产企业财产的管理与处置，如何确定企业留用人员及其他工作人员的工资待遇，如何解决管理人工作中的费用开支等问题，以及是否需要法院批准及定期向法院汇报工作进展等方面。因此，履职时受到债权人、债务人等各方质疑、指责的现象时有发生，部分复杂破产案件更是难以选到合适的管理人。

另一方面，管理人在选任和监管上存在欠缺。《企业破产法》规定，管理人由人民法院指定。实践中，人民法院最常使用的是以随机方式指定破产案件管理人，一般通过摇号或者抽签的方式进行。但对破产管理人的随机选任方式并未对其履职能力、在手案件量进行考察，忽视了案件效率因素，十分容易导致被选中的中介机构不适格。在对管理人的监管上，由于其总体数量不足，管理人之间难以进行正常业内竞争，也无法实现有效的选任及淘汰。目前，对管理人的履职情况还未形成动态化考核，对于日常管理监督、定期考核的评审机制和对履职不力管理人的问责机制仍未建立。

（五）破产企业职工安置难

破产审判中所遇到的问题并非完全是法律问题，还涉及很多社会综合性问

① 王欣新：《破产管理人制度立法完善问题研究》，载《法治论坛》2010 年第 4 期。

题，如职工安置，包括养老、医疗、工伤等众多保障性问题，又如相关利害关系人的维稳、国家划拨财产的回收等。这些问题并非法院可以单独解决的，需要与政府各部门相互协调、综合处理。近年来，国有企业破产进入尾声，民营企业破产增长较快，政府介入逐渐减少，不再主持组成清算组，致使人民法院无法指定清算组为破产管理人。国有企业的职工安置往往由政府负责，政府在申请困境企业进入破产程序前，已经制定好职工安置预案，甚至先行拨付了安置资金。

而民营企业的破产案件，特别是债权人申请企业破产的案件，申请人没有义务安置破产企业职工，有时破产费用也无法支付高额的职工安置费用。企业破产案件缺少政府支持，工作难度明显加大。人民法院在解决破产审判中涉及社会民生领域的一些难题时，需要建立政府与法院的联动机制才能保障企业破产案件顺利推进。但目前看来，有些地方府院联动机制还没有发挥其应有作用。

三、配套机制与破产制度的结合

通过破产制度处置“僵尸企业”是淘汰旧动能、导入新动能、促进经济结构调整和发展方式转型的重要路径。但是仅靠破产制度处置“僵尸企业”，难以发挥最优效果，需要相应机制予以配合，才能以高质量的标准出清“僵尸企业”。鉴于“僵尸企业”处置工作涉及面广，关系复杂，需要各部门、各机关单位和企业协同、配合，为此各地纷纷出台相关政策，以促进“僵尸企业”处置工作的有序开展。在党委政府层面，河北、福建、浙江、山东等地出台了有关“僵尸企业”的处置意见、市场主体退出制度改革方案，力促加快“僵尸企业”处置。在法院层面，山东高院、广东高院等法院出台了审理“僵尸企业”意见，以充分调动政府和法院的各类资源，建立府院联动机制，力求在法律上破解处置“僵尸企业”的障碍与难题。

（一）大力引导、积极鼓励，多渠道化解破产案件“启动难”

1. 要在观念上破除破产程序“启动难”问题。政府要积极鼓励、大力引导各相关方树立对破产制度的正面认识，大力宣传破产重整的成功案例。通过建立个人免责制度，正确区分“僵尸企业”管理者的经营管理责任和不可抗力因素，鼓励企业负责人通过破产这一司法手段解决企业债权债务问题，扫除思想上害怕因破产而担责的顾虑和障碍。法院要依法予以释明，使符合破产标准的企业进入破产程序。

2. 要解决银行参与处置“僵尸企业”的政策及权限问题。济南市《“僵尸企业”处置意见》中强调，强化金融支持和化解担保圈需要银行的参与。一方面推动商业银行积极争取不良资产处置权限，依法合规扩大不良贷款核销规模，优化核销程序，用足用好现有不良贷款批量转让政策，及时化解企业债务风险。加大对兼并重组的金融支持，金融机构在依法合规和风险可控的前提下，提供发放并购贷款，支持符合条件的企业发行并购票据和引入并购基金。另一方面推动银行、证券、信托、金融租赁等金融领域的债权人成立相对统一的金融债权人委员会，鼓励金融债权人委员会积极参与破产程序，充分发挥金融债权人委员会的协调、协商作用，探索破解担保圈有效措施，切实防范区域性和系统性金融风险，推动“僵尸企业”快速高效处置。

3. 要大力推动“执转破”案件的审理，解决程序转换难的问题。通过设定“执转破”准入条件、建立预审查制度，并确立特殊情况下的财产先行处置原则，规范“执转破”衔接通道，打破“执转破”僵局。同时要建立科学的考评机制，改革现有的案件考核标准，提高执行人员主动引导执行案件转为破产案件的积极性。同时，要明确界定法院立案部门、审判部门、执行部门的权力与职责，保障“执转破”程序衔接顺畅，真正使“执转破”机制能充分发挥化解破产案件“启动难”的应有功效。

（二）建立以债权人为基础的庭外重组决策与执行机制

充分发挥市场的作用，以债权人委员会制度为基础，建立有约束力的庭外重组决策与执行机制，负责监督企业重组具体事务，从企业适度资产负债目标水平、重组流程步骤与资产负债和重组具体方式等关键要素上对重组参与方提出明确要求，协调解决各方分歧。庭外重组方案应以多数制表决通过，无须取得全部债权人同意，以提高重组效率，避免久拖不决。庭外重组关键环节设置时间节点，要求参与重组方严格遵循时间表推进重组工作。注重庭外兼并重组与庭内破产程序相互衔接，探索适用预重整制度，开展自主重组、协议重组和协议并司法重组。

（三）加强破产审判专业队伍建设，建立专业化破产审判法庭

1. 提高破产审判队伍的专业化水平。破产法官的专业水平、职业素质在很

大程度上决定着企业破产案件的审理质效，决定着案件的社会效果和法律效果。人民法院应当针对企业破产案件审理的特质，组建一支精通法律业务、政治素质高、综合协调能力强、经验丰富的审判队伍，专门从事破产、强制清算以及破产衍生诉讼案件[①]。要加强审判业务培训，针对破产审判专业性强的特点，加强对企业破产案件法官、法官助理队伍的专项培训，通过案例讲解、经验交流、走访考察等形式，培训和提升破产法官运用法律解释、法律推理、法律论证等方法及时解决复杂问题的能力，培养他们对企业破产案件的把控能力、推动能力。

2. 科学制定绩效考评机制。以设置合理的企业破产案件权重系数为基础，改善符合企业破产案件特点的考评机制，建立企业破产案件、强制清算案件与普通民事案件相区分的绩效考核体系，科学评价企业破产案件审理工作质效，充分调动和保护审理企业破产案件的法官的积极性，从根本上保障绩效考评的公平、公正问题。同时，应当加强风险防范，确保司法廉洁，特别是要加强对破产财产管理、变现和拍卖等重点环节的监督，堵塞管理漏洞，以制度管人，按程序办事，以廉政建设的成效确保破产审判工作的健康顺利发展。

3. 建立专业化破产审判法庭。基于破产案件的专业性和复杂性，以及针对当前我国法院在破产案件审理上存在的诸多问题，应当设置专业的破产审判法庭，并尽快形成破产审判体系，以提升破产案件审理的质量和效率。2016 年 8 月 8 日，广东省设立了全国第一家高级人民法院破产审判庭，且随着深圳、广州、佛山、珠海、惠州、茂名等中级人民法院设立破产审判庭，广东省已经在国内率先形成了破产审判体系。2019 年 1 月 14 日，全国首家独立运作的破产法庭——深圳破产法庭揭牌成立，之后北京、上海相继获批设立破产法庭。2019 年 12 月 28 日，温州破产法庭揭牌成立，是全国首个地级市破产法庭。破产审判的专业化、集中化之后，随之而来的就是破产案件审理数量与质量的飞跃式提升，在全国范围内起到了示范和引领作用。由此可见，建立专业的破产审判法庭对于处置“僵尸企业”具有十分显著的效果。在破产审判法庭的基础上，经过经验积累可尝试于下一步建立专业破产审判法院，并建立配套的破产法官遴选、考核机制和错案追究机制，完善破产案件专业化审判的相关配套措

---

① 魏新璋：《破产审判与“僵尸企业”处置的实践探索与思考——以衢州法院加大“僵尸企业”司法处置力度助推供给侧改革为观察点》，载《法治研究》2017 年第 2 期。

施。为了解决破产案件审理周期偏长的问题，法院应当积极探索并建立破产案件简易审理程序，压缩审理周期，探讨在现行法律框架内可以合并的事项，建立破产案件审理“绿色通道”，实现破产案件审理的“快而优”。

（四）完善破产管理人选任和考核的相关制度，提高管理人履职能力

建立管理人分级、案件分类的选任制度，将破产管理人分为不同等级，分类分级进行登记管理，将案件难易程度与管理人等级相挂钩，对管理人进行科学选任。“就是根据管理人的经验、水平、既往履职评价等将管理人分为不同级别，高级别管理人可以担任包括大型企业破产案件或者其他复杂破产案件在内的所有案件的管理人，低级别管理人只能担任一般破产案件的管理人。”① 应当按照案件的具体情况采用不同的管理人选任方式，以满足个案差异化管理需要，比如，规模较大的债务人、债权债务关系复杂或者存在其他疑难案情的案件，可以通过竞争方式指定管理人；案件简单、债务人规模小的，可以通过随机方式指定管理人，或者可以先通过竞争方式将选定管理人的范围缩小，再通过随机方式指定，让进入管理人名册的机构能够通过自身努力参与到企业破产案件中，提高管理人行业整体专业化能力，在业内形成良性循环。

在管理人考核制度方面，要配套建立管理人的监管保障体系和年度考核评价制度，作为管理人晋级、降级、淘汰的依据，根据考核评价结果，每年对管理人名册进行更新，以调动管理人履职积极性，提高管理人的履职能力。除由人民法院对管理人进行考核和监督以外，还可以以破产管理人行业协会为主建立管理人自治管理和自律监督机制。行业协会可以根据不同地区的市场发展水平确定符合现状的行业纪律、执业规则、道德准则等，为管理人的执业活动提供统一的行为规范和履职标准，促进管理人水平的整体提高。

要推动政府财政设立破产援助专项资金和破产费用保障专项资金，用于保障必要的破产费用和管理人的合理报酬，确保无产可破企业的破产程序能够顺利完成。

（五）构建府院联动机制，优化破产审判环境

处置“僵尸企业”既涉及以破产手段有效化解过剩产能、提高资源配置效率进而恢复现有产业和企业发展动力，又关系到妥善处理企业退出和产能化解

① 罗书臻：《依法开展破产案件审理，稳妥处置“僵尸企业”——专访最高人民法院审判委员会专职委员杜万华》，载《人民法院报》2016 年 4 月 26 日第 2 版。

所引发的国有资产保护、金融安全维护、职工安置和再就业保障、非公经济平等保护等一系列问题，涉及面广、影响重大。[①] 因此，府院联动机制十分必要。对于涉及债权数额、债权人数量、职工人数较多的敏感案件，要妥善处理破产企业职工的安置和诉求化解工作，保障职工合法权益，采取人随资产走等多种方式，尽可能做好职工分流。尤其是在破产企业职工养老、医疗等保险停缴、断缴问题上，可通过府院联动机制建议政府给予政策支持，实施豁免政策；对停缴、断缴部分，免予加收滞纳金和利息，接续其养老保险关系，保障职工生活。搭建"僵尸企业"处置府院联动常态化沟通协调平台，解决工作中遇到的困难和问题。对复杂疑难问题采取"一事一议"办法，由工作牵头单位提交联席会议加以解决。

（六）建立信用记录、联合惩戒机制及税收征信修复机制

对"僵尸企业"处置过程中恶意"逃废债"、国有资产流失等违法违规行为责任人建立信用记录，纳入全国信用共享平台。构建失信行为联合惩戒机制，依据相关法律法规严格追究恶意"逃废债"和国有资产流失等违法违规单位及相关责任人员的责任。

税务部门应出台面向破产重整企业的税收减免政策，建立税收征信修复机制。企业在进行破产重整的过程中，其资产往往无力支付所欠税款，而且按照目前我国税法的规定，重整过程中还会产生增值税、房产税等新税种，沉重的税务负担严重影响了重整的实际效果。因此，应当明确区分正常经营企业与重整企业的税务征收条件，出台面向重整企业的税收减免政策，明确税款优惠条件和减免税率。针对重整后的企业，税务机关还要建立重整后企业的税务信用修复机制，尽快核销重整前企业的纳税不良信息，避免其受到之前税收黑名单的影响，使企业实现真正意义上的重生。

---

① 杜万华：《把人民法院当作"生病企业"的医院》，载《人民法院报》2016年3月25日第2版。

附 录

中华人民共和国企业破产法

（2006 年 8 月 27 日第十届全国人民代表大会常务委员会第二十三次会议通过　2006 年 8 月 27 日中华人民共和国主席令第 54 号公布　自 2007 年 6 月 1 日起施行）

目　录

第一章　总　　则

第一条　为规范企业破产程序，公平清理债权债务，保护债权人和债务人的合法权益，维护社会主义市场经济秩序，制定本法。

第二条　企业法人不能清偿到期债务，并且资产不足以清偿全部债务或者明显缺乏清偿能力的，依照本法规定清理债务。

企业法人有前款规定情形，或者有明显丧失清偿能力可能的，可以依照本法规定进行重整。

第三条　破产案件由债务人住所地人民法院管辖。

第四条　破产案件审理程序，本法没有规定的，适用民事诉讼法的有关规定。

第五条　依照本法开始的破产程序，对债务人在中华人民共和国领域外的财产发生效力。

对外国法院作出的发生法律效力的破产案件的判决、裁定，涉及债务人在中华人民共和国领域内的财产，申请或者请求人民法院承认和执行的，人民法院依照中华人民共和国缔结或者参加的国际条约，或者按照互惠原则进行审查，认为不违反中华人民共和国法律的基本原则，不损害国家主权、安全和社会公共利益，不损害中华人民共和国领域内债权人的合法权益的，裁定承认和执行。

第六条　人民法院审理破产案件，应当依法保障企业职工的合法权益，依法追究破产企业经营管理人员的法律责任。

第二章　申请和受理

第一节　申　　请

第七条　债务人有本法第二条规定的情形，可以向人民法院提出重整、和解或者破产清算申请。

债务人不能清偿到期债务，债权人可以向人民法院提出对债务人进行重整或者破产清算的申请。

企业法人已解散但未清算或者未清算完毕，资产不足以清偿债务的，依法负有清算责任的人应当向人民法院申请破产清算。

第八条　向人民法院提出破产申请，应当提交破产申请书和有关证据。

破产申请书应当载明下列事项：

（一）申请人、被申请人的基本情况；

（二）申请目的；

（三）申请的事实和理由；

（四）人民法院认为应当载明的其他事项。

债务人提出申请的，还应当向人民法院提交财产状况说明、债务清册、债权清册、有关财务会计报告、职工安置预案以及职工工资的支付和社会保险费用的缴纳情况。

第九条 人民法院受理破产申请前，申请人可以请求撤回申请。

第二节 受 理

第十条 债权人提出破产申请的，人民法院应当自收到申请之日起五日内通知债务人。债务人对申请有异议的，应当自收到人民法院的通知之日起七日内向人民法院提出。人民法院应当自异议期满之日起十日内裁定是否受理。

除前款规定的情形外，人民法院应当自收到破产申请之日起十五日内裁定是否受理。

有特殊情况需要延长前两款规定的裁定受理期限的，经上一级人民法院批准，可以延长十五日。

第十一条 人民法院受理破产申请的，应当自裁定作出之日起五日内送达申请人。

债权人提出申请的，人民法院应当自裁定作出之日起五日内送达债务人。债务人应当自裁定送达之日起十五日内，向人民法院提交财产状况说明、债务清册、债权清册、有关财务会计报告以及职工工资的支付和社会保险费用的缴纳情况。

第十二条 人民法院裁定不受理破产申请的，应当自裁定作出之日起五日内送达申请人并说明理由。申请人对裁定不服的，可以自裁定送达之日起十日内向上一级人民法院提起上诉。

人民法院受理破产申请后至破产宣告前，经审查发现债务人不符合本法第二条规定情形的，可以裁定驳回申请。申请人对裁定不服的，可以自裁定送达之日起十日内向上一级人民法院提起上诉。

第十三条 人民法院裁定受理破产申请的，应当同时指定管理人。

第十四条 人民法院应当自裁定受理破产申请之日起二十五日内通知已知债权人，并予以公告。

通知和公告应当载明下列事项：

（一）申请人、被申请人的名称或者姓名；

（二）人民法院受理破产申请的时间；

（三）申报债权的期限、地点和注意事项；

（四）管理人的名称或者姓名及其处理事务的地址；

（五）债务人的债务人或者财产持有人应当向管理人清偿债务或者交付财产的要求；

（六）第一次债权人会议召开的时间和地点；

（七）人民法院认为应当通知和公告的其他事项。

第十五条 自人民法院受理破产申请的裁定送达债务人之日起至破产程序终结之日，债务人的有关人员承担下列义务：

（一）妥善保管其占有和管理的财产、印章和账簿、文书等资料；

（二）根据人民法院、管理人的要求进行工作，并如实回答询问；

（三）列席债权人会议并如实回答债权人的询问；

（四）未经人民法院许可，不得离开住所地；

（五）不得新任其他企业的董事、监事、高级管理人员。

前款所称有关人员，是指企业的法定代表人；经人民法院决定，可以包括企业的财务管理人员和其他经营管理人员。

第十六条 人民法院受理破产申请后，债务人对个别债权人的债务清偿无效。

第十七条 人民法院受理破产申请后，债务人的债务人或者财产持有人应当向管理人清偿债务或者交付财产。

债务人的债务人或者财产持有人故意违反前款规定向债务人清偿债务或者交付财产，使债权人受到损失的，不免除其清偿债务或者交付财产的义务。

第十八条 人民法院受理破产申请后，管理人对破产申请受理前成立而债务人和对方当事人均未履行完毕的合同有权决定解除或者继续履行，并通知对方当事人。管理人自破产申请受理之日起二个月内未通知对方当事人，或者自收到对方当事人催告之日起三十日内未答复的，视为解除合同。

管理人决定继续履行合同的，对方当事人应当履行；但是，对方当事人有权要求管理人提供担保。管理人不提供担保的，视为解除合同。

第十九条 人民法院受理破产申请后，有关债务人财产的保全措施应当解除，执行程序应当中止。

第二十条 人民法院受理破产申请后，已经开始而尚未终结的有关债务人的民事诉讼或者仲裁应当中止；在管理人接管债务人的财产后，该诉讼或者仲裁继续进行。

第二十一条 人民法院受理破产申请后，有关债务人的民事诉讼，只能向受理破产申请的人民法院提起。

第三章 管 理 人

第二十二条 管理人由人民法院指定。

债权人会议认为管理人不能依法、公正执行职务或者有其他不能胜任职务情形的，可以申请人民法院予以更换。

指定管理人和确定管理人报酬的办法，由最高人民法院规定。

第二十三条 管理人依照本法规定执行职务，向人民法院报告工作，并接受债权人会议和债权人委员会的监督。

管理人应当列席债权人会议，向债权人会议报告职务执行情况，并回答询问。

第二十四条 管理人可以由有关部门、机构的人员组成的清算组或者依法设立的律师事务所、会计师事务所、破产清算事务所等社会中介机构担任。

人民法院根据债务人的实际情况，可以在征询有关社会中介机构的意见后，指定该机构具备相关专业知识并取得执业资格的人员担任管理人。

有下列情形之一的，不得担任管理人：

（一）因故意犯罪受过刑事处罚；

（二）曾被吊销相关专业执业证书；

（三）与本案有利害关系；

（四）人民法院认为不宜担任管理人的其他情形。

个人担任管理人的，应当参加执业责任保险。

第二十五条 管理人履行下列职责：

（一）接管债务人的财产、印章和账簿、文书等资料；

（二）调查债务人财产状况，制作财产状况报告；

（三）决定债务人的内部管理事务；

（四）决定债务人的日常开支和其他必要开支；

（五）在第一次债权人会议召开之前，决定继续或者停止债务人的营业；

（六）管理和处分债务人的财产；

（七）代表债务人参加诉讼、仲裁或者其他法律程序；

（八）提议召开债权人会议；

（九）人民法院认为管理人应当履行的其他职责。

本法对管理人的职责另有规定的，适用其规定。

第二十六条 在第一次债权人会议召开之前，管理人决定继续或者停止债务人的营业或者有本法第六十九条规定行为之一的，应当经人民法院许可。

第二十七条 管理人应当勤勉尽责，忠实执行职务。

第二十八条 管理人经人民法院许可，可以聘用必要的工作人员。

管理人的报酬由人民法院确定。债权人会议对管理人的报酬有异议的，有权向人民法院提出。

第二十九条 管理人没有正当理由不得辞去职务。管理人辞去职务应当经人民法院许可。

第四章 债务人财产

第三十条 破产申请受理时属于债务人的全部财产，以及破产申请受理后至破产程序终结前债务人取得的财产，为债务人财产。

第三十一条 人民法院受理破产申请前一年内，涉及债务人财产的下列行为，管理人有权请求人民法院予以撤销：

（一）无偿转让财产的；

（二）以明显不合理的价格进行交易的；

（三）对没有财产担保的债务提供财产担保的；

（四）对未到期的债务提前清偿的；

（五）放弃债权的。

第三十二条 人民法院受理破产申请前六个月内，债务人有本法第二条第一款规定的情形，仍对个别债权人进行清偿的，管理人有权请求人民法院予以撤销。但是，个别清偿使债务人财产受益的除外。

第三十三条 涉及债务人财产的下列行为无效：

（一）为逃避债务而隐匿、转移财产的；

（二）虚构债务或者承认不真实的债务的。

第三十四条 因本法第三十一条、第三十二条或者第三十三条规定的行为而取得的债务人的财产，管理人有权追回。

第三十五条 人民法院受理破产申请后，债务人的出资人尚未完全履行出资义务的，管理人应当要求该出资人缴纳所认缴的出资，而不受出资期限的限制。

第三十六条 债务人的董事、监事和高级管理人员利用职权从企业获取的非正常收入和侵占的企业财产，管理人应当追回。

第三十七条 人民法院受理破产申请后，管理人可以通过清偿债务或者提供为债权人接受的担保，取回质物、留置物。

前款规定的债务清偿或者替代担保，在质物或者留置物的价值低于被担保的债权额时，以该质物或者留置物当时的市场价值为限。

第三十八条 人民法院受理破产申请后，债务人占有的不属于债务人的财产，该财产的权利人可以通过管理人取回。但是，本法另有规定的除外。

第三十九条 人民法院受理破产申请时，出卖人已将买卖标的物向作为买受人的债务人发运，债务人尚未收到且未付清全部价款的，出卖人可以取回在运途中的标的物。但是，管理人可以支付全部价款，请求出卖人交付标的物。

第四十条 债权人在破产申请受理前对债务人负有债务的，可以向管理人主张抵销。但是，有下列情形之一的，不得抵销：

（一）债务人的债务人在破产申请受理后取得他人对债务人的债权的；

（二）债权人已知债务人有不能清偿到期债务或者破产申请的事实，对债务人负担债务的；但是，债权人因为法律规定或者有破产申请一年前所发生的原因而负担债务的除外；

（三）债务人的债务人已知债务人有不能清偿到期债务或者破产申请的事实，对债务人取得债权的；但是，债务人的债务人因为法律规定或者有破产申请一年前所发生的原因而取得债权的除外。

第五章　破产费用和共益债务

第四十一条　人民法院受理破产申请后发生的下列费用，为破产费用：

（一）破产案件的诉讼费用；

（二）管理、变价和分配债务人财产的费用；

（三）管理人执行职务的费用、报酬和聘用工作人员的费用。

第四十二条　人民法院受理破产申请后发生的下列债务，为共益债务：

（一）因管理人或者债务人请求对方当事人履行双方均未履行完毕的合同所产生的债务；

（二）债务人财产受无因管理所产生的债务；

（三）因债务人不当得利所产生的债务；

（四）为债务人继续营业而应支付的劳动报酬和社会保险费用以及由此产生的其他债务；

（五）管理人或者相关人员执行职务致人损害所产生的债务；

（六）债务人财产致人损害所产生的债务。

第四十三条　破产费用和共益债务由债务人财产随时清偿。

债务人财产不足以清偿所有破产费用和共益债务的，先行清偿破产费用。

债务人财产不足以清偿所有破产费用或者共益债务的，按照比例清偿。

债务人财产不足以清偿破产费用的，管理人应当提请人民法院终结破产程序。人民法院应当自收到请求之日起十五日内裁定终结破产程序，并予以公告。

第六章　债 权 申 报

第四十四条　人民法院受理破产申请时对债务人享有债权的债权人，依照本法规定的程序行使权利。

第四十五条　人民法院受理破产申请后，应当确定债权人申报债权的期限。债权申报期限自人民法院发布受理破产申请公告之日起计算，最短不得少于三十日，最长不得超过三个月。

第四十六条　未到期的债权，在破产申请受理时视为到期。

附利息的债权自破产申请受理时起停止计息。

第四十七条　附条件、附期限的债权和诉讼、仲裁未决的债权，债权人可以申报。

第四十八条　债权人应当在人民法院确定的债权申报期限内向管理人申报债权。

债务人所欠职工的工资和医疗、伤残补助、抚恤费用，所欠的应当划入职工个人账户的基本养老保险、基本医疗保险费用，以及法律、行政法规规定应当支付给职工的补偿金，不必申报，由管理人调查后列出清单并予以公示。职工对清单记载有异议的，可以要求管理人更正；管理人不予更正的，职工可以向人民法院提起诉讼。

第四十九条　债权人申报债权时，应当书面说明债权的数额和有无财产担保，并提交有关证据。申报的债权是连带债权的，应当说明。

第五十条　连带债权人可以由其中一人代表全体连带债权人申报债权，也可以共同申报债权。

第五十一条　债务人的保证人或者其他连带债务人已经代替债务人清偿债务的，以其对债务人的求偿权申报债权。

债务人的保证人或者其他连带债务人尚未代替债务人清偿债务的，以其对债务人的将来求偿权申报债权。但是，债权人已经向管理人申报全部债权的除外。

第五十二条　连带债务人数人被裁定适用本法规定的程序的，其债权人有权就全部债权分别在各破产案件中申报债权。

第五十三条　管理人或者债务人依照本法规定解除合同的，对方当事人以因合同解除所产生的损害赔偿请求权申报债权。

第五十四条　债务人是委托合同的委托人，被裁定适用本法规定的程序，受托人不知该事实，继续处理委托事务的，受托人以由此产生的请求权申报债权。

第五十五条　债务人是票据的出票人，被裁定适用本法规定的程序，该票据的付款人继续付款或者承兑的，付款人以由此产生的请求权申报债权。

第五十六条　在人民法院确定的债权申报期限内，债权人未申报债权的，可以在破产财产最后分配前补充申报；但是，此前已进行的分配，不再对其补充分配。为审查和确认补充申报债权的费用，由补充申报人承担。

债权人未依照本法规定申报债权的，不得依照本法规定的程序行使权利。

第五十七条　管理人收到债权申报材料后，应当登记造册，对申报的债权进行审查，并编制债权表。

债权表和债权申报材料由管理人保存，供利害关系人查阅。

第五十八条　依照本法第五十七条规定编制的债权表，应当提交第一次债权人会议核查。

债务人、债权人对债权表记载的债权无异议的，由人民法院裁定确认。

债务人、债权人对债权表记载的债权有异议的，可以向受理破产申请的人民法院提起诉讼。

第七章　债权人会议

第一节　一般规定

第五十九条　依法申报债权的债权人为债权人会议的成员，有权参加债权人会议，享有表决权。

债权尚未确定的债权人，除人民法院能够为其行使表决权而临时确定债权额的外，不得行使表决权。

对债务人的特定财产享有担保权的债权人，未放弃优先受偿权利的，对于本法第六十一条第一款第七项、第十项规定的事项不享有表决权。

债权人可以委托代理人出席债权人会议，行使表决权。代理人出席债权人会议，应当向人民法院或者债权人会议主席提交债权人的授权委托书。

债权人会议应当有债务人的职工和工会的代表参加，对有关事项发表意见。

第六十条 债权人会议设主席一人，由人民法院从有表决权的债权人中指定。

债权人会议主席主持债权人会议。

第六十一条 债权人会议行使下列职权：

（一）核查债权；

（二）申请人民法院更换管理人，审查管理人的费用和报酬；

（三）监督管理人；

（四）选任和更换债权人委员会成员；

（五）决定继续或者停止债务人的营业；

（六）通过重整计划；

（七）通过和解协议；

（八）通过债务人财产的管理方案；

（九）通过破产财产的变价方案；

（十）通过破产财产的分配方案；

（十一）人民法院认为应当由债权人会议行使的其他职权。

债权人会议应当对所议事项的决议作成会议记录。

第六十二条 第一次债权人会议由人民法院召集，自债权申报期限届满之日起十五日内召开。

以后的债权人会议，在人民法院认为必要时，或者管理人、债权人委员会、占债权总额四分之一以上的债权人向债权人会议主席提议时召开。

第六十三条 召开债权人会议，管理人应当提前十五日通知已知的债权人。

第六十四条 债权人会议的决议，由出席会议的有表决权的债权人过半数通过，并且其所代表的债权额占无财产担保债权总额的二分之一以上。但是，本法另有规定的除外。

债权人认为债权人会议的决议违反法律规定，损害其利益的，可以自债权人会议作出决议之日起十五日内，请求人民法院裁定撤销该决议，责令债权人会议依法重新作出决议。

债权人会议的决议，对于全体债权人均有约束力。

第六十五条 本法第六十一条第一款第八项、第九项所列事项，经债权人会议表决未通过的，由人民法院裁定。

本法第六十一条第一款第十项所列事项，经债权人会议二次表决仍未通过的，由人民法院裁定。

对前两款规定的裁定，人民法院可以在债权人会议上宣布或者另行通知债权人。

第六十六条　债权人对人民法院依照本法第六十五条第一款作出的裁定不服的，债权额占无财产担保债权总额二分之一以上的债权人对人民法院依照本法第六十五条第二款作出的裁定不服的，可以自裁定宣布之日或者收到通知之日起十五日内向该人民法院申请复议。复议期间不停止裁定的执行。

第二节　债权人委员会

第六十七条　债权人会议可以决定设立债权人委员会。债权人委员会由债权人会议选任的债权人代表和一名债务人的职工代表或者工会代表组成。债权人委员会成员不得超过九人。

债权人委员会成员应当经人民法院书面决定认可。

第六十八条　债权人委员会行使下列职权：

（一）监督债务人财产的管理和处分；

（二）监督破产财产分配；

（三）提议召开债权人会议；

（四）债权人会议委托的其他职权。

债权人委员会执行职务时，有权要求管理人、债务人的有关人员对其职权范围内的事务作出说明或者提供有关文件。

管理人、债务人的有关人员违反本法规定拒绝接受监督的，债权人委员会有权就监督事项请求人民法院作出决定；人民法院应当在五日内作出决定。

第六十九条　管理人实施下列行为，应当及时报告债权人委员会：

（一）涉及土地、房屋等不动产权益的转让；

（二）探矿权、采矿权、知识产权等财产权的转让；

（三）全部库存或者营业的转让；

（四）借款；

（五）设定财产担保；

（六）债权和有价证券的转让；

（七）履行债务人和对方当事人均未履行完毕的合同；

（八）放弃权利；

（九）担保物的取回；

（十）对债权人利益有重大影响的其他财产处分行为。

未设立债权人委员会的，管理人实施前款规定的行为应当及时报告人民法院。

第八章 重 整

第一节 重整申请和重整期间

第七十条 债务人或者债权人可以依照本法规定，直接向人民法院申请对债务人进行重整。

债权人申请对债务人进行破产清算的，在人民法院受理破产申请后、宣告债务人破产前，债务人或者出资额占债务人注册资本十分之一以上的出资人，可以向人民法院申请重整。

第七十一条 人民法院经审查认为重整申请符合本法规定的，应当裁定债务人重整，并予以公告。

第七十二条 自人民法院裁定债务人重整之日起至重整程序终止，为重整期间。

第七十三条 在重整期间，经债务人申请，人民法院批准，债务人可以在管理人的监督下自行管理财产和营业事务。

有前款规定情形的，依照本法规定已接管债务人财产和营业事务的管理人应当向债务人移交财产和营业事务，本法规定的管理人的职权由债务人行使。

第七十四条 管理人负责管理财产和营业事务的，可以聘任债务人的经营管理人员负责营业事务。

第七十五条 在重整期间，对债务人的特定财产享有的担保权暂停行使。但是，担保物有损坏或者价值明显减少的可能，足以危害担保权人权利的，担保权人可以向人民法院请求恢复行使担保权。

在重整期间，债务人或者管理人为继续营业而借款的，可以为该借款设定担保。

第七十六条 债务人合法占有的他人财产，该财产的权利人在重整期间要求取回的，应当符合事先约定的条件。

第七十七条 在重整期间，债务人的出资人不得请求投资收益分配。

在重整期间，债务人的董事、监事、高级管理人员不得向第三人转让其持有的债务人的股权。但是，经人民法院同意的除外。

第七十八条 在重整期间，有下列情形之一的，经管理人或者利害关系人请求，人民法院应当裁定终止重整程序，并宣告债务人破产：

（一）债务人的经营状况和财产状况继续恶化，缺乏挽救的可能性；

（二）债务人有欺诈、恶意减少债务人财产或者其他显著不利于债权人的行为；

（三）由于债务人的行为致使管理人无法执行职务。

第二节 重整计划的制定和批准

第七十九条 债务人或者管理人应当自人民法院裁定债务人重整之日起六个月内，同时向人民法院和债权人会议提交重整计划草案。

前款规定的期限届满，经债务人或者管理人请求，有正当理由的，人民法院可以裁定延期三个月。

债务人或者管理人未按期提出重整计划草案的，人民法院应当裁定终止重整程序，并宣告债务人破产。

第八十条 债务人自行管理财产和营业事务的，由债务人制作重整计划草案。

管理人负责管理财产和营业事务的，由管理人制作重整计划草案。

第八十一条 重整计划草案应当包括下列内容：

（一）债务人的经营方案；

（二）债权分类；

（三）债权调整方案；

（四）债权受偿方案；

（五）重整计划的执行期限；

（六）重整计划执行的监督期限；

（七）有利于债务人重整的其他方案。

第八十二条 下列各类债权的债权人参加讨论重整计划草案的债权人会议，依照下列债权分类，分组对重整计划草案进行表决：

（一）对债务人的特定财产享有担保权的债权；

（二）债务人所欠职工的工资和医疗、伤残补助、抚恤费用，所欠的应当划入职工个人账户的基本养老保险、基本医疗保险费用，以及法律、行政法规规定应当支付给职工的补偿金；

（三）债务人所欠税款；

（四）普通债权。

人民法院在必要时可以决定在普通债权组中设小额债权组对重整计划草案进行表决。

第八十三条 重整计划不得规定减免债务人欠缴的本法第八十二条第一款第二项规定以外的社会保险费用；该项费用的债权人不参加重整计划草案的表决。

第八十四条 人民法院应当自收到重整计划草案之日起三十日内召开债权人会议，对重整计划草案进行表决。

出席会议的同一表决组的债权人过半数同意重整计划草案，并且其所代表的债权额占该组债权总额的三分之二以上的，即为该组通过重整计划草案。

债务人或者管理人应当向债权人会议就重整计划草案作出说明，并回答询问。

第八十五条 债务人的出资人代表可以列席讨论重整计划草案的债权人会议。

重整计划草案涉及出资人权益调整事项的，应当设出资人组，对该事项进行表决。

第八十六条 各表决组均通过重整计划草案时，重整计划即为通过。

自重整计划通过之日起十日内，债务人或者管理人应当向人民法院提出批准重整计划的申请。人民法院经审查认为符合本法规定的，应当自收到申请之日起三十日内裁定批准，终止重整程序，并予以公告。

第八十七条 部分表决组未通过重整计划草案的，债务人或者管理人可以同未通过重整计划草案的表决组协商。该表决组可以在协商后再表决一次。双方协商的结果不得损害其他表决组的利益。

未通过重整计划草案的表决组拒绝再次表决或者再次表决仍未通过重整计划草案，但重整计划草案符合下列条件的，债务人或者管理人可以申请人民法院批准重整计划草案：

（一）按照重整计划草案，本法第八十二条第一款第一项所列债权就该特定财产将获得全额清偿，其因延期清偿所受的损失将得到公平补偿，并且其担保权未受到实质性损害，或者该表决组已经通过重整计划草案；

（二）按照重整计划草案，本法第八十二条第一款第二项、第三项所列债权将获得全额清偿，或者相应表决组已经通过重整计划草案；

（三）按照重整计划草案，普通债权所获得的清偿比例，不低于其在重整计划草案被提请批准时依照破产清算程序所能获得的清偿比例，或者该表决组已经通过重整计划草案；

（四）重整计划草案对出资人权益的调整公平、公正，或者出资人组已经通过重整计划草案；

（五）重整计划草案公平对待同一表决组的成员，并且所规定的债权清偿顺序不违反本法第一百一十三条的规定；

（六）债务人的经营方案具有可行性。

人民法院经审查认为重整计划草案符合前款规定的，应当自收到申请之日起三十日内裁定批准，终止重整程序，并予以公告。

第八十八条 重整计划草案未获得通过且未依照本法第八十七条的规定获得批准，或者已通过的重整计划未获得批准的，人民法院应当裁定终止重整程序，并宣告债务人破产。

第三节 重整计划的执行

第八十九条 重整计划由债务人负责执行。

人民法院裁定批准重整计划后，已接管财产和营业事务的管理人应当向债务人移交财产和营业事务。

第九十条 自人民法院裁定批准重整计划之日起，在重整计划规定的监督期内，由管理人监督重整计划的执行。

在监督期内，债务人应当向管理人报告重整计划执行情况和债务人财务状况。

第九十一条 监督期届满时，管理人应当向人民法院提交监督报告。自监督报告提交之日起，管理人的监督职责终止。

管理人向人民法院提交的监督报告，重整计划的利害关系人有权查阅。

经管理人申请，人民法院可以裁定延长重整计划执行的监督期限。

第九十二条　经人民法院裁定批准的重整计划，对债务人和全体债权人均有约束力。

债权人未依照本法规定申报债权的，在重整计划执行期间不得行使权利；在重整计划执行完毕后，可以按照重整计划规定的同类债权的清偿条件行使权利。

债权人对债务人的保证人和其他连带债务人所享有的权利，不受重整计划的影响。

第九十三条　债务人不能执行或者不执行重整计划的，人民法院经管理人或者利害关系人请求，应当裁定终止重整计划的执行，并宣告债务人破产。

人民法院裁定终止重整计划执行的，债权人在重整计划中作出的债权调整的承诺失去效力。债权人因执行重整计划所受的清偿仍然有效，债权未受清偿的部分作为破产债权。

前款规定的债权人，只有在其他同顺位债权人同自己所受的清偿达到同一比例时，才能继续接受分配。

有本条第一款规定情形的，为重整计划的执行提供的担保继续有效。

第九十四条　按照重整计划减免的债务，自重整计划执行完毕时起，债务人不再承担清偿责任。

第九章　和　　解

第九十五条　债务人可以依照本法规定，直接向人民法院申请和解；也可以在人民法院受理破产申请后、宣告债务人破产前，向人民法院申请和解。

债务人申请和解，应当提出和解协议草案。

第九十六条　人民法院经审查认为和解申请符合本法规定的，应当裁定和解，予以公告，并召集债权人会议讨论和解协议草案。

对债务人的特定财产享有担保权的权利人，自人民法院裁定和解之日起可以行使权利。

第九十七条　债权人会议通过和解协议的决议，由出席会议的有表决权的债权人过半数同意，并且其所代表的债权额占无财产担保债权总额的三分之二以上。

第九十八条　债权人会议通过和解协议的，由人民法院裁定认可，终止和解程序，并予以公告。管理人应当向债务人移交财产和营业事务，并向人民法院提交执行职务的报告。

第九十九条　和解协议草案经债权人会议表决未获得通过，或者已经债权人会议通过的和解协议未获得人民法院认可的，人民法院应当裁定终止和解程序，并宣告债务人破产。

第一百条　经人民法院裁定认可的和解协议，对债务人和全体和解债权人均有约束力。

和解债权人是指人民法院受理破产申请时对债务人享有无财产担保债权的人。

和解债权人未依照本法规定申报债权的，在和解协议执行期间不得行使权利；在和解协议执行完毕后，可以按照和解协议规定的清偿条件行使权利。

第一百零一条　和解债权人对债务人的保证人和其他连带债务人所享有的权利，不受和解协议的影响。

第一百零二条 债务人应当按照和解协议规定的条件清偿债务。

第一百零三条 因债务人的欺诈或者其他违法行为而成立的和解协议，人民法院应当裁定无效，并宣告债务人破产。

有前款规定情形的，和解债权人因执行和解协议所受的清偿，在其他债权人所受清偿同等比例的范围内，不予返还。

第一百零四条 债务人不能执行或者不执行和解协议的，人民法院经和解债权人请求，应当裁定终止和解协议的执行，并宣告债务人破产。

人民法院裁定终止和解协议执行的，和解债权人在和解协议中作出的债权调整的承诺失去效力。和解债权人因执行和解协议所受的清偿仍然有效，和解债权未受清偿的部分作为破产债权。

前款规定的债权人，只有在其他债权人同自己所受的清偿达到同一比例时，才能继续接受分配。

有本条第一款规定情形的，为和解协议的执行提供的担保继续有效。

第一百零五条 人民法院受理破产申请后，债务人与全体债权人就债权债务的处理自行达成协议的，可以请求人民法院裁定认可，并终结破产程序。

第一百零六条 按照和解协议减免的债务，自和解协议执行完毕时起，债务人不再承担清偿责任。

第十章 破 产 清 算

第一节 破 产 宣 告

第一百零七条 人民法院依照本法规定宣告债务人破产的，应当自裁定作出之日起五日内送达债务人和管理人，自裁定作出之日起十日内通知已知债权人，并予以公告。

债务人被宣告破产后，债务人称为破产人，债务人财产称为破产财产，人民法院受理破产申请时对债务人享有的债权称为破产债权。

第一百零八条 破产宣告前，有下列情形之一的，人民法院应当裁定终结破产程序，并予以公告：

（一）第三人为债务人提供足额担保或者为债务人清偿全部到期债务的；

（二）债务人已清偿全部到期债务的。

第一百零九条 对破产人的特定财产享有担保权的权利人，对该特定财产享有优先受偿的权利。

第一百一十条 享有本法第一百零九条规定权利的债权人行使优先受偿权利未能完全受偿的，其未受偿的债权作为普通债权；放弃优先受偿权利的，其债权作为普通债权。

第二节　变价和分配

第一百一十一条　管理人应当及时拟订破产财产变价方案，提交债权人会议讨论。

管理人应当按照债权人会议通过的或者人民法院依照本法第六十五条第一款规定裁定的破产财产变价方案，适时变价出售破产财产。

第一百一十二条　变价出售破产财产应当通过拍卖进行。但是，债权人会议另有决议的除外。

破产企业可以全部或者部分变价出售。企业变价出售时，可以将其中的无形资产和其他财产单独变价出售。

按照国家规定不能拍卖或者限制转让的财产，应当按照国家规定的方式处理。

第一百一十三条　破产财产在优先清偿破产费用和共益债务后，依照下列顺序清偿：

（一）破产人所欠职工的工资和医疗、伤残补助、抚恤费用，所欠的应当划入职工个人账户的基本养老保险、基本医疗保险费用，以及法律、行政法规规定应当支付给职工的补偿金；

（二）破产人欠缴的除前项规定以外的社会保险费用和破产人所欠税款；

（三）普通破产债权。

破产财产不足以清偿同一顺序的清偿要求的，按照比例分配。

破产企业的董事、监事和高级管理人员的工资按照该企业职工的平均工资计算。

第一百一十四条　破产财产的分配应当以货币分配方式进行。但是，债权人会议另有决议的除外。

第一百一十五条　管理人应当及时拟订破产财产分配方案，提交债权人会议讨论。

破产财产分配方案应当载明下列事项：

（一）参加破产财产分配的债权人名称或者姓名、住所；

（二）参加破产财产分配的债权额；

（三）可供分配的破产财产数额；

（四）破产财产分配的顺序、比例及数额；

（五）实施破产财产分配的方法。

债权人会议通过破产财产分配方案后，由管理人将该方案提请人民法院裁定认可。

第一百一十六条　破产财产分配方案经人民法院裁定认可后，由管理人执行。

管理人按照破产财产分配方案实施多次分配的，应当公告本次分配的财产额和债权额。管理人实施最后分配的，应当在公告中指明，并载明本法第一百一十七条第二款规定的事项。

第一百一十七条　对于附生效条件或者解除条件的债权，管理人应当将其分配额提存。

管理人依照前款规定提存的分配额，在最后分配公告日，生效条件未成就或者解除条件成就的，应当分配给其他债权人；在最后分配公告日，生效条件成就或者解除条件未成就的，应当交付给债权人。

第一百一十八条 债权人未受领的破产财产分配额，管理人应当提存。债权人自最后分配公告之日起满二个月仍不领取的，视为放弃受领分配的权利，管理人或者人民法院应当将提存的分配额分配给其他债权人。

第一百一十九条 破产财产分配时，对于诉讼或者仲裁未决的债权，管理人应当将其分配额提存。自破产程序终结之日起满二年仍不能受领分配的，人民法院应当将提存的分配额分配给其他债权人。

第三节 破产程序的终结

第一百二十条 破产人无财产可供分配的，管理人应当请求人民法院裁定终结破产程序。

管理人在最后分配完结后，应当及时向人民法院提交破产财产分配报告，并提请人民法院裁定终结破产程序。

人民法院应当自收到管理人终结破产程序的请求之日起十五日内作出是否终结破产程序的裁定。裁定终结的，应当予以公告。

第一百二十一条 管理人应当自破产程序终结之日起十日内，持人民法院终结破产程序的裁定，向破产人的原登记机关办理注销登记。

第一百二十二条 管理人于办理注销登记完毕的次日终止执行职务。但是，存在诉讼或者仲裁未决情况的除外。

第一百二十三条 自破产程序依照本法第四十三条第四款或者第一百二十条的规定终结之日起二年内，有下列情形之一的，债权人可以请求人民法院按照破产财产分配方案进行追加分配：

（一）发现有依照本法第三十一条、第三十二条、第三十三条、第三十六条规定应当追回的财产的；

（二）发现破产人有应当供分配的其他财产的。

有前款规定情形，但财产数量不足以支付分配费用的，不再进行追加分配，由人民法院将其上交国库。

第一百二十四条 破产人的保证人和其他连带债务人，在破产程序终结后，对债权人依照破产清算程序未受清偿的债权，依法继续承担清偿责任。

第十一章 法律责任

第一百二十五条 企业董事、监事或者高级管理人员违反忠实义务、勤勉义务，致使所在企业破产的，依法承担民事责任。

有前款规定情形的人员，自破产程序终结之日起三年内不得担任任何企业的董事、监事、高级管理人员。

第一百二十六条 有义务列席债权人会议的债务人的有关人员，经人民法院传唤，无正当理由拒不列席债权人会议的，人民法院可以拘传，并依法处以罚款。债务人的有关人员违反本法规定，拒不陈述、回答，或者作虚假陈述、回答的，人民法院可以依法处以罚款。

第一百二十七条 债务人违反本法规定，拒不向人民法院提交或者提交不真实的财产状况说明、债务清册、债权清册、有关财务会计报告以及职工工资的支付情况和社会保险费用的缴纳情况的，人民法院可以对直接责任人员依法处以罚款。

债务人违反本法规定，拒不向管理人移交财产、印章和账簿、文书等资料的，或者伪造、销毁有关财产证据材料而使财产状况不明的，人民法院可以对直接责任人员依法处以罚款。

第一百二十八条 债务人有本法第三十一条、第三十二条、第三十三条规定的行为，损害债权人利益的，债务人的法定代表人和其他直接责任人员依法承担赔偿责任。

第一百二十九条 债务人的有关人员违反本法规定，擅自离开住所地的，人民法院可以予以训诫、拘留，可以依法并处罚款。

第一百三十条 管理人未依照本法规定勤勉尽责，忠实执行职务的，人民法院可以依法处以罚款；给债权人、债务人或者第三人造成损失的，依法承担赔偿责任。

第一百三十一条 违反本法规定，构成犯罪的，依法追究刑事责任。

第十二章 附 则

第一百三十二条 本法施行后，破产人在本法公布之日前所欠职工的工资和医疗、伤残补助、抚恤费用，所欠的应当划入职工个人账户的基本养老保险、基本医疗保险费用，以及法律、行政法规规定应当支付给职工的补偿金，依照本法第一百一十三条的规定清偿后不足以清偿的部分，以本法第一百零九条规定的特定财产优先于对该特定财产享有担保权的权利人受偿。

第一百三十三条 在本法施行前国务院规定的期限和范围内的国有企业实施破产的特殊事宜，按照国务院有关规定办理。

第一百三十四条 商业银行、证券公司、保险公司等金融机构有本法第二条规定情形的，国务院金融监督管理机构可以向人民法院提出对该金融机构进行重整或者破产清算的申请。国务院金融监督管理机构依法对出现重大经营风险的金融机构采取接管、托管等措施的，可以向人民法院申请中止以该金融机构为被告或者被执行人的民事诉讼程序或者执行程序。

金融机构实施破产的，国务院可以依据本法和其他有关法律的规定制定实施办法。

第一百三十五条 其他法律规定企业法人以外的组织的清算，属于破产清算的，参照适用本法规定的程序。

第一百三十六条 本法自 2007 年 6 月 1 日起施行，《中华人民共和国企业破产法（试行）》同时废止。

最高人民法院关于适用《中华人民共和国企业破产法》若干问题的规定（一）

（2011年8月29日最高人民法院审判委员会第1527次会议通过 2011年9月9日最高人民法院公告公布 自2011年9月26日起施行 法释〔2011〕22号）

为正确适用《中华人民共和国企业破产法》，结合审判实践，就人民法院依法受理企业破产案件适用法律问题作出如下规定。

第一条 【破产原因的具体情形】债务人不能清偿到期债务并且具有下列情形之一的，人民法院应当认定其具备破产原因：

（一）资产不足以清偿全部债务；

（二）明显缺乏清偿能力。

相关当事人以对债务人的债务负有连带责任的人未丧失清偿能力为由，主张债务人不具备破产原因的，人民法院应不予支持。

第二条 【不能清偿到期债务的认定】下列情形同时存在的，人民法院应当认定债务人不能清偿到期债务：

（一）债权债务关系依法成立；

（二）债务履行期限已经届满；

（三）债务人未完全清偿债务。

第三条 【债务人资产不足以清偿全部债务的认定】债务人的资产负债表，或者审计报告、资产评估报告等显示其全部资产不足以偿付全部负债的，人民法院应当认定债务人资产不足以清偿全部债务，但有相反证据足以证明债务人资产能够偿付全部负债的除外。

第四条 【明显缺乏清偿能力的认定】债务人账面资产虽大于负债，但存在下列情形之一的，人民法院应当认定其明显缺乏清偿能力：

（一）因资金严重不足或者财产不能变现等原因，无法清偿债务；

（二）法定代表人下落不明且无其他人员负责管理财产，无法清偿债务；

（三）经人民法院强制执行，无法清偿债务；

（四）长期亏损且经营扭亏困难，无法清偿债务；

（五）导致债务人丧失清偿能力的其他情形。

第五条 【债权人申请债务人破产】企业法人已解散但未清算或者未在合理期限内清算完毕，债权人申请债务人破产清算的，除债务人在法定异议期限内举证证明其未出现破产原因外，人民法院应当受理。

第六条 【债权人申请债务人破产的举证责任分配】债权人申请债务人破产的，应当提交债务人不能清偿到期债务的有关证据。债务人对债权人的申请未在法定期限内向人民法院提出异议，或者异议不成立的，人民法院应当依法裁定受理破产申请。

受理破产申请后，人民法院应当责令债务人依法提交其财产状况说明、债务清册、债权清册、财务会计报告等有关材料，债务人拒不提交的，人民法院可以对债务人的直接责任人员采取罚款等强制措施。

第七条 【法院出具书名凭证和及时审查】人民法院收到破产申请时，应当向申请人出具收到申请及所附证据的书面凭证。

人民法院收到破产申请后应当及时对申请人的主体资格、债务人的主体资格和破产原因，以及有关材料和证据等进行审查，并依据企业破产法第十条的规定作出是否受理的裁定。

人民法院认为申请人应当补充、补正相关材料的，应当自收到破产申请之日起五日内告知申请人。当事人补充、补正相关材料的期间不计入企业破产法第十条规定的期限。

第八条 【破产案件诉讼费用】破产案件的诉讼费用，应根据企业破产法第四十三条的规定，从债务人财产中拨付。相关当事人以申请人未预先交纳诉讼费用为由，对破产申请提出异议的，人民法院不予支持。

第九条 【对未依法裁定是否受理破产案件的审判监督】申请人向人民法院提出破产申请，人民法院未接收其申请，或者未按本规定第七条执行的，申请人可以向上一级人民法院提出破产申请。

上一级人民法院接到破产申请后，应当责令下级法院依法审查并及时作出是否受理的裁定；下级法院仍不作出是否受理裁定的，上一级人民法院可以径行作出裁定。

上一级人民法院裁定受理破产申请的，可以同时指令下级人民法院审理该案件。

最高人民法院关于适用《中华人民共和国企业破产法》若干问题的规定（二）

（2013年7月29日最高人民法院审判委员会第1586次会议通过 2013年9月5日最高人民法院公告公布 自2013年9月16日起施行 法释〔2013〕22号）

根据《中华人民共和国企业破产法》《中华人民共和国物权法》《中华人民共和国合同法》等相关法律，结合审判实践，就人民法院审理企业破产案件中认定债务人财产相关的法律适用问题，制定本规定。

第一条 【债务人财产】除债务人所有的货币、实物外，债务人依法享有的可以用货币估价并可以依法转让的债权、股权、知识产权、用益物权等财产和财产权益，人民法院均应认定为债务人财产。

第二条 【不属于债务人的财产】下列财产不应认定为债务人财产：

（一）债务人基于仓储、保管、承揽、代销、借用、寄存、租赁等合同或者其他法律关系占有、使用的他人财产；

（二）债务人在所有权保留买卖中尚未取得所有权的财产；

（三）所有权专属于国家且不得转让的财产；

（四）其他依照法律、行政法规不属于债务人的财产。

第三条 【债务人特定财产】债务人已依法设定担保物权的特定财产，人民法院应当认定为债务人财产。

对债务人的特定财产在担保物权消灭或者实现担保物权后的剩余部分，在破产程序中可用以清偿破产费用、共益债务和其他破产债权。

第四条 【债务人共有财产】债务人对按份享有所有权的共有财产的相关份额，或者共同享有所有权的共有财产的相应财产权利，以及依法分割共有财产所得部分，人民法院均应认定为债务人财产。

人民法院宣告债务人破产清算，属于共有财产分割的法定事由。人民法院裁定债务人重整或者和解的，共有财产的分割应当依据物权法第九十九条的规定进行；基于重整或者和解的需要必须分割共有财产，管理人请求分割的，人民法院应予准许。

因分割共有财产导致其他共有人损害产生的债务，其他共有人请求作为共益债务清偿的，人民法院应予支持。

第五条 【债务人执行回转的财产】破产申请受理后，有关债务人财产的执行程序未依照企业破产法第十九条的规定中止的，采取执行措施的相关单位应当依法予以纠正。依法执行回转的财产，人民法院应当认定为债务人财产。

第六条 【债务人财产保全】破产申请受理后，对于可能因有关利益相关人的行为或者其他原因，影响破产程序依法进行的，受理破产申请的人民法院可以根据管理人的申请或者依职权，对债务人的全部或者部分财产采取保全措施。

第七条 【财产保全措施解除】对债务人财产已采取保全措施的相关单位，在知悉人民法院已裁定受理有关债务人的破产申请后，应当依照企业破产法第十九条的规定及时解除对债务人财产的保全措施。

第八条 【财产保全措施恢复】人民法院受理破产申请后至破产宣告前裁定驳回破产申请，或者依据企业破产法第一百零八条的规定裁定终结破产程序的，应当及时通知原已采取保全措施并已依法解除保全措施的单位按照原保全顺位恢复相关保全措施。

在已依法解除保全的单位恢复保全措施或者表示不再恢复之前，受理破产申请的人民法院不得解除对债务人财产的保全措施。

第九条 **【管理人撤销权】**管理人依据企业破产法第三十一条和第三十二条的规定提起诉讼，请求撤销涉及债务人财产的相关行为并由相对人返还债务人财产的，人民法院应予支持。

管理人因过错未依法行使撤销权导致债务人财产不当减损，债权人提起诉讼主张管理人对其损失承担相应赔偿责任的，人民法院应予支持。

第十条 **【可撤销行为起算点】**债务人经过行政清理程序转入破产程序的，企业破产法第三十一条和第三十二条规定的可撤销行为的起算点，为行政监管机构作出撤销决定之日。

债务人经过强制清算程序转入破产程序的，企业破产法第三十一条和第三十二条规定的可撤销行为的起算点，为人民法院裁定受理强制清算申请之日。

第十一条 **【交易撤销后的财产或者价款的返还】**人民法院根据管理人的请求撤销涉及债务人财产的以明显不合理价格进行的交易的，买卖双方应当依法返还从对方获取的财产或者价款。

因撤销该交易，对于债务人应返还受让人已支付价款所产生的债务，受让人请求作为共益债务清偿的，人民法院应予支持。

第十二条 **【债务人提前清偿行为的撤销】**破产申请受理前一年内债务人提前清偿的未到期债务，在破产申请受理前已经到期，管理人请求撤销该清偿行为的，人民法院不予支持。但是，该清偿行为发生在破产申请受理前六个月内且债务人有企业破产法第二条第一款规定情形的除外。

第十三条 **【债权人撤销权】**破产申请受理后，管理人未依据企业破产法第三十一条的规定请求撤销债务人无偿转让财产、以明显不合理价格交易、放弃债权行为的，债权人依据合同法第七十四条等规定提起诉讼，请求撤销债务人上述行为并将因此追回的财产归入债务人财产的，人民法院应予受理。

相对人以债权人行使撤销权的范围超出债权人的债权抗辩的，人民法院不予支持。

第十四条 **【管理人就设定担保的债权个别清偿行为的撤销】**债务人对以自有财产设定担保物权的债权进行的个别清偿，管理人依据企业破产法第三十二条的规定请求撤销的，人民法院不予支持。但是，债务清偿时担保财产的价值低于债权额的除外。

第十五条 **【经诉讼等程序进行的个人清偿行为的撤销】**债务人经诉讼、仲裁、执行程序对债权人进行的个别清偿，管理人依据企业破产法第三十二条的规定请求撤销的，人民法院不予支持。但是，债务人与债权人恶意串通损害其他债权人利益的除外。

第十六条 **【管理人不得请求撤销的个别清偿行为】**债务人对债权人进行的以下个别清偿，管理人依据企业破产法第三十二条的规定请求撤销的，人民法院不予支持：

（一）债务人为维系基本生产需要而支付水费、电费等的；

（二）债务人支付劳动报酬、人身损害赔偿金的；

（三）使债务人财产受益的其他个别清偿。

第十七条　【管理人起诉涉及债务人财产的无效行为并可依法要求返还财产】管理人依据企业破产法第三十三条的规定提起诉讼，主张被隐匿、转移财产的实际占有人返还债务人财产，或者主张债务人虚构债务或者承认不真实债务的行为无效并返还债务人财产的，人民法院应予支持。

第十八条　【债务人的法定代表人和其他直接责任人员的法律责任】管理人代表债务人依据企业破产法第一百二十八条的规定，以债务人的法定代表人和其他直接责任人员对所涉债务人财产的相关行为存在故意或者重大过失，造成债务人财产损失为由提起诉讼，主张上述责任人员承担相应赔偿责任的，人民法院应予支持。

第十九条　【债务人对外享有债权诉讼时效的中断】债务人对外享有债权的诉讼时效，自人民法院受理破产申请之日起中断。

债务人无正当理由未对其到期债权及时行使权利，导致其对外债权在破产申请受理前一年内超过诉讼时效期间的，人民法院受理破产申请之日起重新计算上述债权的诉讼时效期间。

第二十条　【管理人起诉未依法出资或抽逃出资相关责任人】管理人代表债务人提起诉讼，主张出资人向债务人依法缴付未履行的出资或者返还抽逃的出资本息，出资人以认缴出资尚未届至公司章程规定的缴纳期限或者违反出资义务已经超过诉讼时效为由抗辩的，人民法院不予支持。

管理人依据公司法的相关规定代表债务人提起诉讼，主张公司的发起人和负有监督股东履行出资义务的董事、高级管理人员，或者协助抽逃出资的其他股东、董事、高级管理人员、实际控制人等，对股东违反出资义务或者抽逃出资承担相应责任，并将财产归入债务人财产的，人民法院应予支持。

第二十一条　【破产申请受理后个别清偿诉讼中止审理】破产申请受理前，债权人就债务人财产提起下列诉讼，破产申请受理时案件尚未审结的，人民法院应当中止审理：

（一）主张次债务人代替债务人直接向其偿还债务的；

（二）主张债务人的出资人、发起人和负有监督股东履行出资义务的董事、高级管理人员，或者协助抽逃出资的其他股东、董事、高级管理人员、实际控制人等直接向其承担出资不实或者抽逃出资责任的；

（三）以债务人的股东与债务人法人人格严重混同为由，主张债务人的股东直接向其偿还债务人对其所负债务的；

（四）其他就债务人财产提起的个别清偿诉讼。

债务人破产宣告后，人民法院应当依照企业破产法第四十四条的规定判决驳回债权人的诉讼请求。但是，债权人一审中变更其诉讼请求为追收的相关财产归入债务人财产的除外。

债务人破产宣告前，人民法院依据企业破产法第十二条或者第一百零八条的规定裁定驳回破产申请或者终结破产程序的，上述中止审理的案件应当依法恢复审理。

第二十二条　【破产申请受理后个别清偿中止执行】破产申请受理前，债权人就债务人财产向人民法院提起本规定第二十一条第一款所列诉讼，人民法院已经作出生效民事判决书或者调解书但尚未执行完毕的，破产申请受理后，相关执行行为应当依据企业破产法第十九条的规定中止，债权人应当依法向管理人申报相关债权。

第二十三条　【破产申请受理后个别清偿不予受理】破产申请受理后，债权人就债务人财产向人民法院提起本规定第二十一条第一款所列诉讼的，人民法院不予受理。

债权人通过债权人会议或者债权人委员会，要求管理人依法向次债务人、债务人的出资人等追收债务人财产，管理人无正当理由拒绝追收，债权人会议依据企业破产法第二十二条的规定，申请人民法院更换管理人的，人民法院应予支持。

管理人不予追收，个别债权人代表全体债权人提起相关诉讼，主张次债务人或者债务人的出资人等向债务人清偿或者返还债务人财产，或者依法申请合并破产的，人民法院应予受理。

第二十四条　【管理人员非正常收入】债务人有企业破产法第二条第一款规定的情形时，债务人的董事、监事和高级管理人员利用职权获取的以下收入，人民法院应当认定为企业破产法第三十六条规定的非正常收入：

（一）绩效奖金；

（二）普遍拖欠职工工资情况下获取的工资性收入；

（三）其他非正常收入。

债务人的董事、监事和高级管理人员拒不向管理人返还上述债务人财产，管理人主张上述人员予以返还的，人民法院应予支持。

债务人的董事、监事和高级管理人员因返还第一款第（一）项、第（三）项非正常收入形成的债权，可以作为普通破产债权清偿。因返还第一款第（二）项非正常收入形成的债权，依据企业破产法第一百一十三条第三款的规定，按照该企业职工平均工资计算的部分作为拖欠职工工资清偿；高出该企业职工平均工资计算的部分，可以作为普通破产债权清偿。

第二十五条　【对债权人利益有重大影响的财产处分行为的报告】管理人拟通过清偿债务或者提供担保取回质物、留置物，或者与质权人、留置权人协议以质物、留置物折价清偿债务等方式，进行对债权人利益有重大影响的财产处分行为的，应当及时报告债权人委员会。未设立债权人委员会的，管理人应当及时报告人民法院。

第二十六条　【取回权行使期限】权利人依据企业破产法第三十八条的规定行使取回权，应当在破产财产变价方案或者和解协议、重整计划草案提交债权人会议表决前向管理人提出。权利人在上述期限后主张取回相关财产的，应当承担延迟行使取回权增加的相关费用。

第二十七条 【取回权行使】权利人依据企业破产法第三十八条的规定向管理人主张取回相关财产，管理人不予认可，权利人以债务人为被告向人民法院提起诉讼请求行使取回权的，人民法院应予受理。

权利人依据人民法院或者仲裁机关的相关生效法律文书向管理人主张取回所涉争议财产，管理人以生效法律文书错误为由拒绝其行使取回权的，人民法院不予支持。

第二十八条 【行使取回权应履行相关费用支付义务】权利人行使取回权时未依法向管理人支付相关的加工费、保管费、托运费、委托费、代销费等费用，管理人拒绝其取回相关财产的，人民法院应予支持。

第二十九条 【提存变价款的取回】对债务人占有的权属不清的鲜活易腐等不易保管的财产或者不及时变现价值将严重贬损的财产，管理人及时变价并提存变价款后，有关权利人就该变价款行使取回权的，人民法院应予支持。

第三十条 【第三人取得所有权的债务人违法转让的财产的取回】债务人占有的他人财产被违法转让给第三人，依据物权法第一百零六条的规定第三人已善意取得财产所有权，原权利人无法取回该财产的，人民法院应当按照以下规定处理：

（一）转让行为发生在破产申请受理前的，原权利人因财产损失形成的债权，作为普通破产债权清偿；

（二）转让行为发生在破产申请受理后的，因管理人或者相关人员执行职务导致原权利人损害产生的债务，作为共益债务清偿。

第三十一条 【第三人未取得所有权的债务人违法转让的财产的取回】债务人占有的他人财产被违法转让给第三人，第三人已向债务人支付了转让价款，但依据物权法第一百零六条的规定未取得财产所有权，原权利人依法追回转让财产的，对因第三人已支付对价而产生的债务，人民法院应当按照以下规定处理：

（一）转让行为发生在破产申请受理前的，作为普通破产债权清偿；

（二）转让行为发生在破产申请受理后的，作为共益债务清偿。

第三十二条 【代偿性取回权】债务人占有的他人财产毁损、灭失，因此获得的保险金、赔偿金、代偿物尚未交付给债务人，或者代偿物虽已交付给债务人但能与债务人财产予以区分的，权利人主张取回就此获得的保险金、赔偿金、代偿物的，人民法院应予支持。

保险金、赔偿金已经交付给债务人，或者代偿物已经交付给债务人且不能与债务人财产予以区分的，人民法院应当按照以下规定处理：

（一）财产毁损、灭失发生在破产申请受理前的，权利人因财产损失形成的债权，作为普通破产债权清偿；

（二）财产毁损、灭失发生在破产申请受理后的，因管理人或者相关人员执行职务导致权利人损害产生的债务，作为共益债务清偿。

债务人占有的他人财产毁损、灭失，没有获得相应的保险金、赔偿金、代偿物，或者保险金、赔偿物、代偿物不足以弥补其损失的部分，人民法院应当按照本条第二款的规定处理。

第三十三条 【管理人等执行职务时不当处置他人财产的处理】管理人或者相关人员在执行职务过程中，因故意或者重大过失不当转让他人财产或者造成他人财产毁损、灭失，导致他人损害产生的债务作为共益债务，由债务人财产随时清偿不足弥补损失，权利人向管理人或者相关人员主张承担补充赔偿责任的，人民法院应予支持。

上述债务作为共益债务由债务人财产随时清偿后，债权人以管理人或者相关人员执行职务不当导致债务人财产减少给其造成损失为由提起诉讼，主张管理人或者相关人员承担相应赔偿责任的，人民法院应予支持。

第三十四条 【管理人有权决定所有权保留合同解除或继续履行】买卖合同双方当事人在合同中约定标的物所有权保留，在标的物所有权未依法转移给买受人前，一方当事人破产的，该买卖合同属于双方均未履行完毕的合同，管理人有权依据企业破产法第十八条的规定决定解除或者继续履行合同。

第三十五条 【出卖人破产时所有权保留合同的继续履行】出卖人破产，其管理人决定继续履行所有权保留买卖合同的，买受人应当按照原买卖合同的约定支付价款或者履行其他义务。

买受人未依约支付价款或者履行完毕其他义务，或者将标的物出卖、出质或者作出其他不当处分，给出卖人造成损害，出卖人管理人依法主张取回标的物的，人民法院应予支持。但是，买受人已经支付标的物总价款百分之七十五以上或者第三人善意取得标的物所有权或者其他物权的除外。

因本条第二款规定未能取回标的物，出卖人管理人依法主张买受人继续支付价款、履行完毕其他义务，以及承担相应赔偿责任的，人民法院应予支持。

第三十六条 【出卖人破产时所有权保留合同的解除】出卖人破产，其管理人决定解除所有权保留买卖合同，并依据企业破产法第十七条的规定要求买受人向其交付买卖标的物的，人民法院应予支持。

买受人以其不存在未依约支付价款或者履行完毕其他义务，或者将标的物出卖、出质或者作出其他不当处分情形抗辩的，人民法院不予支持。

买受人依法履行合同义务并依据本条第一款将买卖标的物交付出卖人管理人后，买受人已支付价款损失形成的债权作为共益债务清偿。但是，买受人违反合同约定，出卖人管理人主张上述债权作为普通破产债权清偿的，人民法院应予支持。

第三十七条 【买受人破产时所有权保留合同的继续履行】买受人破产，其管理人决定继续履行所有权保留买卖合同的，原买卖合同中约定的买受人支付价款或者履行其他义务的期限在破产申请受理时视为到期，买受人管理人应当及时向出卖人支付价款或者履行其他义务。

买受人管理人无正当理由未及时支付价款或者履行完毕其他义务，或者将标的物出卖、出质或者作出其他不当处分，给出卖人造成损害，出卖人依据合同法第一百三十四条等规定主张取回标的物的，人民法院应予支持。但是，买受人已支付标的物总价款百分之七十五以上或者第三人善意取得标的物所有权或者其他物权的除外。

因本条第二款规定未能取回标的物，出卖人依法主张买受人继续支付价款、履行完毕其他义务，以及承担相应赔偿责任的，人民法院应予支持。对因买受人未支付价款或者未履行完毕其他义务，以及买受人管理人将标的物出卖、出质或者作出其他不当处分导致出卖人损害产生的债务，出卖人主张作为共益债务清偿的，人民法院应予支持。

第三十八条　【买受人破产时所有权保留合同的解除】买受人破产，其管理人决定解除所有权保留买卖合同，出卖人依据企业破产法第三十八条的规定主张取回买卖标的物的，人民法院应予支持。

出卖人取回买卖标的物，买受人管理人主张出卖人返还已支付价款的，人民法院应予支持。取回的标的物价值明显减少给出卖人造成损失的，出卖人可从买受人已支付价款中优先予以抵扣后，将剩余部分返还给买受人；对买受人已支付价款不足以弥补出卖人标的物价值减损损失形成的债权，出卖人主张作为共益债务清偿的，人民法院应予支持。

第三十九条　【在运途中标的物的取回】出卖人依据企业破产法第三十九条的规定，通过通知承运人或者实际占有人中止运输、返还货物、变更到达地，或者将货物交给其他收货人等方式，对在运途中标的物主张了取回权但未能实现，或者在货物未达管理人前已向管理人主张取回在运途中标的物，在买卖标的物到达管理人后，出卖人向管理人主张取回的，管理人应予准许。

出卖人对在运途中标的物未及时行使取回权，在买卖标的物到达管理人后向管理人行使在运途中标的物取回权的，管理人不应准许。

第四十条　【重整期间债务人占有财产的取回】债务人重整期间，权利人要求取回债务人合法占有的权利人的财产，不符合双方事先约定条件的，人民法院不予支持。但是，因管理人或者自行管理的债务人违反约定，可能导致取回物被转让、毁损、灭失或者价值明显减少的除外。

第四十一条　【抵销权的行使】债权人依据企业破产法第四十条的规定行使抵销权，应当向管理人提出抵销主张。

管理人不得主动抵销债务人与债权人的互负债务，但抵销使债务人财产受益的除外。

第四十二条　【抵销的生效】管理人收到债权人提出的主张债务抵销的通知后，经审查无异议的，抵销自管理人收到通知之日起生效。

管理人对抵销主张有异议的，应当在约定的异议期限内或者自收到主张债务抵销的通知之日起三个月内向人民法院提起诉讼。无正当理由逾期提起的，人民法院不予支持。

人民法院判决驳回管理人提起的抵销无效诉讼请求的，该抵销自管理人收到主张债务抵销的通知之日起生效。

第四十三条 【不受支持的针对抵销权的管理人异议】 债权人主张抵销，管理人以下列理由提出异议的，人民法院不予支持：

（一）破产申请受理时，债务人对债权人负有的债务尚未到期；

（二）破产申请受理时，债权人对债务人负有的债务尚未到期；

（三）双方互负债务标的物种类、品质不同。

第四十四条 【抵销无效的情形】 破产申请受理前六个月内，债务人有企业破产法第二条第一款规定的情形，债务人与个别债权人以抵销方式对个别债权人清偿，其抵销的债权债务属于企业破产法第四十条第（二）、（三）项规定的情形之一，管理人在破产申请受理之日起三个月内向人民法院提起诉讼，主张该抵销无效的，人民法院应予支持。

第四十五条 【债权人享有优先受偿权与债务人不享有优先受偿权的债权的抵销】 企业破产法第四十条所列不得抵销情形的债权人，主张以其对债务人特定财产享有优先受偿权的债权，与债务人对其不享有优先受偿权的债权抵销，债务人管理人以抵销存在企业破产法第四十条规定的情形提出异议的，人民法院不予支持。但是，用以抵销的债权大于债权人享有优先受偿权财产价值的除外。

第四十六条 【债务人股东与债务人的债务抵销】 债务人的股东主张以下列债务与债务人对其负有的债务抵销，债务人管理人提出异议的，人民法院应予支持：

（一）债务人股东因欠缴债务人的出资或者抽逃出资对债务人所负的债务；

（二）债务人股东滥用股东权利或者关联关系损害公司利益对债务人所负的债务。

第四十七条 【诉讼管辖】 人民法院受理破产申请后，当事人提起的有关债务人的民事诉讼案件，应当依据企业破产法第二十一条的规定，由受理破产申请的人民法院管辖。

受理破产申请的人民法院管辖的有关债务人的第一审民事案件，可以依据民事诉讼法第三十八条的规定，由上级人民法院提审，或者报请上级人民法院批准后交下级人民法院审理。

受理破产申请的人民法院，如对有关债务人的海事纠纷、专利纠纷、证券市场因虚假陈述引发的民事赔偿纠纷等案件不能行使管辖权的，可以依据民事诉讼法第三十七条的规定，由上级人民法院指定管辖。

第四十八条 【本解释效力条款】 本规定施行前本院发布的有关企业破产的司法解释，与本规定相抵触的，自本规定施行之日起不再适用。

最高人民法院关于适用《中华人民共和国企业破产法》若干问题的规定（三）

（2019 年 2 月 25 日最高人民法院审判委员会第 1762 次会议通过 2019 年 3 月 27 日最高人民法院公告公布 自 2019 年 3 月 28 日起施行 法释〔2019〕3 号）

为正确适用《中华人民共和国企业破产法》，结合审判实践，就人民法院审理企业破产案件中有关债权人权利行使等相关法律适用问题，制定本规定。

第一条 【破产费用范围】人民法院裁定受理破产申请的，此前债务人尚未支付的公司强制清算费用、未终结的执行程序中产生的评估费、公告费、保管费等执行费用，可以参照企业破产法关于破产费用的规定，由债务人财产随时清偿。

此前债务人尚未支付的案件受理费、执行申请费，可以作为破产债权清偿。

第二条 【继续营业借款的清偿】破产申请受理后，经债权人会议决议通过，或者第一次债权人会议召开前经人民法院许可，管理人或者自行管理的债务人可以为债务人继续营业而借款。提供借款的债权人主张参照企业破产法第四十二条第四项的规定优先于普通破产债权清偿的，人民法院应予支持，但其主张优先于此前已就债务人特定财产享有担保的债权清偿的，人民法院不予支持。

管理人或者自行管理的债务人可以为前述借款设定抵押担保，抵押物在破产申请受理前已为其他债权人设定抵押的，债权人主张按照物权法第一百九十九条规定的顺序清偿，人民法院应予支持。

第三条 【破产申请受理后产生的滞纳金不得申报破产债权】破产申请受理后，债务人欠缴款项产生的滞纳金，包括债务人未履行生效法律文书应当加倍支付的迟延利息和劳动保险金的滞纳金，债权人作为破产债权申报的，人民法院不予确认。

第四条 【保证人破产对债权人债权申报】保证人被裁定进入破产程序的，债权人有权申报其对保证人的保证债权。

主债务未到期的，保证债权在保证人破产申请受理时视为到期。一般保证的保证人主张行使先诉抗辩权的，人民法院不予支持，但债权人在一般保证人破产程序中的分配额应予提存，待一般保证人应承担的保证责任确定后再按照破产清偿比例予以分配。

保证人被确定应当承担保证责任的，保证人的管理人可以就保证人实际承担的清偿额向主债务人或其他债务人行使求偿权。

第五条 【债务人、保证人均破产时债权人债权申报】债务人、保证人均被裁定进入破产程序的，债权人有权向债务人、保证人分别申报债权。

债权人向债务人、保证人均申报全部债权的，从一方破产程序中获得清偿后，其对另一方的债权额不作调整，但债权人的受偿额不得超出其债权总额。保证人履行保证责任后不再享有求偿权。

第六条　【债权申报登记册、债权表等的制作、保管】管理人应当依照企业破产法第五十七条的规定对所申报的债权进行登记造册，详尽记载申报人的姓名、单位、代理人、申报债权额、担保情况、证据、联系方式等事项，形成债权申报登记册。

管理人应当依照企业破产法第五十七条的规定对债权的性质、数额、担保财产、是否超过诉讼时效期间、是否超过强制执行期间等情况进行审查、编制债权表并提交债权人会议核查。

债权表、债权申报登记册及债权申报材料在破产期间由管理人保管，债权人、债务人、债务人职工及其他利害关系人有权查阅。

第七条　【生效法律文书确定的债权确认】已经生效法律文书确定的债权，管理人应当予以确认。

管理人认为债权人据以申报债权的生效法律文书确定的债权错误，或者有证据证明债权人与债务人恶意通过诉讼、仲裁或者公证机关赋予强制执行力公证文书的形式虚构债权债务的，应当依法通过审判监督程序向作出该判决、裁定、调解书的人民法院或者上一级人民法院申请撤销生效法律文书，或者向受理破产申请的人民法院申请撤销或者不予执行仲裁裁决、不予执行公证债权文书后，重新确定债权。

第八条　【债权确认异议的方式】债务人、债权人对债权表记载的债权有异议的，应当说明理由和法律依据。经管理人解释或调整后，异议人仍然不服的，或者管理人不予解释或调整的，异议人应当在债权人会议核查结束后十五日内向人民法院提起债权确认的诉讼。当事人之间在破产申请受理前订立有仲裁条款或仲裁协议的，应当向选定的仲裁机构申请确认债权债务关系。

第九条　【债权确认异议之诉当事人】债务人对债权表记载的债权有异议向人民法院提起诉讼的，应将被异议债权人列为被告。债权人对债权表记载的他人债权有异议的，应将被异议债权人列为被告；债权人对债权表记载的本人债权有异议的，应将债务人列为被告。

对同一笔债权存在多个异议人，其他异议人申请参加诉讼的，应当列为共同原告。

第十条　【知情权】单个债权人有权查阅债务人财产状况报告、债权人会议决议、债权人委员会决议、管理人监督报告等参与破产程序所必需的债务人财务和经营信息资料。管理人无正当理由不予提供的，债权人可以请求人民法院作出决定；人民法院应当在五日内作出决定。

上述信息资料涉及商业秘密的，债权人应当依法承担保密义务或者签署保密协议；涉及国家秘密的应当依照相关法律规定处理。

第十一条 【非现场会议表决及重整计划草案分组表决】 债权人会议的决议除现场表决外，可以由管理人事先将相关决议事项告知债权人，采取通信、网络投票等非现场方式进行表决。采取非现场方式进行表决的，管理人应当在债权人会议召开后的三日内，以信函、电子邮件、公告等方式将表决结果告知参与表决的债权人。

根据企业破产法第八十二条规定，对重整计划草案进行分组表决时，权益因重整计划草案受到调整或者影响的债权人或者股东，有权参加表决；权益未受到调整或者影响的债权人或者股东，参照企业破产法第八十三条的规定，不参加重整计划草案的表决。

第十二条 【债权人会议决议的撤销】 债权人会议的决议具有以下情形之一，损害债权人利益，债权人申请撤销的，人民法院应予支持：

（一）债权人会议的召开违反法定程序；

（二）债权人会议的表决违反法定程序；

（三）债权人会议的决议内容违法；

（四）债权人会议的决议超出债权人会议的职权范围。

人民法院可以裁定撤销全部或者部分事项决议，责令债权人会议依法重新作出决议。

债权人申请撤销债权人会议决议的，应当提出书面申请。债权人会议采取通信、网络投票等非现场方式进行表决的，债权人申请撤销的期限自债权人收到通知之日起算。

第十三条 【债权人会议职权委托规则】 债权人会议可以依照企业破产法第六十八条第一款第四项的规定，委托债权人委员会行使企业破产法第六十一条第一款第二、三、五项规定的债权人会议职权。债权人会议不得作出概括性授权，委托其行使债权人会议所有职权。

第十四条 【债权人委员会议事规则】 债权人委员会决定所议事项应获得全体成员过半数通过，并作成议事记录。债权人委员会成员对所议事项的决议有不同意见的，应当在记录中载明。

债权人委员会行使职权应当接受债权人会议的监督，以适当的方式向债权人会议及时汇报工作，并接受人民法院的指导。

第十五条 【重大财产处置】 管理人处分企业破产法第六十九条规定的债务人重大财产的，应当事先制作财产管理或者变价方案并提交债权人会议进行表决，债权人会议表决未通过的，管理人不得处分。

管理人实施处分前，应当根据企业破产法第六十九条的规定，提前十日书面报告债权人委员会或者人民法院。债权人委员会可以依照企业破产法第六十八条第二款的规定，要求管理人对处分行为作出相应说明或者提供有关文件依据。

债权人委员会认为管理人实施的处分行为不符合债权人会议通过的财产管理或变价方案的，有权要求管理人纠正。管理人拒绝纠正的，债权人委员会可以请求人民法院作出决定。

人民法院认为管理人实施的处分行为不符合债权人会议通过的财产管理或变价方案的，

应当责令管理人停止处分行为。管理人应当予以纠正，或者提交债权人会议重新表决通过后实施。

第十六条 **【实施日期】**本规定自2019年3月28日起实施。

实施前本院发布的有关企业破产的司法解释，与本规定相抵触的，自本规定实施之日起不再适用。

最高人民法院关于审理企业破产案件指定管理人的规定

（2007年4月4日最高人民法院审判委员会第1422次会议通过　2007年4月12日最高人民法院公告公布　自2007年6月1日起施行　法释〔2007〕8号）

为公平、公正审理企业破产案件，保证破产审判工作依法顺利进行，促进管理人制度的完善和发展，根据《中华人民共和国企业破产法》的规定，制定本规定。

一、管理人名册的编制

第一条 人民法院审理企业破产案件应当指定管理人。除企业破产法和本规定另有规定外，管理人应当从管理人名册中指定。

第二条 高级人民法院应当根据本辖区律师事务所、会计师事务所、破产清算事务所等社会中介机构及专职从业人员数量和企业破产案件数量，确定由本院或者所辖中级人民法院编制管理人名册。

人民法院应当分别编制社会中介机构管理人名册和个人管理人名册。由直辖市以外的高级人民法院编制的管理人名册中，应当注明社会中介机构和个人所属中级人民法院辖区。

第三条 符合企业破产法规定条件的社会中介机构及其具备相关专业知识并取得执业资格的人员，均可申请编入管理人名册。已被编入机构管理人名册的社会中介机构中，具备相关专业知识并取得执业资格的人员，可以申请编入个人管理人名册。

第四条 社会中介机构及个人申请编入管理人名册的，应当向所在地区编制管理人名册的人民法院提出，由该人民法院予以审定。

人民法院不受理异地申请，但异地社会中介机构在本辖区内设立的分支机构提出申请的除外。

第五条 人民法院应当通过本辖区有影响的媒体就编制管理人名册的有关事项进行公告。公告应当包括以下内容：

（一）管理人申报条件；

（二）应当提交的材料；

（三）评定标准、程序；

（四）管理人的职责以及相应的法律责任；

（五）提交申报材料的截止时间；

（六）人民法院认为应当公告的其他事项。

第六条 律师事务所、会计师事务所申请编入管理人名册的，应当提供下列材料：

（一）执业证书、依法批准设立文件或者营业执照；

（二）章程；

（三）本单位专职从业人员名单及其执业资格证书复印件；

（四）业务和业绩材料；

（五）行业自律组织对所提供材料真实性以及有无被行政处罚或者纪律处分情况的证明；

（六）人民法院要求的其他材料。

第七条 破产清算事务所申请编入管理人名册的，应当提供以下材料：

（一）营业执照或者依法批准设立的文件；

（二）本单位专职从业人员的法律或者注册会计师资格证书，或者经营管理经历的证明材料；

（三）业务和业绩材料；

（四）能够独立承担民事责任的证明材料；

（五）行业自律组织对所提供材料真实性以及有无被行政处罚或者纪律处分情况的证明，或者申请人就上述情况所作的真实性声明；

（六）人民法院要求的其他材料。

第八条 个人申请编入管理人名册的，应当提供下列材料：

（一）律师或者注册会计师执业证书复印件以及执业年限证明；

（二）所在社会中介机构同意其担任管理人的函件；

（三）业务专长及相关业绩材料；

（四）执业责任保险证明；

（五）行业自律组织对所提供材料真实性以及有无被行政处罚或者纪律处分情况的证明；

（六）人民法院要求的其他材料。

第九条 社会中介机构及个人具有下列情形之一的，人民法院可以适用企业破产法第二十四条第三款第四项的规定：

（一）因执业、经营中故意或者重大过失行为，受到行政机关、监管机构或者行业自律组织行政处罚或者纪律处分之日起未逾三年；

（二）因涉嫌违法行为正被相关部门调查；

（三）因不适当履行职务或者拒绝接受人民法院指定等原因，被人民法院从管理人名册除名之日起未逾三年；

（四）缺乏担任管理人所应具备的专业能力；

（五）缺乏承担民事责任的能力；

（六）人民法院认为可能影响履行管理人职责的其他情形。

第十条 编制管理人名册的人民法院应当组成专门的评审委员会，决定编入管理人名册的社会中介机构和个人名单。评审委员会成员应不少于七人。

人民法院应当根据本辖区社会中介机构以及社会中介机构中个人的实际情况，结合其执业业绩、能力、专业水准、社会中介机构的规模、办理企业破产案件的经验等因素制定管理人评定标准，由评审委员会根据申报人的具体情况评定其综合分数。

人民法院根据评审委员会评审结果，确定管理人初审名册。

第十一条 人民法院应当将管理人初审名册通过本辖区有影响的媒体进行公示，公示期为十日。

对于针对编入初审名册的社会中介机构和个人提出的异议，人民法院应当进行审查。异议成立、申请人确不宜担任管理人的，人民法院应将该社会中介机构或者个人从管理人初审名册中删除。

第十二条 公示期满后，人民法院应审定管理人名册，并通过全国有影响的媒体公布，同时逐级报最高人民法院备案。

第十三条 人民法院可以根据本辖区的实际情况，分批确定编入管理人名册的社会中介机构及个人。

编制管理人名册的全部资料应当建立档案备查。

第十四条 人民法院可以根据企业破产案件受理情况、管理人履行职务以及管理人资格变化等因素，对管理人名册适时进行调整。新编入管理人名册的社会中介机构和个人应当按照本规定的程序办理。

人民法院发现社会中介机构或者个人有企业破产法第二十四条第三款规定情形的，应当将其从管理人名册中除名。

二、管理人的指定

第十五条 受理企业破产案件的人民法院指定管理人，一般应从本地管理人名册中指定。

对于商业银行、证券公司、保险公司等金融机构以及在全国范围内有重大影响、法律关系复杂、债务人财产分散的企业破产案件，人民法院可以从所在地区高级人民法院编制的管理人名册列明的其他地区管理人或者异地人民法院编制的管理人名册中指定管理人。

第十六条 受理企业破产案件的人民法院，一般应指定管理人名册中的社会中介机构担任管理人。

第十七条 对于事实清楚、债权债务关系简单、债务人财产相对集中的企业破产案件，人民法院可以指定管理人名册中的个人为管理人。

第十八条 企业破产案件有下列情形之一的，人民法院可以指定清算组为管理人：

（一）破产申请受理前，根据有关规定已经成立清算组，人民法院认为符合本规定第十九条的规定；

（二）审理企业破产法第一百三十三条规定的案件；

（三）有关法律规定企业破产时成立清算组；

（四）人民法院认为可以指定清算组为管理人的其他情形。

第十九条 清算组为管理人的，人民法院可以从政府有关部门、编入管理人名册的社会中介机构、金融资产管理公司中指定清算组成员，人民银行及金融监督管理机构可以按照有关法律和行政法规的规定派人参加清算组。

第二十条 人民法院一般应当按照管理人名册所列名单采取轮候、抽签、摇号等随机方式公开指定管理人。

第二十一条 对于商业银行、证券公司、保险公司等金融机构或者在全国范围有重大影响、法律关系复杂、债务人财产分散的企业破产案件，人民法院可以采取公告的方式，邀请编入各地人民法院管理人名册中的社会中介机构参与竞争，从参与竞争的社会中介机构中指定管理人。参与竞争的社会中介机构不得少于三家。

采取竞争方式指定管理人的，人民法院应当组成专门的评审委员会。

评审委员会应当结合案件的特点，综合考量社会中介机构的专业水准、经验、机构规模、初步报价等因素，从参与竞争的社会中介机构中择优指定管理人。被指定为管理人的社会中介机构应经评审委员会成员二分之一以上通过。

采取竞争方式指定管理人的，人民法院应当确定一至两名备选社会中介机构，作为需要更换管理人时的接替人选。

第二十二条 对于经过行政清理、清算的商业银行、证券公司、保险公司等金融机构的破产案件，人民法院除可以按照本规定第十八条第一项的规定指定管理人外，也可以在金融监督管理机构推荐的已编入管理人名册的社会中介机构中指定管理人。

第二十三条 社会中介机构、清算组成员有下列情形之一，可能影响其忠实履行管理人职责的，人民法院可以认定为企业破产法第二十四条第三款第三项规定的利害关系：

（一）与债务人、债权人有未了结的债权债务关系；

（二）在人民法院受理破产申请前三年内，曾为债务人提供相对固定的中介服务；

（三）现在是或者在人民法院受理破产申请前三年内曾经是债务人、债权人的控股股东或者实际控制人；

（四）现在担任或者在人民法院受理破产申请前三年内曾经担任债务人、债权人的财务顾问、法律顾问；

（五）人民法院认为可能影响其忠实履行管理人职责的其他情形。

第二十四条 清算组成员的派出人员、社会中介机构的派出人员、个人管理人有下列情形之一，可能影响其忠实履行管理人职责的，可以认定为企业破产法第二十四条第三款第三项规定的利害关系：

（一）具有本规定第二十三条规定情形；

（二）现在担任或者在人民法院受理破产申请前三年内曾经担任债务人、债权人的董事、监事、高级管理人员；

（三）与债权人或者债务人的控股股东、董事、监事、高级管理人员存在夫妻、直系血亲、三代以内旁系血亲或者近姻亲关系；

（四）人民法院认为可能影响其公正履行管理人职责的其他情形。

第二十五条 在进入指定管理人程序后，社会中介机构或者个人发现与本案有利害关系的，应主动申请回避并向人民法院书面说明情况。人民法院认为社会中介机构或者个人与本案有利害关系的，不应指定该社会中介机构或者个人为本案管理人。

第二十六条 社会中介机构或者个人有重大债务纠纷或者因涉嫌违法行为正被相关部门调查的，人民法院不应指定该社会中介机构或者个人为本案管理人。

第二十七条 人民法院指定管理人应当制作决定书，并向被指定为管理人的社会中介机构或者个人、破产申请人、债务人、债务人的企业登记机关送达。决定书应与受理破产申请的民事裁定书一并公告。

第二十八条 管理人无正当理由，不得拒绝人民法院的指定。

管理人一经指定，不得以任何形式将管理人应当履行的职责全部或者部分转给其他社会中介机构或者个人。

第二十九条 管理人凭指定管理人决定书按照国家有关规定刻制管理人印章，并交人民法院封样备案后启用。

管理人印章只能用于所涉破产事务。管理人根据企业破产法第一百二十二条规定终止执行职务后，应当将管理人印章交公安机关销毁，并将销毁的证明送交人民法院。

第三十条 受理企业破产案件的人民法院应当将指定管理人过程中形成的材料存入企业破产案件卷宗，债权人会议或者债权人委员会有权查阅。

三、管理人的更换

第三十一条 债权人会议根据企业破产法第二十二条第二款的规定申请更换管理人的，应由债权人会议作出决议并向人民法院提出书面申请。

人民法院在收到债权人会议的申请后，应当通知管理人在两日内作出书面说明。

第三十二条 人民法院认为申请理由不成立的，应当自收到管理人书面说明之日起十日内作出驳回申请的决定。

人民法院认为申请更换管理人的理由成立的，应当自收到管理人书面说明之日起十日内作出更换管理人的决定。

第三十三条 社会中介机构管理人有下列情形之一的，人民法院可以根据债权人会议的申请或者依职权迳行决定更换管理人：

（一）执业许可证或者营业执照被吊销或者注销；

（二）出现解散、破产事由或者丧失承担执业责任风险的能力；

（三）与本案有利害关系；

（四）履行职务时，因故意或者重大过失导致债权人利益受到损害；

（五）有本规定第二十六条规定的情形。

清算组成员参照适用前款规定。

第三十四条 个人管理人有下列情形之一的，人民法院可以根据债权人会议的申请或者依职权迳行决定更换管理人：

（一）执业资格被取消、吊销；

（二）与本案有利害关系；

（三）履行职务时，因故意或者重大过失导致债权人利益受到损害；

（四）失踪、死亡或者丧失民事行为能力；

（五）因健康原因无法履行职务；

（六）执业责任保险失效；

（七）有本规定第二十六条规定的情形。

清算组成员的派出人员、社会中介机构的派出人员参照适用前款规定。

第三十五条 管理人无正当理由申请辞去职务的，人民法院不予许可。正当理由的认定，可参照适用本规定第三十三条、第三十四条规定的情形。

第三十六条 人民法院对管理人申请辞去职务未予许可，管理人仍坚持辞去职务并不再履行管理人职责的，人民法院应当决定更换管理人。

第三十七条 人民法院决定更换管理人的，原管理人应当自收到决定书之次日起，在人民法院监督下向新任管理人移交全部资料、财产、营业事务及管理人印章，并及时向新任管理人书面说明工作进展情况。原管理人不能履行上述职责的，新任管理人可以直接接管相关事务。

在破产程序终结前，原管理人应当随时接受新任管理人、债权人会议、人民法院关于其履行管理人职责情况的询问。

第三十八条 人民法院决定更换管理人的，应将决定书送达原管理人、新任管理人、破产申请人、债务人以及债务人的企业登记机关，并予公告。

第三十九条 管理人申请辞去职务未获人民法院许可，但仍坚持辞职并不再履行管理人职责，或者人民法院决定更换管理人后，原管理人拒不向新任管理人移交相关事务，人民法院可以根据企业破产法第一百三十条的规定和具体情况，决定对管理人罚款。对社会中介机构为管理人的罚款 5 万元至 20 万元人民币，对个人为管理人的罚款 1 万元至 5 万元人民币。

管理人有前款规定行为或者无正当理由拒绝人民法院指定的，编制管理人名册的人民法院可以决定停止其担任管理人一年至三年，或者将其从管理人名册中除名。

第四十条　管理人不服罚款决定的，可以向上一级人民法院申请复议，上级人民法院应在收到复议申请后五日内作出决定，并将复议结果通知下级人民法院和当事人。

最高人民法院关于审理企业破产案件确定管理人报酬的规定

（2007年4月4日最高人民法院审判委员会第1422次会议通过　2007年4月12日最高人民法院公告公布　自2007年6月1日起施行　法释〔2007〕9号）

为公正、高效审理企业破产案件，规范人民法院确定管理人报酬工作，根据《中华人民共和国企业破产法》的规定，制定本规定。

第一条　管理人履行企业破产法第二十五条规定的职责，有权获得相应报酬。

管理人报酬由审理企业破产案件的人民法院依据本规定确定。

第二条　人民法院应根据债务人最终清偿的财产价值总额，在以下比例限制范围内分段确定管理人报酬：

（一）不超过一百万元（含本数，下同）的，在12%以下确定；

（二）超过一百万元至五百万元的部分，在10%以下确定；

（三）超过五百万元至一千万元的部分，在8%以下确定；

（四）超过一千万元至五千万元的部分，在6%以下确定：

（五）超过五千万元至一亿元的部分，在3%以下确定；

（六）超过一亿元至五亿元的部分，在1%以下确定；

（七）超过五亿元的部分，在0.5%以下确定。

担保权人优先受偿的担保物价值，不计入前款规定的财产价值总额。

高级人民法院认为有必要的，可以参照上述比例在30%的浮动范围内制定符合当地实际情况的管理人报酬比例限制范围，并通过当地有影响的媒体公告，同时报最高人民法院备案。

第三条　人民法院可以根据破产案件的实际情况，确定管理人分期或者最后一次性收取报酬。

第四条　人民法院受理企业破产申请后，应当对债务人可供清偿的财产价值和管理人的工作量作出预测，初步确定管理人报酬方案。管理人报酬方案应当包括管理人报酬比例和收取时间。

第五条　人民法院采取公开竞争方式指定管理人的，可以根据社会中介机构提出的报价确定管理人报酬方案，但报酬比例不得超出本规定第二条规定的限制范围。

上述报酬方案一般不予调整，但债权人会议异议成立的除外。

第六条 人民法院应当自确定管理人报酬方案之日起三日内，书面通知管理人。

管理人应当在第一次债权人会议上报告管理人报酬方案内容。

第七条 管理人、债权人会议对管理人报酬方案有意见的，可以进行协商。双方就调整管理人报酬方案内容协商一致的，管理人应向人民法院书面提出具体的请求和理由，并附相应的债权人会议决议。

人民法院经审查认为上述请求和理由不违反法律和行政法规强制性规定，且不损害他人合法权益的，应当按照双方协商的结果调整管理人报酬方案。

第八条 人民法院确定管理人报酬方案后，可以根据破产案件和管理人履行职责的实际情况进行调整。

人民法院应当自调整管理人报酬方案之日起三日内，书面通知管理人。管理人应当自收到上述通知之日起三日内，向债权人委员会或者债权人会议主席报告管理人报酬方案调整内容。

第九条 人民法院确定或者调整管理人报酬方案时，应当考虑以下因素：

（一）破产案件的复杂性；

（二）管理人的勤勉程度；

（三）管理人为重整、和解工作做出的实际贡献；

（四）管理人承担的风险和责任；

（五）债务人住所地居民可支配收入及物价水平；

（六）其他影响管理人报酬的情况。

第十条 最终确定的管理人报酬及收取情况，应列入破产财产分配方案。在和解、重整程序中，管理人报酬方案内容应列入和解协议草案或重整计划草案。

第十一条 管理人收取报酬，应当向人民法院提出书面申请。申请书应当包括以下内容：

（一）可供支付报酬的债务人财产情况；

（二）申请收取报酬的时间和数额；

（三）管理人履行职责的情况。

人民法院应当自收到上述申请书之日起十日内，确定支付管理人的报酬数额。

第十二条 管理人报酬从债务人财产中优先支付。

债务人财产不足以支付管理人报酬和管理人执行职务费用的，管理人应当提请人民法院终结破产程序。但债权人、管理人、债务人的出资人或者其他利害关系人愿意垫付上述报酬和费用的，破产程序可以继续进行。

上述垫付款项作为破产费用从债务人财产中向垫付人随时清偿。

第十三条 管理人对担保物的维护、变现、交付等管理工作付出合理劳动的，有权向担保权人收取适当的报酬。管理人与担保权人就上述报酬数额不能协商一致的，人民法院应当参照本规定第二条规定的方法确定，但报酬比例不得超出该条规定限制范围的10%。

第十四条 律师事务所、会计师事务所通过聘请本专业的其他社会中介机构或者人员协助履行管理人职责的，所需费用从其报酬中支付。

破产清算事务所通过聘请其他社会中介机构或者人员协助履行管理人职责的，所需费用从其报酬中支付。

第十五条 清算组中有关政府部门派出的工作人员参与工作的不收取报酬。其他机构或人员的报酬根据其履行职责的情况确定。

第十六条 管理人发生更换的，人民法院应当分别确定更换前后的管理人报酬。其报酬比例总和不得超出本规定第二条规定的限制范围。

第十七条 债权人会议对管理人报酬有异议的，应当向人民法院书面提出具体的请求和理由。异议书应当附有相应的债权人会议决议。

第十八条 人民法院应当自收到债权人会议异议书之日起三日内通知管理人。管理人应当自收到通知之日起三日内作出书面说明。

人民法院认为有必要的，可以举行听证会，听取当事人意见。

人民法院应当自收到债权人会议异议书之日起十日内，就是否调整管理人报酬问题书面通知管理人、债权人委员会或者债权人会议主席。

最高人民法院关于《中华人民共和国企业破产法》施行时尚未审结的企业破产案件适用法律若干问题的规定

（2007年4月23日最高人民法院审判委员会第1425次会议通过 2007年4月25日最高人民法院公告公布 2007年6月1日起施行 法释〔2007〕10号）

为正确适用《中华人民共和国企业破产法》，对人民法院审理企业破产法施行前受理的、施行时尚未审结的企业破产案件具体适用法律问题，规定如下：

第一条 债权人、债务人或者出资人向人民法院提出重整或者和解申请，符合下列条件之一的，人民法院应予受理：

（一）债权人申请破产清算的案件，债务人或者出资人于债务人被宣告破产前提出重整申请，且符合企业破产法第七十条第二款的规定；

（二）债权人申请破产清算的案件，债权人于债务人被宣告破产前提出重整申请，且符合企业破产法关于债权人直接向人民法院申请重整的规定；

（三）债务人申请破产清算的案件，债务人于被宣告破产前提出重整申请，且符合企业破产法关于债务人直接向人民法院申请重整的规定；

（四）债务人依据企业破产法第九十五条的规定申请和解。

第二条 清算组在企业破产法施行前未通知或者答复未履行完毕合同的对方当事人解除或者继续履行合同的，从企业破产法施行之日起计算，在该法第十八条第一款规定的期限内未通知或者答复的，视为解除合同。

第三条 已经成立清算组的，企业破产法施行后，人民法院可以指定该清算组为管理人。

尚未成立清算组的，人民法院应当依照企业破产法和《最高人民法院关于审理企业破产案件指定管理人的规定》及时指定管理人。

第四条 债权人主张对债权债务抵销的，应当符合企业破产法第四十条规定的情形；但企业破产法施行前，已经依据有关法律规定抵销的除外。

第五条 对于尚未清偿的破产费用，应当按企业破产法第四十一条和第四十二条的规定区分破产费用和共益债务，并依据企业破产法第四十三条的规定清偿。

第六条 人民法院尚未宣告债务人破产的，应当适用企业破产法第四十六条的规定确认债权利息；已经宣告破产的，依据企业破产法施行前的法律规定确认债权利息。

第七条 债权人已经向人民法院申报债权的，由人民法院将相关申报材料移交给管理人；尚未申报的，债权人应当直接向管理人申报。

第八条 债权人未在人民法院确定的债权申报期内向人民法院申报债权的，可以依据企业破产法第五十六条的规定补充申报。

第九条 债权人对债权表记载债权有异议，向受理破产申请的人民法院提起诉讼的，人民法院应当依据企业破产法第二十一条和第五十八条的规定予以受理。但人民法院对异议债权已经作出裁决的除外。

债权人就争议债权起诉债务人，要求其承担偿还责任的，人民法院应当告知该债权人变更其诉讼请求为确认债权。

第十条 债务人的职工就清单记载有异议，向受理破产申请的人民法院提起诉讼的，人民法院应当依据企业破产法第二十一条和第四十八条的规定予以受理。但人民法院对异议债权已经作出裁决的除外。

第十一条 有财产担保的债权人未放弃优先受偿权利的，对于企业破产法第六十一条第一款第七项、第十项规定以外的事项享有表决权。但该债权人对于企业破产法施行前已经表决的事项主张行使表决权，或者以其未行使表决权为由请求撤销债权人会议决议的，人民法院不予支持。

第十二条 债权人认为债权人会议的决议违反法律规定，损害其利益，向人民法院请求撤销该决议，裁定尚未作出的，人民法院应当依据企业破产法第六十四条的规定作出裁定。

第十三条 债权人对于财产分配方案的裁定不服，已经申诉的，由上一级人民法院依据申诉程序继续审理；企业破产法施行后提起申诉的，人民法院应当告知其依据企业破产法第六十六条的规定申请复议。

债权人对于人民法院作出的债务人财产管理方案的裁定或者破产财产变价方案的裁定不服，向受理破产申请的人民法院申请复议的，人民法院应当依据企业破产法第六十六条的规定予以受理。

债权人或者债务人对破产宣告裁定有异议，已经申诉的，由上一级人民法院依据申诉程序继续审理；企业破产法施行后提起申诉的，人民法院不予受理。

第十四条 企业破产法施行后，破产人的职工依据企业破产法第一百三十二条的规定主张权利的，人民法院应予支持。

第十五条 破产人所欠董事、监事和高级管理人员的工资，应当依据企业破产法第一百一十三条第三款的规定予以调整。

第十六条 本规定施行前本院作出的有关司法解释与本规定相抵触的，人民法院审理尚未审结的企业破产案件不再适用。

最高人民法院执行《关于〈中华人民共和国企业破产法〉施行时尚未审结的企业破产案件适用法律若干问题的规定》的通知

（2007 年 5 月 26 日　法〔2007〕81 号）

各省、自治区、直辖市高级人民法院，新疆维吾尔自治区高级人民法院生产建设兵团分院：

为保证《中华人民共和国企业破产法》（以下简称企业破产法）的顺利施行和最高人民法院《关于〈中华人民共和国企业破产法〉施行时尚未审结的企业破产案件适用法律若干问题的规定》（以下简称《规定》）的正确执行，现就有关问题通知如下：

一、企业破产法施行后，尚未审结的企业破产案件中，已经开始而尚未终结的有关债务人的民事诉讼案件，分别按照以下方式处理：

（一）以债务人为原告的一审案件，已经移交给受理破产案件的人民法院的，由受理破产案件的人民法院继续审理；尚未移交的，适用企业破产法第二十条的规定。

以债务人为原告的二审案件，由二审人民法院继续审理。

（二）以债务人为被告的案件，已经中止诉讼，且受理破产案件的人民法院对相关争议已经作出裁定的，不适用企业破产法的规定；尚未作出裁定的，依照企业破产法第二十条的规定继续审理。

二、根据企业破产法的规定，破产申请受理后，所有有关债务人的民事诉讼只能向受理破产申请的人民法院提起。尚未审结的企业破产案件中，债权人或者债务人的职工依据企业破产法和《规定》第九条或者第十条的规定，向人民法院提起诉讼的，受理破产案件的人民法院应当根据案件性质和人民法院内部职能分工，并依据民事诉讼法的有关规定，由相关审判庭以独任审判或者组成合议庭的方式进行审理。

三、对于有关债务人的其他民事诉讼，如债务人合同履行诉讼、追收债务人对外债权诉讼、撤销债务人处分财产行为诉讼、确认债务人处分财产行为无效诉讼、取回权诉讼、别除权诉讼和抵销权诉讼等，受理破产案件的人民法院应比照本通知第二条规定处理。

四、为保证破产程序的顺利进行，依据本通知第一条、第二条和第三条的规定审理有关债务人的民事诉讼案件的人民法院，应当在审限内尽可能加快审理有关债务人的民事诉讼案件，避免因拖延审理对相关权利人的权利造成不必要的损害。

五、尚未审结的企业破产案件中有关债务人财产行为的无效认定，适用《中华人民共和国企业破产法（试行）》的有关规定。

六、人民法院审理企业破产案件适用企业破产法第一百三十二条和《规定》第十四条时，应当注意以下几个问题：

（一）企业破产法第一百三十二条仅适用于企业破产法公布之日前所欠的职工权益，形成于企业破产法公布之日后所欠的职工权益不属本条适用的范畴，该部分职工权益只能从破产企业已经设定担保物权之外的其他财产，或者担保物权人明确放弃行使优先受偿权后的已设定担保物权的财产中受偿；

（二）企业破产法公布之日前形成的职工权益，在按照正常清偿顺序无法得到清偿时，才可从已经设定物权担保的财产中受偿。在债务人尚有其他财产可以清偿时，不得先行从已经设定物权担保的财产中清偿；

（三）在企业破产法公布之日前所欠的职工权益，依法以设定物权担保的财产进行清偿的情况下，对于企业破产案件中因按照正常清偿顺序无法实现的破产费用、共益债务以及职工的其他权益不得优先于担保物权人受偿。

七、人民法院审理尚未审结的企业破产案件，对于尚未进行的程序，《规定》未作出规定的，原则上均应适用企业破产法的有关规定。

请各级人民法院将执行企业破产法和《规定》中遇到的问题和情况及时逐级报告我院。

最高人民法院关于执行案件移送破产审查若干问题的指导意见

（2017 年 1 月 20 日　法发〔2017〕2 号）

推进执行案件移送破产审查工作，有利于健全市场主体救治和退出机制，有利于完善司法工作机制，有利于化解执行积案，是人民法院贯彻中央供给侧结构性改革部署的重要举措，是当前和今后一段时期人民法院服务经济社会发展大局的重要任务。为促进和规范执行案件移送破产审查工作，保障执行程序与破产程序的有序衔接，根据《中华人民共和国企业破产法》《中华人民共和国民事诉讼法》《最高人民法院关于适用〈中华人民共和国民事诉讼法〉的解释》等规定，现对执行案件移送破产审查的若干问题提出以下意见。

一、执行案件移送破产审查的工作原则、条件与管辖

1. 执行案件移送破产审查工作，涉及执行程序与破产程序之间的转换衔接，不同法院之间，同一法院内部执行部门、立案部门、破产审判部门之间，应坚持依法有序、协调配合、高效便捷的工作原则，防止推诿扯皮，影响司法效率，损害当事人合法权益。

2. 执行案件移送破产审查，应同时符合下列条件：

（1）被执行人为企业法人；

（2）被执行人或者有关被执行人的任何一个执行案件的申请执行人书面同意将执行案件移送破产审查；

（3）被执行人不能清偿到期债务，并且资产不足以清偿全部债务或者明显缺乏清偿能力。

3. 执行案件移送破产审查，由被执行人住所地人民法院管辖。在级别管辖上，为适应破产审判专业化建设的要求，合理分配审判任务，实行以中级人民法院管辖为原则、基层人民法院管辖为例外的管辖制度。中级人民法院经高级人民法院批准，也可以将案件交由具备审理条件的基层人民法院审理。

二、执行法院的征询、决定程序

4. 执行法院在执行程序中应加强对执行案件移送破产审查有关事宜的告知和征询工作。执行法院采取财产调查措施后，发现作为被执行人的企业法人符合破产法第二条规定的，应当及时询问申请执行人、被执行人是否同意将案件移送破产审查。申请执行人、被执行人均不同意移送且无人申请破产的，执行法院应当按照《最高人民法院关于适用〈中华人民共和国民事诉讼法〉的解释》第五百一十六条的规定处理，企业法人的其他已经取得执行依据的债权人申请参与分配的，人民法院不予支持。

5. 执行部门应严格遵守执行案件移送破产审查的内部决定程序。承办人认为执行案件符合移送破产审查条件的，应提出审查意见，经合议庭评议同意后，由执行法院院长签署移送决定。

6. 为减少异地法院之间移送的随意性，基层人民法院拟将执行案件移送异地中级人民法院进行破产审查的，在作出移送决定前，应先报请其所在地中级人民法院执行部门审核同意。

7. 执行法院作出移送决定后，应当于五日内送达申请执行人和被执行人。申请执行人或被执行人对决定有异议的，可以在受移送法院破产审查期间提出，由受移送法院一并处理。

8. 执行法院作出移送决定后，应当书面通知所有已知执行法院，执行法院均应中止对被执行人的执行程序。但是，对被执行人的季节性商品、鲜活、易腐烂变质以及其他不宜长期保存的物品，执行法院应当及时变价处置，处置的价款不作分配。受移送法院裁定受理破产案件的，执行法院应当在收到裁定书之日起七日内，将该价款移交受理破产案件的法院。

案件符合终结本次执行程序条件的，执行法院可以同时裁定终结本次执行程序。

9. 确保对被执行人财产的查封、扣押、冻结措施的连续性，执行法院决定移送后、受移送法院裁定受理破产案件之前，对被执行人的查封、扣押、冻结措施不解除。查封、扣押、冻结期限在破产审查期间届满的，申请执行人可以向执行法院申请延长期限，由执行法院负责办理。

三、移送材料及受移送法院的接收义务

10. 执行法院作出移送决定后，应当向受移送法院移送下列材料：

（1）执行案件移送破产审查决定书；

（2）申请执行人或被执行人同意移送的书面材料；

（3）执行法院采取财产调查措施查明的被执行人的财产状况，已查封、扣押、冻结财产清单及相关材料；

（4）执行法院已分配财产清单及相关材料；

（5）被执行人债务清单；

（6）其他应当移送的材料。

11. 移送的材料不完备或内容错误，影响受移送法院认定破产原因是否具备的，受移送法院可以要求执行法院补齐、补正，执行法院应于十日内补齐、补正。该期间不计入受移送法院破产审查的期间。

受移送法院需要查阅执行程序中的其他案件材料，或者依法委托执行法院办理财产处置等事项的，执行法院应予协助配合。

12. 执行法院移送破产审查的材料，由受移送法院立案部门负责接收。受移送法院不得以材料不完备等为由拒绝接收。立案部门经审核认为移送材料完备的，应以“破申”作为案件类型代字编制案号登记立案，并及时将案件移送破产审判部门进行破产审查。破产审判部门在审查过程中发现本院对案件不具有管辖权的，应当按照《中华人民共和国民事诉讼法》第三十六条的规定处理。

四、受移送法院破产审查与受理

13. 受移送法院的破产审判部门应当自收到移送的材料之日起三十日内作出是否受理的裁定。受移送法院作出裁定后，应当在五日内送达申请执行人、被执行人，并送交执行法院。

14. 申请执行人申请或同意移送破产审查的，裁定书中以该申请执行人为申请人，被执行人为被申请人；被执行人申请或同意移送破产审查的，裁定书中以该被执行人为申请人；申请执行人、被执行人均同意移送破产审查的，双方均为申请人。

15. 受移送法院裁定受理破产案件的，在此前的执行程序中产生的评估费、公告费、保管费等执行费用，可以参照破产费用的规定，从债务人财产中随时清偿。

16. 执行法院收到受移送法院受理裁定后，应当于七日内将已经扣划到账的银行存款、实际扣押的动产、有价证券等被执行人财产移交给受理破产案件的法院或管理人。

17. 执行法院收到受移送法院受理裁定时，已通过拍卖程序处置且成交裁定已送达买受人的拍卖财产，通过以物抵债偿还债务且抵债裁定已送达债权人的抵债财产，已完成转账、汇款、现金交付的执行款，因财产所有权已经发生变动，不属于被执行人的财产，不再移交。

五、受移送法院不予受理或驳回申请的处理

18. 受移送法院做出不予受理或驳回申请裁定的，应当在裁定生效后七日内将接收的材料、被执行人的财产退回执行法院，执行法院应当恢复对被执行人的执行。

19. 受移送法院作出不予受理或驳回申请的裁定后，人民法院不得重复启动执行案件移送破产审查程序。申请执行人或被执行人以有新证据足以证明被执行人已经具备了破产原因为由，再次要求将执行案件移送破产审查的，人民法院不予支持。但是，申请执行人或被执行人可以直接向具有管辖权的法院提出破产申请。

20. 受移送法院裁定宣告被执行人破产或裁定终止和解程序、重整程序的，应当自裁定作出之日起五日内送交执行法院，执行法院应当裁定终结对被执行人的执行。

六、执行案件移送破产审查的监督

21. 受移送法院拒绝接收移送的材料，或者收到移送的材料后不按规定的期限作出是否受理裁定的，执行法院可函请受移送法院的上一级法院进行监督。上一级法院收到函件后应当指令受移送法院在十日内接收材料或作出是否受理的裁定。

受移送法院收到上级法院的通知后，十日内仍不接收材料或不作出是否受理裁定的，上一级法院可以径行对移送破产审查的案件行使管辖权。上一级法院裁定受理破产案件的，可以指令受移送法院审理。

全国法院破产审判工作会议纪要

（2018 年 3 月 4 日　法〔2018〕53 号）

为落实党的十九大报告提出的贯彻新发展理念、建设现代化经济体系的要求，紧紧围绕高质量发展这条主线，服务和保障供给侧结构性改革，充分发挥人民法院破产审判工作在完善社会主义市场经济主体拯救和退出机制中的积极作用，为决胜全面建成小康社会提供更加有力的司法保障，2017 年 12 月 25 日，最高人民法院在广东省深圳市召开了全国法院破产审判工作会议。各省、自治区、直辖市高级人民法院、设立破产审判庭的市中级人民法院的代表参加了会议。与会代表经认真讨论，对人民法院破产审判涉及的主要问题达成共识。现纪要如下：

一、破产审判的总体要求

会议认为，人民法院要坚持以习近平新时代中国特色社会主义经济思想为指导，深刻认识破产法治对决胜全面建成小康社会的重要意义，以更加有力的举措开展破产审判工作，为经济社会持续健康发展提供更加有力的司法保障。当前和今后一个时期，破产审判工作总的要求是：

一要发挥破产审判功能，助推建设现代化经济体系。人民法院要通过破产工作实现资源重新配置，用好企业破产中权益、经营管理、资产、技术等重大调整的有利契机，对不同企业分类处置，把科技、资本、劳动力和人力资源等生产要素调动好、配置好、协同好，促进实体经济和产业体系优质高效。

二要着力服务构建新的经济体制，完善市场主体救治和退出机制。要充分运用重整、和解法律手段实现市场主体的有效救治，帮助企业提质增效；运用清算手段促使丧失经营价值的企业和产能及时退出市场，实现优胜劣汰，从而完善社会主义市场主体的救治和退出机制。

三要健全破产审判工作机制，最大限度释放破产审判的价值。要进一步完善破产重整企业识别、政府与法院协调、案件信息沟通、合法有序的利益衡平四项破产审判工作机制，推动破产审判工作良性运行，彰显破产审判工作的制度价值和社会责任。

四要完善执行与破产工作的有序衔接，推动解决“执行难”。要将破产审判作为与立案、审判、执行既相互衔接、又相对独立的一个重要环节，充分发挥破产审判对化解执行积案的促进功能，消除执行转破产的障碍，从司法工作机制上探索解决“执行难”的有效途径。

二、破产审判的专业化建设

审判专业化是破产审判工作取得实质性进展的关键环节。各级法院要大力加强破产审判专业化建设，努力实现审判机构专业化、审判队伍专业化、审判程序规范化、裁判规则标准化、绩效考评科学化。

1. 推进破产审判机构专业化建设。省会城市、副省级城市所在地中级人民法院要根据最高人民法院《关于在中级人民法院设立清算与破产审判庭的工作方案》（法〔2016〕209号），抓紧设立清算与破产审判庭。其他各级法院可根据本地工作实际需求决定设立清算与破产审判庭或专门的合议庭，培养熟悉清算与破产审判的专业法官，以适应破产审判工作的需求。

2. 合理配置审判任务。要根据破产案件数量、案件难易程度、审判力量等情况，合理分配各级法院的审判任务。对于债权债务关系复杂、审理难度大的破产案件，高级人民法院可以探索实行中级人民法院集中管辖为原则、基层人民法院管辖为例外的管辖制度；对于债权债务关系简单、审理难度不大的破产案件，可以主要由基层人民法院管辖，通过快速审理程序高效审结。

3. 建立科学的绩效考评体系。要尽快完善清算与破产审判工作绩效考评体系，在充分尊重司法规律的基础上确定绩效考评标准，避免将办理清算破产案件与普通案件简单对比、等量齐观、同等考核。

三、管理人制度的完善

管理人是破产程序的主要推动者和破产事务的具体执行者。管理人的能力和素质不仅影响破产审判工作的质量，还关系到破产企业的命运与未来发展。要加快完善管理人制度，大力提升管理人职业素养和执业能力，强化对管理人的履职保障和有效监督，为改善企业经营、优化产业结构提供有力制度保障。

4. 完善管理人队伍结构。人民法院要指导编入管理人名册的中介机构采取适当方式吸收具有专业技术知识、企业经营能力的人员充实到管理人队伍中来，促进管理人队伍内在结构更加合理，充分发挥和提升管理人在企业病因诊断、资源整合等方面的重要作用。

5. 探索管理人跨区域执业。除从本地名册选择管理人外，各地法院还可以探索从外省、市管理人名册中选任管理人，确保重大破产案件能够遴选出最佳管理人。两家以上具备资质的中介机构请求联合担任同一破产案件管理人的，人民法院经审查符合自愿协商、优势互补、权责一致要求且确有必要的，可以准许。

6. 实行管理人分级管理。高级人民法院或者自行编制管理人名册的中级人民法院可以综合考虑管理人的专业水准、工作经验、执业操守、工作绩效、勤勉程度等因素，合理确定管理人等级，对管理人实行分级管理、定期考评。对债务人财产数量不多、债权债务关系简单的破产案件，可以在相应等级的管理人中采取轮候、抽签、摇号等随机方式指定管理人。

7. 建立竞争选定管理人工作机制。破产案件中可以引入竞争机制选任管理人，提升破产管理质量。上市公司破产案件、在本地有重大影响的破产案件或者债权债务关系复杂，涉及债权人、职工以及利害关系人人数较多的破产案件，在指定管理人时，一般应当通过竞争方式依法选定。

8. 合理划分法院和管理人的职能范围。人民法院应当支持和保障管理人依法履行职责，不得代替管理人作出本应由管理人自己作出的决定。管理人应当依法管理和处分债务人财产，审慎决定债务人内部管理事务，不得将自己的职责全部或者部分转让给他人。

9. 进一步落实管理人职责。在债务人自行管理的重整程序中，人民法院要督促管理人制订监督债务人的具体制度。在重整计划规定的监督期内，管理人应当代表债务人参加监督期开始前已经启动而尚未终结的诉讼、仲裁活动。重整程序、和解程序转入破产清算程序后，管理人应当按照破产清算程序继续履行管理人职责。

10. 发挥管理人报酬的激励和约束作用。人民法院可以根据破产案件的不同情况确定管理人报酬的支付方式，发挥管理人报酬在激励、约束管理人勤勉履职方面的积极作用。管理人报酬原则上应当根据破产案件审理进度和管理人履职情况分期支付。案情简单、耗时较短的破产案件，可以在破产程序终结后一次性向管理人支付报酬。

11. 管理人聘用其他人员费用负担的规制。管理人经人民法院许可聘用企业经营管理人员，或者管理人确有必要聘请其他社会中介机构或人员处理重大诉讼、仲裁、执行或审计等专业性较强工作，如所需费用需要列入破产费用的，应当经债权人会议同意。

12. 推动建立破产费用的综合保障制度。各地法院要积极争取财政部门支持，或采取从其他破产案件管理人报酬中提取一定比例等方式，推动设立破产费用保障资金，建立破产费用保障长效机制，解决因债务人财产不足以支付破产费用而影响破产程序启动的问题。

13. 支持和引导成立管理人协会。人民法院应当支持、引导、推动本辖区范围内管理人名册中的社会中介机构、个人成立管理人协会，加强对管理人的管理和约束，维护管理人的合法权益，逐步形成规范、稳定和自律的行业组织，确保管理人队伍既充满活力又规范有序发展。

四、破产重整

会议认为，重整制度集中体现了破产法的拯救功能，代表了现代破产法的发展趋势，全国各级法院要高度重视重整工作，妥善审理企业重整案件，通过市场化、法治化途径挽救困境企业，不断完善社会主义市场主体救治机制。

14. 重整企业的识别审查。破产重整的对象应当是具有挽救价值和可能的困境企业；对于僵尸企业，应通过破产清算，果断实现市场出清。人民法院在审查重整申请时，根据债务人的资产状况、技术工艺、生产销售、行业前景等因素，能够认定债务人明显不具备重整价值以及拯救可能性的，应裁定不予受理。

15. 重整案件的听证程序。对于债权债务关系复杂、债务规模较大，或者涉及上市公司重整的案件，人民法院在审查重整申请时，可以组织申请人、被申请人听证。债权人、出资人、重整投资人等利害关系人经人民法院准许，也可以参加听证。听证期间不计入重整申请审查期限。

16. 重整计划的制定及沟通协调。人民法院要加强与管理人或债务人的沟通，引导其分析债务人陷于困境的原因，有针对性地制定重整计划草案，促使企业重新获得盈利能力，提高重整成功率。人民法院要与政府建立沟通协调机制，帮助管理人或债务人解决重整计划草案制定中的困难和问题。

17. 重整计划的审查与批准。重整不限于债务减免和财务调整，重整的重点是维持企业的营运价值。人民法院在审查重整计划时，除合法性审查外，还应审查其中的经营方案是否具有可行性。重整计划中关于企业重新获得盈利能力的经营方案具有可行性、表决程序合法、内容不损害各表决组中反对者的清偿利益的，人民法院应当自收到申请之日起三十日内裁定批准重整计划。

18. 重整计划草案强制批准的条件。人民法院应当审慎适用企业破产法第八十七条第二款，不得滥用强制批准权。确需强制批准重整计划草案的，重整计划草案除应当符合企业破产法第八十七条第二款规定外，如债权人分多组的，还应当至少有一组已经通过重整计划草案，且各表决组中反对者能够获得的清偿利益不低于依照破产清算程序所能获得的利益。

19. 重整计划执行中的变更条件和程序。债务人应严格执行重整计划，但因出现国家政策调整、法律修改变化等特殊情况，导致原重整计划无法执行的，债务人或管理人可以申请变更重整计划一次。债权人会议决议同意变更重整计划的，应自决议通过之日起十日内提请人民法院批准。债权人会议决议不同意或者人民法院不批准变更申请的，人民法院经管理人或者利害关系人请求，应当裁定终止重整计划的执行，并宣告债务人破产。

20. 重整计划变更后的重新表决与裁定批准。人民法院裁定同意变更重整计划的，债务人或者管理人应当在六个月内提出新的重整计划。变更后的重整计划应提交给因重整计划变更而遭受不利影响的债权人组和出资人组进行表决。表决、申请人民法院批准以及人民法院裁定是否批准的程序与原重整计划的相同。

21. 重整后企业正常生产经营的保障。企业重整后，投资主体、股权结构、公司治理模式、经营方式等与原企业相比，往往发生了根本变化，人民法院要通过加强与政府的沟通协调，帮助重整企业修复信用记录，依法获取税收优惠，以利于重整企业恢复正常生产经营。

22. 探索推行庭外重组与庭内重整制度的衔接。在企业进入重整程序之前，可以先由债权人与债务人、出资人等利害关系人通过庭外商业谈判，拟定重组方案。重整程序启动后，可以重组方案为依据拟定重整计划草案提交人民法院依法审查批准。

五、破产清算

会议认为，破产清算作为破产制度的重要组成部分，具有淘汰落后产能、优化市场资源配置的直接作用。对于缺乏拯救价值和可能性的债务人，要及时通过破产清算程序对债权债务关系进行全面清理，重新配置社会资源，提升社会有效供给的质量和水平，增强企业破产法对市场经济发展的引领作用。

23. 破产宣告的条件。人民法院受理破产清算申请后，第一次债权人会议上无人提出重整或和解申请的，管理人应当在债权审核确认和必要的审计、资产评估后，及时向人民法院提出宣告破产的申请。人民法院受理破产和解或重整申请后，债务人出现应当宣告破产的法定原因时，人民法院应当依法宣告债务人破产。

24. 破产宣告的程序及转换限制。相关主体向人民法院提出宣告破产申请的，人民法院应当自收到申请之日起七日内作出破产宣告裁定并进行公告。债务人被宣告破产后，不得再转入重整程序或和解程序。

25. 担保权人权利的行使与限制。在破产清算和破产和解程序中，对债务人特定财产享有担保权的债权人可以随时向管理人主张就该特定财产变价处置行使优先受偿权，管理人应及时变价处置，不得以须经债权人会议决议等为由拒绝。但因单独处置担保财产会降低其他破产财产的价值而应整体处置的除外。

26. 破产财产的处置。破产财产处置应当以价值最大化为原则，兼顾处置效率。人民法院要积极探索更为有效的破产财产处置方式和渠道，最大限度提升破产财产变价率。采用拍卖方式进行处置的，拍卖所得预计不足以支付评估拍卖费用，或者拍卖不成的，经债权人会议决议，可以采取作价变卖或实物分配方式。变卖或实物分配的方案经债权人会议两次表决仍未通过的，由人民法院裁定处理。

27. 企业破产与职工权益保护。破产程序中要依法妥善处理劳动关系，推动完善职工欠薪保障机制，依法保护职工生存权。由第三方垫付的职工债权，原则上按照垫付的职工债权性质进行清偿；由欠薪保障基金垫付的，应按照企业破产法第一百一十三条第一款第二项的顺序清偿。债务人欠缴的住房公积金，按照债务人拖欠的职工工资性质清偿。

28. 破产债权的清偿原则和顺序。对于法律没有明确规定清偿顺序的债权，人民法院可以按照人身损害赔偿债权优先于财产性债权、私法债权优先于公法债权、补偿性债权优先于惩罚性债权的原则合理确定清偿顺序。因债务人侵权行为造成的人身损害赔偿，可以参照企业破产法第一百一十三条第一款第一项规定的顺序清偿，但其中涉及的惩罚性赔偿除外。破产财产依照企业破产法第一百一十三条规定的顺序清偿后仍有剩余的，可依次用于清偿破产受理前产生的民事惩罚性赔偿金、行政罚款、刑事罚金等惩罚性债权。

29. 建立破产案件审理的繁简分流机制。人民法院审理破产案件应当提升审判效率，在确保利害关系人程序和实体权利不受损害的前提下，建立破产案件审理的繁简分流机制。对于债权债务关系明确、债务人财产状况清楚的破产案件，可以通过缩短程序时间、简化流程等方式加快案件审理进程，但不得突破法律规定的最低期限。

30. 破产清算程序的终结。人民法院终结破产清算程序应当以查明债务人财产状况、明确债务人财产的分配方案、确保破产债权获得依法清偿为基础。破产申请受理后，经管理人调查，债务人财产不足以清偿破产费用且无人代为清偿或垫付的，人民法院应当依管理人申请宣告破产并裁定终结破产清算程序。

31. 保证人的清偿责任和求偿权的限制。破产程序终结前，已向债权人承担了保证责任的保证人，可以要求债务人向其转付已申报债权的债权人在破产程序中应得清偿部分。破产程序终结后，债权人就破产程序中未受清偿部分要求保证人承担保证责任的，应在破产程序终结后六个月内提出。保证人承担保证责任后，不得再向和解或重整后的债务人行使求偿权。

六、关联企业破产

会议认为，人民法院审理关联企业破产案件时，要立足于破产关联企业之间的具体关系模式，采取不同方式予以处理。既要通过实质合并审理方式处理法人人格高度混同的关联关系，确保全体债权人公平清偿，也要避免不当采用实质合并审理方式损害相关利益主体的合法权益。

32. 关联企业实质合并破产的审慎适用。人民法院在审理企业破产案件时，应当尊重企业法人人格的独立性，以对关联企业成员的破产原因进行单独判断并适用单个破产程序为基本原则。当关联企业成员之间存在法人人格高度混同、区分各关联企业成员财产的成本过高、严重损害债权人公平清偿利益时，可例外适用关联企业实质合并破产方式进行审理。

33. 实质合并申请的审查。人民法院收到实质合并申请后，应当及时通知相关利害关系人并组织听证，听证时间不计入审查时间。人民法院在审查实质合并申请过程中，可以综合考虑关联企业之间资产的混同程序及其持续时间、各企业之间的利益关系、债权人整体清偿利益、增加企业重整的可能性等因素，在收到申请之日起三十日内作出是否实质合并审理的裁定。

34. 裁定实质合并时利害关系人的权利救济。相关利害关系人对受理法院作出的实质合并审理裁定不服的，可以自裁定书送达之日起十五日内向受理法院的上一级人民法院申请复议。

35. 实质合并审理的管辖原则与冲突解决。采用实质合并方式审理关联企业破产案件的，应由关联企业中的核心控制企业住所地人民法院管辖。核心控制企业不明确的，由关联企业主要财产所在地人民法院管辖。多个法院之间对管辖权发生争议的，应当报请共同的上级人民法院指定管辖。

36. 实质合并审理的法律后果。人民法院裁定采用实质合并方式审理破产案件的，各关联企业成员之间的债权债务归于消灭，各成员的财产作为合并后统一的破产财产，由各成员的债权人在同一程序中按照法定顺序公平受偿。采用实质合并方式进行重整的，重整计划草案中应当制定统一的债权分类、债权调整和债权受偿方案。

37. 实质合并审理后的企业成员存续。适用实质合并规则进行破产清算的，破产程序终结后各关联企业成员均应予以注销。适用实质合并规则进行和解或重整的，各关联企业原则上应当合并为一个企业。根据和解协议或重整计划，确有需要保持个别企业独立的，应当依照企业分立的有关规则单独处理。

38. 关联企业破产案件的协调审理与管辖原则。多个关联企业成员均存在破产原因但不符合实质合并条件的，人民法院可根据相关主体的申请对多个破产程序进行协调审理，并可根据程序协调的需要，综合考虑破产案件审理的效率、破产申请的先后顺序、成员负债规模大小、核心控制企业住所地等因素，由共同的上级法院确定一家法院集中管辖。

39. 协调审理的法律后果。协调审理不消灭关联企业成员之间的债权债务关系，不对关联企业成员的财产进行合并，各关联企业成员的债权人仍以该企业成员财产为限依法获得清偿。但关联企业成员之间不当利用关联关系形成的债权，应当劣后于其他普通债权顺序清偿，且该劣后债权人不得就其他关联企业成员提供的特定财产优先受偿。

七、执行程序与破产程序的衔接

执行程序与破产程序的有效衔接是全面推进破产审判工作的有力抓手，也是破解“执行难”的重要举措。全国各级法院要深刻认识执行转破产工作的重要意义，大力推动符合破产条件的执行案件，包括执行不能案件进入破产程序，充分发挥破产程序的制度价值。

40. 执行法院的审查告知、释明义务和移送职责。执行部门要高度重视执行与破产的衔接工作，推动符合条件的执行案件向破产程序移转。执行法院发现作为被执行人的企业法人符合企业破产法第二条规定的，应当及时询问当事人是否同意将案件移送破产审查并释明法律后果。执行法院作出移送决定后，应当书面通知所有已知执行法院，执行法院均应中止对被执行人的执行程序。

41. 执行转破产案件的移送和接收。执行法院与受移送法院应加强移送环节的协调配合，提升工作实效。执行法院移送案件时，应当确保材料完备，内容、形式符合规定。受移送法院应当认真审核并及时反馈意见，不得无故不予接收或暂缓立案。

42. 破产案件受理后查封措施的解除或查封财产的移送。执行法院收到破产受理裁定后，应当解除对债务人财产的查封、扣押、冻结措施；或者根据破产受理法院的要求，出具函件将查封、扣押、冻结财产的处置权交破产受理法院。破产受理法院可以持执行法院的移送处置函件进行续行查封、扣押、冻结，解除查封、扣押、冻结，或者予以处置。

执行法院收到破产受理裁定拒不解除查封、扣押、冻结措施的，破产受理法院可以请求执行法院的上级法院依法予以纠正。

43. 破产审判部门与执行部门的信息共享。破产受理法院可以利用执行查控系统查控债务人财产，提高破产审判工作效率，执行部门应予以配合。

各地法院要树立线上线下法律程序同步化的观念，逐步实现符合移送条件的执行案件网上移送，提升移送工作的透明度，提高案件移送、通知、送达、沟通协调等相关工作的效率。

44. 强化执行转破产工作的考核与管理。各级法院要结合工作实际建立执行转破产工作考核机制，科学设置考核指标，推动执行转破产工作开展。对应当征询当事人意见不征询、应当提交移送审查不提交、受移送法院违反相关规定拒不接收执行转破产材料或者拒绝立案的，除应当纳入绩效考核和业绩考评体系外，还应当公开通报和严肃追究相关人员的责任。

八、破产信息化建设

会议认为，全国法院要进一步加强破产审判的信息化建设，提升破产案件审理的透明度和公信力，增进破产案件审理质效，促进企业重整再生。

45. 充分发挥破产重整案件信息平台对破产审判工作的推动作用。各级法院要按照最高人民法院相关规定，通过破产重整案件信息平台规范破产案件审理，全程公开、步步留痕。要进一步强化信息网的数据统计、数据检索等功能，分析研判企业破产案件情况，及时发现新情况，解决新问题，提升破产案件审判水平。

46. 不断加大破产重整案件的信息公开力度。要增加对债务人企业信息的公开内容，吸引潜在投资者，促进资本、技术、管理能力等要素自由流动和有效配置，帮助企业重整再生。要确保债权人等利害关系人及时、充分了解案件进程和债务人相关财务、重整计划草案、重整计划执行等情况，维护债权人等利害关系人的知情权、程序参与权。

47. 运用信息化手段提高破产案件处理的质量与效率。要适应信息化发展趋势，积极引导以网络拍卖方式处置破产财产，提升破产财产处置效益。鼓励和规范通过网络方式召开债权人会议，提高效率，降低破产费用，确保债权人等主体参与破产程序的权利。

48. 进一步发挥人民法院破产重整案件信息网的枢纽作用。要不断完善和推广使用破产重整案件信息网，在确保增量数据及时录入信息网的同时，加快填充有关存量数据，确立信息网在企业破产大数据方面的枢纽地位，发挥信息网的宣传、交流功能，扩大各方运用信息网的积极性。

九、跨境破产

49. 对跨境破产与互惠原则。人民法院在处理跨境破产案件时，要妥善解决跨境破产中的法律冲突与矛盾，合理确定跨境破产案件中的管辖权。在坚持同类债权平等保护的原则下，协调好外国债权人利益与我国债权人利益的平衡，合理保护我国境内职工债权、税收债权等优先权的清偿利益。积极参与、推动跨境破产国际条约的协商与签订，探索互惠原则适用的新方式，加强我国法院和管理人在跨境破产领域的合作，推进国际投资健康有序发展。

50. 跨境破产案件中的权利保护与利益平衡。依照企业破产法第五条的规定，开展跨境破产协作。人民法院认可外国法院作出的破产案件的判决、裁定后，债务人在中华人民共和国境内的财产在全额清偿境内的担保权人、职工债权和社会保险费用、所欠税款等优先权后，剩余财产可以按照该外国法院的规定进行分配。

全国法院民商事审判工作会议纪要（节录）

（2019 年 11 月 8 日　法〔2019〕254 号）

十、关于破产纠纷案件的审理

会议认为，审理好破产案件对于推动高质量发展、深化供给侧结构性改革、营造稳定公平透明可预期的营商环境，具有十分重要的意义。要继续深入推进破产审判工作的市场化、法治化、专业化、信息化，充分发挥破产审判公平清理债权债务、促进优胜劣汰、优化资源配置、维护市场经济秩序等重要功能。一是要继续加大对破产保护理念的宣传和落实，及时发挥破产重整制度的积极拯救功能，通过平衡债权人、债务人、出资人、员工等利害关系人的利益，实现社会整体价值最大化；注重发挥和解程序简便快速清理债权债务关系的功能，鼓励当事人通过和解程序或者达成自行和解的方式实现各方利益共赢；积极推进清算程序中的企业整体处置方式，有效维护企业营运价值和职工就业。二是要推进不符合国家产业政策、丧失经营价值的企业主体尽快从市场退出，通过依法简化破产清算程序流程加快对“僵尸企业”的清理。三是要注重提升破产制度实施的经济效益，降低破产程序运行的时间和成本，有效维护企业营运价值，最大程度发挥各类要素和资源潜力，减少企业破产给社会经济造成的损害。四是要积极稳妥进行实践探索，加强理论研究，分步骤、有重点地推进建立自然人破产制度，进一步推动健全市场主体退出制度。

107.【继续推动破产案件的及时受理】充分发挥破产重整案件信息网的线上预约登记功能，提高破产案件的受理效率。当事人提出破产申请的，人民法院不得以非法定理由拒绝接收破产申请材料。如果可能影响社会稳定的，要加强府院协调，制定相应预案，但不应当以“影响社会稳定”之名，行消极不作为之实。破产申请材料不完备的，立案部门应当告知当事人在指定期限内补充材料，待材料齐备后以“破申”作为案件类型代字编制案号登记立案，并及时将案件移送破产审判部门进行破产审查。

注重发挥破产和解制度简便快速清理债权债务关系的功能，债务人根据《企业破产法》第95条的规定，直接提出和解申请，或者在破产申请受理后宣告破产前申请和解的，人民法院应当依法受理并及时作出是否批准的裁定。

108.【破产申请的不予受理和撤回】人民法院裁定受理破产申请前，提出破产申请的债权人的债权因清偿或者其他原因消灭的，因申请人不再具备申请资格，人民法院应当裁定不予受理。但该裁定不影响其他符合条件的主体再次提出破产申请。破产申请受理后，管理人以上述清偿符合《企业破产法》第31条、第32条为由请求撤销的，人民法院查实后应当予以支持。

人民法院裁定受理破产申请系对债务人具有破产原因的初步认可，破产申请受理后，申请人请求撤回破产申请的，人民法院不予准许。除非存在《企业破产法》第12条第2款规定的情形，人民法院不得裁定驳回破产申请。

109.【受理后债务人财产保全措施的处理】要切实落实破产案件受理后相关保全措施应予解除、相关执行措施应当中止、债务人财产应当及时交付管理人等规定，充分运用信息化技术手段，通过信息共享与整合，维护债务人财产的完整性。相关人民法院拒不解除保全措施或者拒不中止执行的，破产受理人民法院可以请求该法院的上级人民法院依法予以纠正。对债务人财产采取保全措施或者执行措施的人民法院未依法及时解除保全措施、移交处置权，或者中止执行程序并移交有关财产的，上级人民法院应当依法予以纠正。相关人员违反上述规定造成严重后果的，破产受理人民法院可以向人民法院纪检监察部门移送其违法审判责任线索。

人民法院审理企业破产案件时，有关债务人财产被其他具有强制执行权力的国家行政机关，包括税务机关、公安机关、海关等采取保全措施或者执行程序的，人民法院应当积极与上述机关进行协调和沟通，取得有关机关的配合，参照上述具体操作规程，解除有关保全措施，中止有关执行程序，以便保障破产程序顺利进行。

110.【受理后有关债务人诉讼的处理】人民法院受理破产申请后，已经开始而尚未终结的有关债务人的民事诉讼，在管理人接管债务人财产和诉讼事务后继续进行。债权人已经对债务人提起的给付之诉，破产申请受理后，人民法院应当继续审理，但是在判定相关当事人实体权利义务时，应当注意与企业破产法及其司法解释的规定相协调。

上述裁判作出并生效前，债权人可以同时向管理人申报债权，但其作为债权尚未确定的债权人，原则上不得行使表决权，除非人民法院临时确定其债权额。上述裁判生效后，债权人应当根据裁判认定的债权数额在破产程序中依法统一受偿，其对债务人享有的债权利息应当按照《企业破产法》第46条第2款的规定停止计算。

人民法院受理破产申请后，债权人新提起的要求债务人清偿的民事诉讼，人民法院不予受理，同时告知债权人应当向管理人申报债权。债权人申报债权后，对管理人编制的债权表记载有异议的，可以根据《企业破产法》第58条的规定提起债权确认之诉。

111.【债务人自行管理的条件】重整期间，债务人同时符合下列条件的，经申请，人民法院可以批准债务人在管理人的监督下自行管理财产和营业事务：

（1）债务人的内部治理机制仍正常运转；

（2）债务人自行管理有利于债务人继续经营；

（3）债务人不存在隐匿、转移财产的行为；

（4）债务人不存在其他严重损害债权人利益的行为。

债务人提出重整申请时可以一并提出自行管理的申请。经人民法院批准由债务人自行管理财产和营业事务的，企业破产法规定的管理人职权中有关财产管理和营业经营的职权应当由债务人行使。

管理人应当对债务人的自行管理行为进行监督。管理人发现债务人存在严重损害债权人利益的行为或者有其他不适宜自行管理情形的，可以申请人民法院作出终止债务人自行管理的决定。人民法院决定终止的，应当通知管理人接管债务人财产和营业事务。债务人有上述行为而管理人未申请人民法院作出终止决定的，债权人等利害关系人可以向人民法院提出申请。

112.【重整中担保物权的恢复行使】重整程序中，要依法平衡保护担保物权人的合法权益和企业重整价值。重整申请受理后，管理人或者自行管理的债务人应当及时确定设定有担保物权的债务人财产是否为重整所必需。如果认为担保物不是重整所必需，管理人或者自行管理的债务人应当及时对担保物进行拍卖或者变卖，拍卖或者变卖担保物所得价款在支付拍卖、变卖费用后优先清偿担保物权人的债权。

在担保物权暂停行使期间，担保物权人根据《企业破产法》第75条的规定向人民法院请求恢复行使担保物权的，人民法院应当自收到恢复行使担保物权申请之日起三十日内作出裁定。经审查，担保物权人的申请不符合第75条的规定，或者虽然符合该条规定但管理人或者自行管理的债务人有证据证明担保物是重整所必需，并且提供与减少价值相应担保或者补偿的，人民法院应当裁定不予批准恢复行使担保物权。担保物权人不服该裁定的，可以自收到裁定书之日起十日内，向作出裁定的人民法院申请复议。人民法院裁定批准行使担保物权的，管理人或者自行管理的债务人应当自收到裁定书之日起十五日内启动对担保物的拍卖或者变卖，拍卖或者变卖担保物所得价款在支付拍卖、变卖费用后优先清偿担保物权人的债权。

113.【重整计划监督期间的管理人报酬及诉讼管辖】要依法确保重整计划的执行和有效监督。重整计划的执行期间和监督期间原则上应当一致。二者不一致的，人民法院在确定和调整重整程序中的管理人报酬方案时，应当根据重整期间和重整计划监督期间管理人工作量的不同予以区别对待。其中，重整期间的管理人报酬应当根据管理人对重整发挥的实际作用等因素予以确定和支付；重整计划监督期间管理人报酬的支付比例和支付时间，应当根据管理人监督职责的履行情况，与债权人按照重整计划实际受偿比例和受偿时间相匹配。

重整计划执行期间，因重整程序终止后新发生的事实或者事件引发的有关债务人的民事诉讼，不适用《企业破产法》第21条有关集中管辖的规定。除重整计划有明确约定外，上述纠纷引发的诉讼，不再由管理人代表债务人进行。

114.【重整程序与破产清算程序的衔接】重整期间或者重整计划执行期间，债务人因法定事由被宣告破产的，人民法院不再另立新的案号，原重整程序的管理人原则上应当继续履行破产清算程序中的职责。原重整程序的管理人不能继续履行职责或者不适宜继续担任管理人的，人民法院应当依法重新指定管理人。

重整程序转破产清算案件中的管理人报酬，应当综合管理人为重整工作和清算工作分别发挥的实际作用等因素合理确定。重整期间因法定事由转入破产清算程序的，应当按照破产清算案件确定管理人报酬。重整计划执行期间因法定事由转入破产清算程序的，后续破产清算阶段的管理人报酬应当根据管理人实际工作量予以确定，不能简单根据债务人最终清偿的财产价值总额计算。

重整程序因人民法院裁定批准重整计划草案而终止的，重整案件可作结案处理。重整计划执行完毕后，人民法院可以根据管理人等利害关系人申请，作出重整程序终结的裁定。

115.【庭外重组协议效力在重整程序中的延伸】继续完善庭外重组与庭内重整的衔接机制，降低制度性成本，提高破产制度效率。人民法院受理重整申请前，债务人和部分债权人已经达成的有关协议与重整程序中制作的重整计划草案内容一致的，有关债权人对该协议的同意视为对该重整计划草案表决的同意。但重整计划草案对协议内容进行了修改并对有关债权人有不利影响，或者与有关债权人重大利益相关的，受到影响的债权人有权按照企业破产法的规定对重整计划草案重新进行表决。

116.【审计、评估等中介机构的确定及责任】要合理区分人民法院和管理人在委托审计、评估等财产管理工作中的职责。破产程序中确实需要聘请中介机构对债务人财产进行审计、评估的，根据《企业破产法》第28条的规定，经人民法院许可后，管理人可以自行公开聘请，但是应当对其聘请的中介机构的相关行为进行监督。上述中介机构因不当履行职责给债务人、债权人或者第三人造成损害的，应当承担赔偿责任。管理人在聘用过程中存在过错的，应当在其过错范围内承担相应的补充赔偿责任。

117.【公司解散清算与破产清算的衔接】要依法区分公司解散清算与破产清算的不同功能和不同适用条件。债务人同时符合破产清算条件和强制清算条件的，应当及时适用破产清算程序实现对债权人利益的公平保护。债权人对符合破产清算条件的债务人提起公司强制清算申请，经人民法院释明，债权人仍然坚持申请对债务人强制清算的，人民法院应当裁定不予受理。

118.【无法清算案件的审理与责任承担】人民法院在审理债务人相关人员下落不明或者财产状况不清的破产案件时，应当充分贯彻债权人利益保护原则，避免债务人通过破产程序不当损害债权人利益，同时也要避免不当突破股东有限责任原则。

人民法院在适用《最高人民法院关于债权人对人员下落不明或者财产状况不清的债务人申请破产清算案件如何处理的批复》第 3 款的规定，判定债务人相关人员承担责任时，应当依照企业破产法的相关规定来确定相关主体的义务内容和责任范围，不得根据公司法司法解释（二）第 18 条第 2 款的规定来判定相关主体的责任。

上述批复第 3 款规定的“债务人的有关人员不履行法定义务，人民法院可依据有关法律规定追究其相应法律责任”，系指债务人的法定代表人、财务管理人员和其他经营管理人员不履行《企业破产法》第 15 条规定的配合清算义务，人民法院可以根据《企业破产法》第 126 条、第 127 条追究其相应法律责任，或者参照《民事诉讼法》第 111 条的规定，依法拘留，构成犯罪的，依法追究刑事责任；债务人的法定代表人或者实际控制人不配合清算的，人民法院可以依据《出境入境管理法》第 12 条的规定，对其作出不准出境的决定，以确保破产程序顺利进行。

上述批复第 3 款规定的“其行为导致无法清算或者造成损失”，系指债务人的有关人员不配合清算的行为导致债务人财产状况不明，或者依法负有清算责任的人未依照《企业破产法》第 7 条第 3 款的规定及时履行破产申请义务，导致债务人主要财产、账册、重要文件等灭失，致使管理人无法执行清算职务，给债权人利益造成损害。“有关权利人起诉请求其承担相应民事责任”，系指管理人请求上述主体承担相应损害赔偿责任并将因此获得的赔偿归入债务人财产。管理人未主张上述赔偿，个别债权人可以代表全体债权人提起上述诉讼。

上述破产清算案件被裁定终结后，相关主体以债务人主要财产、账册、重要文件等重新出现为由，申请对破产清算程序启动审判监督的，人民法院不予受理，但符合《企业破产法》第 123 条规定的，债权人可以请求人民法院追加分配。

后 记

山东环周律师事务所于1997年成立，总部位于泉城济南，是一家以破产、金融、公司等法律业务为主的商事律师事务所，2011年获评全国优秀律师事务所，2007年和2016年先后入选山东省高级人民法院首批破产管理人名册和一级管理人名册。十几年来承办了数十起破产案件，积淀了深厚的理论知识和丰富的实践经验，锤炼出一支素质过硬、业务精湛的破产管理人队伍，《破产全流程实务操作指引》一书就是环周破产业务团队理论联系实际的工作成果。

破产管理人业务是一项充满挑战性的工作，这既源于破产业务本身的综合性和多元性，也因为管理人工作所具有的特殊性和复杂性。破产法是实践性极强的法律，对于从事和欲从事管理人工作的同仁而言，有一本能解惑释疑的工作手册是十分必要的，本书即是根据管理人的实际工作需要而编写的，不仅解析了破产程序的全部操作流程，还对一些法律尚未规定或规定不明确的问题进行了积极的理论探索。其中对债务人接管、衍生诉讼、档案管理等实务性较强的问题和个人破产、合并重整、供给侧改革、“僵尸企业”处置等前沿问题分别做了一些总结和思考。同时，在参考了众多学术论著等文献资料的基础上，将最近发布的《九民会议纪要》、各地法院有代表性的“破产审理指引”等审判规范、中央部委和省市政府最新的有关政策文件，以及大量的典型案例等内容融合在本书之中。

“纸上得来终觉浅，绝知此事要躬行。”本书以发现和解决问题为导向，从实践中来到实践中去，行以致知，知行合一，着力突出理论服务实践的指引作用。在编写体例上，本书共设十五章。第一章讨论了破产程序的启动问题；第二章至第五章阐释了破产参与人、债务人财产、破产债权、共益债务和破产费用等基本问题；第六章至第八章则是对债务人的接管和管理、债权人会议、破产衍生诉讼等在实务中遇到的问题进行了研究；第九章至第十一章聚焦了破产重整、破产和解和破产清算三大程序的具体流程；第十二章集中研讨了合并破产的相关问题；第十三章专门梳理了档案管理规范；第十四章则对目前尚属于试点范畴的个人破产制度做了探讨；第十五章主要是分析了供给侧结构性改革与破产法的关系。在章节设计上，根据主题进行了层次划分，第一至十二章在主题之下包含【理论背景】【法律实务】【相关依据】三个部分。【理论背景】是对该项规则的立法目的、法律渊源等法理问题的分析归纳。【法律实务】是对适用规则处理现实问题的方式方法和作用效果等进行的总结、探讨，试图为读者提供一把开启破产实操大门的钥匙。【相关依据】是该规则所对应的相关规范的条文索引，便于读者对问题清晰定位。第十三章破产档案管理、第十四章个人破产制度和第十五章供给侧结构性改革，因法律尚无明确规范，实践中的做法也不统一，故未进行主题划分。为方便读者查阅相关资料，本书还附录了部分常用的法律法规和规范性文件，受篇幅所限，有关市场主体退出、“僵尸企业”处置的政策文件及部分地方法院审理破产案件的指引、规范等，以电子版的形式附赠读者参阅。

本书的编写是我所破产业务团队集体智慧的结晶，特别是团队负责人孙家磊律师为本书编写付出了大量的心血和精力，团队成员历彦平、李政等律师亦为本书的核稿和资料整理等做出了很大贡献。司法行政部门的领导和法院、高校的专家学者也对本书的编写给予了大力支持和帮助，山东省律师协会王民生会长于百忙之中为本书作序予以鼓励，在此一并表示衷心的感谢！希望本书能为从事管理人业务的朋友和破产法学爱好者提供一定的专业借鉴。囿于作者的学识水平和实务经验的限制，加之时间仓促，书中阙误错漏之处在所难免，恳请各位专家、同行和读者朋友们批评指正。

黄金华

2020 年 1 月 22 日于济南

图书在版编目（CIP）数据

破产全流程实务操作指引／黄金华编著．—北京：中国法制出版社，2020.4（2022.5 重印）

ISBN 978－7－5216－0970－7

Ⅰ．①破…　Ⅱ．①黄…　Ⅲ．①破产法－研究－中国
Ⅳ．①D922.291.924

中国版本图书馆 CIP 数据核字（2020）第 046243 号

策划编辑/责任编辑　赵　燕　　封面设计　蒋　怡

破产全流程实务操作指引

POCHAN QUANLIUCHENG SHIWU CAOZUO ZHIYIN

编著/黄金华
经销/新华书店
印刷/北京虎彩文化传播有限公司
开本/710 毫米×1000 毫米　16 开　　印张/ 32.5　字数/ 716 千
版次/2020 年 4 月第 1 版　　2022 年 5 月第 5 次印刷

中国法制出版社出版
书号 ISBN 978－7－5216－0970－7　　定价：108.00 元

北京市西城区西便门西里甲 16 号西便门办公区
邮政编码：100053　　传真：010－63141600
网址：http：//www.zgfzs.com　　**编辑部电话：010－63141669**
市场营销部电话：010－63141612　　**印务部电话：010－63141606**

（如有印装质量问题，请与本社印务部联系。）